中国特色哲学社会科学
“三大体系”研究丛书

主编 权 衡 王德忠

中国特色社会主义社会学

李 骏 等◎著

上海人民出版社

本书由上海社会科学院智库建设基金会资助研究出版

总　序

发挥国家高端智库优势　推动"三大体系"建设

2016年5月17日，习近平总书记在哲学社会科学工作座谈会上发表重要讲话，从坚持和发展中国特色社会主义必须高度重视哲学社会科学，坚持马克思主义在我国哲学社会科学领域的指导地位，加快构建中国特色哲学社会科学以及加强和改善党对哲学社会科学工作的领导四个方面，全面系统阐释和深刻回答了进入新时代，坚持和发展中国特色社会主义为什么要构建当代中国哲学社会科学体系，怎样构建具有中国特色、中国风格、中国气派的哲学社会科学等一系列重大理论和实践问题。这是一篇体现马克思主义立场观点和方法、闪耀着真理之光的讲话，是新时代繁荣和发展中国特色哲学社会科学的纲领性文件。为响应习近平总书记关于构建中国特色哲学社会科学、推动"三大体系"建设讲话精神，上海社会科学院组织专家学者深入学习习近平总书记讲话精神，开展我国哲学社会科学学科体系、学术体系、话语体系"三大体系"研究阐释工作。

科学把握中国特色哲学社会科学"三大体系"建设的重大意义

习近平总书记在讲话中明确指出，哲学社会科学是人们认识世界、改造世界的重要工具，是推动历史发展和社会进步的重要力量，其发展水平反映了一个民族的思维能力、精神品格、文明素质，体现了一个国家的综合国力和国际竞争力。习近平总书记还强调，一个没有发达的自然科学的国家不可能走在世界前列，一个没有繁荣的哲学社会科学的国家也不可能走在世界前列。新形势下，我国哲学社会科学地位更加重要、任务更加繁重，要按照立足中国、借鉴国外，挖掘历史、把握当代，关怀人类、面向未来的思路，着力构建中国特色哲学社会科学，不断推进学科体系、学术体系、话语体系建设和创新。我们认为，为实现以上目标，必须科学理解和把握中国特色哲学社会科学与“三大体系”建设的重要内涵。

构建彰显中国自主知识体系的哲学社会科学。当前，世界正处于百年未有之大变局，我国正处于实现中华民族伟大复兴的关键时期。习近平总书记强调：“面对快速变化的世界和中国，如果墨守成规、思想僵化，没有理论创新的勇气，不能科学回答中国之问、世界之问、人民之问、时代之问，不仅党和国家事业无法继续前进，马克思主义也会失去生命力、说服力。”进入新时代，我们要坚持以习近平新时代中国特色社会主义思想为指导，坚持把马克思主义基本原理同中国具体实际相结合、同中华优秀传统文化相结合，正本清源、守正创新，立足中国实践，形成中国理论，在回答中国之问、世界之问、人民之问、时代之问中，构建彰显中国自主知识体系的哲学社会科学。

聚焦“三大体系”是构建中国特色哲学社会科学的重要内容和方向。坚持和发展中国特色社会主义，需要加快构建中国特色哲学社会科学。构建中国特色哲学社会科学，要坚持马克思主义理论的指导地位，立足于中国发展实践，学习借鉴国外哲学社会科学积极成果，更好形成学科建设、学术研究与社会实践发展紧密结合、融为一体的新局面，为加快构建具有中国特色哲学社会科学学科体系、学术体系、话语体系注入新动力和活力。

形成“三大体系”有机统一、相互支撑、共同发展的学科发展新路径。在推动学科体系、学术体系、话语体系建设中，要坚持学科体系是基础、学术体系是核心，话语体系是表述，三者是一个有机统一、不可分割、相互支撑、共同发展的整体。要进一步夯实和健全我国哲学社会科学发展的学科体系和学术体系，把马克思主义理论学科做大做强，把基础学科做扎实，把优势学科巩固好，把新兴学科、冷门学科、特色学科、交叉学科等发展好。要推动习近平新时代中国特色社会主义思想系统化、学理化研究，把党的创新理论成果与“三大体系”建设融会贯通，深入挖掘新思想蕴含其中的哲理、道理和学理。要聚焦新时代中国改革开放和创新发展实践，突出问题导向，加快理论提炼和总结概括，构建中国自主知识体系的学科体系、学术体系和话语体系。

要加快提升中国国际传播能力建设，深化国际传播理论体系建设和实践创新发展，讲好中国故事，传播好中国声音，向世界展示真实、立体、全面的中国。

在国家高端智库工作中推动“三大体系”建设

为深入贯彻落实习近平总书记关于加快构建中国特色哲学社会科学的重要讲话精神和上海市委关于推动上海哲学社会科学大发展大繁荣的战略工作部署，近年来，上海社会科学院立足作为综合性人文社会科学研究机构的学科特色优势和国家高端智库优势，持续推动党的创新理论系统化、学理化研究，持续深化我国和上海发展的重大理论和现实问题研究。

我们注重发挥学科综合优势和国家高端智库优势，不断推动学科发展和智库建设，加快推动中国特色哲学社会科学建设。特别是2023年以来，结合主题教育和大调研活动，进一步发挥国家高端智库优势，加快推动中国特色哲学社会科学学科体系、学术体系、话语体系研究和建设。

一是面对复杂的国际国内环境，必须加快构建中国特色哲学社会科学体系。当前，我国正处于复杂的国际国内发展环境下，解决意识形态巩固的问题、各种思想交锋的问题、经济社会发展的问题、深层次矛盾和风险挑战的问题及全面从严治党的问题，都迫切需要哲学社会科学更好发挥作用。当今中国正日益走向世界舞台中央，中国的思想学术和文化也必须跟上来，不能落后，也不能缺席。这就必须依赖于中国特色哲学社会科学提供有力支撑。

二是建设中国特色哲学社会科学要正确理解学科体系、学术体系、话语体系三者之间关系。哲学社会科学体系是学科体系、学术体系和话语体系的有机统一，其中学科体系是基础、学术体系是核心，话语体系则是表达呈现。近年来，上海社会科学院坚持学科发展与智库建设“双轮驱动”战略，努力推进建设一流的“智库型学府、学府型智库”，坚持和发展马克思主义，立足中国国情与中国优秀传统文化，积极吸收国外哲学社会科学的有益资源，服务中国实践、构建中国理论，努力将党的创新理论成果和重要思想、重要主张等转化为知识话语、研究范式、学术理论，建构中国自主知识体系，融通国内外的新概念、新范畴、新表述，形成更大国际传播力和影响力。

三是发挥国家高端智库优势和实施大调研，把“三大体系”建设与中国实践、中国经验、中国理论的提炼总结相结合。当前中国哲学社会科学体系的构建，必须持续从我国经济社会发展的实践中挖掘新材料、发现新问题、总结新经验，要加强对改革开放和现代化建设的观点总结和理论提炼，这是中国特色哲学社会科学发展的着力点。上海社会科学院在近些年的理论研究和学科建设中，努力发挥国家高端智库的优势，广泛推动社会调研活动，注重从我国改革发展实践中挖掘新材料、发现新问题、提出新观点、构建新理论，注重对习近平新时代中国特色社会主义思想的系统化研究和学理化阐释，形成我国哲学社会科学的特色和优势，在学界推动建设具有领先水平和较强影响力的学科体系、学术体系和话语体系。

四是努力构建系统性和专业性相统一的学科体系、学术体系和话语体系。在“三大体系”建设中，必须重视系统性和专业性相统一。其中，系统性从理论逻辑、历史逻辑及实践逻辑三大逻辑把握。理论逻辑是在顶层设计中坚持和发展马克思主义基本原理，深化拓展马克思主义理论研究和党的创新理论成果的研究阐释；历史逻辑体现在必须更好地传承中华优秀传统文化和思想体系，提出并展现体现中国立场、中国智慧、中国价值的理念、主张和方案；实践逻辑是要求立足于实际发展并解决实际问题。从三大逻辑出发，我院坚持以马克思主义为指导，聚焦十八大以来党的创新理论成果和经济社会发展现实问题，注重学科前沿和学科交叉等研究方法，努力构建中国特色的学科、学术和话语体系。在专业性方面，上海社会科学院设有 17 个研究所，学科门类齐全，传统学科基础好，新兴学科布局早，特色学科发展快，拥有一批学科建设的领军人才，在谋划和推进构建中国特色哲学社会科学方面，也具备较为扎实的基础。

五是在“三大体系”建设中培育更多高水平哲学社会科学人才。推动哲学社会科学大发展大繁荣，关键要素还是人才。中国特色哲学社会科学事业是党和人民的重要事业，构建中国特色哲学社会科学是一项极为繁重的系统科学工程，需要广大哲学社会科学工作者在坚持党的领导、坚持和发展马克思主义的基础上，不断开拓学术研究、倡导先进思想、引领社会风尚。作为“智库型学府、学府型智库”，上海社会科学院在大调研基础上，积极稳妥推进科研管理体制机制改革和优化，加快建立和完善符合新时代哲学社会科学发展规律、体现上海社会科学院优势特色、有利于出高质量成果和高水平人才的科研管理体制机制。

以学科发展与智库建设“双轮驱动”推动“三大体系”建设

上海社会科学院创建于1958年，是新中国最早建立的社会科学院，也是上海唯一的综合性人文和社会科学研究机构。成立65年来，上海社会科学院为我国哲学社会科学的繁荣发展作出了积极贡献。

党的十八大以来，在上海市委和市委宣传部的领导下，上海社会科学院守正创新、勇毅前行，加强哲学社会科学大发展，在理论创新研究、服务决策咨询、人才队伍建设、引导主流舆论等方面取得了丰硕成果。

2023年，上海社会科学院认真开展主题教育工作，组织专家学者深入学习党的二十大报告提出的一系列新思想、新观点、新论断，深入研究阐释习近平总书记关于加快构建中国特色哲学社会科学的重要讲话精神，进一步聚焦党的创新理论，注重基础研究与应用研究融合发展、相互促进，注重系统化研究、学理化阐释和学术化表达，全院以构建中国特色哲学社会科学自主知识体系为聚焦点，以中国实践为出发点，以理论创新为着力点，在全国率先开展哲学社会科学“三大体系”建设。院党委举全院之力、聚全院之智，17个研究所齐上阵，全面、完整、系统开展有组织研究；我们也邀请部分全国和上海知名专家一起参与研究，撰写完成了中国特色哲学社会科学“三大体系”研究丛书。这是当前对推动我国哲学社会科学“三大体系”建设和研究做的一次有益探索，以期为促进我国哲学社会科学繁荣发展作出自己的贡献。

衷心希望我院科研工作者在建设社会主义现代化国家新征程中，牢记嘱托、砥砺前行，为不断开创我国哲学社会科学大发展大繁荣的崭新局面作出更大贡献。

上海社会科学院党委书记、研究员　权　衡

上海社会科学院院长、研究员　王德忠

2023年8月

目 录

第二编 社会民生实践与理论

导　论*

作为一门学科，社会学从西方传入中国已有百年，其发展历程可分为新中国成立前从无到有的40年和改革开放后恢复重建的40年两个历史阶段。从邓小平同志提出“社会学要补课”，到胡锦涛同志提出“社会学的春天”，在党中央的关心支持下，中国社会学取得了不凡的成就。2020年8月24日，习近平总书记《在经济社会领域专家座谈会上的讲话》首次提出要加快构建“中国特色社会主义社会学”这一新命题，这也构成了习近平新时代中国特色社会主义思想的新内涵。

一、中国特色社会主义社会学与中国实践

习近平总书记在讲话中特别强调中国特色和中国实践，如“解读中国实践、构建中国理论”“从我国改革发展的实践中挖掘新材料、发现新问题、提出新观点、构建新理论”“新时代改革开放和社会主义现代化建设的丰富实践是理论和政策研究的‘富矿’”“从中国实践中来、到中国实践中去，把论文写在祖国大地上，使理论和政策创新符合中国实际、具有中国特色”等等。

社会学界的知名专家学者在围绕中国特色社会主义社会学进行讨论时，也特别强调坚持基本原则和关注重大实践。邓伟志提出创建与美国芝加哥学派相较量的中国社会学派的四个要义：用马克思主义的社会有机理论调整社会结构，用社会化理论提升中国人的社会化水平，用社会学之“矢”去射“社会问题”之“的”，用社会学的科学方法对各类社会现象进行了解、说明、阐释和预测。① 丁元竹重申了胡乔木、费孝通在恢复重建社会学之初明确提出的三条方针：“一是以马克思主义、毛泽东思想为指导，

---

* 本章部分文字已发表于《中国特色社会主义社会学的立场、方法和重心》，《社会科学》2022年第9期。

① 邓伟志：《瞿秋白等做过系主任的这门学科是时候创建中国学派了》，上观新闻2021年5月9日。

这是我们的理论基础和方向；二是结合中国实际，这就是说要有我们自己的内容；三是为现代化建设服务，这是我们建设社会学的宗旨。”① 洪大用、张翼等学者提出“实践自觉”“扎根实践”等。② 谢志强、龚维斌、刘应杰等学者从各个角度提出了应该关注的重大实践问题。③ 其他学者也都强调坚持马克思主义、坚持面向中国实践、坚持服务于中国特色社会主义事业等原则。④

确实，问题导向和重视实践应该是构建中国特色社会主义社会学的重要方法论。中国社会学要更多地从现实中找问题，而不仅仅是从文献中找议题。从文献中找议题固然也无不可，有些永恒、经典的学术议题确实也值得反复不断思考，但若过头，也有使学术研究成为智力游戏之虞。特别是，如果学术文献议题脱离了重大现实问题，理论也就脱离了实际。因此，坚持问题导向，才是中国社会学研究的出发点。当下的中国社会学应当特别注意和避免轻视实践或“不接地气”的问题，直面中国特色社会主义建设实践过程中所产生的问题与经验。

二、中国特色社会主义社会学与社会建设

对中国特色社会主义社会学而言，直接相关的最大实践就是社会建设。社会建设在国际共产主义运动和中国共产党历史上也经历了一个发展过程，在此可做一个简单梳理。社会建设在马克思主义经典著作中并不多见，这一方面是因为西方资本主义进程使市场和国家从社会中脱嵌并形塑了社会，另一方面是因为马克思主义主要是关于批判和革命的理论。所以，社会经常是隐藏在经济和政治后面的，甚至受重视程度还不如文化，因为文化涉及意识形态和革命斗争。这个倾向，随着共产主义的理论传播和革命实践，一路从苏联传导至中国。毛泽东在《新民主主义论》和《论联合政府》

① 参见费孝通：《费孝通论社会学学科建设》，北京大学出版社2015年版；丁元竹：《不断发展中国特色社会主义社会学》，《行政管理改革》2020年第10期。

② 洪大用：《加快发展中国特色社会主义社会学》，《社会治理》2020年第10期；张翼：《扎根中国实践构建中国特色社会主义社会学》，《光明日报》2021年9月9日。

③ 谢志强：《发展中国特色社会主义社会学的基本构想》，《社会治理》2020年第12期；龚维斌：《发展中国特色社会主义社会学需要研究重大理论和现实问题》，《社会治理》2020年第10期；刘应杰：《关于发展中国特色社会主义社会学的几点思考》，《社会治理》2020年第10期。

④ 魏礼群：《发展中国特色社会主义社会学》，《社会治理》2020年第10期；龚维斌、张林江：《中国特色社会主义社会学：理论基点、学术渊源与学科品格》，《南京社会科学》2020年第11期。

等重要论著中都只提到政治、经济、文化，没有社会。新中国的五年规划最初只是经济发展规划而不是经济和社会发展规划。中国特色社会主义建设总体布局最初亦只包括政治建设、经济建设、文化建设，后来才加入社会建设。但无社会建设之名并非无社会建设之实，因为中国共产党从中央苏区、延安时期到新中国成立后一直都有大量的社会建设实践和经验。① 所以，社会建设其实是中国共产党从革命和建设时期的隐而不张到改革开放后尤其是十七大以来正式确立的，是随中国特色社会主义理论的不断成熟而日益彰显的。社会建设的主体内容——民生和治理，更是十八大以来逐渐清晰的。十八大报告的论述是“在改善民生和创新管理中加强社会建设”，十九大报告的论述是“提高保障和改善民生水平，加强和创新社会治理”，十九届四中全会报告将民生和治理分开论述，十九届五中全会报告又将民生和治理放在社会建设下合并论述，具体包括收入、就业、教育、保障、健康、人口、治理等。

中国共产党已经将社会建设纳入中国特色社会主义事业总体布局并明确了其基本内容，这正是社会学当仁不让的研究领域。其实，西方社会学的理论重心就是关于社会和谐与社会建设，尽管西方学者没有或很少使用这种中国式的表达。例如，帕森斯的结构功能主义理论就是典型的正面角度论述，而达伦多夫的冲突理论则是典型的反面角度论述，其他还包括社会团结或整合理论、社会排斥理论、社会公正理论、福利社会理论、风险社会理论等。② 从社会学的学科体系来看，时至今日已经发展出经济社会学、政治社会学、文化社会学、城市社会学、农村社会学、劳动社会学、教育社会学、健康社会学、老年社会学、青少年社会学等各种分支领域，几乎与社会科学的其他所有学科都有交叉。可以说，社会学对社会领域的全方位研究完全可以为社会建设提供全方位的支撑。

三、中国特色社会主义社会学的集体构建

上海社会科学院社会学研究所在社会学学科体系和研究布局上有较为完整的优势，

① 周建明、夏江旗、李宗克：《回顾历史经验破解社会建设难题》，《毛泽东邓小平理论研究》2010 年第 7 期；吴永：《延安时期党的社会建设文献与研究》，陕西旅游出版社 2018 年版。

② 李培林、苏国勋等：《和谐社会构建与西方社会学社会建设理论》，《社会》2005 年第 6 期。

在社会建设的重点研究领域都有相应的科研人员在深耕不辍。为学习贯彻习近平总书记“8.24”重要讲话精神，本所组织撰写集体著作《中国特色社会主义社会学》，作为加快构建中国特色社会主义社会学的一个初步尝试。全书共分三编，依次是社会发展实践与理论、社会民生实践与理论、社会治理实践与理论，之下各章分别论述一个具体主题。

本书主要有三个特色。一是每章主题指向社会建设的实践议题，社会发展包括反贫困、农业农村现代化、农村集体经济发展、乡村电商、家庭现代化、家庭政策、妇女发展、志愿服务等，社会民生包括教育、单位、非正规就业、青年就业、社会保障、健康中国、数字社会等，社会治理包括社会治理、城市治理、流动人口、跨境迁移、风险沟通、社会心态、铸牢中华民族共同体意识等。二是每章回顾、梳理、综述该主题下的重要研究成果，时间跨度从百年党史到新中国史到改革开放史到新时代不等，力图呈现该主题研究的一个完整脉络史，使读者有一个纵向历史视野。三是每章尝试在中西理论文献脉络和对话中，提炼该主题的中国特色尤其是中国特色社会主义的内涵所在，以实现中国特色社会学尤其是中国特色社会主义社会学的学术与话语创新。下面主要围绕第三个特色对各章重点进行简介。

（一）社会发展实践与理论

第一章反思了西方反贫困实践面临的挑战和困境，总结了中国特色反贫困理论的构建。中国特色反贫困理论作为一种从实践发展而来的科学理论，既批判性地吸收了西方近现代反贫困思想中的闪光点，继承和发展了马克思主义反贫困理论的唯物史观，还在中国自身的反贫困实践中经历了从孕育到成熟的历程。**第二章**主要以新中国成立以来的农业农村政策为研究对象，系统梳理中国农业农村现代化的理论基础、制度变迁和历史经验，认为中国农业农村的现代化道路，是世界现代化普遍理论与中国具体实践的有机结合，取得了重大的历史成就，积累了独特的中国经验。**第三章**强调马克思主义经典阐述与中国经验实践的结合，认为我国经过长期改革摸索形成的“以家庭承包经营为基础，统分结合的双层经营体制”是农村集体经济发展的重要实践和表现形式，要继续稳定、完善和发展双层经营体制，应对农业农村发展面临的新问题和新挑战。**第四章**总结近年来以“淘宝村”为代表的乡村电商的蓬勃发展经验，认为走出了一条先“活业”、再“活人”、后“活村”的乡村复活和振兴之路，离不开中国脱贫攻坚和乡村振兴的时代大背景，离不开中国乡土社会的传统结构和人情伦理的深嵌互动，离不开中国特色社会主义制度优势的方向引领和强大保障。

第五章分析中国家庭的演变历程，既有全球化时代化的共同趋向，也展现出独特的变迁路径和模式，呈现了去西方中心主义和超越西方家庭变迁理论的多元路径和选择。**第六章**比较国内外家庭政策发展的社会背景和理论模式发现，西方国家的家庭政策演变是国家和家庭关系与界限不断变迁、界定的过程，而中国具有“家国一体”的文化传统，始终强调家庭责任和家庭能力建设的重要性，这种差异决定了中国家庭政策的独特语境和理论内涵。**第七章**认为，中国的妇女解放和发展实践根植于民族和国家的发展情境，既是世界妇女运动重要的组成部分，也是对马克思主义妇女解放理论的运用和发展，为人类社会的妇女解放理论探索贡献了中国经验。**第八章**认为具有中国特色的志愿服务在继承中华传统美德、吸纳现代慈善公益价值理念的同时，在社会建设与社会治理的背景下与社会主义核心价值体系融合创造形成独特的价值基础和精神内核，主要蕴含培育和践行社会主义核心价值观、助推社会治理、提升民生福祉三重实践使命。

（二）社会民生实践与理论

第九章总结新时代的教育公平从教育外部转向教育内部、从工具价值转向人本价值、从形式公平转向实质公平、从分配正义转向关系正义的过程，梳理国内相关实证研究出现的一系列转向，并对中国特色社会主义教育公平进行展望。**第十章**对中国单位组织如何影响分配公平进行理论和经验综述，例如单位特征对分配公平的影响，以及党组织、工会等机构对分配公平的作用等。**第十一章**梳理相关的政策和研究后认为，“熊彼特陷阱”和“索托陷阱”都局限于传统经济学意义上的政府与市场关系范畴之内，都未将真正的“人”、完整的“人”和总体的“人”纳入，这就为真正践行以人为本的中国特色社会主义就业理论提供了空间。**第十二章**全面系统梳理了改革开放以来中国青年就业的特征与问题，并回顾论述了促进青年就业与青年发展的理论和实践。

第十三章回顾了中国社会保障制度研究的理论、历史与实践逻辑以及未来的战略定位、建设方向以及完善路径等，指出不同于西方国家，社会保障理念在中国的出现及其政策项目的形成，并非由工业化的逻辑所推动，也不是由劳资关系冲突造成的社会压力所推进，而是与共产国际的影响和中国共产党进行社会改造的理想密不可分。**第十四章**回顾了健康不平等的理论和实证研究，以及爱国卫生运动、健康中国战略等对健康平等的促进，呼吁重视探索中国情境下健康平等化的实践。**第十五章**从数字鸿沟入手，梳理中国致力于消弭数字鸿沟的政策措施，并提出共享数字红利的中国特色社会主义数字社会建设路径。

（三）社会治理实践与理论

第十六章辨析了东西方社会治理的理论分野和道路殊途，回顾近百年来在革命、建设、发展的实践中，党和国家不断探索“怎样治理社会主义社会”这个问题。其中，改革开放以来的进展尤为显著，形成了具有自身特色的社会治理路径，探索和创造出的治理经验为人类文明发展贡献中国智慧。**第十七章**以新中国成立以来70多年安全城市建设的实践探索为主线，在综观中国城市安全治理实践、吸收借鉴国内外现有理论内核的基础上，建构旨在超越西方韧性城市思想、体现中国特色社会主义的安全韧性城市治理理论和话语体系。

第十八章回顾我国流动人口治理大致经历的从“管控”到“管理与服务并重”、再到“治理”的基本历程，以及学术界对流动人口治理的模式与绩效、相关制度、治理结果等经验研究与理论争鸣，提出进一步融合“包容性发展”的“平等”（机会）、“参与”（过程）、“共享”（结果）理念，构建流动人口的包容性治理体系。**第十九章**对改革开放以来特别是2010年以来我国跨境迁移的治理经验与研究成果进行述评，总结新时代中国跨境迁移现象，既有别于以移民流入为主的传统欧美发达国家，也不同于以移民流出为主的其他发展中国家，提出克服话语权焦虑、构建中国特色社会主义跨境迁移治理体系。

第二十章从构建更高水平安全、“以新安全格局保障新发展格局”对防控风险提出新要求出发，总结我国在经历一些重大风险特别是公共卫生事件过程中，呈现出的明晰的总体战略选择与实践经验上的中国特色。**第二十一章**回顾“社会心态”这个被视作“汉语社会心理学研究对社会心理学科的一大贡献”的研究领域的主要成果，总结社会心态治理已成为我国的重要治理课题，并逐渐形成了个体治理（服务）、舆论治理

（环境）、系统治理（机制）三种治理实践模式。**第二十二章**分析中国作为世界上唯一绵延上千年文明未曾断裂的国家，“多元统一”一直是国家建构当中深厚的历史文化遗产，而中国共产党深刻认识到这一历史文化遗产的重要意义，并创造性地提出“铸牢中华民族共同体意识”的国家民族建构纲领。

以上各章的写作和论述，反映了上海社会科学院社会学研究所加快构建中国特色社会主义社会学的集体尝试和努力。希望本书的出版，能让社会各界进一步了解本所服务中国特色社会主义社会建设的整体研究实力，并推动本所进一步夯实中国特色社会主义社会学的学科建设布局。

第一编
社会发展实践与理论

第一章　中国特色反贫困理论的构建、发展与未来展望

消除贫困是全人类面临的共同难题。中国作为世界上最大的发展中国家，提前10年实现《联合国2030年可持续发展议程》减贫目标，为人类减贫事业作出巨大贡献。中国的脱贫攻坚之所以取得成功，根本原因在于党和政府始终把脱贫攻坚放在治国理政的突出位置，立足基本国情，深入把握减贫规律，坚持理论结合实际，走出了一条中国特色减贫道路。尤其是十八大以来，以习近平同志为核心的党中央，积极推动中国特色反贫困理论建设实践，在原创理论的指导下，加强制度性扶贫，采取了一系列具有本土性、革新性、独特性的重大举措，消除绝对贫困和区域性整体贫困，为全球减贫事业发展贡献了中国智慧和中国方案。

第一节　全球视域下的贫困与反贫困

一、关于贫困本质的主要理论派别综述

贫困现象是和人类社会相伴而生的客观现实，人类文明早期对贫困就有了初步认识。19世纪末20世纪初，随着工业革命对人类经济社会生活的全面推动，人们越来越深刻地认识到反贫困不仅是经济问题，也是引起各种矛盾乃至冲突且内涵复杂的社会问题。英美的济贫思想和福利国家理论、印度学者阿玛蒂亚·森（Amartya Sen）的权利贫困理论（Entitlement Approach）、德国学者贝克（U. Beck）的风险社会理论（Risk Society Theory），以及中国关于开发式扶贫、精准扶贫、脱贫攻坚等中国扶贫战略的系列研究，都从不同角度围绕贫困本质这一核心问题开展了深入的研究。根据对致贫因果关系的分析范式差异，可将其这些理论划分为三大类：行为动机、结构环境和政策制度理论派别。

（一）行为动机理论

行为动机理论集中于由动机和文化驱动的个人行为，该理论派别认为行为是直接导致贫困的关键机制，贫困会带来认知负担、表达偏差和压力，进而助长贫困现象。穷人之所以贫穷，是因为他们有意无意中采取了加剧贫困的反生产行为，如失学、失业、单身母亲或高利贷等风险行为①。学者们强调个体作为目标导向型的人，其行为会导致相应的后果，特定群体中采取类似行为的比例越高，就越容易形成致贫文化。行为动机理论属于个体视角的反贫困理论，主要理论成果包括阐释贫困的代际传递理论、生命周期理论、能力贫困理论、主观贫困理论，以及旨在促进个体摆脱贫困的人力资本理论、社会资本理论、生计资本理论、社区主导发展理论等②。行为动机理论对因果关系的量化分析贡献较大，但仅停留于个体层面的分析无法解释贫困的宏观变化，因果关系稳定性有所欠缺。此外，行为动机学者还反对采取福利政策解决贫困问题，认为其会助长贫困行为，但这一点实际上是与行为动机理论的核心假设背道而驰的。

（二）结构环境理论

结构环境理论最大的贡献在于深入剖析了经济增长、人口区域环境、劳动力市场配置等背景因素的致贫机制，这些因素既造成行为又造成贫困。如马尔萨斯“人口剩余致贫论”认为以算数数列增加的生活资料无法满足以几何数列增加的社会人口需求，从而提出通过控制人口解决贫困问题的主张。刘易斯（W. A. Lewis）用“二元经济”理论（Dual Economic Structure Theory）来解释发展中国家的城乡二元经济结构，或者说农业与非农二元经济结构，认为这种对立状态的存在，是贫困的根本原因。发展中国家要实现经济发展，就必须努力实现从城乡二元经济结构向现代产业经济结构的根本性转换。缪尔达尔（Gunnar Myrdal）认为发展中国家贫困的根本原因在于贫富差距不断扩大，他提出的循环累积因果理论（Cumulative Causation Model）认为市场力量的无序界入会强化区域间的不平衡，从而出现“强者恒强、弱者恒弱”的两极分化现象。

---

① Lee Rainwater, Timothy M. Smeeding, *Poor Kids in a Rich Country: America's Children in Comparative Perspective*, Russell Sage Foundation, 2003; Gordon B. Dahl, “Early Teen Marriage and Future Poverty”, *Demography*, Vol.47, No.3, 2010, pp.689—718.

② 李雪萍、王蒙：《多维贫困“行动—结构”分析框架下的生计脆弱——基于武陵山区的实证调查与理论分析》，《华中师范大学学报（人文社会科学版）》2014 年第 5 期。

尽管结构环境理论弥补了行为动机理论忽略宏观背景因素的缺点，但因果关系的分析仍然忽略了不同制度环境和区域环境下发生动态变化的可能，对个体层面贫困行为也缺乏理论上的贯通连接和适度关注。

（三）政治制度理论

政治制度理论认为，权力和制度制定的政策会影响贫困的发生发展，并制约行为与贫困之间的关系。资本主义工业革命过程中，社会财富的两极化分配引起了马克思、恩格斯，以及韦伯、布思（C. Booth）和朗特里（B. Rowntree）等一批社会学家的关注，他们分别从阶级与社会制度、土地与收入分配以及贫困的界定和分类等角度进行了开创性的研究。“二战”后，随着发达国家关于贫困的“再发现”，特别是大量发展中国家的普遍贫困，引起了经济学、社会学多个学科领域的关注，对贫困的制度研究取得了重要进展，形成了一系列著名的理论论述。如阿马蒂亚·森、赫希曼等人的研究，深入分析了贫困背后的不平等，以及导致这些不平等的制度原因。

国内学者的反贫困理论研究近年来也取得了丰硕的成果，如温铁军、胡鞍钢、李实等学者长期关注城乡发展、经济增长和收入分配对减贫效应的影响，积极从制度层面推动中国反贫困实践的发展[①]；汪三贵、李小云、王小林等学者从反贫困战略角度对中国反贫困历程和未来方向进行前瞻性分析[②]；姜德华等从自然资源的角度对中国区域性贫困的分布和特征进行了深入研究[③]；周建明、文军等从中国的社会变迁和城乡特点等视角思考宏观环境中的致贫因素[④]；李培林、李友梅、卢汉龙从新发展主义和社会建

① 胡鞍钢等:《中国经济增长与减少贫困（1978—2004）》,《清华大学学报（哲学社会科学版）》2006年第5期；胡鞍钢、童旭光《中国减贫理论与实践：青海视角》,《清华大学学报（哲学社会科学版）》2010年第4期；李实、杨穗:《中国城市低保政策对收入分配和贫困的影响作用》,《中国人口科学》2009年第5期。

② 汪三贵:《在发展中战胜贫困：对中国30年大规模减贫经验的总结与评价》,《管理世界》2008年第11期；汪三贵、刘未:《以精准扶贫实现精准脱贫：中国农村反贫困的新思路》,《华南师范大学学报（社会科学版）》2016年第5期；李小云、徐进:《消除贫困：中国扶贫新实践的社会学研究》,《社会学研究》2020年第6期；王小林:《改革开放40年：全球贫困治理视角下的中国实践》,《社会科学战线》2018年第5期。

③ 参见姜德华等:《中国的贫困地区类型及开发》，旅游教育出版社1989年版。

④ 陆学艺、宋国恺:《当代中国社会结构深刻变动的经济社会意义》,《北京工业大学学报（社会科学版）》2009年第9期；周建明:《建立发展的社会维度——对发展中的社会代价与社会进步的探讨》,《毛泽东邓小平理论研究》2007年第5期；文军、吴晓凯:《大都市底层社会的形成及其影响——以上海市的调查为例》,《华东师范大学学报（哲学社会科学版）》2015年第5期。

设视角分析现代化背景下的减贫路径[①]；杨雄、李春玲、杨菊华等则针对贫困儿童、老年人、农民工群体、弱势青少年等特定群体分析了反贫困的政策需求[②]。

总体而言，反贫困理论研究成果丰富，但不同地区的不平衡发展也使得各种反贫困理论在应用中面临不同的挑战和问题，特别是对于不同制度背景下反贫困道路的异同一直缺乏整体性的研究。研究者们普遍认为，反贫困研究要取得更大的科学进步，需要更多地将目光从富裕民主国家转而投向发展中国家，分析不同制度背景下反贫困理论的应用和实践[③④]。

二、西方反贫困实践面临的挑战和困境

有学者[⑤]将西方国家的主要反贫困模式，划分为几种类型：

一是资源配送模式：它属于典型的传统西方或大多数原欧共体国家的福利观念，通过向低收入群体提供津贴、补助等方式以满足其基本需求。

二是消除“机能障碍（dys-funcional）”模式：通过能力建设的专项计划或项目，瞄准特定贫困人口提供教育、就业等方面的政策支持，通过消除特定群体的“机能障碍”来彻底解决贫困问题。

三是介入“机遇结构（opportunity structure）”模式：将贫困与“机遇结构”缺乏联系在一起，通过经济全面增长的涓滴效应，来促进区域性的社会发展，改变贫困地区的社会及经济结构。

---

① 李培林：《高度重视乡村振兴中的两个问题》，《中国乡村发现》2018 年第 4 期；李友梅：《全体人民共同富裕与人民共同体建设》，《探索与争鸣》2021 年第 11 期；卢汉龙：《建立社会公共政策体系，消除社会不平等》，《探索与争鸣》2010 年第 9 期。

② 黄平等：《农民工反贫困：城市问题与政策导向》，社会科学文献出版社 2006 年版；李春玲：《对贫困地区学龄儿童失学原因的分析》，《青年研究》1994 年第 9 期；杨菊华：《人口转变与老年贫困》，中国人民大学出版社 2011 年版；杨雄、程福财：《政府扶助与社会支持——以闸北区为例：上海弱势青少年生存状况》，《青年研究》2002 年第 9 期。

③ David Brady, “Rethinking the Sociological Measurement of Poverty”, *Social Forces*, Vol.81, No.3, 2003, pp.715—751.

④ 刘小珉：《贫困的复杂图景与反贫困的多元路径》，社会科学文献出版社 2017 年版，第 36—62 页。

⑤ 陈昕：《贫困与反贫困的理论》，《价值工程》2010 年第 28 期；王俊文：《国外反贫困经验对我国反贫困的当代启示》，《社会科学家》2008 年第 3 期；刘俊文：《超越贫困陷阱——国际反贫困问题研究的回顾与展望》，《农业经济问题》2004 年第 10 期。

还有学者①根据西方国家对社会和市场干预的强度，划分出以产业干预代表的日韩发展型减贫国家、以北欧福利国家为代表的减贫有效国家、以英美自由市场国家为代表的减贫消极国家和因战事和经济问题而牵累的减贫无为国家等。无论采取哪种划分方式，我们都会发现，虽然各国已经形成反贫困共识，但由于发展水平存在巨大差距，社会制度和国情又各不相同，选择的反贫困道路大相径庭。

（一）泛个体化的扶贫方案面临现实挑战

客观来说，在现代福利国家理论支撑下，西方反贫困实践取得了一定成效，但由于制度性原因，一些国家在反贫困实践面临无法克服的难题和挑战，也很难实现规模化减贫。比如以经济人理性假设为理论前提，将人的经济活动从复杂的社会关系中割裂和孤立出来，舍弃掉追求利益最大化以外的一切社会关系，将人与人之间的差异、阶级性以及生产关系都抽象掉，将劳动者视为典型经济学含义上的独立个体，将贫困发生的根源归因于个体本身，与制度、体制等因素无关。在个人主义导向的行为动机理论指导下，通过在法律上给穷人赋权来使其摆脱贫困，这种减贫方案无疑会遇到了现实的挑战②。

（二）反贫困全球公共品供应出现缺位

另一方面，从反贫困实践的发展史来看，工业革命发生之前，包括英国和欧洲在内的整个世界皆处于“马尔萨斯陷阱”之中，贫困无所不在，不同国家间反贫困路径的差异并不明显。工业革命后，英美等发达国家和地区得到迅猛发展，广大发展中国家陷入了新的贫困恶性循环，出现了著名的“大分流”③，部分发达资本主义国家扮演起全球公共产品供应方的角色。进入新世纪以来，全球政治经济格局发生巨大变化，尤其是后疫情时代，能源贫困、食品贫困、住房贫困、就业贫困等新型贫困的出现，进一步暴露了西方新自由主义治理逻辑的缺陷，单纯依靠“无形的手”配置资源的经济运行方式受到严重限制。劳动者收入增速缓慢，生活水平长期处于较低状态，英美等

---

① 邓大才：《反贫困战略中的政府干预与理论基础》，《新疆师范大学学报（哲学社会科学版）》2021 年第 2 期。

② 孙咏梅：《坚持和发展中国特色反贫困理论》，《大众日报》2021 年 3 月 9 日。

③ 参见［美］彭慕兰：《大分流：欧洲、中国及现代世界经济的发展》，史建云译，江苏人民出版社 2003 年版。

单一霸主国家日益捆绑在所谓的“意识形态正确”陷阱中，与全球反贫困运动脱钩，使得传统的全球治理模式失灵。

（三）伊斯特利悲剧难以避免

事实上，学术界普遍认为“伊斯特利悲剧”已成为西方反贫困实践面临的最大挑战。① 纽约大学长期在世界银行从事国际发展研究的伊斯特利教授（William Easterly）于2006年出版《白人的负担》一书，谴责战后反贫困领域国际援助史存在“最大的悲剧”，2010年又出版《威权政治》，记载大量以扶贫开发为名义驱赶和损害受援助对象的案例，两本书所获得广泛的社会影响力，使得“伊斯特利悲剧”成为西方国家反贫困危机的代表词。简要来说，它包含两方面含义：一是虽然工业革命以来，全球经济增长迅速，但部分发展中国家却处于停滞状态，数亿人口挣扎在极度贫困线下，他们亟待获得发展援助；二是发达国家在过去数十年中，持续投入了数万亿美元的扶贫援助资金，却至今收效甚微且预期不佳。如联合国开发署《2021年全球多维贫困指数》调查覆盖的109个国家中，共有13亿人处于多维贫困状态，多维贫困指数仍然居高不下②；2020年世界银行发布的《精英俘获国家援助：来自离岸银行账户的证据》报告③显示1990—2020年间，世行向22个发展中国家发放的援助贷款中，有7.5%左右被当地的精英俘获，流入离岸银行账户；世界银行2001年《非洲的援助与改革》报告④显示，在僵硬价值观与政治原则束缚下，当地政府丧失发展的自主性和发言权，在发展方向和操作方式上听命于西方捐赠者，国际援助一个直接后果就是对当地公共政策质量的严重破坏。

（四）反贫困运动受意识形态倾向影响

更令人担忧的是，国际反贫困运动呈现出政治化和意识形态化倾向，部分国家一方面在对外援助中加强西方价值观的捆绑输出，另一方面不断对非西方意识形态框架下的反贫困实践提出质疑⑤，通过政治抹黑来达到防止其自身战略利益受损的目的，严

---

① 蔡昉：《金德尔伯格陷阱还是伊斯特利悲剧？》，《世界经济与政治》2017年第10期。

② 新华社：《联合国报告：许多国家不同族群间多维贫困差距明显》，2021年10月8日。

③ Jørgen Juel Andersen, Niels Johannesen, Bob Rijkers, *Elite Capture of Foreign Aid: Evidence from Offshore Bank Accounts*, World Bank Group, 2020.

④ 参见世界银行：《2000/2001年世界发展报告》，中国财政经济出版社2001年版。

⑤ 王义桅：《为何总有人拿一带一路规则说事》，海外网2018年8月2日；寿慧生：《西方为何对中国援助非洲感到焦虑？恰恰是因为中国尊重了市场逻辑》，观察者网2018年8月31日。

重偏离了反贫困运动的正常轨道。

总体来说，西方各国综合应用法律制度、经济增长、财税工具、社会政策和国际协作等方式开展贫困治理，较早地考虑全球范围内的减贫干预范式，取得了一定成效，但受制于反贫困指导思想和理论的局限，减贫效果不尽满意，在全球新一轮政治经济格局变动的大背景下，西方各国更注重维护自身利益最大化，反贫困行动因此面临越来越多的新挑战新问题。这种背景下，重新发现和梳理发展中国家的反贫困经验显得尤其重要。

第二节　中国特色反贫困理论的构建

一、中国特色反贫困理论的历史生成逻辑

中国特色反贫困理论作为一种从实践发展而来的科学理论，既批判性地吸收了西方近现代反贫困思想中的闪光点，继承和发展了马克思主义反贫困理论的唯物史观，还在中国自身的反贫困实践中经历了从孕育到成熟的历程。

在追溯中国特色反贫困理论的历史生成逻辑时，有学者侧重从马克思主义反贫困理论及其所蕴含的方法论的角度，思考社会主义制度自身逻辑演化的结果；有学者关注中国特色反贫困理论按客观规律、实践逻辑、制度逻辑、道路逻辑和国家治理逻辑逐步演进的一般发展规律。① 不管何种角度，关键在于要将其嵌入到纵向的时空线索中发现其社会历史脉络。

（一）马克思主义反贫困理论中国化的成果

近年来，中国本土学者一直致力于思考中国特色反贫困理论和马克思主义反贫困理论中国化之间的关系，如有研究者② 认为，马克思恩格斯在贫困问题上的最重要贡献就在于从唯物史观出发，揭示了资本主义贫困问题的内在根源和现实经济关系基础，而当代中国的贫困是因为发展的不平衡不充分导致的，需要从制度基础、生产方式、多维贫困等角度继承和发展唯物史观，才能从实践层面继承马克思主义反贫困思想。

---

① 李正图：《中国特色反贫困理论的形成逻辑》，《人民论坛》2021 年第 18 期。

② 黄承伟、刘欣、周晶：《鉴往知来——十八世纪以来国际贫困与反贫困理论评述》，广西人民出版社 2021 年版；唐正东：《唯物史观视域中的反贫困思想与中国的脱贫攻坚实践》，《哲学研究》2021 年第 7 期。

又比如，1981年，蒋学模等所著《无产阶级贫困化理论研究》一书围绕“无产阶级贫困化”问题，对马恩反贫困思想进行了深入探讨，驳斥了贫困化理论的过时论。学者们提出，马克思所设想的是在生产力高度发展的西方资本主义社会建立社会主义社会，而当时的中国生产力远远达不到这种水平，因此要科学辩证地看待不同社会制度下的无产阶级贫困问题。当然，马克思主义反贫困理论中国化最大的贡献在于“共同富裕”概念的进一步完善。摆脱贫困，消除贫困，实现全民共同富裕才是社会主义的本质特征。①

（二）中国共产党摆脱贫困斗争的理论结晶

对于中国特色反贫困理论的历史发轫时间，学术界一度存在争议。比如有学者认为中国正式意义上的贫困治理肇始于1978年，有学者主张从1949年新中国成立开始讨论新中国的扶贫史，事实上，中国共产党成立初期就始终坚持与贫困做斗争。徐田华②详细追溯了中共成立初期发动贫苦工农，改善其物质条件的多种举措，将中国共产党的反贫困斗争划分为新民主义革命、社会主义革命和建设、改革开放四个阶段。文建龙③探讨了党的扶贫重心转移的背景、路径、内在动因，以及党的扶贫重心转移与中国社会文明进步之间的内在逻辑联系。韩广富④从党史角度分析了中国共产党扶贫开发道路的形成，认为政党在扶贫开发工作中发挥了主体作用。张占斌⑤认为，中国共产党带领人民创造历史上的减贫奇迹，在不同的时期有着不同的工作思路和扶贫模式。显然，中国特色反贫困理论从发展到成熟，与中国共产党成立以来的反贫困斗争有严密的内在逻辑。

（三）中国特色社会主义理论的历史推动

中国特色反贫困理论离不开中国特色社会主义理论的发展和丰富。毛泽东、邓小平、习近平等中共领导人反贫困思想的提出和发展，始终植根于社会主义建设历程之

① 赵茂林：《马克思主义反贫困理论的发展及其对中国反贫困实践的指导意义》，《沧桑》2005年第4期；李少荣：《马克思主义反贫困理论的发展及其指导意义》，《理论探讨》2006年第1期；黄承伟、刘欣：《“十二五”时期我国反贫困理论研究述评》，《云南民族大学学报（哲学社会科学版）》2016年第33期。

② 徐田华：《中国百年减贫史的光辉历程与宝贵经验》，《农业农村部管理干部学院学报》，2022年第13期。

③ 文建龙：《中国共产党与中国扶贫事业：改革开放以来扶贫重心转移的路径与动因》，社会科学文献出版社2018年5月。

④ 韩广富：《中国共产党农村扶贫开发工作史纲的逻辑构建》，《理论学刊》2012年第6期。

⑤ 张占斌：《中国特色脱贫攻坚制度体系，历史逻辑、实践特征和贡献影响》，《理论视野》2021年第7期。

中。早在20世纪30年代，毛泽东[①]就对中国农村及状况进行了深入调查分析，认为中国贫困的根本原因在于历史上半殖民地半封建的社会性质，只有建立社会主义制度，实现工业化和现代化才能实现反贫困目标。邓小平[②]提出贫穷不是社会主义，坚持社会主义必须摆脱贫穷，通过“分三步走”“先富理论”以及“两个大局”等思想，主张将改革开放作为反贫困的根本对策，通过发展生产力来消除贫穷。习近平明确提出要坚持发挥社会主义制度集中力量办大事的政治优势，建立分阶段目标，抓住精准扶贫、发展扶贫、内源扶贫、生态扶贫等重点工作，直接推动了中国特色反贫困理论的体系化构建和创新发展。

二、改革开放以来中国反贫困战略实践与发展

国内学者[③④]在对改革开放以来中国减贫脱贫的历程进行研究时，大多参照国务院相关机构[⑤]的划分方法，将1978年、1986年、1993年、2000年、2011年、2020年作为重要的时间节点。

（一）体制改革推动扶贫阶段（1978—1985年）

改革开放之后，中国由计划经济向市场经济转变，不同地区的经济发展水平出现分化，由于资源禀赋、区位条件和政策取向的差异，全国东中西三大板块之间的经济发展差距拉大，贫富差距问题凸显，这一时期主要结合农村经济体制改革，改变土地资源的配置方式，用家庭承包经营制度取代人民公社的集体经营制度，赋予农民更多经营自由权、放宽农产品价格、发展乡镇企业等成为主要扶贫方式，通过改善贫困地区的基础设施、生产条件，促进贫困地区的经济发展，进而减少贫困人口。从1978年到1985年，贫困人口从2.5亿人减少到1.25亿人，占农村人口的比例下降到14.8%；贫困人口平均每年减少1786万人。

① 参见《毛泽东选集》第4卷，人民出版社1991年版。
② 参见《邓小平文选》第3卷，人民出版社1993年版。
③ 张琦、张涛、李凯：《中国减贫的奇迹：制度变革、道路探索及模式创新》，《行政管理改革》2020年第5期。
④ 汤敏：《中国扶贫攻坚40年》，《社会治理》2018年第11期。
⑤ 参见国务院新闻办公室：《中国的农村扶贫开发》，2001年；《人类减贫的中国实践》白皮书，2021年。

（二）开发式扶贫阶段（1986—1993年）

1986年5月，国务院贫困地区经济开发领导小组（1993年更名为国务院扶贫开发领导小组）成立，实施区域型、开发式总体扶贫战略，划分了18个集中连片困难地区，依据农民人均收入，划定了331个国家贫困县和一批省级贫困县，提高贫困地区自我发展、自我积极和自我脱贫的能力。到1992年底，农村依靠其收入不能维持其基本的生存需要的绝对贫困人口减少到8000万人。

（三）八七扶贫攻坚阶段（1994—2012年）

1994年第一次全国扶贫开发工作会议召开，颁布《国家八七扶贫攻坚计划（1994—2000年）》，政府扶贫的重点和瞄准对象逐渐下沉下移，进一步瞄准贫困县、贫困村、贫困人口。七年间，中央政府累计投入扶贫资金1240亿元。列入“八七扶贫攻坚计划”的国家重点扶持的贫困县调整为592个，各种扶贫优惠政策、各类项目资源集中向这些贫困地区倾斜，输血式与造血式相结合的扶贫方式，共同推动贫困县、贫困村的脱贫摘帽。

（四）精准扶贫阶段（2012—2020年）

2011年，《中国农村扶贫开发纲要（2011—2020年）》正式颁布，将扶贫开发的总体目标确定为“两不愁三保障”，不仅重视贫困户的收入水平，还突出强调贫困人口的社会福利和保障水平。2013年，“精准扶贫”思想的提出，开启了扶贫开发工作的新局面。2014年初，中共中央办公厅、国务院办公厅发布《关于创新机制扎实推进农村扶贫开发工作的意见》，对我国扶贫开发工作做出战略性创新部署，提出建立精准扶贫工作机制。2016年，国务院印发实施《“十三五”脱贫攻坚规划》，这是我国第一个扶贫领域的五年规划，进一步明确精准扶贫、精准脱贫的基本方略，多措并举解决区域性整体贫困，并重点关注和解决贫困户的个体问题，实现自主脱贫。

（五）乡村振兴阶段（2020年起）

2021年，国务院扶贫办正式挂牌为国家乡村振兴局。党中央、国务院从可持续发展出发，于2020年12月出台了《关于实现巩固拓展脱贫攻坚成果同乡村振兴有效衔接的意见》，将脱贫摘帽作为乡村振兴的起点。打赢脱贫攻坚战后，实施乡村振兴战略，巩固拓展脱贫攻坚成果、不发生规模性返贫，是党中央最关心的一件大事。2021

年以后，在保持帮扶政策总体稳定的基础上，设立5年过渡期，巩固拓展脱贫攻坚成果，各方面共同努力实现同乡村振兴有效衔接，不发生规模性返贫。

三、中国特色反贫困理论的体系框架

中国特色反贫困理论指导实践取得成功的关键，不在于个别政策和措施，而在于理论体系、政策体系、制度体系、工作体系等方面系统综合机制的创新协同。其主要构成要素包括：

（一）宏观层面的制度框架和政策体系构建

新中国成立以来，为了改变贫穷落后的面貌、实现共同富裕，中国共产党制定了以解决经济、文化贫困问题为主要内容，以阶段性目标为努力方向的反贫困梯次推进战略，表现为从愿景目标、五年规划（计划）到专项规划一系列宏观层面的制度安排和政策体系。首先，社会主义现代化强国的奋斗目标。在“两个一百年”奋斗目标中，脱贫攻坚和乡村振兴是其中重要的内容，是国家治理体系和治理能力现代化在贫困治理领域的实践。其次，五年规划。从“六五”计划到“十四五”规划都有专门章节对反贫困的五年目标任务进行规划部署。第三，专项计划。1993年以来，先后实施《国家八七扶贫攻坚计划（1994—2000年）》《中国农村扶贫开发纲要（2001—2010年）》《中国农村扶贫开发纲要（2011—2020年）》，同时制定各省市的专项规划，贫困治理成为国家治理的重要组成部分。

（二）具体领域的制度体系和政策举措

中国特色反贫困理论和实践的核心内容包括具体领域一系列原创性的政策举措。概括来说，即在减贫实践中，针对不同情况分类施策、根据不同的致贫原因和贫困类型，通过“六个精准”和“五个一批”，解决“四个问题”。从贫困界定、减贫方式到最终实现内生性发展，各项举措互相之间相互联系、相互促进又相互制约，既为我国脱贫攻坚工作的圆满完成提供了政策支撑，也为推进国家治理体系和治理能力现代化、建设社会主义现代化强国提供了重要途径。①

① 陆航：《构建中国特色反贫困理论》，《中国社会科学报》2020年1月15日。

（三）反贫困动员体系和工作机制

中国特色反贫困理论来自实践指导实践，除宏观层面和具体领域的制度外，“七个坚持”还强调组织保证、方法保证和成效保障，为解决好脱贫攻坚扶持谁、谁来扶、怎么扶、怎么退四大问题，建立了一整套自上而下的反贫困动员体系和工作机制。首先，明确脱贫攻坚责任制。建立中央统筹的管理体制、构建横向到边、纵向到底的工作体系。执行脱贫攻坚一把手负责制，省市县乡村五级书记层层负责，签署责任书和军令状，以脱贫攻坚统揽经济社会发展全局。其次，严格考核评估和监督检查。组织脱贫攻坚专项巡视，开展扶贫领域腐败和作风问题专项治理，加强脱贫攻坚督导和监察。第三，建立健全干部激励和保护机制，树立正确用人导向，加强基层扶贫队伍建设，从 2013 年开始向贫困村选派第一书记和驻村工作队，截至 2020 年底，全国累计选派 25.5 万个驻村工作队、300 多万名第一书记和驻村干部①。第四，建立贫困退出机制，明确贫困县、贫困村、贫困人口退出的标准和程序，既防止数字脱贫、虚假脱贫等“被脱贫”，也防止达到标准不愿退出等“该退不退”。制定脱贫摘帽规划和年度减贫计划，确保规范合理有序退出。

四、中国特色反贫困理论的独创之处

中国特色反贫困理论作为统合性的理论，在分析致贫原因时既强调政治制度、结构环境因素，又重视行为动机因素，吸收了国内外经典反贫困理论的精华。同时也有不少独创性的内容，其背后还包含着以下几大独创性的理论视角：

（一）充分发挥社会主义政治制度优势

坚持党的领导和坚持社会主义制度集中力量办大事的政治优势是中国特色脱贫攻坚制度体系的核心内容，居于统领地位。中国共产党领导既是中国特色社会主义最本质的特征，也是中国特色社会主义制度的最大优势。习近平反复强调脱贫攻坚中的组织作用：“必须坚持发挥各级党委总揽全局、协调各方的作用，落实脱贫攻坚一把手负责制，省市县乡村五级书记一起抓，为脱贫攻坚提供坚强政治保证。”事实证明，政党

① 参见国务院新闻办公室：《人类减贫的中国实践》白皮书，2021 年。

领导下建立的中国特色反贫困制度体系不仅符合中国实际，还是成效的充分保障。从这些年的脱贫攻坚实践来看，中国减贫最大的优势就是中国共产党的领导和集中力量办大事的制度优势。脱贫攻坚作为举国战略，必须汇聚各方面力量。在脱贫攻坚中，发挥制度性扶贫的优势，广泛动员全党全国各族人民以及社会各方面力量，大规模地进行扶贫，构建跨地区、跨部门、跨单位的大扶贫格局，是在短时间内完成脱贫攻坚艰巨任务的根本保障。

（二）以人民为中心的价值导向

坚持以人民为中心的价值导向，坚定不移走共同富裕道路，是中国能够在相对短的时间内消除绝对贫困的关键所在。人民立场是中国特色反贫困理论的基本立场。首先，脱贫攻坚的目的是改善民生。中国共产党从新民主主义革命，到建立新中国，再到改革开放实行家庭联产承包责任制、发展乡镇企业、开展东西部帮扶等，一系列重大改革举措都始终坚持人民立场，强调消除贫困、改善民生。其次，脱贫攻坚始终坚持尊重人民群众主体地位和首创精神，激发人民群众蕴藏的智慧和力量。[①]贫困的行为动机理论，长期存在脱贫中个人能动性与社会结构关系的理论悖论，往往将贫困个体看作受困于社会结构的被动受害者。而中国特色反贫困理论重视主体性的激发，把思想脱贫、扶贫扶志都作为反贫困的重要内容。第三，脱贫攻坚的实效需要人民检验和监督。党的十八大以来，中央、省、市县财政专项扶贫资金累计投入近 1.6 万亿元，对资金来源、使用以及效果都及时公开，接受人民群众的广泛监督。正是始终坚持以人民为中心的发展思想，按照国家战略部署的目标任务，持之以恒，才最终取得脱贫攻坚伟大胜利。

（三）精准扶贫方略

针对十八洞村的一项跟踪研究显示，精准扶贫方略作为“一揽子工程”，为贫困乡村带来了强烈的外部冲击，驱动当地经济、社会和空间加速重构：经济从“二元经济”向“多元经济”转变，社会形态由熟人社会向契约社会转变；空间形态从生产生活空

① 李小云：《深刻理解和把握中国特色反贫困理论》，《光明日报》2021 年 3 月 22 日；彭蕾、董俊友：《习近平贫困治理重要论述的人学意蕴》，《齐齐哈尔大学学报（哲学社会科学版）》2022 年第 2 期。

间向生产、生活、生态空间有机融合转变。① 另外一项针对 1856 个县域面板数据的研究进一步提供了全国性的实证数据，指出精准扶贫战略实施以后，不仅农民收入不平等的差距逐步缩小，区域内基础建设水平、产业发展水平和教育水平等都得到改善，从而对社会经济各层面具有显著的“漏出效应”和“溢出效应”。② 精准扶贫方略继承了马克思主义反贫困理论的唯物史观和辩证分析观，从新时期生产力和生产关系、经济基础和上层建筑的调整角度进一步对中国特色反贫困理论进行了创造性的发展。③

（四）共同富裕的目标任务

把实现共同富裕作为反贫困的重要目标和价值追求，是中国特色反贫困理论的根本指向。共同富裕的理念经过不断完善发展，已经成为社会主义建设的目的、本质、特点和制度优越性的集中体现。在这一目标指向引领下，“两个一百年”奋斗目标从全面建成小康社会扩展成为建设社会主义现代化强国的新征程。脱贫攻坚期间，东部 9 省市共向扶贫协作地区投入财政援助和社会帮扶资金 1005 亿多元，东部地区企业赴扶贫协作地区累计投资 1 万多亿元。通过完善社会动员机制，搭建社会参与平台，创新社会帮扶方式和格局。

第三节　中国特色反贫困理论的重大价值

一、丰富和发展马克思主义反贫困理论

马克思关于贫困及消除贫困的思想是中国特色反贫困理论的理论基础。马克思有关贫困及消除贫困的思想，主要集中于其《1844 年经济学哲学手稿》《雇佣劳动和资本》《资本论》等一系列的著作和文献当中，最早从制度层面分析了资本主义贫困问题的产生逻辑，并提出消除贫困、实现共同富裕的反贫困目标。但是马克思反贫困理论是基于早期资本主义贫困现象的论述，更多将贫困作为生产关系的产物而非一种经济现象来研究。因此，马克思的反贫困理论在实际运用过程中必须被中国化、时代化。

① 丁建军、王璋、余方薇、柳艳红：《精准扶贫驱动贫困乡村重构的过程与机制——以十八洞村为例》，《地理学报》2021 年第 76 期。

② 宋亮、汤家慧：《精准扶贫是否降低了农村地区收入不平等？——基于全国 1856 个县域面板数据的分析》，《吉林工商学院学报》2022 年第 2 期。

③ 蒙云龙：《中国共产党精准扶贫思想的唯物史观意蕴》，《经济研究导刊》2022 年第 7 期。

中国特色反贫困理论的提出，丰富和发展了马克思主义反贫困理论，一方面立足于社会主义公有制的制度优势，通过制度工具打破不均衡，在理论上破解了西方国家“伊斯特利悲剧”式反贫困难题，另一方面坚持以发展的眼光看待分配，以整体性发展破解西方新自由主义的逻辑缺陷，无论从认识还是实践层面，都是对马克思主义反贫困理论的飞跃。

二、创新了发展中国家减贫理论模式

中国特色反贫困理论不仅指导了全球最大发展中国家的反贫困实践，还为世界减贫运动提供了中国方案。长期以来，国际减贫领域有一种传统观念认为，在全球公共品的供应中，发达国家理应承担帮助发展中国家减贫的国际责任，发展中国家落后的产业结构和政府过多干预有关，需要按照西方发达国家的模式进行再改造，即所谓的“华盛顿共识”(Washington Consensus)①。而这种带有强烈的政治性和特殊利益集团色彩的观念在实践中逐渐走向失败，以拉美为代表的发展中国家在一系列自由主义改革中绩效不断降低，逐渐认识到需要把压迫于自己身上的霸权国家脚掌移开，从失去的20年中吸取教训，探索符合自身实际的发展道路。中国对内坚持“贫穷不是社会主义”“在发展中脱贫”的理念，于2015年成为第一个实现联合国新千年目标中“减贫目标”的发展中国家，就是这种崭新发展理念和减贫模式的典型代表。

三、突破了西方反贫困实践面临的制度性困境

中国特色反贫困理论作为一种“制度”范式，超越了西方经典的贫困理论范式②，主要表现在：第一，超越绝对贫困理论范式，形成多维贫困观。第二，超越结构环境理论范式，提出区域贫困观，抓住不同发展阶段的主要矛盾，实事求是实施精准脱贫策略。第三，超越行为动机理论范式，形成共同富裕观；注重内在动力和可持续发展，

① 参见［美］诺姆·乔姆斯基，《新自由主义和全球秩序》，江苏人民出版社2000年版。

② ［美］洪源远：《中国如何跳出贫困陷阱》，生活·读书·新知三联书店2018年版；［美］阿西莫格鲁等：《国家为什么失败》，李增刚译，徐彬校，湖南科学技术出版社2015年版；姜海林、杨青：《制度创新与经济增长——对发展中国家跨越贫困陷阱的道路的思考》，《云南财贸学院学报》2003年第2期。

实施巩固拓展脱贫攻坚成果与乡村振兴有效衔接的策略。第四，超越环境结构贫困理论范式，中国特色反贫困理论不仅认识到贫困风险的个体性、社群性，而且将贫困风险视为一种地区性、结构性、系统性的发展问题，主张发挥制度优势，统揽发展全局，实施自上而下的联动策略，从而最大限度的避免单一霸权国家从维护自身利益最大化角度出发的发展成本转嫁风险，同时积极为全球反贫困类公共产品的供给提供发展中国家的特色方案。

第二章　中国农业农村现代化的理论基础、政策变迁和历史经验

1949年新中国成立至今，中国共产党带领中国人民在建设国家现代化的过程中，不断将马克思主义的经典理论与不同历史时期的中国国情相结合，创造性地进行理论创新和实践探索，推动中国农业农村进入现代化发展轨道，走出了一条颇具特色的“中国式现代化”道路。采用的政策工具虽然不尽相同，但始终以“三农”为纽带，在努力实现农业经济现代化的同时，加速农村社会现代化进程，为建构具有中国特色的农业农村现代化制度体系奠定了基础。“加快推进农业农村现代化”是党的十九大报告中对“三农”工作的重大部署，是党和国家首次将农业现代化与农村现代化融合规划，体现了中国共产党“三农”工作理念的进步与创新，标志着我国“三农”工作进入新的阶段。特别是党的二十大在擘画全面建成社会主义现代化强国宏伟蓝图时，对农业农村工作进行了总体部署。概括地讲：未来五年“三农”工作要全面推进乡村振兴，到2035年基本实现农业现代化，到21世纪中叶建成农业强国。这是党中央着眼全面建成社会主义现代化强国作出的战略部署。强国必先强农，农强方能国强。没有农业强国就没有整个现代化强国；没有农业农村现代化，社会主义现代化就是不全面的。本章主要以新中国成立以来的农业农村政策为研究对象，系统梳理中国农业农村现代化的理论基础、政策变迁和历史经验，对推动我国现代化新征程中的乡村振兴战略实施、到2035年基本实现农业现代化的战略任务，具有重要理论价值和决策意义。

第一节　中国农业农村现代化的内涵及其演化

新中国成立70多年来，农业现代化作为国家现代化的重要组成部分，成为几代国人为之奋斗的中国梦。“农业现代化”作为一个动态概念，其内涵和外延也随着经济社

会的发展、生产力和技术的进步而不断演化。

首先，农业现代化是作为国家现代化总体战略的一个重要组成部分，像国家现代化这个概念一样，是一个包含道路、目标、实现形式等诸多发展要素的整体性概念。1949 年新中国成立之后，国家一直非常重视农业现代化问题。20 世纪 50 年代初，国家最先提出的是“三个现代化”即工业现代化、农业现代化和科学文化现代化；到 20 世纪 60 年代初又加入“国防现代化”，构成了“四个现代化”的雏形，后来将科学文化现代化改为科学技术现代化。20 世纪 80 年代初，中央重提“四个现代化”，由此使其成为家喻户晓的发展目标。从此之后，凡提“国家现代化”，其中必有农业现代化。而且，农业现代化被认为是国家现代化的基础。①

其次，就农业现代化自身的政策话语体系来看，大致分为“老四化”、“多化并举”（探索中国特色的农业现代化）、“三化协调”、“四化同步”（“新四化”）、农业农村现代化一体等五个不同的重要阶段。一是“老四化”阶段，即 20 世纪 50 年代到 70 年代末：现代化建设初期主要学习苏联模式，农业现代化就是要实现农业机械化、化学化、水利化、电气化等“四化”。二是“多化并举”阶段，即 1979 年 1 月至 2008 年 9 月：1979 年党的十一届四中全会通过的《中共中央关于加快农业发展若干问题的决定》提出，只有加快发展农业生产，逐步实现农业现代化，才能使占我国人口 80% 的农民富裕起来，也才能促进整个国民经济蓬勃发展，走出一条适合我国情况的农业现代化道路。对全面实现农业现代化，强调要尽快提高农业的科学化、机械化、区域化、专业化、社会化和农工商一体化等水平，这显然已对原来的“四化”理念进行了突破，可谓开启了“多化并举”的农业现代化探索阶段。三是“三化协调”阶段，即 2008 年 10 月至 2012 年 10 月：中共中央出台《关于推进农村改革发展若干重大问题的决定》，强调必须统筹城乡经济社会发展，统筹工业化、城镇化、农业现代化建设，加快建立健全以工促农、以城带乡长效机制，实现城乡、区域协调发展。文件的出台标志着我国农业现代化政策进入到一个新阶段和对中国特色的农业现代化认识进一步深化。四是“四化同步”（“新四化”）阶段，即 2012 年 11 月至 2017 年 9 月：党的十八大结合新时

① 王春光：《迈向共同富裕——农业农村现代化实践行动和路径的社会学思考》，《社会学研究》2021 年第 2 期。

代经济社会形势的变化，在原来新型工业化、城镇化和农业现代化“三化协调”发展的基础上，又增加了信息化的内容，进一步提出了“四化同步”的发展战略，表明对农业现代化的认识进一步深化。五是农业农村现代化一体阶段，即2017年10月至今：党的十九大作出了实施乡村振兴战略的决策部署，2018年和2019年的中央一号文件具体提出了通过实施乡村振兴战略加快农业农村现代化进程的基本路径。特别是中央提出农业、农村现代化共同推进，既体现了新时代解决“三农”问题的客观需要，又从广义上阐释了农业现代化的定义，揭示了农业现代化和农村现代化具有不可分割的关系。①

第二节　中国农业农村现代化的理论基础

中国农业农村现代化是国家现代化总体战略的一个有机组成部分，是中国式现代化的重要体现。而中国式现代化是一个取长补短、择善而从的过程，它的逐步形成是马克思主义理论在中国的实践成果之一，因此马克思政治经济学理论是中国式现代化发展的重要思想资源。消除贫困、实现共同富裕的中国式现代化，是以人民为中心、为人民谋福祉的现代化，这与以资本为中心、追求资本利益最大化的西方现代化有着根本区别。而指引中国现代化实践的思想基础，则在于马克思的现代性思想与现代性批判，体现为“肯定现代化的进步意义与否定资本现代性的双重视角”②。除此之外，基于欧洲的现代化实践，产生了社会学的经典现代化理论和后现代理论；基于美国的现代化实践，产生了人们熟悉的“芝加哥学派”、后工业社会理论和网络社会理论；基于拉美国家走向现代化的实践，产生了发展社会学的“世界体系论”“依附理论”，等等③，这些也都成为中国式现代化道路汲取养分的理论渊源。

一、现代化理论

（一）经典现代化理论

经典现代化理论诞生于20世纪五六十年代。它是对18世纪工业革命以来世界现代化进程的一种理论阐述。它并不是一个单一理论，而是不同思想的一个集合，是指

① 曹俊杰：《新中国成立70年农业现代化理论政策和实践的演变》，《中州学刊》2019年第7期。

② 刘倩：《中国式现代化新道路与现代化理论新发展》，《中国社会科学报》2021年10月21日。

③ 李培林：《中国式现代化和新发展社会学》，《中国社会科学》2021年第12期。

关于发展中国家发展研究的一种学说。主要探讨发展中国家社会、政治、经济、文化和教育现代化的理论、模式、战略方针乃至具体政策。

概括地说，现代化是18世纪工业革命以来人类社会的一种深刻变化，是从传统社会向现代社会的转型过程；它既发生在先行国家，也存在于后进国家追赶世界先进水平的过程中。现代化理论从萌芽至成熟，大致经历了三个阶段。第一个阶段是萌芽阶段，从18世纪至20世纪初。这一阶段以总结和探讨西欧国家自身的资本主义现代化经验和面临的问题为主，其中主要的学者有圣西门、孔德、迪尔凯姆和韦伯等。第二个阶段是现代化理论的形成时期。从第二次世界大战后至20世纪六七十年代，以美国为中心，形成了比较完整的理论体系，主要学者有社会学家帕森斯、政治学家亨廷顿等。第三个阶段是从20世纪六七十年代至今，这一时期研究的核心是如何处理非西方的后进国家现代化建设中的传统与现代的关系。

经典现代化理论主张，现代化是一个向欧美型发达国家的社会、经济、文化系统演变的过程；发展中国家在从传统社会向现代社会转变的过程中，主要受内部因素（道德规范和价值体系等）制约，其中价值观的转变是社会变革最基本的前提；发展中国家通过接受西方发达国家的先进技术、科学文化以及思想观念，克服传统的障碍，必将走上与发达国家相同的道路；处于不同发展阶段的国家，在输入具有现代化特征的先进技术、科学文化和思想观念上，成功率存在差异。正如马克思在《资本论》第一卷德文第一版“序言”中所讲的：“工业较发达的国家向工业较不发达国家所显示的，只是后者未来的景象。”① 这是理解现代化的过程和结果的一个重要思想。

（二）关于农业现代化的理论

农业现代化理论大都属于经济学理论，关注的焦点是农业技术的改进和农业效率的提升，其历史可以追溯到20世纪60年代，总体来看，国外农业现代化理论主要有以下几种流派：

1. 改造传统农业理论

美国著名经济学家西奥多·W. 舒尔茨（Theodore W. Schultz）提出改造传统农业理

---

①《马克思恩格斯全集》第44卷，人民出版社2001年版，第8页。

论，从理论上阐明了农业和农民在经济发展中的重要地位和积极作用，对传统农业的性质提出了新的见解，认为发展中国家的经济成长，有赖于农业的迅速稳定的增长，而传统农业不具备迅速稳定增长的能力，出路在于把传统农业改造为现代农业，即实现农业现代化。在这个过程中重要的是制度保证，运用以经济刺激为基础的市场方式，通过农产品和生产要素的价格变动来刺激农民；强调适度规模，反对建立大规模农场。①

2. 农业技术扩散理论

世界农业发展的实践证明，先进的耕作方法和优良的动植物品种的扩散，是农业生产率增长的重要源泉。因为这种行为不仅有效地传播了农业生产技术知识，而且缩小了农民之间和地区之间的生产差距，从而促进了农业生产的发展。在农业技术扩散的过程中，不仅有农民之间的相互切磋借鉴，还有国家以及私人研究机构广泛参与；不仅有经济学家对此进行的细致研究，还有社会学者对扩散速度与农场经营者的个人特点及教育程度之间的关系的探讨；更有农业行政管理者和政策制定者对扩散的不断推动。一般而言，扩散行为具有自发性的特点，这是农业生产者为追求农业的高产出而采取的一种自觉行动。但是，扩散行为并不排除一些团体、机构乃至政府部门的强力推动，由此使得扩散行为被社会所广泛认可。②

3. 肥力保持理论

肥力保持理论被认为是来源于与英国农业革命相联系的动植物管理方法的进步和早期德国土壤学家提出的土壤肥力枯竭概念，由速水佑次郎和弗农·拉坦在《农业发展的国际分析》一书中提出。③在英国农业革命过程中，通过集约式地引入和使用饲草和绿肥作物，增加和扩大畜肥的使用范围，从而达到增加土壤肥力的目的。这种新的管理方法，与农场的合并以及对土地开发的投资同时进行，因而促进了农业总产出和单位面积产量的显著增长。19 世纪 20 年代至 50 年代，贾斯特斯冯·李比希等人进一步发展了土壤肥力枯竭学说，不仅证明了土地矿物质与植物生长之间的关系，而且验证了英国古典经济学家关于农业生产的资本和报酬递减的假设。在此基础上，自然资

① 参见［美］舒尔茨：《改造传统农业》，商务印书馆 2006 年版。

② 参见［日］速水佑次郎、［美］弗农·拉坦：《农业发展的国际分析》，中国社会科学出版社 2000 年版。

③ 同上。

源稀缺学说随之建立起来。这一学说认为，自然资源是稀缺的，这种稀缺性随着经济的增长而不断增加，资源稀缺性不仅影响生活水平的提高，而且危及经济的增长。

（三）关于农村现代化理论

如果说“农业现代化”理论大都属于经济学理论，关注的焦点是农业经济效率的提升，那么“农村现代化”则属于社会学理论，更侧重于农村社会、生态环境等方面的改善。在农业现代化过程中，由传统农村演变为现代农村的过程称之为农村现代化。① 相对于研究内容极为丰富的农业现代化，学界对农村现代化的研究十分薄弱。现阶段，城乡发展不平衡、农村发展不充分的问题已经严重制约了新时代“三农”的发展，农村的发展越来越受到党和国家的重视。为解决我国新时代社会主要矛盾，迫切需要加快推进农村现代化以助推乡村全面振兴。以往对农村现代化的两种认识：新农村建设和农村城镇化，均存在一定偏颇。农村现代化不是仅依靠外力建设和改造使农村呈现新面貌，也不是将所有农村完全改造为城镇，而是在城乡逐步融合发展的过程中，通过不断调整农业生产和农村生活方式使其逐渐适应现代经济社会的发展，最终彻底消除城乡差别，实现城乡协调发展。② 从国家整体战略安排角度来看，农村现代化是乡村振兴的重要内容，亦是全面实现社会主义现代化强国必不可少的重要组成部分。此外，农村现代化还包括人的现代化、物的现代化以及治理现代化。其中，人的现代化指农民要成为现代农民，表现为农民职业化、观念现代化和思想科学化；物的现代化指农业机械化装备化智能化、农村产业链条化以及农民居住环境现代化；治理现代化指乡村公共服务、公共管理、公共安全保障水平显著提高。③④

总体上看，全球发达国家的农业农村现代化模式有两种：规模经营和兼业经营。李培林系统总结了发达国家和地区的农民走向现代化的两条道路：一是欧美国家的道路，通过转移农业劳动力、减少农民，实现农业现代化和规模经营。使农业从业人员只占全部就业人员的 3% 以下，农业增加值只占国民生产总值的 1% 左右。二是东亚和

① 朱道华：《略论农业现代化、农村现代化和农民现代化》，《沈阳农业大学学报》2002 年第 3 期。

② 周加来：《城市化·城镇化·农村城市化·城乡一体化——城市化概念辨析》，《中国农村经济》2001 年第 5 期。

③ 孔祥智、赵昶：《农村现代化的内涵及实现路径》，《中国国情国力》2021 年第 4 期。

④ 杜志雄：《农业农村现代化：内涵辨析、问题挑战与实现路径》，《南京农业大学学报（社会科学版）》2021 年第 5 期。

一些人地关系也像中国一样紧张的国家和地区，他们通常无法实现农业的大规模土地经营，但通过农业多种经营、高效农业、以工以商补农，特别是大量减少农民，也使农民普遍进入中等收入群体。但这些国家和地区普遍放弃了自主保证粮食安全的观念，而靠国际市场保证粮食安全供给。① 我们国家所走的农业农村现代化道路，是不同于以上两种又类似于这两种的中国式现代化道路，从无法实现规模土地经验的方面看，更类似于日本、韩国等东亚国家的农业农村现代化模式，但是我们坚持自主粮食安全的战略与他们是不同的。

二、关于集体经济思想理论及其演变

中国式农业农村现代化道路的另一重要的思想理论渊源是马克思主义理论脉络中与经济有关的思想，其中占有重要地位的是马克思、恩格斯的农业合作化理论，列宁的渐进式的农民合作社思想，斯大林的农业集体化思想（全盘集体化—集体农庄等），毛泽东、邓小平的集体经济思想等。

（一）马克思、恩格斯的农业合作化理论

农村社会分工是农村工业化的起点。马克思指出“超过劳动者个人需要的农业劳动生产率，是全部社会的基础”②，他认为小农经济是完全排斥以生产资料积聚、协作、同一生产过程内部劳动分工、社会生产力的自由发展等为特征的现代农业生产方式。从历史发展的趋势来看，工农业生产内部的密切联系，并由此引发的交通工具不断扩充，将促使农村挣脱孤立、愚昧状态，并最终使其彻底放弃自给自足的小农经济。纵然如此，马克思仍然坚持认为不应该通过暴力剥夺加速其灭亡；相反，必须在相当时间内允许小农经济的存在，并教育农民正确认识小农经济的未来，增强其与无产阶级的联盟。此外，在社会主义社会，为实现土地的集中连片经营，必须对小农经济进行公有制改造。对此，恩格斯认为“首先是把他们的私人生产和私人占有变为合作社的生产和占有”③，“以便在这种合作社内越来越多地消除对雇佣劳动的剥削，并把这些合

① 李培林：《中国式现代化和新发展社会学》，《中国社会科学》2021 年第 12 期。
② 《马克思恩格斯全集》第 46 卷，人民出版社 2003 年版，第 888 页。
③ 《马克思恩格斯选集》第 4 卷，人民出版社 2012 年版，第 370 页。

作社逐渐变成一个全国大生产合作社的拥有同等权利和义务的组成部分”①，并最终实现土地国有化，清除农业生产中的资本主义关系。

（二）列宁、斯大林的合作社、农业集体化思想

农业合作社是农村商品经济的基础。列宁指出商品经济发展的趋势是“不仅把每一种产品的生产，甚至把产品的每一部分的生产都变成专门的工业部门……这种专业化的过程也出现在农业中，建立了农业的日益专业化的区域（和农业经济体系），不仅引起农业品和工业品之间的交换，而且也引起各种农产品之间的交换”②。苏俄初期所推行的“共耕制”，在只有少数觉悟农民能够接受的情况下，以强制性的行政命令和法规手段是不可能实现的；相反，只有通过向农民展示共耕制的优越性，并通过共耕和劳动组合的生产方式帮助农民理解和体验，才能吸引农民积极参与共耕。列宁认为农业合作社，是千百万农民易于接受和了解的由小的个体经济过渡到大的生产协作组织即集体农庄的道路。他指出农业发展的道路，应该是通过合作社吸收农民参加社会主义建设，逐渐把集体制原则应用于农业，起初是农产品的销售方面，然后是农产品的生产方面。③斯大林在此基础上提出“集体农庄只是在销售合作社和供应合作社发展和加强之后才开始产生和发展起来”④。同时，社会主义国家应该重视且积极支持农业生产，包括城市工业品流向农民、改良耕作工具和种子等；并将科学技术应用于农业，彻底改造落后的农业生产方式，以提升农业生产效率。

（三）毛泽东、邓小平的集体经济思想

中国共产党集体经济思想以马克思主义理论为底色，又具有鲜明的民族特色，饱含着对我国农业农村发展历史及现实的深刻洞察。早期马克思主义理论家从整体上提供了一个农业农村现代化的分析框架，即不能简单地从农业或农村出发思考其“改造”问题，而应从生产关系、产业分工、城乡关系等角度探讨农业、农村的角色定位与现代化路径。这对我国探索实现社会主义农业农村现代化路径具有重要的借鉴意义。

农村集体副业是农村社队企业及乡镇企业的前身，是统筹城乡一体化发展的基础。

① 《马克思恩格斯全集》第 29 卷，人民出版社 2020 年版，第 611 页。
② 《列宁选集》第 1 卷，人民出版社 1972 年版，第 161—162 页。
③ 《列宁选集》第 4 卷，人民出版社 1972 年版，第 515—532、685—688 页。
④ 《斯大林选集》下卷，人民出版社 1979 年版，第 48 页。

毛泽东在以合作化形式改造农村时指出："过去三个人做的工作，合作化以后，两个人做就行了。多余的1/3甚至更多的劳动力到哪里找出路呢？主要还在农村。"这就需要发展农村副业，为城市服务和为出口服务。①1958年毛泽东在谈到农业组织形式时说：苏联不工农并举，反对大中小，而我国是大中小结合，基础放在小的上。"三级所有、队为基础"的人民公社把全部农村生产要素归并到一起，便于领导工农商学兵就地社队工业转移就业。社队工业为农业剩余劳动力转移就业找到了途径和趋势。邓小平既充分肯定联产承包责任制这一农村工作的创造，指明它适合于我国农业在一个相当长时期的生产力发展水平，同时他又清醒地认识到，作为一家一户的经营方式最终会不适应农业现代化发展的要求。早在1980年他就指出："我们总的方向是发展集体经济。"② 他具体提出要在提高机械化水平、提高管理水平、发展多种经营和增加集体收入在整个收入中的比重等方面，为将来的集体化创造条件。

中国式现代化从以上思想理论中汲取养分，与中国不同历史时期的具体国情相结合，走出了一条与资本主义现代化有着本质不同的现代化道路。正如张翼在《从社会学角度深化中国式现代化研究》一文中指出的一样："资本主义现代化以生产资料资本主义私有制为基础，是以资本为中心的现代化，其本质是为了维护资产阶级统治。……中国式现代化以生产资料社会主义公有制为基础，是以人民为中心的现代化，是不断实现好、维护好、发展好最广大人民根本利益，坚定不移推进全体人民共同富裕的社会主义现代化。中国式现代化是我们党在坚定捍卫马克思主义、坚持走中国特色社会主义道路中形成和发展的。"③

第三节　中国农业农村现代化的政策变迁（1949年至今）：以土地政策调整为中心

新中国成立之后到改革开放前，中国共产党对农村土地政策进行了一系列调整。使我国农村土地制度实现了从农民土地所有制到农民私有、集体统一经营使用，再到

① 《毛泽东选集》第5卷，人民出版社1977年版，第253—254页。
② 《邓小平文选》第2卷，人民出版社1994年版，第315页。
③ 张翼：《从社会学角度深化中国式现代化研究》，《人民日报》2022年7月11日。

集体所有、农民经营使用的转变。1978年，我国作出实行改革开放的战略决策，确立了以经济建设为中心的基本国策。至党的十八大之前，中国共产党将农村土地制度与经济建设的改革目标相结合，其核心内容主要是确立家庭联产承包责任制、明确土地承包经营权的合法地位、建立承包经营权流转体系及稳定土地承包期限。党的十八大以来的新时代，农村土地制度也进入全面深化改革阶段。中国共产党关于农村土地政策的调整主要沿两条主线展开：一是围绕着农村土地的所有权集体所有、使用权的不断拆分而展开；二是在具体制度上围绕深化农地“三权分置”制度，不断推进“征收制度”“集体经营性建设用地”“宅基地”三块地制度改革来进行。

一、私有化阶段（1949—1952）

新中国成立初期，中国共产党在1950—1952年进行了第一次土地改革，其政策目的是将封建剥削土地所有制转变为农民土地所有制。1950年，中国共产党在《中国土地法大纲》的基础上颁布了《土地改革法》，宣布废除地主阶级封建剥削的土地所有制，实行农民阶级的土地私有制。土地改革后，农民拥有土地所有权和经营权，并承认农民拥有土地的自由经营、买卖及出租权利。这一土地法首次确立了以农民土地所有制为主体的社会主义土地制度的雏形。到1952年，全国范围内基本上完成了土地改革，建立起农民土地所有制，自此延续了千百年的封建剥削土地制度被彻底废除。新中国成立之后的土地改革，解决了农民的土地问题，既是重新分配旧中国既有财富的有效手段，也是保障我国生产力恢复发展的关键。①

二、合作化（1953—1958）：“劳动群众集体所有，集体统一经营”

1953年开始的社会主义“三大改造”，标志着中国共产党开始在农村进行农业合作化的探索尝试。在政策初期主要通过鼓励发展农业生产互助组，到1955年，在农民个人所有制的基础上，由合作社统一安排，收入按个人投入的劳动进行分配，土地和大型农具入股分红。到1956年，党提出在初级合作社的基础上进一步发展农业生产高

① 杨学聪：《北京大兴5000亩农村集体经营性建设用地入市在即》，《经济日报》2018年5月23日。

级社，土地等大型生产资料归集体所有，统一经营，农业社会主义改造基本完成。到1958年，全国大部分农业合作社合并成人民公社，入社农户达99%，形成“一大二公”“一平二调”的土地制度，农民个人土地私有制度基本瓦解。这一时期的土地政策调整，尽管在一定时期内建立了合作互助的生产关系，克服了生产力相对落后状态下的弊端，但平均主义、无偿调拨等做法脱离了经济社会发展规律和当时的生产力水平，也阻碍了生产力进一步发展，为之后的土地制度改革提供了经验与教训。值得注意的是，这一时期对农业的社会主义改造，从实质上来说是对农村土地所有制的改造。农村土地所有制经历了从互助组、初级合作社、高级合作社到人民公社的发展过程，改造的成果是将土地的农民所有制变为农民的集体所有制，完成了土地由农民个体所有制到社会主义集体所有制的转变。

三、人民公社（1958—1978）：集体公有产权的加强阶段

1958年在全国开始的人民公社运动，是集体产权制度建立之后的第一次大的改革。该运动分为两个阶段。在第一阶段（1958—1962年），人民公社的具体安排经常被调整，在很大程度上受到意识形态直接干扰，存在着许多不甚合理的某些制度性安排。在后一阶段（1962—1978年），则对之前的制度性安排进行了许多调整，在“三级所有、队为基础”的体制形成并巩固之后，人民公社体系在二十余年的历史中，“相对平稳”地运行着。这个时期农地的产权属于集体所有，无论是土地的所有权，还是经营权和收益权都归集体所有，最终确立了农地集体所有制。但是这时的农地制度变迁的效率是极其低下的，人民公社的这种制度一度对我国农业生产和农村经济造成极大破坏。

四、分田到户（1978—2005）：“劳动群众集体所有，家庭承包经营”

随着改革开放政策的推进，在原来的“三级所有、队为基础”的体制下，土地由集体统一经营，收益由集体统一分配造成的农民积极性不高、收入水平低等制度弊端渐渐地凸显出来。1978年底，安徽省小岗村“包干到户”的做法增产效果显著。随后，以家庭联产承包责任制改革为导向的中国经济体制改革在全国展开。1982—1984

年，中央连续颁发三个“一号文件”，重申联产承包责任制的稳定性与长期性，号召在全国农村内推广“包产到户”和“包干到户”的政策。家庭承包责任制并没有改变土地所有权的性质，它是由集体享有土地的所有权，农户享有土地承包权。这一制度打破了人民公社时期土地集体所有并统一经营的格局。《关于1984年农村工作的通知》指出，土地承包期一般应在15年以上。到1986年全国超过99.6%的农户实行大包干。同时，1986年的《土地管理法》和《民法通则》也首次以法律的形式对承包经营制度予以确认。1991年《关于进一步加强农业和农村工作的决定》中首次提出，要将以家庭联产承包为主的责任制、统分结合的双层经营体制，作为我国乡村集体经济组织的一项基本制度长期稳定下来，并不断充实完善。家庭联产承包责任制将个人付出与个人收入进行挂钩结合，不仅调动了农民的生产积极性，解放了农村生产力，而且解决了困扰我国人民多年的“吃饭”问题，为传统农业走向现代农业奠定了坚实的物质基础。

五、新农村建设（2005—2017）：工业反哺农业、统筹城乡发展

2005年10月8日，十六届五中全会通过《“十一五”规划纲要建议》，提出要按照“生产发展、生活宽裕、乡风文明、村容整洁、管理民主”的要求，扎实推进社会主义新农村建设。新农村建设是在经济发展已进入以工促农、以城带乡的新阶段，以人为本与构建和谐社会理念深入人心的新形势下，中央作出的又一个重大决策，是统筹城乡发展，实行“工业反哺农业、城市支持农村”方针的具体化，是改革开放不断深化的标志，对农村社会经济发展发挥了积极影响。

在这个阶段，我国社会主义市场经济体制不断确立，2005年中央深化农村税费改革，农业税费的取消结束了我国千百年“皇粮国税”的历史，维护和保障了农民在经济改革当中的利益，调动了农民参与生产和市场化改革的积极性。总体来看，党在这一时期的土地政策主要以市场化为手段，以释放和调动农村劳动力生产积极性为核心，从而激发了农村市场要素的活力，极大地解放和发展了生产力，为经济发展和人民脱贫致富奠定了基础。另外，土地承包关系从长期稳定到长久不变，凸显了党中央坚持农村基本经营制度，稳定农村土地承包关系的决心。从“长期不变”到“长久不变”，

也说明土地承包经营权正由有期限权利向无期限权利发展。[①]

六、乡村振兴战略（2017 年至今）：农村土地制度的全面深化改革

党的十八大以来，中国特色社会主义进入新时代，习近平总书记强调："我国农村改革是从调整农民和土地的关系开始的。新形势下深化农村改革，主线仍然是处理好农民和土地的关系"。

（一）土地承包经营权深化改革

2013 年，中央农村工作会议明确提出，要将土地承包经营权分为承包权和经营权。2014 年中央"一号文件"首次指出，要进行农地"三权分置"改革，即落实集体土地所有权，稳定农户承包权，放活土地经营权。2014 年《关于引导农村土地经营权有序流转发展农业适度规模经营的意见》、2015 年《关于开展农村承包土地的经营权和农民住房财产权抵押贷款试点的指导意见》、2016 年《关于完善农村土地所有权承包权经营权分置办法的意见》作出相关规范，2018 年《农村土地承包法》修订正式在法律层面上确定了农村土地承包地"三权分置"。

（二）宅基地制度深化改革

2013、2014 年中央"一号文件"中提出，要改革和完善农村宅基地分配制度，依法对农户宅基地使用权进行保障，稳慎推进农民住房财产权抵押、担保和转让工作的开展。2015 年"三块地"改革意见中指出，农村宅基地制度试点工作主要围绕保障农户住有所居、建立宅基地有偿使用和退出机制、下放宅基地审批权限、完善宅基地管理制度等方面展开。随后，原国土资源部在全国选取 33 个地区开展宅基地改革试点。2016 年中央"一号文件"提出，要加快推进农村宅基地使用确权颁证工作。2018 年中央"一号文件"提出要探索宅基地所有权、资格权、使用权"三权分置"的实现方式。2019 年《土地管理法》修订对宅基地制度作出部分修改，增加了保障户有所居的多种实现形式、下放宅基地审批权、允许农民依法自愿有偿退出宅基地、鼓励盘活利用闲置宅基地和住宅等内容。2020 年 6 月，中央深改委通过了《深化农村宅基地制度改革

---

① 史卫民：《我国土地承包经营权的立法实践与发展趋势》，《西北农林科技大学学报（社会科学版）》2011 年第 2 期。

试点方案》，随后选取全国 104 个县（市、区）和 3 个设区市为新一轮农村宅基地制度改革试点地区，围绕宅基地“三权分置”，从探索农户宅基地资格权的保障机制、宅基地使用权的流转、抵押、自愿有偿退出、有偿使用制度等方面深化改革。

（三）征收与集体经营性建设用地深化改革

2012 年党的十八大首次将征地制度改革内容写进党代会报告。2013 年中央“一号文件”提出，要提高农民在土地增值收益中的分配比例，对农村集体经营性建设用地流转要进行严格规范，对非经营性建设用地进入市场明确禁止。十八届三中全会通过的决定增加了被征地农民的补偿办法，放宽了农村集体经营性建设用地入市的条件限制。2015 年中央“一号文件”提出，征地制度改革要围绕缩小征地范围，规范征地程序，完善对被征地农民合理、规范、多元保障机制等方面开展；集体经营性建设用地改革要围绕产权制度、入市条件、入市范围、入市途径和健全市场交易和服务监管制度等方面开展。2016 年，土地征收和集体经营性建设用地制度改革从最初的 3 个试点地区、15 个试点地区扩大到 33 个试点地区。2016 年公布的《农村集体经营性建设用地入市土地增值收益调节金征收使用管理办法》，明确农村集体经济组织取得集体经营性建设用地入市收益以及再转让收益时，需向地方国库缴纳土地增值收益的 20%—50% 作为调节金。对于农村集体取得的土地增值收益，按照壮大集体经济原则留足集体后，在集体经济组织成员之间公平分配。

2019 年修订的《土地管理法》破除了集体经营性建设用地进入市场的障碍，对土地征收的公共利益范围、补偿的基本原则及征收程序进行明确界定。2019 年城乡融合发展意见中指出，在农民自愿的前提下，允许村集体将有偿收回的闲置宅基地转变为集体经营性建设用地入市。2020 年颁布的要素市场化配置意见中提出，全面推开农村土地征收制度改革，建立公平合理的集体经营性建设用地入市增值收益分配制度。[①]2021 年《土地管理法实施条例（修订草案）》对土地征收程序做了进一步细化，设立土地征收启动公告、现状调查、补偿安置公告等程序，充分保障农民的知情权、参与权和监督权。新一轮农村宅基地制度改革试点已经启动，同时农村集体经营性建

① 宋志红：《中国农村土地制度改革研究》，中国人民大学出版社 2017 年版，第 188—300 页。

设用地入市、农村集体土地征收制度改革全面扎实推进。这一时期的土地政策调整，主要以全面深化改革为战略抓手，为脱贫攻坚取得全面胜利以及实现乡村振兴注入强大改革动能和市场活力。

第四节　中国农业农村现代化的基本经验

中国农业农村的现代化道路，是世界现代化普遍理论与中国具体实践的有机结合，并展现出明显的特色。比如，中国的农业发展模式既不同于西方土地私有化制度下的规模化大型农场，也不同于前苏联的集体农庄，而是一种介于西方和前苏联之间“农户经济”。集体所有、农户承包经营的土地制度，在承担一定的社会保障功能的同时，也承担并充分发挥了农业生产的功能。自新中国成立 70 多年以来，取得了重大的历史成就，积累了独特的中国经验。

一、坚持土地公有，土地权利不断细分细化

中国共产党在公有制框架下之内将土地权利逐渐细化并不断创新，形成由“所有权—承包权—经营权”构成的“三权分置”制度安排。农地制度逐步走向规范和完善，改革的重心也摆脱了“土地所有制”的束缚，从“以所有权为中心”转向了“以利用权为中心”。家庭联产承包责任制的本质就是“两权分离”，赋予农民在土地集体所有的前提下享受对土地的使用、经营和收益的权利，强化农民的土地产权。[①] 事实上，中国共产党在土地革命时期颁布的《井冈山土地法》已将“土地所有权”和“土地使用权”进行了分离[②]，明确苏维埃政府拥有土地所有权，农民拥有土地使用权。随着土地流转现象的增多，中国共产党又提出农地即在土地集体所有的制度框架下，将原有的承包经营权拆分开，“三权分置”表面上是承包权和经营权的分离，实质上是农地社会保障性能和财产属性的脱离。过去，所有权与承包经营权“两权分离”，让农业生产发生“不联产—联产—包产到户”的变化，虽解决了农民生产积极性和温饱问题，但

---

① 程明：《归一、分离、分置：新中国成立以来我国农地产权制度的变迁与启示》，《安徽行政学院学报》2019 年第 6 期。

② 吴次方、董祚继、叶艳妹等：《中国农村土地制度改革总体研究》，浙江大学出版社 2018 年版，第 21 页。

又使农业变成小农经济。而承包权与经营权的再次分离，重在解决农业效益及土地要素优化配置的问题。此后的农地制度不断对土地承包经营权中的各项权能进行强化，2018 年修订的《农村土地承包法》以法律的形式允许土地承包经营权以转包、出租、入股、抵押等方式进行流转，赋予农户土地承包经营权更加充分的权能，使农民朝着享有充分而有保障力的土地用益物权方向迈进。实践证明，集体所有制框架下所有权与使用权分离的二元地权结构使国家意志与农民利益得到了统一。①

二、坚持以农民为主体、尊重地方首创精神

从新中国成立以来农业农村现代化的发展历程看，一些影响农村经济发展的重大事件，如家庭联产承包责任制、乡镇企业和村民自治等，都是中国农民的伟大创举。农民始终是农村改革和发展的主体，坚持以人民为中心的理念，切实保障农民的经济利益，尊重农民的民主权利，发挥农民的主体作用和首创精神，使农民充分分享改革和发展的成果，走共同富裕之路。实践经验证明，只有充分调动农民的积极性、主动性和创造性，才能激发农村经济发展的内生活力，农村改革和发展才能取得成功。

三、坚持以理论指导政策实践、以实践推动理论发展

在土地增值收益分配改革过程中，中国共产党始终坚持理论与实践的相辅相成，以科学理论指导政策实践，以实践经验推动理论发展。建党初期，为消灭剥削和压迫，中国共产党试图从马克思地租理论②中寻求答案。既从根源的所有制层面推行“耕地农有”政策，也以直接的减租减息政策给予农民合理的土地增值收益。在新中国成立后遵循“涨价归公”的思想，土地增值收益主要由国家享有，这不仅是为了改变经济落后局面、加快城市建设的主观需要，更有其客观的理论逻辑：在土地公有制的条件下，土地开发使用的权利与所有权分离，国家通过规划管制等行政手段将土地用途变更、

---

① 梁亚荣、陈利根：《我国农地所有权制度的变迁与创新》，《华南农业大学学报（社会科学版）》2006 年第 2 期。

② 马克思认为，土地所有权是地租的前提，地租是土地所有权在经济上借以实现的形式，其本质上是土地所有者对土地增值收益的获取。

利用强度调整等权利赋予政府掌控①，因此土地增值收益分配应由政府决定②。如果没有国家规划许可，即便是集体土地所有权人也无法享有土地增值收益分享的权利，所以土地增值收益应归国家，即社会全民所有。

改革开放以后，围绕土地增值收益分配，学者展开了激烈的理论辨析，主要形成两种观点：第一种观点是“涨价归私论”，认为农村土地所有权属于集体，农村集体应当拥有土地发展的权利。而集体土地征收出让过程，本质上是（部分）产权的放弃和交易，农村集体自然享有相应的增值收益。③因此，需要对被征地农民进行全额补偿，要求政府在扣除管理费用之后，必须将土地增值全部返还给农民。④第二种观点仍然坚持“涨价归公论”，认为土地地理区位的条件差异，往往导致部分城郊居民和地产开发商出现暴富，而广大远郊失地农民的补偿收益却无法负担城市高昂的生活成本，甚至面临“失地又失业”的困境，留下人口城市化的巨额欠账。⑤因此，盲目主张“涨价归私”可能会加剧社会贫富分化；而土地增值收益归公，则有利于发挥政府宏观调控作用，可以保障失地进城农民的安居权利⑥，或者更多投入公共物品尤其是农村基础设施建设⑦。随着理论发展，更多学者对增值收益归属主体的理论认知逐步达成共识，倾向于按照“公私共享”的原则进行土地增值收益分配⑧，也更多强调兼顾配置效率与分配公平问题。土地出让收益制度改革基本遵循了这一理论认知，通过将土地出让收益从城市建设转移到农村发展和民生领域，不仅使得农民和集体参与到土地增值收益分配中，也避免了城乡发展差距的进一步扩大，有力地保障了社会公平。到十八大以后，土地增值收益分配政策全面深化改革，完善的征地补偿制度、合理的土地出让收益管理，都是对收益分配公平的又一次提升，在兼顾公平的同时，提高了资源的配置效率。

---

① 陈柏峰：《土地发展权的理论基础与制度前景》，《法学研究》2012 年第 4 期。

② 华生：《土地制度改革的焦点分歧——兼答天则经济研究所的商榷》，《上海证券报》2014 年 3 月 12 日。

③ 周其仁：《农地产权与征地制度——中国城市化面临的重大选择》，《经济学（季刊）》2004 年第 4 期。

④ 蔡继明：《必须给被征地农民以合理补偿》，《中国审计》2004 年第 8 期。

⑤ 华生：《破解土地财政，变征地为分地——东亚地区城市化用地制度的启示》，《国家行政学院学报》2015 年第 3 期；李怀、朱邦宁：《“分配正义”视角下的土地增值收益分配制度创新》，《理论探索》2016 年第 6 期。

⑥ 陈柏峰：《土地发展权的理论基础与制度前景》，《法学研究》2012 年第 4 期。

⑦ 徐美银：《共享发展理念下农村土地增值收益分配制度改革研究》，《中州学刊》2016 年第 9 期。

⑧ 苑韶峰、刘欣玫、杨丽霞等：《农地转用过程中土地增值收益分配研究综述》，《上海国土资源》2012 年第 1 期。

四、坚持以农民为中心、充分发挥农民的主体力量

中国共产党始终坚持以农民为中心，依靠农民的积极参与，重视农民的主体地位，发挥农民的主体力量，并不断地构建和吸纳各类农民组织参与进来。在土地改革时期，压迫中国农民的封建半封建土地所有制被推翻，让农民成为土地的主人；在农业合作化和人民公社时期，结束存在数千年的土地私有制，为社会主义事业发展奠定制度基础；改革开放以来，随着家庭联产承包责任制和村民自治制度的实施，由农民自主建立的各类经济合作组织大量涌现，以村民委员会为组织形式的村民自治组织朝着规范化、法治化方向不断发展，各类农村企业、专业组织、群团组织和社会组织也参与到农业农村现代化活动中，使得农业农村现代化更加开放、更具活力。历史证明，中国共产党领导下的土地制度改革无不以农民利益为出发点和落脚点，始终把农民利益摆在至高无上的地位，因此顺应民意、赢得民心，使中国共产党成为中国特色社会主义事业的坚强领导核心。新发展阶段土地管理政策制度改革应坚持以习近平新时代中国特色社会主义思想为指导、把人民对美好生活的向往作为奋斗目标，继续推进改革的深化，以实现农业农村现代化为目标，让土地资源更好地用之于民、造福于民。

五、坚持法治先行、强化法治保障

新中国成立后，《中华人民共和国土地改革法》作为新中国农业农村现代化的第一部国家法律，就土地的没收和征收、分配、特殊土地问题的处理、土地改革的执行机关和工作方法等内容作了详细规定，成为土地改革的法律依据和行动指南。1954 年《中华人民共和国宪法》作为国家的根本大法，规定了农村土地制度和农民的公民地位，是农业农村现代化的重要法律依据。国家后续又颁布了三部宪法，并以 1982 年宪法为基础，进行了五次修订。此外，改革开放前还颁布了《农民协会组织通则》《农业生产合作社示范章程（草案）》《合作社法（草案）》《农村供销合作社章程准则（草案）》《农村人民公社内务条例》《农村人民公社工作条例（草案）》等，这些法律法规共同构成了农业农村现代化的法律基础。

改革开放后，我国法治化进程步入快车道，制定了大量涉及农业农村现代化的法

律法规。比如，1987 年《中华人民共和国村民委员会组织法（试行）》规定了村民委员会的职责、组织结构、产生方式等，村民自治从此作为一项新型的群众自治制度和直接民主制度以法律的形式确立下来。1993 年《中华人民共和国农业法》巩固和加强了农业在国民经济中的基础性地位。此外，《中华人民共和国民法通则》（1986）、《中华人民共和国土地管理法》（1987）、《中国共产党农村基层组织工作条例》（1999）、《中华人民共和国农村土地承包法》（2002）等均从不同方面就农业农村现代化的有关问题作了相应的法律规范。《中华人民共和国乡村振兴促进法》自 2021 年 6 月 1 日施行以来，作为三农领域一部固根本、稳预期、利长远的基础性、综合性法律，与中央一号文件、乡村振兴战略规划、《中国共产党农村工作条例》等共同构建了实施乡村振兴战略的“四梁八柱”，标志着乡村振兴工作进入依法推进的新阶段。总体来看，我国农业农村现代化的法律体系不断完善，既有综合类型的法律文件，又有不同领域、单个方面的法律法规，既有国家层面的法律，又有地方层面的法规，一个包括法律、行政法规、部门规章、司法解释、地方性法规在内的农业农村现代化法律体系在改革创新中不断趋于完备。

第三章　中国农村集体经济发展的理论内涵、实践探索与经验启示

党的十八大以来，习近平总书记持续关注农村集体经济领域的深化改革，并作出若干重要论述。习近平在多次调研中指出，实施家庭承包经营后，农村生产力不断提高，但也出现“分”有余而“统”不足的问题，农村的第二步改革亟待深化。“喜的是广大农民开始脱贫致富了，忧的是乡村两级集体经济实力出现了弱化的现象。”[①] 他指出，改革开放从农村破题，但家庭承包责任制多年实践的结果是，“分”的积极性充分体现了，但“统”怎么适应市场经济、规模经济，始终没有得到很好的解决。习近平强调：“发展集体经济实力，绝不是复归‘归大堆’式的人民公社，而是纠正大包干中忽视统一经营所造成的偏差；绝不是对家庭联产承包制的否定，而是对这种责任制的进一步完善和发展。”[②] 他指出“必须把全体人民的共同富裕摆在更加重要的位置”，并在十九大报告中强调：“深化农村集体产权制度改革，保障农民财产权益，壮大集体经济”。工业化、城镇化进程中农村集体经济发展形成了不同的模式和方向，应当在共同富裕的发展理念下，重塑集体经济组织的公共性并在此基础上充分释放新型农村集体经济的优越性。

第一节　我国农村集体经济思想的理论内涵及其维度

我国农村集体经济有着丰富的理论意涵，农村集体经济制度是中国特有的经济制度。理解农村集体经济既要回到马克思主义的经典阐述中去，也要结合中国经验在实践中不断进行丰富完善。集体经济思想可以从多个维度来理解，集体经济首先是一种生产资料集体所有制基础上的经济制度和经济形态，是社会主义公有制经济的实现形

① 习近平：《摆脱贫困》，福建人民出版社 2014 年版，第 191 页。
② 同上书，第 196 页。

式之一。从农村集体经济内涵性质及其发展过程来看，起码包括四个方面：其一，指向一种社会化的现代农业生产方式，这种农业生产方式既不同于分散的小农经济生产方式，也不同于现代化资本农场。其二，集体经济建立在集体土地所有权的基础之上，其核心是对封建地权和资本主义地权带来的依附性关系的颠覆。其三，集体经济包含一种集体组织形式，集体经济组织服务于集体生产方式的改进，也是一种集体治理的方式，到底采取什么样的经营方式和组织形式需要依据马克思主义的唯物主义观点，结合社会现实条件及时代背景在实践中进行不断的探索，并加以完善。其四，我国经过长期的改革摸索形成了“以家庭承包经营为基础，统分结合的双层经营体制”，这种经营体制无疑是农村集体经济发展的重要实践和表现形式。

已有关于农村集体经济的研究亦主要集中在这四个方面，集体生产方式、集体土地所有权和集体组织这三个层面都可以从马克思主义的经典著作中找到源头，“集体所有、双层经营”的农业经营体制是我国根据具体国情和农情长期探索出来的体制性经营方式。对于这几个方面，学界的研究也十分丰富。集体经济有着深远而广阔的丰富内涵，彰显了集体经济制度不仅仅是一种实践的、先进的经济形态，更是一种先进的总体性的制度体系。

一、集体经济与农业生产方式

马克思对集体经济的分析以对小农生产方式深刻剖析为基本前提，马克思视域下，认为小农经济这种旧式的经济形态与旧式的农业生产方式注定会被淘汰。马克思指出，分散的小农无法适应社会化大生产，小农生产方式是一种旧式的经济形态，作为一种过时的生产方式注定要被历史淘汰。“生产资料无止境地分散，生产者本身无止境地分离；人力发生巨大的浪费；生产条件日益恶化和生产资料日益昂贵是小块土地所有制的必然规律；与此同时，农村家庭工业由于大工业的发展而被消灭，小农的土地逐渐贫瘠和地力枯竭；农产品价格下降，另一方面要求较大的投资和更多的物质生产条件，这些也促进了上述土地所有权的灭亡。”①

① 参见《资本论》第1、3卷，人民出版社2004年版。

更重要的是，小农经济所代表的生产资料所有制关系，在资本主义的所有制下极大地束缚了农业生产力的发展，因为“把土地分成小块耕种的方式，排斥了采用现代农业改良措施的任何可能性”，“一切现代方法，如灌溉、排水、蒸汽犁、化学产品等等，都应该广泛地应用于农业，但是，我们所具有的科学知识，我们拥有的进行耕作的技术手段，如机器等。只有在大规模的耕种土地时才能有效地加以利用……大规模地耕种土地，即使在目前这种使生产者本身沦为牛马的资本主义生产方式下，比在小块和分散的土地上经营农业优越得多”①。由此，小农经济陈旧的生产方式最终将被资本主义经济所排挤，小农将变成被人剥削的“农业雇佣工人”或“农业无产阶级”，并受大农场主和土地所有者的双重剥削。

因此，必须彻底改变生产资料资本主义私有制，在生产资料公有制的基础上以自由的联合劳动取代孤立分散的个体劳动和雇佣劳动。要消灭剥削产生的物质基础和社会条件，应该以“集体所有制”改造小农，“如果不以一定方式结合起来共同劳动和互相交换其劳动成果，便不能进行生产”②。尤其值得注意的是，马克思对小农经济生产方式的否定主要是否定其由于建立在生产资料分散私人所有而导致其排斥现代农业生产方式的一面，基于此，马克思指出小农经济经营模式必将被大农业所取代，应在农业领域中推广运用现代农业生产方式，这将引起社会的根本性变革。

二、集体土地所有权与集体经济

《资本论》是马克思对西欧国家主要是英国农民被完全剥夺的资本主义生产方式为代表所做的分析。在《资本论》中，马克思引用了古典政治经济学之父威廉·配第的“劳动是财富之父，土地是财富之母”这一经典论述。作为新兴资产阶级的代表，威廉·配第第一次有意识地把商品价值的源泉归于劳动，创造性地提出了土地价格不过是资本化的地租，从而奠定了科学的劳动价值论的基础。劳动创造价值，所以劳动是财富之父；土地属于生产资料，是生产必不可少的一个组成部分，所以土地是财富之母。配第的这一主张从经济理论上反对封建制度，支持资本主义制度，顺应了历史发

① 《马克思恩格斯全集》第2卷，人民出版社1972年版，第452页。

② 同上书，第724页。

展的趋势，是资产阶级政治经济学价值理论之一。而在马克思构想的共产主义社会中，全部生产资料，包括土地，都是归集体所有的。

马克思进一步系统地创造了劳动价值学说，根据马克思的劳动价值论，具体劳动创造了商品的使用价值，但并不是说具体劳动是使用价值的唯一源泉，因为人的劳动必须和物质资料相结合才能创造出使用价值。“土地所有权并不创造那个转化为超额利润的价值部分，而只是使土地所有者……有可能把这个超额利润从工厂主口袋里拿过来装进自己的口袋。它不是使这个超额利润创造出来的原因，而是使它转化成为地租形式的原因。”① 劳动价值理论深刻揭示了封建地权的落后的一面，“不止在于不劳而获所带来的社会不公平，而且在于土地垄断所产生的身份特权”②。

无产阶级革命倡导通过劳动者的自由联合实现生产力的发展和劳动者个人的全面自由发展。马克思指出自由人的联合作为社会主义公有制经济的本质特征，并提出集体所有制。这里马克思还强调不得强迫农民，集体所有制并非废除农民所有权。马克思还认为，个体占有的方式将会日益被进步工业所排斥，而集体所有制只有通过无产阶级的革命活动才能实现，这也是法国社会主义者在经济方面斗争的最终目的：实现全部生产资料的集体所有制。马克思和恩格斯的语境里，“集体所有制”等同于全社会所有制，而合作社是从土地私有制走向全社会所有制的过渡。③

三、农村集体经济组织与合作社的实践

马克思和恩格斯将合作社运动作为“改造以阶级对抗为基础的现代社会的各种力量之一”，恩格斯在《法德农民问题》中提出要以合作社改造小农的路径，“我们要挽救和保全他们的房产和田产，只有把它们变成合作社的占有和合作社的生产才能做到”④。合作社运动的价值在于“它能够证明现在这种使劳动附属于资本的制造贫困的残暴制度，可以被自由平等的生产者联合的造福人民的共和制度所代替”⑤。

---

① 《资本论》第3卷，人民出版社2004年版，第729页。

② 参见桂华：《中国土地制度的宪法秩序》，法律出版社2017年版。

③ 苑鹏：《对马克思恩格斯有关合作制与集体所有制关系的再认识》，《中国农村观察》2015年第5期。

④ 《马克思恩格斯选集》第4卷，人民出版社2012年版，第371页。

⑤ 《马克思恩格斯全集》第21卷，人民出版社2012年版，第271页。

马克思和恩格斯提出了集体所有制和合作社的设想，列宁则最早将之运用到农业生产的实践中。在对俄国社会经济制度、阶级结构进行了分析后，列宁指出贫困农民深受徭役和农奴制残余的压迫，具有革命性，同时农民群众具有内在矛盾的阶级结构，存在与无产阶级的对抗性。因此，他认为，无产阶级在历史运动中有领导作用，且必须通过改善受剥削的农民的境况来取得农村的支持。苏维埃政府成立后，列宁指出："一切政治问题集中到一个方面，就是无论如何要提高农业生产率。"① 斯大林进一步发动农业集体化运动和社会主义合作化运动，推动生产资料集体所有和生产资料共同占有、使用基础上的生产集中，将改造小农经济与建设社会主义大农业的思想付诸实践，把小农户联合为采用集约耕作方式的集体农庄。苏维埃政府在进行社会主义经济建设的探索过程中，将生产与分配关系置于高度集中的行政管理框架之下，为确保工业发展忽视了农民的利益保障和农业的发展。

中国共产党人则根据中国实际情况，将马克思主义与中国实际相结合，不断探索更新。毛泽东对社会主义改造的长期性和艰巨性具有深刻的认识，1943 年，毛泽东在《组织起来》中指出：几千年来农民分散的个体生产是封建统治的基础，是农民穷苦的根源；分散的个体生产，"使农民自己陷于永远的穷苦。克服这种状况的唯一办法，就是逐渐地集体化；而达到集体化的唯一道路，依据列宁所说，就是经过合作社"②。毛泽东还指出："个体农民，增产有限，必须发展互助合作。对于农村的阵地……社会主义难道可以说既不走资本主义的道路，又不走社会主义的道路吗？资本主义道路，也可增产，但时间要长，而且是痛苦的道路。我们不搞资本主义，这是定了的，如果又不搞社会主义，那就要两头落空。"

新中国成立初期，我国的农业社会主义改造通过初级生产合作社建立私人所有、合作社占有的农业经营制度。1953 年在讨论农业问题时毛泽东指出，之后的发展应由"社会主义萌芽的互助组，进到半社会主义的合作社，再进到完全社会主义的合作社"③，并就农业合作化的具体实践形式进行一系列的思考和探索：不仅要提升农业发

① 《列宁全集》第 42 卷，人民出版社 1987 年版，第 284 页。
② 《毛泽东选集》第 3 卷，人民出版社 2012 年版，第 931 页。
③ 《毛泽东选集》第 3 卷，人民出版社 1999 年版，第 931 页。

展和农村生产力水平确保工业发展，同时农业集体运动需要满足国家需要的重要目标、农业自身的发展和如何调动农民的生产积极性等，在农民群众中要系统、反复地宣传我党方针、政策，指出可能的困难，让农民做好思想准备；要根据实际情况，拟定多层次、多时间期限的农业合作化的全面规划。

1958 年，人民公社建立，生产资料实行公社所有制。1962 年，乡村社会建立了“三级所有，队为基础”的制度，实行了以生产队集体所有为基础的三级集体所有制度。这一集体经济制度一直延续至农村改革之前。人民公社时期，农业集体化实践改造了传统农业，重构了农村基层社会结构，农业合作社在一定程度上也符合当时的农业生产力发展水平和工业化建设的要求，对国家工业化的重大战略是极大的支持。作为一种组织形式，合作社也是农业集体经济实现形式的有益探索。不过从经济生产上来说，其在生产方式上缺乏效率，压制了农民的生产积极性。人民公社后期，各种政治运动以及生产责任制都不仅无法调动农民生产积极性，反而进一步降低了农民的生产积极性。并且，集体经营体制存在大量的监督难题和激励不足问题，这些问题最终导致集体农业难以为继。

四、“集体所有、双层经营”的经营体制

如何提升农民生产积极性和农业生产效率是农业生产的根本问题。邓小平根据农业、农村的现实情况，推行农村改革，形成以家庭承包经营为基础、统分结合的双层经营体制。家庭承包经营制度将土地按人均分配承包给分散的小农户，从而将集体经济的优势和个体经营的优势充分结合，极大地调动了农户投入生产的积极性，促进了农业生产的极大发展。双层经营体制在维持原来集体所有制经济框架下推行农户承包经营，而家庭承包经营制度改革则通过土地承包的方式调整农户与集体的经济关系。

邓小平根据当时中国农村的实际，还具体论述了发展集体经济的具体条件：机械化水平提高、管理水平提高、多种经营发展、集体收入增加。① 并针对集体经济提

① 《邓小平文选》第 2 卷，人民出版社 1983 年版，第 315 页。

出“第二个飞跃”论：“中国社会主义农业的改革和发展，从长远的观点看，要有两个飞跃。第一个飞跃，是废除人民公社，实行家庭联产承包为主的责任制。这是一个很大的前进，要长期坚持不变。第二个飞跃，是适应科学种田和生产社会化的需要，发展适度规模经营，发展集体经济。这是又一个很大的前进，当然这是很长的过程。”①

采取个体经营和集体经营相结合的经营方式，可能会使其中一者在某个时间段内发挥更为突出的作用，但并不意味着谁替代了谁，双层经营体制应根据实际发展状况在实践中不断调整不断更新，推动统分结合不断迈向更高的水平。当时的中央政策文件也清晰指出：“家庭承包经营不是‘分田单干’，集体统一经营也不是‘归大堆’。这两个经营层次相互依存、相互补充、相互促进。”“集体所有、双层经营”是我国经过三十多年的艰苦探索形成的适合自身经济社会条件的集体经济形式。

家庭承包经营制度是在坚持生产资料公有制基础上实施的，并未改变社会主义的根本性质，学界普遍认为土地公有制保留了中国社会主义的性质②。农民获得小块的承包地，不仅调动了农民的生产积极性，也为中国农村庞大的农村人口提供了基本的社会保障。③双层经营体制在维持原来集体所有制经济框架下推行农户承包经营，家庭承包经营制度改革是通过土地承包的方式调整农户与集体的经济关系。集体经济是双层经营体制的一个组成部分，“集体所有、双层经营”不仅仅是一般意义上的集体资产经营，更主要的是集体在集体土地上进行统一经营。

可见，集体经济包含多重维度，有着丰富的理论内涵和实践内涵。已有的研究从不同维度都有丰富的研究，对中国特色社会主义集体经济的理解不能停留在马克思主义的经典著作中，也不能局限在其中的某一个方面。集体土地所有制和集体经济组织如何发展完善这些问题，也需要在整体的、综合的视角基础上在实践中进行探索。发展中国的特色集体经济，要坚持历史唯物主义和辩证唯物主义的视角，将理论联系具体实际，以实践作为标准，结合中国的实际条件和实践过程不断发展完善。

---

① 参见《邓小平年谱（1975—1997）》下，中央文献出版社2004年版。
② 陈锡文：《关于家庭经营与集体经营的几个理论问题》，《党校论坛》1992年第2期。
③ 温铁军：《农民社会保障与农地制度改革》，《学习月刊》2006年第10期。

第二节　新中国成立后农村集体经济的实践探索与发展历程

一、新中国成立到改革开放前：农村集体经济的初步探索与形成

新中国成立到改革开放前这三十年艰苦卓绝的探索为改革开放后经济的迅速发展奠定了坚实的基础，这一时期农村集体经济的发展和重大贡献正是前三十年的经济成就的重要组成部分。

农村集体经济的基础是土地集体所有制，集体土地所有制是在中国革命和发展过程中逐步探索形成的。1950 年的农村土改，消灭了依靠地租生活的地主阶级，农民分得田地，封建地权被打破，实现了耕者有其田的社会目标。土改后，农业生产资料十分匮乏，农民自发形成互助合作，形成互助组。互助组逐渐演化为两种形式：简单的劳动互助组和以土地入股为条件的生产合作社。土地入股的生产合作社在当时是一种创新，有利于调动生产积极性，但这种形式下土地是私有的，有向资本主义自发趋向的可能，需要加以引导。1953 年，毛泽东提出，要按照自愿、互利的原则，把农民组织起来，促进互助合作的积极性。国家引导农民建立初级农业合作社逐步发展过渡到高级合作社和人民公社。由此，社会主义性质的集体经济组织得以形成，社会主义的农业改造基本完成，农村进入生产资料公有的社会主义阶段。

人民公社广泛建立后，一些地方片面追求“一大二公”，认为生产和分配单位越大越好，甚至在全国范围内出现了直接向全民所有制和共产主义过渡的倾向，这一时期也出现了大量的社办企业，严重挤占了农业劳动力，造成农业形势不断恶化、农村粮食产出严重下滑等一系列问题，并在 50 年代末期遭遇严重经济困难，之后中央开始进行调整。1959 年中央第一次明文规定人民公社实行三级所有制：生产资料归生产队，生产大队和人民公社三级所有。[①]1962 年，中央将人民公社确定为“三级所有、队为基础”，基本核算单位变为生产队，在生产队这一熟人社会内部实行独立核算、自负盈亏，从而一定程度上在调动农民生产积极性与克服一家一户的分散经营的问题上达到了一种均衡，并能够组织农民进行农田水利建设和公共工程建设。

---

① 《建国以来重要文献选编》第 12 册，中央文献出版社 1996 年版，第 163 页。

从经济层面来看，这种传统的集体经济制度缺乏合理性。传统的集体经济虽然为工业化提供了资本积累，但付出的代价也极为高昂。它压制了农民的生产积极性，造成农业生产效率低下，最终使整个国民经济长期处于停滞状态，已经到了崩溃的边缘。① 不过，总体来看，人民公社体制客观上的动员能力，在服务于工业发展和建设大型水利工程改善传统农业生产条件上发挥了一定的作用。

二、改革开放以后：农村集体经济的自主探索与发展

小岗村实行“大包干”做法，“交够国家的，留足集体的，剩下都是自己的”，极大地调动了农民的生产积极性，农业生产效率获得大幅度提升。小岗村的经验迅速在全国农村推广，家庭联产承包责任制改革迅速展开。1983 年底，实行分田到户，全国农村普及了以家庭承包经营为基础、统分结合的双层经营体制。新型经营体制下，农村土地所有权归集体所有，承包经营权和使用权都归农户，各家各户分别经营的方式释放了巨大的农业生产力。到 1984 年，中央将土地承包期规定为 15 年不变。

这一时期，农村分田的方式往往不被研究重视，但这对后来的农业经营体制发展及其困境产生了极为深远的影响。分田到户之初，由于中国农村人多地少，农民的主要收入都来自土地。生产队范围内，土地使用权如何分配达到公平公正是关涉大多数农民切身利益的事情。由于土地差异性极大，这种差异性一方面体现在土地的自然性质及其形成的土地产量的不同，即“土地肥瘦”不同；另一方面体现在农业生产的基础设施条件的不同，如水利灌溉的条件等。这种情况下，大多数农村一般是将集体土地分为不同等级，在按照不同等级进行均分，这样就形成了极其细碎化的农地配置格局，一些农户的土地可能分散在五、六处或者七、八处。因而，分地带来农民生产积极性的提升，同时农村土地的细碎化程度被进一步加深，形成了户户插花、混杂分布的极为分散的土地经营的空间格局。

家庭承包带来了农地细碎化的问题，似乎又回到分散经营的小农经济模式上。但事实并非如此，这源于这个阶段“集体所有”仍然是具有统筹整合功能的村集体经济

① 韩俊：《关于农村集体经济与合作经济的若干理论与政策问题》，《中国农村经济》1998 年第 12 期。

组织。集体和农户之间形成了均衡的权利义务关系，农民将土地的部分产出以提留的形式交给集体，村集体为分散的农户经营提供必要的社会化服务，如水利供给、道路维修、纠纷调解等。国家虽然规定第一轮承包期15年内不变，但农村不少地区为了“增人增地、减人减地”的公平起见，都还是不断调整土地。经验显示，在八九十年代，农村社会普遍内生出一套合作服务体系和管理体系，以应对细碎化的农地格局和落后的生产条件。①

可见，这一时期的农村集体经济发展主要体现在农业方面，形成了“集体所有、双层经营”的农业经营体制，集体发挥了统筹整合的组织作用。多数村庄的集体经济收入主要来源于“三提五统”形成的村级提留。这段时间，社办企业也有一定程度的发展，增加了农民的收入的同时，也为农业机械化、农田水利建设提供了有力的支持，初步改变了农村的产业结构。在社办企业的基础上，乡镇企业进而开辟了集体经济发展的非农化路径：村庄劳动力剩余价值在村庄内部转化，社区土地资源自我资本化，乡镇企业经营风险收益由村社共同体共同承担。1994年前后，随着短缺经济的结束，乡镇企业改制席卷全国，乡镇企业要么倒闭，要么转变为民营企业生产方式，企业的厂房、土地则被集体收回。

三、世纪之交前后：农村集体经济的多样化发展

世纪之交前后，第一轮土地承包期即将到期还未到期时，国家对土地承包期限再次作出规定，提出“赋予农民长期而稳定的土地使用权”，在第一轮承包期到期后，再延长三十年不变，并将1987年贵州湄潭“增人不增地、减人不减地”的实验推广至全国，并在全国范围内提倡。国家认为给农民稳定的土地承包经营权，可以完善土地承包关系，就可以不断充分调动农民的生产积极性，从而更好地释放农业生产力。1998年十五届三中全会召开，中央再次强调要长期稳定统分结合的双层经营制度，并将其在写入《农村土地承包法》。

也是在1998年前后，由于农民负担太重，粮价太低，农田水利设施年久失修，水

① 贺雪峰：《关于“中国式小农经济”的几点认识》，《南京农业大学学报（社会科学版）》2013年第6期。

利灌溉不便的田地最早开始出现抛荒现象。到2002年前后，很多农村地区开始普遍出现弃田抛荒不要承包地的情况。也是在这一时期，农村开始出现打工潮，越来越多的农民进入城市第二、第三产业打工就业。农民家庭的收入从单纯依赖土地收入走向以打工收入为主、种地收入为辅的打工兼业的多种收入家计模式。这一时期，国家工业化积累已经基本完成，开始走向反哺农业的阶段。2006年全国农村彻底取消农业税费，一段时间内，全国各地农村又普遍出现了农民争夺承包地的矛盾。

这一时期，从农业上来看出现了较多新的情况。就农业生产方式上来说，机械化的发展、农村机会成本的增多，以及水利设施的老化等等，农民生产互助合作逐步走向瓦解。农业税费的取消导致村社集体退出共同生产环节，七站八所改革中水利站等社会服务部门也被取缔。这时，一般农业型地区，一家一户的小农生产面临重重困境，不少地区都出现了农户自己打机井和挖堰塘灌溉的局面。

从集体经济发展模式上来说，出现了多样化发展的趋势，尤其是东部沿海地区，农业不再是集体经济的主要或者唯一来源，不同区域农村结合自身条件不断进行探索创新。沿海地区农村集体土地不断升值，土地的经济价值逐步显现，集体土地所有权问题不断凸显。同时，对于中西部农村而言，大量农村青壮年外出务工经商，农业机械化迅速普及，农业经营主体上逐步形成了中农农业和老人农业为主的规模经营的经营模式和经营主体结构。这时，分田遗留的细碎化农地格局的弊端开始显现，农地细碎化成为阻碍农民进行农业生产，释放农业生产力的严重障碍，农民有强烈的解决农地细碎化的动力，极其分散的农村地权亟需整合起来。

四、党的十八大以来：农村集体经济的创新与发展

十八大报告指出“坚持走中国特色新型工业化、信息化、城镇化、农业现代化道路，推动信息化和工业化深度融合，工业化和城镇化良性互动，城镇化和农业现代化相互协调，促进工业化、信息化、城镇化、农业现代化同步发展”，“培育新型经营主体，发展多种形式规模经营，构建集约化、专业化、组织化、社会化相结合的新型农业经营体系”，表明了要以推进农业体制机制创新，发展现代农业为发展方向。伴随各地土地流转加速，以农业企业、家庭农场和农民专业合作社为代表的新型农业规模经

营主体逐步发展起来。不少研究指出，推进现代农业建设不可能依靠传统的高度兼业化的分散小农经营。也有很多学者认为，小农家庭经营与现代农业并不矛盾，中国式小农经济有自身发展规律，并且在相当长一段时间内具有合理性。①

2017 年中央农村工作会议指出，要走中国特色社会主义的乡村振兴之路。2018 年中央全面深化改革领导小组第五次会议审议了《关于引导农村土地承包经营权有序流转发展农业适度规模经营的意见》和《积极发展农民股份合作赋予集体资产股份权能改革试点方案》。要在坚持农村土地集体所有的前提下，促使承包权和经营权分离，形成所有权、承包权、经营权三权分置、经营权流转的格局。积极发展农民股份合作、赋予集体资产股份权能改革试点，一项重要基础工作是保障农民集体经济组织成员权利。要探索集体所有制有效实现形式，发展壮大集体经济。2018 年 11 月，习近平提出要发展壮大村级集体经济，提升党组织凝聚服务群众的能力。对集体经济组织成员权利、集体所有制的有效实现形式以及农村基层党组织的强调表明，中央越发重视在实践中探索集体经济"统"的功能及其可能的制度通道。

习近平关于农村集体经济的重要论述，是对马克思恩格斯农业合作论、毛泽东"组织起来"论和邓小平"第二个飞跃"论等的继承和创新，是他在地方和中央各阶段工作中持续思考逐步体系化和理论化凝结而成的。随着"第二次飞跃"的四个条件逐步成熟，在新时期探索壮大集体经济路径既有可能性，也有必要性。习近平关于农村集体经济的重要论述，其根本目标是继续稳定、完善和发展农村双层经营体制，充分发挥双层经营的整体效益，不断改进两个层次中不尽完善的地方，应对农业农村发展面临的新问题和新挑战。

第三节　农村集体经济发展的经验启示

经历多年的改革发展和实践摸索，中国农村集体经济发展形成了有自身特色的发展道路，也给我们提供了丰富的经验启示，如何理解并更好发展农村集体经济是我们必须深入调研和思考的问题。

① 杨华：《论中国特色社会主义小农经济》，《农业经济问题》2016 年第 7 期。

一、农村集体经济发展没有现成的模式可以照搬，要结合中国的具体国情、农情和特定阶段的现实条件不断探索完善

农村集体经济理论的“中国特色”在于，它对马列主义关于集体经济的经典理论有继承也有拓展，是真正具有创新型的理论，是中国共产党人根据中国实际情况以及农村的实践经验不断摸索、改革逐步形成，在观照现实、回应现实的过程中不断完善，且依旧处于发展的过程中。

其中，坚持农村土地农民集体所有，是农村最大的制度，农村基本经营制度的“魂”。[①] 一些人主张农业走欧美的规模经营道路，试图照搬照抄西方经济学产权私有化理论，针对此类所谓的改革观点，习近平旗帜鲜明地划出底线：“不管怎么改，都不能把农村土地集体所有制改垮了，不能把耕地改少了，不能把粮食生产能力改弱了，不能把农民利益损害了。”[②] 土地私有化主张与社会主义政治原则相违背，也不符合农村生产力进一步发展。“一定的理论总是适用于一定的对象和范围，‘乱点鸳鸯谱’是要造成严重后果的。从这一意义上说，用西方市场经济理论冒充社会主义市场经济理论与固守传统的计划经济体制一样，都会对社会主义现代化建设事业造成严重损害。”[③]

通过集体经济相对统一的特性促进集体经济规模经营，可以克服小农农业生产方式下小规模分散精细的局限性问题。中国以集体生产这种经济组织方式，将更多的现代生产方式投入运用到农业生产中，并实现规模经济效益，可以弥补小农经济小规模分散经营的不足。这一农业发展道路可以称为“集体经济 + 现代技术”，并且集体经济在发挥作用的同时并未取消家庭经营。[④] 中国特色的集体经济理论既不能僵硬套用老旧发展模式，也不能教条模仿看似时髦和主流的经济学理论。

农村集体经济发展必须充分考虑中国当前的社会现实条件和现状：当前中国农村仍然有 7 亿农民，有 2 亿多农户和 2 亿多农业劳动力。此外还有 2 亿多农民工大多数没有在城市安居，且他们的父母仍然留村务农，并且他们随时有可能返回农村。中国

---

① 《中央农村工作会议在北京举行》，《人民日报》2013 年 12 月 25 日。

② 习近平：《在安徽省凤阳县小岗村主持农村改革座谈会时的讲话》，《人民日报》2016 年 4 月 29 日。

③ 习近平：《对发展社会主义市场经济的再认识》，《东南学术》2001 年第 4 期。

④ 王海娟：《小农经济现代化的社会主义道路》，《中国乡村研究》2018 年第 1 期。

人口基数庞大，粮食问题始终是关系国计民生的大问题。习近平总书记说中国人的饭碗必须端在自己手里，因而，“无论讲‘统’还是讲‘分’，都不是重新束缚生产力，而是要进一步解放农村生产力；不是收回农民的自主权，而是使农民更有效地行使自主权”①。总之，农村集体经济发展应当充分尊重人多地少的国情以及农村人口众多的基本国情，在现代化过程中探索中国特色的集体经济发展道路。

二、不能以单一视角看待农村集体经济发展，而是要坚持历史的、整体的、系统的综合性视角

不少研究抑或是一些政策设计往往从经济的视角看集体经济发展，事实上集体经济有着十分丰富的内涵，是一整套制度体系。集体经济收入只是集体经济的一个方面，集体经济功能更多体现在其统合的方面。

在私有经济制度的条件下，土地是农民的私人财产，集体既不具备土地经营的权利，也没有统筹整合的权利。在集体经济条件下，可以集集体经营、双层经营、家庭经营的多重优势，能够根据实际生产条件和生产力水平，进行政策调整以最大限度提高生产力。正是由于这层意义，集体所有制是目前世界上少有的土地制度，制度创新的潜力很大。

集体经济组织是发挥统一经营功能的制度基础，还具有协调土地利益的权力。这意味着集体所有制不仅有分配土地利益和实现基本生产资料公有制的作用，还具有提高农地利用效率的功能。土地集体所有制的灵活性能够释放巨大的制度势能，能够较好地解决现代化过程中的农业问题和农民问题。②

中国可以根据现实条件对土地制度和农业经营制度进行设计或改革，本身就说明了中国特色农村集体经济制度的灵活性。要充分认识这种集体经济制度的弹性制度安排，根据农村农民农业的实际需要和实践探索，进行适应性的调整。且应当从综合的视角，对集体土地的经营组织方式作出一定的调整，不需要对集体土地经营体制进行根本性变革，就可以实现生产力与生产关系的协调发展。

---

① 习近平：《摆脱贫困》，福建人民出版社 2014 年版，第 182 页。

② 贺雪峰：《论农村土地集体所有制的优势》，《南京农业大学学报（社会科学版）》2017 年第 3 期。

三、要充分尊重农民的实践创造，坚持道路自信，进一步充分发挥农村集体经济的优越性

生产资料公有制是集体经济的基础，也是中国特色社会主义的基本经济制度，表明了中国共产党以保障人民的根本利益为出发点，是社会主义优越性的充分体现。农村土地集体所有制是生产资料公有制的基本实现形式之一，它打破了封建地权，否定了私有制，杜绝了土地的买卖与集中，也就杜绝了土地食利者，符合社会主义的“地利共享”的基本理念。①

双层经营体制可以根据不同时期面临的生产力和生产关系的矛盾，调整集体统一经营功能的使用范围，以与家庭分散经营有机结合。中国可以对土地制度和农业经营体制进行设计或改革本身，与社会主义集体经济制度有关。由于经过了新民主主义革命和社会主义革命，中国消灭了附着在土地上的各种既得利益，使得农业经营体制可以灵活调整，以最大限度促进经济发展。

农村集体经济以土地集体所有制和家庭承包责任制相结合，实现了所有制形式的彻底变革，又与家庭经营充分结合，通过适合的政策安排和设置就可能实现集体提供社会化服务和家庭分散经营的有机统一，从而能够发挥家庭经营与集体经营的双重优越性。之所以成为中国农村集体经济发展道路的“社会主义”的性质的根本在于，集体作为一种超越于家庭经营生产单位之上的一种制度安排，集体统合功能可以弥补个体经济的不足，以此提升整个社会的生产力。可见，发展农村集体经济有其特定的效率和公平的内在意涵。

中国的农业和农村的现实条件，以及改革形成的农地格局都是中国农村集体经济发展必须面对的基础条件，农村集体经济发展应当充分尊重客观规律和客观条件。“人多地少”、农村人口数量庞大是中国的基本资源禀赋结构，也是中国的基本国情、农情。发展规模经营是现代农业的方向，但不能脱离中国农业、农村、农民的基础条件，一味追求生产规模的扩大。任何地方都不能打着发展现代农业旗号，强行集中农民承

① 桂华：《论社会主义地利共享秩序及其制度实现——兼评〈土地管理法〉修订》，《社会科学》2018年第6期。

包地，以资本下乡排挤农户。“发展农业现代化没有一定规模是不行的，但这是一个渐进的过程，不能一下子很快完成。要把选择权给农民，不能替代农民去选择。无论是土地承包经营权流转还是农民进城，党和政府可以引导示范，但不能搞强迫命令，不能一阵风、一刀切。”① 总之，我们要充分尊重农民的实践创造，坚持道路自信，并进一步充分发挥农村集体经济的优越性。

① 习近平：《在安徽省凤阳县小岗村主持农村改革座谈会时的讲话》，《人民日报》2016 年 4 月 29 日。

第四章　中国乡村电商的实践和启发

中国新时代的发展蓝图要建设网络强国、数字中国，推动互联网和实体经济深度融合，实现新型工业化、信息化、城镇化、农业现代化同步发展。乡村是中国经济社会发展的末端，是制约中国发展的短板，也是数字技术变革最可能被落下的地方，改变乡村贫穷落后的面貌、实现乡村现代化是近代以来中国几代人不懈的目标。20 世纪八九十年代，中国乡村曾走出过一条独特的“离土不离乡”的乡村现代化道路，但 90 年代中后期随着城乡体制改革的深入，乡村劳动力流失和乡村产业发展停滞，乡村发展之路再度受阻。但近年来，以“淘宝村”为代表的电商村的蓬勃发展却呈现了一种乡村的新面貌，“在外东奔西跑，不如回家淘宝”，作为互联网技术使用最广泛的内容之一——乡村电商，让世界看到了中国的互联网平台经济如何将生产与消费、边缘与中心、乡村与城市、中国与全球联结到了一起。

第一节　中国乡村电商发展的相关政策及主要成就

中国乡村电商从发端至今已有 15 年左右的时间，但快速发展的趋势是从 2012 年以后开始的。在过去的十年里，以“淘宝村”为代表的电商村成批涌现，尤其是近五年，电商村的数量呈爆发式增长。2014 年，阿里巴巴集团正式提出了“淘宝村”的概念①，对乡村电商的讨论由此进入了公众和学界的视野。2020 年的数据显示，十年内，“淘宝村”的数量已经由 2010 年的 3 个增加到了 5425 个，覆盖到中国 28 个省市自治

① 阿里研究院对“淘宝村”的认定标准包括三个方面：（1）经营场所：在农村地区，以行政村为单元；（2）销售规模：在淘宝和天猫平台电子商务年销售额达到 1000 万元；（3）网商规模：本村活跃网店数量达到 100 家，或活跃网店数量达到当地家庭户数的 10%。鉴于通过电商平台销售农产品比销售其他产品为农民带来的收益更直接、意义更大，2020 年阿里研究院为“淘宝村”制定了一个新的交易额统计规则，将农产品交易额按两倍进行计算。此项调整后，当年“淘宝村”即增加了 90 个。

区，占中国行政村总数的1%，还进一步形成了242个淘宝镇；农村淘宝交易额超过万亿元，带动就业机会超过828万个。①2021年的公开数据显示，“淘宝村”的数量已经达到了7023个，“淘宝村”集群化态势显著，“淘宝村”对电子商务在中国农村的发展产生很强的示范和带动效应。

一些地区尤其是贫困地区运用数字技术变革带来的机会让乡村实现了跨越式发展。仅以淘宝电商为例，到2020年，有超过800个淘宝村分布在各省级贫困县，119个淘宝村分布于10个省的41个国家级贫困县。②2019年，“电商助力脱贫”的中国实践受到世界银行的高度关注和肯定，世界银行认为，电商为中国乡村发展“带来了希望，电子商务能够成为乡村振兴和减少贫困的一个强大工具”③。

以上发展趋势和瞩目成就与2012年以后乡村电商经营获得了来自从中央到地方的积极的政策和资源支持密切相关。据不完全统计，党的十八大以来，党和政府出台和通过了一系列政策和法规，为数字技术变革保驾护航。

乡村电商的政策正当性始于2014年。2014年中央“一号文件”首次提出发展农村电子商务，此后中央对乡村电子商务的发展始终保持鼓励的态度。2014年7月，财政部、商务部联合印发了《关于开展电子商务进农村综合示范的通知》开启电子商务进农村综合示范政策的实施，根据规定，每个示范县可获得2000万元左右的中央财政资金支持，用于县域电商中心和村级电商服务站点的建设改造、三级物流配送机制搭建、品牌培育和质量保证体系建设以及农村电子商务培训。自2015年起，连续五年的中央“一号文件”明确提出要深入实施电子商务进农村综合示范。截至2017年底，电子商务进农村综合示范已累计支持756个县，中央财政投入累计超过100亿元，农村网络零售额达到了1.25万亿元，带动就业人数超过2800万人，助力近300万建档立卡贫困户依托电商实现增收。④自2018年起，国务院办公厅将电子商务进农村综合示范政策纳入30项重大政策督查激励列表中，可见，电子商务进农村综合示范已成为数字乡村

① 参见阿里研究院等：《1%的改变：2020中国淘宝村研究报告》，2020年。

② 邱泽奇：《熟人社会、外部市场和乡村电商创业的模仿与创新》，《社会学研究》2021年第4期。

③ 世界银行、阿里巴巴集团：《电子商务的发展：来自中国的经验》，2019年。

④ 唐跃桓等：《电子商务发展与农民增收——基于电子商务进农村综合示范政策的考察》，《中国农村经济》2020年第6期。

建设领域中实施范围最广、力度最强的政策。

党和政府希望通过提高农村地区电子商务的发展水平来帮助农民增收并打赢扶贫攻坚战。在此背景下，2016 年 11 月，国务院扶贫办联合国家发改委、中央网信办等部门发布了《关于促进电商精准扶贫的指导意见》，详细部署运用电商实现精准扶贫的任务及主要措施；各级地方政府则结合当地实际，制定与中央政策相衔接的地方政策，创新电商扶贫模式，诸如将“扶贫车间”与乡村电商发展联系起来等创造性举措应运而生。

电商技术的运用，不仅振兴了农村的经济，也带动了农村青年返乡创业的浪潮。2014 年 9 月，李克强总理发出了“大众创业、万众创新”的号召，随后国务院出台了相关政策，大力推进草根创业。在政策的倡导下，电商创业迅速成为中国发展的热点。有研究显示，淘宝网帮助百万级的农民大学生等平民阶层实现创业梦想，被视为中国改革开放以来第四次创业浪潮中的代表性现象。[①]党的十九大报告进一步提出，要贯彻新发展理念，大力推进互联网、大数据、人工智能和实体经济的深度融合，鼓励更多社会主体投身创新、创业，培育新的增长点，形成经济与社会发展的新动能。

2019 年 5 月，中共中央办公厅和国务院办公厅联合印发了《数字乡村发展战略纲要》。2020 年 7 月，农业农村部、国家发改委等七部门联合印发《关于开展国家数字乡村试点工作的通知》。2021 年，中央“一号文件”提出农村工作重点将由“脱贫攻坚”逐步向“乡村振兴”过渡。从“脱贫攻坚”到“乡村振兴”，这两大国家战略为数字技术红利普惠中国广大的乡村提供了最坚实、最强大的制度保障。

第二节　中国乡村电商的实践和成功经验

中国乡村电商的发展虽然只有十多年的时间，但成就已为世界瞩目，有不少研究对中国乡村电商的实践过程和成功经验作了梳理和总结。众多研究发现，面对全球互联网资本将乡村作为新的流量池和经济增长点，中国的乡村电商依然能走出一条有中

---

① 崔丽丽：《社会创新因素促进“淘宝村”电子商务发展的实证分析——以浙江丽水为例》，《中国农村经济》2014 年第 12 期；邱泽奇：《三秩归一：电商发展形塑的乡村秩序——菏泽市农村电商的案例分析》，《国家行政学院学报》2018 年第 1 期。

国特色的电商发展之路，离不开中国脱贫攻坚和乡村振兴的时代大背景，离不开中国乡土社会的传统结构和人情伦理的深嵌互动以及中国特色社会主义制度优势的方向引领和强大保障。

一、"熟人社会"和"差序格局"：乡村电商与中国乡土传统的内在耦合

正如波兰尼[①]所言，人类的经济活动是"内嵌"于社会关系中的，乡村电商在中国农村的兴起、传播、扩散直至繁盛，正是一个基于中国乡土特征的实践过程。相关研究用"可见性机制"[②]"三维团结"[③]"市场社会化嵌入"[④]"乡村的内生性"[⑤]"地方性重构"[⑥]等概念对这一过程进行描述或概括。

邱泽奇认为，中国乡村电商发展模式在传统产业发展如何实现"动能转换"方面提供了丰富经验。[⑦]其核心机制是，借由平台经济连接的外部大市场激发了村庄内部的多元资源整合和社会关系网络，也就是市场机会和市场利益与乡土社会结构和文化伦理之间的相互激活。[⑧]这构成了一种由外部市场驱动的乡村内生动力，这种外部市场驱动、内部资源整合的模式反映到平台经济中，也就是线上与线下的连接与互嵌。

相关研究为电商村的发展基础和兴盛条件提供了来自技术社会学的分析框架。张樹沁等[⑨]的研究揭示了乡村电商技术红利产生的市场互动过程，电商平台能够将线下分散的差异性需求以很低的成本在线上汇聚，构成农村产业的发展契机，而电商技术的

---

① 参见［英］卡尔·波兰尼：《大转型：我们时代的政治与经济起源》，冯钢等译，浙江人民出版社 2007 年版。

② 张樹沁等：《乡村电商何以成功？——技术红利兑现机制的社会学分析》，《社会学研究》2022 年第 2 期。

③ 沙垚等：《重建在地团结——基于中部某贫困村乡村直播的田野调查》，《新闻大学》2022 年第 2 期。

④ 韩庆龄：《从家庭到社区：产业振兴中农民双层合作体系的建构机制——基于山东省 B 县电商产业的实证调研》，《中国农业大学学报（社会科学版）》2021 年第 1 期。

⑤ 孙萍：《"乡村性"的概念重构——数字时代的淘宝村建构》，《社会发展研究》2021 年第 1 期。

⑥ 吴昕晖等：《全球信息网络与乡村性的社会文化建构——以广州里仁洞"淘宝村"为例》，《华南师范大学学报（自然科学版）》2015 年第 2 期。

⑦ 邱泽奇：《菏泽电商：3 + 3》，北京大学中国社会与发展研究中心、阿里研究院、菏泽市商务局 2017 年发布。

⑧ 韩庆龄：《从家庭到社区：产业振兴中农民双层合作体系的建构机制——基于山东省 B 县电商产业的实证调研》，《中国农业大学学报（社会科学版）》2021 年第 1 期。

⑨ 张樹沁等：《乡村电商何以成功？——技术红利兑现机制的社会学分析》，《社会学研究》2022 年第 2 期。

“可见性机制”使这种由线上汇聚而成的市场机会与农村的“熟人社会”更加匹配，线上的每一笔交易及其潜在收益都能被邻里乡亲很容易地捕捉到，进而激活本地人际关系实现交流、学习、跟随、模仿等一系列后续线下行动，正是这种线上公开信息和线下社会关系所共同触发的生产规模，成为乡村产业触网腾飞的技术和社会基础。这种线上和线下的相互嵌入，可以使一个村子里的每一户村民都或多或少地参与到这种本地产业中，电商技术弥补了本地人际关系中的信息缺失，这些线上信息进而又成为行动者展开线下人际互动的信息基础，两类行动在互嵌中不断相互印证和触发，推动乡村内部持续不断的模仿与创新。邱泽奇①认为，模仿和创新的持续和深化是乡村电商兴盛的主要因素；在产品研发、生产和销售过程中，“熟人社会”为模仿与创新提供社会正当性或者说是有利的社会环境，是必要条件；线上市场为模仿与创新提供巨量市场和资源，是充分条件；乡村能人则是点燃模仿与创新燎原之势的星星之火，是充要条件；三者缺一不可，即“熟人社会—线上市场—能人触发”的乡村电商创业模式。当数字技术弥补了乡村长期缺位的连通性，当小乡村也连接上了大市场之后，20 世纪 80 年代费孝通提出的“离土不离乡”②的乡村城镇化和现代化之路有了另一种呈现的可能。

关于“淘宝村”的众多经验研究都佐证了上述的技术社会学的分析框架。梁强认为，“熟人社会”公认的“集体意识”和信息全对称③对于电商创业信息的扩散具有天然的优势，村里到处可见的创业成功事例提高了信息扩散的影响力和质量，逐渐吸引其他农户进行模仿与创新，产生了基于亲朋关系的网店衍生现象，形成初始的创业集聚。④陈然发现，国内首批成长起来的 20 个“淘宝村”无不是通过亲属邻里之间的“涟漪效应”进行传播和扩散的。⑤房冠辛发现，互联网经济中的快速启动、迭代更新等要求和内在规律与乡村固有的熟人社会、差序格局等传统要素形成了内在耦合，亲戚邻里之间不仅会通过“喝茶吹牛会”等形式交流开店和运营心得，形成一种乡村性的

① 邱泽奇：《熟人社会、外部市场和乡村电商创业的模仿与创新》，《社会学研究》2021 年第 4 期。
② 参见费孝通：《小城镇四记》，新华出版社 1985 年版。
③ 参见费孝通：《乡土中国》，生活·读书·新知三联书店 1985 年版。
④ 梁强：《关系嵌入与创业集群发展：基于揭阳市军埔淘宝村的案例研究》，《管理学报》2016 年第 8 期。
⑤ 陈然：《地方自觉与乡土重构：“淘宝村”现象的社会学分析》，《华中农业大学学报（社会科学版）》2016 年第 3 期。

互联网“长尾效应”和“认知盈余”，而且还依托邻里宗亲间的“非正式网络”相互协调，避免了同质化竞争。①

电商活动在一个乡村的兴盛至少要经历四个阶段②：第一阶段，有人在村里开店；第二阶段，有人跟随和模仿，从事电商经营的农户不断增多；第三阶段，当模仿的规模影响群体收益时，有人开始局部创新，创新与模仿交替出现；第四阶段，差异化经营逐步覆盖电商的上下游和前中后端，形成村落电商生态。电商生态的形成仰赖“熟人社会”积极互动的抱团发展模式，使乡村实现了从原材料进村到产品出村的完整循环。

这样一个有机互动的整村创业生态和规模化的产业集群，离不开几个重要的因素：能人带动、代际合作、社区互助和抱团发展。

“能人带动”对于重塑“本地化”和“地方行动主体”至关重要，成为描述地方经验的重要词汇。“能人”的作用不仅体现在商业运作上，也体现在乡里、邻里关系和社会文化的连接和建立，比如带动和培训乡亲，为村里的弱势群体提供参与电商的机会，成立“电商协会”等社区组织，因此很大程度上“能人”融合了乡村治理和乡村关系维系的双重作用，实现了乡村的内生性增长。③

代际合作是另外一大亮点，其实质是由电商下乡所带来的乡村人力资源利用的新模式，即年轻人运用自己的电商技能，年长者利用自己的生产技能和体力，两代人配合，构建出乡村新的人力资源新动能。邱泽奇将此总结为“两地＋两代”的模式④，代表性的主体是返乡创业的青年。研究发现，最早尝试乡村电商的人几乎都是出生于20世纪八九十年代的年轻人，他们都有过外出学习、生活或务工的经历，因此更普遍地浸润到互联网的环境，并潜移默化地接受了网络思维并积累了电商技能，他们将在外

① 房冠辛：《中国“淘宝村”：走出乡村城镇化困境的可能性尝试与思考——一种城市社会学的研究视角》，《中国农村观察》2016年第3期。

② 邱泽奇：《熟人社会、外部市场和乡村电商创业的模仿与创新》，《社会学研究》2021年第4期；邱泽奇等：《电商技术变革与农户共同发展》，《中国社会科学》2021年第10期。

③ 房冠辛：《中国“淘宝村”：走出乡村城镇化困境的可能性尝试与思考——一种城市社会学的研究视角》，《中国农村观察》2016年第3期。孙萍：《“乡村性”的概念重构——数字时代的淘宝村建构》，《社会发展研究》2021年第1期。

④ 邱泽奇：《菏泽电商：3＋3》，北京大学中国社会与发展研究中心、阿里研究院、菏泽市商务局2017年发布。

地获得的信息、技术、经营技能等带回家乡。“两地”滋养了电商的种子，“两代”盘活了电商的土壤，“两地+两代”的组合就是用外部的知识和经验来激活本地闲置的劳动力资源和能力（即父辈群体）。在新的分工体系中，父辈可能扮演不同的角色，但子辈都扮演相似的角色：承担电商运营和销售工作。代际分工在乡村并不是新鲜事，但电商背景下的代际分工是年轻人提供市场机会，让年长者施展才能，形成了子代反哺父代、两代人差异化能力互补的新格局。

社区互助和抱团发展则更多体现为乡村电商在面对外部市场尤其是平台大资本的垄断时，乡村社会自身激发出来的一种韧性和能力，通过建构一种地方性的“在地团结”，将市场逻辑和经济关系嵌套进整体性的村庄生活和伦理中。沙垚研究了一家培训和雇佣带货主播的经纪公司是如何与地方社会一起柔性地对抗平台大资本的。该公司负责人出身农村、有浓厚的乡土情怀、了解乡村社会的行为特征，在经营直播业务的过程中，努力建设公司与村庄、与村民主播的良性互动关系，同时利用政府赋能策划各种活动，激活区域性社会资源来推动经济业务。在这个村庄的实践中，地方政府、地方性小资本和民间社会之间建立起的“三维团结”结构[①]正是对波兰尼提出的经济与社会“互嵌”的回归，而这种经济与社会的“互嵌”尤其离不开政府的介入和发挥作用。

二、从“脱贫攻坚”到“乡村振兴”：乡村电商与中国故事的时代对接

如果说乡村社会的传统结构和文化伦理为电商这一经济活动的开展提供了土壤、场景和道义上的合法性，那么政府的介入和推动则提供了来自特定时代的制度层面的合法性，具有方向引领和机会调节的显著功能。改革开放以来，“三农”工作一直是中央经济和社会政策的重点之一，党的十九大将“三农”政策提升为“乡村振兴”国家战略，2019—2020年间先后印发的《数字乡村发展战略纲要》和《关于开展国家数字乡村试点工作的通知》中，都将弥合数字鸿沟作为一项战略目标加以强调，党的十九届五中全会则进一步强调优先发展农业农村，要求巩固拓展脱贫攻坚成果同乡村振兴有效衔接。显然，脱贫攻坚、乡村振兴、数字乡村等国家战略和公共政策让乡村电商

① 沙垚等：《重建在地团结——基于中部某贫困村乡村直播的田野调查》，《新闻大学》2022年第2期。

的发展获得了时代正当性，其最终目标是让数字技术红利能够普惠到最广大的人群，尤其是那些最不可能迈过技术新门槛、最难以接触和应用数字技术的人群，这个群体的典型是脱贫攻坚任务完成之前的贫困乡村的贫困农户。①

数字赋能视角认为，数字技术变革为传统弱势群体分享数字红利提供了可能性②，这里的“赋能”指人们从中获得了发展机会，正如中国乡村电商的自发涌现和蓬勃发展，确实为乡村带来了普惠性的增长③，最直接的社会经济后果就是农民增收、脱贫致富④。但邱泽奇认为，赋能视角过于强调技术的影响，忽视了人的能动性。比如在乡村电商的发展过程中，面对新的发展机会，农户的反应可能非常不一样，影响农户能动性的关键是农户的技能，包括一般技能和数字技能，其中拥有数字技能是必要条件。⑤根据世界银行（2018）的“淘宝村”抽样调查⑥，数字技能和一般技能双低的农户同样有可能从事或参与电商活动，甚至有大量的相关工作机会。

推动农户共同参与进来的关键因素（即调节技术变革门槛效应的变量）正是政策导向和政府部门的中介和推动作用，使乡村形成了有利于共同发展的社会环境。⑦这个“有利环境”主要包括两种情况，一是村里的电商户在开店同时还为其他农户提供技能培训，二是村里的电商户为其他低技能的农户提供电商相关工作。这两种行动表面上看似乎不符合市场逻辑（为他人提供培训相当于为自己制造竞争对手，为低技能农户提供工作机会也不符合因岗寻人的劳动力市场招聘要求），但研究发现，电商户不

① 邱泽奇等：《电商技术变革与农户共同发展》，《中国社会科学》2021 年第 10 期。

② Ingrid Robeyns, “The Capability Approach: A Theoretical Survey”, *Journal of Human Development*, Vol.6, No.1, 2005, pp.93—114.

③ Carmen Leong et al., “The Emergence of Self-Organizing E-Commerce Ecosystems in Remote Villages of China: A Tale of Digital Empowerment for Rural Development”, *MIS Quarterly*, Vol.40, No.2, 2016, pp.475—484；刘亚军：《互联网使能、金字塔底层创业促进内生包容性增长的双案例研究》，《管理学报》2018 年第 12 期。

④ Xubei Luo and Chiyu Niu, “E-Commerce Participation and Household Income Growth in Taobao Villages, ” World Band Policy Research Working Paper, 2019；唐跃桓等：《电子商务发展与农民增收——基于电子商务进农村综合示范政策的考察》，《中国农村经济》2020 年第 6 期。

⑤ 邱泽奇等：《电商技术变革与农户共同发展》，《中国社会科学》2021 年第 10 期。

⑥ 该调查采用分层多阶段随机抽样，最终形成了由 80 个淘宝村的 1371 户家户组成的调查样本，其中，615 户为电商户，756 户为非电商户。该调查的目的是探讨电商经营对农户收入的影响。参见 Xubei Luo and Chiyu Niu, “E-Commerce Participation and Household Income Growth in Taobao Villages”, World Bank Policy Research Working Paper, 2019。

⑦ 邱泽奇等：《电商技术变革与农户共同发展》，《中国社会科学》2021 年第 10 期。

符合市场逻辑的行为却与针对乡村发展的公共政策，如脱贫攻坚、乡村振兴、数字乡村等国家战略的导向相符。

国家战略在乡村落地执行主要有两种模式①：一是运用政策和资源顺水推舟，支持农户创新发展；二是政策创新，运用市场规则，将企业引入政策执行具体环节。针对第一种模式，对山东菏泽在2009—2019十年间的电商数据进行分析后发现，2012年是关键的转折年份，2012年以前乡村电商发展处于自发状态，之后则进入快速发展阶段，这与电商经营在那个时点之后获得了政策正当性密切相关。针对第二种模式，政策创新的典型代表是“扶贫车间”这一地方实践，即运用脱贫攻坚专项资金在乡村建立标准厂房，以免费或低租金租给企业，要求企业用工的贫困人口占比不低于40%，地方政府创造性地将扶贫车间与乡村电商发展联系起来。扶贫车间的设计既符合企业逐利的本性，政府让利于企业，引导企业承接获取红利的政策接口，而企业逐利的同时又与乡土社会的伦理期待相一致，能够帮扶到弱势乡亲，这是一项既无经济损失、又受政策鼓励和社会伦理赞许的“三赢”行动。这样一种普惠效应，通过公共政策将公共资源转化为市场机会的机制，具有重要的启发意义，即：创新国家战略在乡村的落地模式、营造有利于数字技术创新与应用的环境，是建设数字乡村、促进共同发展、实现乡村振兴的有效机制。

关于如何落地、如何营造有利环境，“菏泽电商：3 + 3”报告较为系统地总结了政府推动型电商发展的新路子。②在乡村电商的兴起和发展过程中，首先是农户自身创造力的发挥，其起始阶段是一个自发和自主的过程，但在电商经营中总存在着一些自身难以解决的问题，所面临的经营、税收、物流、环保、生产场地、工商注册等一系列内容也都与政策相关。另一方面，农户长期受小农经济和家庭作坊式经营的限制，虽然每个电商户都能自觉发挥自身的比较优势，但不一定明白其独特优势在乡村和地方发展大局中的位置和意义，如果不加以引导和组织，也难以形成带动产业发展的集群和生态。邱泽奇认为，农户和政府是推动电商成长的两大行动主体，农户是创造力发

① 邱泽奇：《菏泽电商：3 + 3》，北京大学中国社会与发展研究中心、阿里研究院、菏泽市商务局2017年发布。

② 同上。

挥的主体，但要想最大程度地发挥农户创造力的效应，政府至少需要扮演推动引领者、服务提供者与连接整合者这三重角色，在充分运用政策工具的基础上，因地制宜地营造有利于电商发展的政策环境和社会氛围。

以山东菏泽为例：首先在组织上，设立专门的组织机构——电子商务科，同时加强领导干部队伍建设，重视干部队伍新思维的培养，提拔在发展电商方面有丰富经验和突出成绩的干部担任领导工作，将电商培训纳入干部培训计划，着力打造一批懂电商的领导干部队伍；在实践中调用了一批生长在互联网环境下的年轻人到基层担任村官，通过“换脑”方式推动电商工作。在动员和宣传方面，重视发挥人才的关键作用，突出体现在对创业者尤其是返乡创业青年的扶持上，引进淘宝大学，以“政府主导，市场化运作”方式探索电商人才培养模式；开通运营“菏泽电子商务”微信公众号，大力推广“电商英雄”等典型成功案例，组织召开动员会，邀请“电商达人”现场宣讲和提供咨询，对村民展开一对一帮扶活动。在服务方面，优化工作流程，提供一站式行政服务，在实践中将基层服务型党组织建设与搞好电商服务结合在一起；联合市场力量搭建服务平台，成立电商服务中心、电商促进会等机构；在政府主导下发展各式电商产业园、电商孵化基地、创客工厂，吸引各类电商经营主体入驻；同时加强与快递物流、网络基础设施、网络支付等企业的合作，为电商发展提供安全保障和便利。

在助力电商发展的过程中，政府始终扮演着“中间人”和推手的角色，一边连接着广大的创业群众，另一边连接着电商平台和其他相关企业，通过连接协调，整合各方资源形成合力，进而满足创业群体的需求。

第三节　中国经验的启发与思考：由互联网技术触发的中国乡村转型新机遇

以“淘宝村”为代表的乡村，走出了一条复活和振兴之路，产生了全面而深刻的影响。那么，“淘宝村”的成功到底有哪些启发意义？

一、费孝通的乡土重建方案与“淘宝村”实践的某种内在耦合

费孝通提出的乡土重建，就是“企图从我们传统的小农经济中去指出各种文化要素怎样配合而发生作用的。……这企图并不带着要保守它的意思。相反的，这是一切

有效改革所必须根据的知识”，他强调这种“改革并不能一切从头做起，也不能在空地上造好了新形式，然后搬进来应用，文化改革是推陈出新。新的得在旧的上边改出来”①。也就是说，乡村振兴需要在乡土中植入新的要素形成符合乡土社会原本特点的有机配合的新结构，具体包括的内容有：要发展乡村工业；要有人才将新技术输入乡村；要重建上下相通的双轨政治，尤其要加强自下而上的那一端；要恢复城乡有机循环，不仅是物资，还有受过现代教育的人才要能回流和服务乡村。费孝通提供的是一个以乡村有机配合的结构为基础，松动乡土，将农民和乡村纳入重建的方案；其路径是：将现代要素引入乡土工业——农民在产业和制度上的融入——乡村企业家成长——乡村精英参加乡村治理——疏通城乡有机联系——乡土复兴。这是一条以农民和村庄为本位，引入现代要素重建乡土的路，被称为“乡土长出的工业化”。②

对照当下以“淘宝村”为代表的乡村电商的繁荣，不难看出，中国乡村电商的发展正沿着这条道路行进着。互联网和电商技术正是那个被引入乡村的现代要素，它为小乡村连接上了一个大市场，刺激了乡村工业的发展和转型升级，年轻人的回流提供了人才和现代智力的支持，乡村能人的带动和农民自身的创造力形成了自下而上的基层自治力量，政府服务和引导助推的加入重建了上下相通的“双轨”治理，城乡要素相互配合，为乡村振兴带来了劳动力、信息、技术和资本，城乡间的联系和有机循环得以恢复。

二、“淘宝村”是一种极具中国特色和启发意义的乡村现代化新路径

费孝通认识到，中国农民“离土不离乡”的乡村工业化、现代化是中国独特的发展道路。他思考这个问题的立场和角度始终有三点③：一是坚持在城乡格局的背景下关照乡村，从不孤立地看待乡村；二是坚持将农村、农民作为实现现代化的主体，强调乡土中长出来的现代化，而非外部因素强加的现代化；三是重视乡土中国工农一体的传统经济结构，特别是家庭手工业以及在此基础上发展起来的农村工业化对农村、农

① 参见费孝通：《乡土重建》，岳麓书社 2012 年版。

② 刘守英：《乡土生出的现代化——费孝通乡村发展理论对乡村振兴的启示》，《清华社会科学》2019 年第 1 期。

③ 同上。

民现代化的巨大作用。以“淘宝村”为代表的乡村为这一始于20世纪30世代的中国道路在21世纪的新探索提供了示范。

首先，淘宝村实现了城乡要素的有机循环。要素在城乡间的流动主要受信息、运输或政策成本在内的各种成本的影响。① 电商的发展极大地推进了通信、交通等基础设施的建设，以及物流等中介服务业的发展，城市大规模的消费需求便利地对接和激活了乡村产业，新技术和商业模式发展降低了交易费用，引起城乡间的贸易增加，提高了城乡联系水平。淘宝村这样的乡村与周边城镇在资本、商业、经济、社会生活方式等层面的融合度越来越高，这种不断推进的融合，也使城乡边界日益模糊②，甚至可以被称为既不同于传统乡村、也不同于现代化大都市的介于城乡之间的“半城市”地区。③

其次，淘宝村的成功是农民和乡村自身创造力和能力的集中体现。从电商兴起初期勇敢地尝试，到电商经营中主动学习、更新知识，再到设计、生产并不断升级产品，农户在电商创业中的自主性创造体现在每一个环节。④ 同时，电商下乡也是一个为农民和乡村赠权赋能的过程，无论是对个体的就业机会、创业环境和技术能力，还是对家庭的生计模式或村庄的治理结构，都产生了增权赋能的影响，提高了农户和乡村的市场主体地位和能力。⑤ 但也有批评者指出，淘宝村也有野蛮自然无序发展的倾向，一定程度上导致了区域范围内的同质化恶性竞争，需要加以引导。⑥

再次，淘宝村延续了中国乡村传统经济中的分工、分业的模式，成为“家庭式小农经营”+“现代要素投入”+“非农产业兼业”的混合模式的新实践，可以说与改革

---

① J. Von Braun, “Rural-Urban Linkages for Growth, Employment, and Poverty Reduction”, *International Food Policy Research Institute, Ethiopian Economic Association, Fifth International Conference on the Ethiopian Economy*, 2007.

② 孙萍：《“乡村性”的概念重构——数字时代的淘宝村建构》，《社会发展研究》2021年第1期。

③ 吴昕晖等：《全球信息网络与乡村性的社会文化建构——以广州里仁洞“淘宝村”为例》，《华南师范大学学报（自然科学版）》2015年第2期。

④ 邱泽奇：《菏泽电商：3+3》，北京大学中国社会与发展研究中心、阿里研究院、菏泽市商务局2017年发布。

⑤ 周浪：《另一种“资本下乡”——电商资本嵌入乡村社会的过程与机制》，《中国农村经济》2020年第12期。

⑥ 陈然：《地方自觉与乡土重构：“淘宝村”现象的社会学分析》，《华中农业大学学报（社会科学版）》2016年第3期。

开放以来乡村工业化、乡镇企业大发展的道路一脉相承。但有批评者指出，目前淘宝村网店销售排名靠前的商品主要还是传统制造业，“淘宝村”还只是“工业电商”，并没有成为真正意义上的“农业电商”，以自身特色农副产品种养殖和加工为主要环节的农业生产，并没有因此获得飞跃式发展。① 最近几年，以“拼多多”“抖音”等平台为代表的“电商助农”模式的兴起，为区域和地方特色农副产品的市场拓展开辟了新渠道，以此为契机，农业有可能正从过去功能定位单一的粮食农业拓展到健康农业、特色农业、生态农业、休闲农业等强调农业多功能性、复合型发展的模式，这一方向值得引起重视。

刘守英认为，中国的城乡关系在2003—2010年期间出现革命性的跃迁，进入“城乡中国”阶段，作出这一划分的依据，是农民与土地、与村庄的关系发生根本变化，牵引这场改变的是“农二代”。② 在城乡中国阶段，传统“以土为生”的均质化的小农在卷入非农经济活动中出现高度分化，城镇化从单向转向城乡互动，生产要素在城乡间配置活跃，城乡间的分工与互联互通增强，乡村在分化的同时也迈向业态、产业、功能多样化。随着村庄分化趋势的加剧，部分乡村将在城乡加速互动中复活与振兴，“淘宝村”正是其中的代表。巧合的是，淘宝村的崛起也正好始于2010年前后，它展示了一种由产业带动（活业）、由年轻人引领（活人）、乡村内生力量不断激活（活村）的乡村振兴的示范。以“淘宝村”为代表的乡村是极具中国特色和启发意义的乡村城镇化、现代化的新路径和新方向，通过发展乡村电商，中国农民不仅创造了巨量的物质财富，也在创造着极具中国特色的市场经济和现代化道路。

---

① 陈然：《地方自觉与乡土重构：“淘宝村”现象的社会学分析》，《华中农业大学学报（社会科学版）》2016年第3期。

② 刘守英等：《从乡土中国到城乡中国——中国转型的乡村变迁视角》，《管理世界》2018年第10期。

第五章　中国特色的家庭现代化发展道路

家庭是人类社会最普遍的一种社会制度和文化现象，在社会发展中起着基础性作用。中国传统文化强调“天下之本在国，国之本在家”，将国家与家庭联结为密不可分的整体，由此发展出的家国一体、家国同构的模式成为最具中国特色的本源型传统，家庭不仅是组织生产生活的基础单元，还具有一种本体论地位并联结了中华文明①，更是“国家发展、民族进步、社会和谐的重要基点”②。20 世纪初以来，随着现代化进程在中国开启，家庭的社会基石与核心地位就被不断质疑与冲击。作为全球化家庭变迁的一部分，中国家庭的演变历程无疑有时代的趋向，但现代化不仅是技术和市场的产物，也是历史、制度和文化的产物。自党的十八大以来，国家开始大力倡导家庭建设，党的二十大更是明确提出“弘扬中华传统美德，加强家庭家教家风建设”，这些都决定了中国家庭将展现出自己独特的、有别于西方现代性的变迁路径和模式。

第一节　家庭变迁研究的理论及发展

一、解释现代家庭变迁的主要理论框架

在 20 世纪的大部分时期里，家庭现代化理论是学术界解释工业革命以来家庭变迁的主导理论框架。③它主要运用现代化理论的基本框架、核心范畴和理论预设来解释家庭的变迁，指出由传统扩大家庭向夫妇式家庭的转变，是工业化和城市化进程的必然结果。同时作为进化论和结构功能主义理论的混合物，家庭现代化理论还认为，基于

① 孙向晨：《论家——个体与亲亲》，华东师范大学出版社 2019 年版，第 1—2 页。

② 中共中央党史和文献研究院编：《习近平关于注重家庭家教家风建设论述摘编》，中央文献出版社 2021 年版，第 1—2 页。

③ 关于家庭现代化理论的论述可参考唐灿：《家庭现代化理论及其发展的回顾与评述》，《社会学研究》2010 年第 3 期。

性别分工的核心家庭是现代社会的“理想家庭”模式，代表了世界各国的家庭现代化发展方向。①

然而，西方工业化国家核心家庭的“黄金时代”在20世纪50年代末就走向了终结。兴起于20世纪60年代的西方第二次女权主义运动号召女性走出家庭，追求职业成就和社会价值，动摇了婚姻依赖关系形成的基础。20世纪70年代之后，未婚同居、离婚、不婚、同性婚姻以及非婚生育等非传统的婚姻家庭行为不断增加，再加上生育率的持续降低，现代核心家庭在西方工业化国家逐渐不再是主流形态。自20世纪八九十年代开始，第二次人口转变理论日益成为新的解释家庭变迁的代表性理论。②该理论认为，价值观念的变化是导致婚姻家庭和生育率发生重大转变的主要因素。女性社会经济地位的提高，以及个体主义、性别平等、世俗化等价值观念的传播与普及，这些都使得传统婚姻家庭制度的地位与功能受到广泛挑战，家庭组成形式多样化，婚前同居与婚外生育逐渐变得普遍；夫妻为了更好地实现自我价值，会选择少生或不生育子女；年轻女性更期待在事业上有所成就而不再早早进入婚姻，已婚女性考虑到母亲身份与工作的冲突，也往往并不会立刻生育子女。在该理论的预期下，结婚率和生育率下降、离婚率上升的趋势是不可逆转的。

家庭的变动同样没有如同第二次人口转变理论所预测的轨迹发展。21世纪以来，婚育下降的趋势在欧美社会并未进一步延续和普及，低迷的婚恋意愿及其生育率在部分西方国家出现了逆转。性别革命理论成为解释这一新趋势的代表性理论，它的核心观点是并非婚姻和生育不再具有吸引力，而是性别革命的进度决定了婚育的意愿和水平。依据该理论，伴侣关系不稳定和结婚率与生育率下降只是性别革命的初期表现，是家庭和社会制度的变化与女性社会经济地位变动不相匹配的结果，当全社会真正拥抱性别平等主义时，将促成婚姻的稳定与生育率的回升，达到新的均衡状态。③

---

① ［美］J. White, D. Klein:《家庭理论》，马永年、梁婉华译，台湾五南图书出版股份有限公司2005年版，第52页。

② 关于第二次人口转变理论的论述参考 B. Zaidi & S. P. Morgan, “The Second Demographic Transition: A Review and Appraisal”, *Annual Review of Sociology*, Vol.43, Jul. 2017。

③ 刘汶蓉:《家庭现代化道路上的女性发展困境与政策出路》，《妇女研究论丛》2023年第1期。

二、家庭变迁研究的主要议题

家庭结构或家庭规模是家庭变迁研究传统上的经典议题。从19世纪中期开始，关于家庭发展的社会学理论就形成了一个固定而鲜明的观点：现代社会的显著特征是核心家庭占主导地位，而父系制度下扩大的亲属群体则是传统社会的普遍特征。这种工业化前后大家庭和小家庭的两分法在很长时间里都是家庭社会学的主流话语。20世纪70年代以来，社会史学家和社会统计学家的研究揭示了核心家庭在过去几百年中一直占有着主导地位，破除了前工业化时期的大家庭“神话”。①

20世纪80年代以来，家庭关系成为西方家庭变迁研究新的核心范畴，家庭日常生活中的情感和各种家庭关系的动态变化被认为是当代家庭的显著特征，是现代家庭有别于前工业化家庭的关键内容。对家庭关系的研究主要围绕两个面向展开：一是夫妇式核心家庭的内部关系。近现代以来，西方婚姻制度先后经历了从制度婚到伴侣婚再到个体婚的两次转变。婚姻制度的第一次转变是伴随着核心家庭的独立和父辈权威的衰落，夫妻情感的满意度开始成为衡量婚姻成功与否的重要标准，夫妻关系被视为家庭的主轴关系。② 而第二次转变则是伴随着多元化的婚姻形式的涌现，男女间的相互依赖减少，婚姻纽带松弛，成功婚姻的标准转变为婚姻是否有利于自己的情感表达和自我发展。③

二是核心家庭与亲属群体的关系。经典的家庭现代化理论认为，现代核心家庭是孤立的、削弱了与扩大亲属群体的联系。这一观点受到后来研究的否定，这些研究证实，虽然核心家庭占据主导地位，但亲戚关系网并没有如想象的那样消失，它还担负着大量社会功能，核心家庭纳入作用灵活的夫妻双方的亲族网中，并结为一体。④ 这种

---

① 关于家庭结构研究的论述可参考唐灿：《家庭现代化理论及其发展的回顾与评述》，《社会学研究》2010年第3期。

② 参见［美］斯蒂芬妮·库茨：《婚姻简史：爱情怎样征服了婚姻》，秦传安、王璠译，中央编译出版社2009年版。

③ A. J. Cherlin, “The Deinstitutionalization of American Marriage, ” *Journal of Marriage and Family*, Vol.66, 2004.

④ 《工业革命：从普罗大众到布尔乔亚》，载［法］安德烈·比尔基埃主编：《家庭史：现代化的冲击》（三），袁树仁、赵克非、邵济源、董芳滨译，三联书店2003年版，第567页。

观念的转变也导致了欧美家庭研究出现了新的发展取向，即从以往强调所谓现代性的个人主义，转向重新肯定传统的大家庭亲情和亲属网络在社会转型中的积极作用。

三、对西方家庭变迁理论的质疑和批评

毋庸置疑，上述理论在分析与现代化过程相伴的家庭变迁方面具有很大的解释力和影响力，但这些理论是在西方发达社会基础上构建出来的，本身所固有的弱点和缺陷也是显而易见的，学术界的批评与反思集中在以下三个方面：

一是线性现代主义假定，有关家庭变迁的主要理论都带有强烈的进化论色彩，认为所有的家庭变迁都呈线性发展模式，也就是说，沿单一的路径发展。在家庭现代化理论中，家庭现代化的历程被认为是按照同样的范式和固定的发展线索演进、变化的，世界范围内将发生扩大家庭瓦解和向夫妇式家庭制度变化的共同趋势。第二次人口转变理论认为其描述的人口和家庭变动规律是一个全世界范围内的普遍现象，世界各国均会沿着同样的轨迹发生转变。二是一元化的变迁模式，把西方家庭的变迁模式作为一个普世主义的模式，假定西方国家的当前状态是所有国家都会达到的最终形态，将那些与西方不符的家庭模式和现象主要当作一种向现代化过程演变中的过渡阶段。三是否定传统的价值先验取向，这些理论都假定新的变化将代替传统因素，过度强调家庭变迁的去制度化和去传统化。

第二节　中国特色的家庭现代化发展道路

一、中国家庭的现代化发展历程

19 世纪中期以后，中国知识分子面对民族危机，在救亡图存的探索道路上，逐渐从器物、制度向思想文化领域深入，将家庭改革与“强国梦”紧密相连。[①]20 世纪初，在辛亥革命、新文化运动、五四运动等反帝反封建浪潮中，传统家族制度被视为“万恶之源”，封建家长制成为激烈批判的对象。启蒙思想家们认为，长老统治的大家庭极大地束缚了青年人的创造力，是中国落后挨打的重要原因，因此应该向西方学习，建

① 梁景和：《论清末的“家庭革命”》，《史学月刊》1994 年第 1 期。

立核心家庭制度。在民主科学、自由平等、妇女解放等思潮下，封建家长制、男尊女卑等礼教传统受到严厉批判和摒弃。自由恋爱的观念成为五四一代青年知识分子掀起“观念革命”的核心内容之一，包办婚姻的统治性地位遭遇挑战。①新文化运动对中国传统家庭的批判，开启了中国家庭现代化之路，家庭开始去政治化和走向世俗，极大地冲击了家庭作为国家基石和道德信仰的神圣性。

从1949年新中国成立到20世纪70年代末，国家是推动家庭变迁的最为重要的力量。1950年首部《中华人民共和国婚姻法》颁布，以婚姻自由、一夫一妻、男女权利平等的新婚姻制度，替代了包办强迫、男尊女卑的旧制度，为建立现代的婚姻家庭关系奠定了基础。②国家在20世纪50年代实行的社会主义改造、大跃进和人民公社运动，建立起以公有制和按劳分配为主要特征的计划经济制度，单位和人民公社成为社会的基础组织，家庭的生产功能被替代，家庭财产和家庭消费被严格控制，家庭成员之间劳动合作关系被削弱。在国家力量的强力干预下，中国快速地从传统的父权为主的家庭模式向现代家庭演进。

改革开放以来，中国的经济领域发生了从计划向市场的跨越式转变，与之相应的是政治、文化以及社会等领域的现代性转变，并由此共同构成经济社会的结构性变迁，即从传统社会向现代社会、从农业社会向工业社会、从封闭性社会向开放性社会的变迁和发展。③经济体制改革将个人从以往的农村集体和城镇单位分离出来，使个人在经济生活和社会生活的自由空间不断扩大④；国家从社会领域的全面撤退，家庭的福利、保障功能重新变得重要，成为个人重组和重建安全感的最重要机制⑤；快速的工业化和城市化进程，带来了大规模的跨越城乡和区域的人口流动。除了经济社会的快速转型外，与改革开放几乎同步施行的计划生育政策，是世界上最为严格的人口出生控制政策，并在随后的三十多年里得到了最为连贯的执行。这些因素都是理解家庭变迁的关

① 徐永志：《辛亥革命前后的家庭变动》，《中州学刊》2001年第6期。
② 徐安琪：《新中国首部婚姻法的历史价值再评价》，载周晓虹、谢曙光编：《中国研究》2010年春秋季合卷，社会科学文献出版社2011年版。
③ 参见陆学艺、景天魁：《转型中的中国社会》，黑龙江人民出版社1994年版。
④ 参见孙立平：《转型与断裂——改革以来中国社会结构的变迁》，清华大学出版社2004年版。
⑤ 参见阎云翔：《中国社会的个体化》，陆洋等译，上海译文出版社2016年版。

键，推动力量的多元化、复杂化预示了中国家庭变迁的模式、路径将呈现新发展趋势。

二、中国家庭现代化发展的主要特征

与中国的现代化过程相伴，我国家庭已经发生了深刻变革，国内学界着重围绕家庭结构、代际关系、家庭行为三个主题，分析和总结中国家庭的变动特征。下面将从这三个主题归类并综述相关研究。

（一）家庭结构的特征及其变化

20 世纪 80 年代以来，关于中国家庭结构变动的探讨基本上都沿用家庭现代化理论的分析框架，致力于回答中国家庭是否“核心化”的问题。普遍的观点认为中国城乡家庭变迁的总体趋势日益趋向现代化，表现出家庭规模小型化和家庭结构核心化的趋向，而工业化和城市化则是中国家庭模式转变的主要推动力。①

随着对以西方经验为基础的现代化理论的反思，近年来学界开始强调，中国当代家庭有核心化、小型化趋向，与西方家庭变迁有相似之处，但亲子之间的多种功能关系在分别组成生活单位之后仍然保持着，现有家庭概念并不能表达中国亲子“分中有合、合中有分”的状态和特征。②寻求一个新的整合概念来描摹中国家庭的生活实践，成为了家庭结构研究的新趋向。例如，以“直系组家庭”概念来描述“既虚又实”的关系家庭③；或是以“形式核心化”和“功能网络化”概括变迁中的家庭形态特征。④

相较于一般性地探讨家庭结构的转型，城镇化进程中农村家庭结构变动的丰富性和复杂性吸引了更多关注。华中农村研究团队提出了“新三代家庭”概念，用以描述父母核心家庭与成婚子代家庭共同构成的富有弹性的家庭形态。“新三代家庭”主要表现为“半工半耕”的家计模式、“隔代家庭”的抚育模式和依附子代的竞争模式。新三代家庭被认为是农村市场化的必然产物，面对市场化与城市化，农民根据市场化的逻

① 刘汶蓉：《现代化进程中的家庭结构和家庭关系》，载杨雄、李煜编：《社会学理论前沿》，上海社会科学院出版社 2016 年版。
② 王跃生：《中国当代家庭、家户和家的“分”与“合”》，《中国社会科学》2016 年第 4 期。
③ 王跃生：《直系组家庭：当代家庭形态和代际关系分析的视角》，《中国社会科学》2020 年第 1 期。
④ 彭希哲、胡湛：《当代中国家庭变迁与家庭政策重构》，《中国社会科学》2015 年第 12 期。

辑重构了家庭的功能、结构和伦理，从而更好地实现了与市场的对接。① 阎云翔基于近30年来在中国北方村落下岬村追踪式的田野调查，发现当代农村并未如现代化理论所预测的那样出现核心家庭占据主导地位的情况，相反，出现了两种较为普遍“非常规”家庭结构形式，即准主干家庭和跨代家庭。年老的父母与他们的成年子女在财产所有权、财务管理和家庭身份方面相互独立，但在日常生活的其他方面，他们像一个合二为一的家庭一样一起生活。“非常规”家庭结构形式的出现也导致了农村家庭核心化趋势逐渐衰弱。②

随着独生子女政策的长期推行，只有单性别子女、特别是只有女儿的家庭增多，传统的以男系或父系为基础的家庭概念已不能适应现实需要，一些研究开始从男女双系视角来认识家庭的组织形态及变动。21 世纪以来苏南农村开始出现“并家”婚姻，即独生子女家庭选择“不嫁不娶”模式，研究者把这种宗亲与姻亲相结合的家庭类型称之为“新联合家庭”。③ 还有研究者基于一些农村地区双独子女结婚时双方父母均为新婚夫妇提供住房，婚后夫妇对双方父母承担养老义务并继承财产的模式，提出“两头走家庭”概念。④ 前面提及的“直系组家庭”概念也是以双系为原则，即已婚夫妇与各自父母构成直系组家庭。⑤

（二）变动中的代际关系

费孝通在比较中西代际关系时，用“反馈模式”和“接力模式”总结了两者的差异。他指出，中国社会的代际关系是反馈模式：父母对子女有抚育的义务，子女有赡养老人的责任，这是一种基于公平原则的双向交流、均衡互惠的代际取予。⑥ 然而，在20 世纪 90 年代和 21 世纪前十年里，一种较为普遍的观点是，中国社会的个体化趋势，

---

① 杨华：《中国农村的“半工半耕”结构》，《农业经济问题》2015 年第 9 期；杜鹏、李永萍：《新三代家庭：农民家庭的市场嵌入与转型路径——兼论中国农村的发展型结构》，《中共杭州市委党校学报》2018 年第 1 期。

② 阎云翔：《社会自我主义：中国式亲密关系——中国北方农村的代际亲密关系与下行式家庭主义》，《探索与争鸣》2017 年第 7 期。

③ 张欢：《苏南农村的“并家”婚姻模式及其新联合家庭结构》，《西北人口》2019 年第 2 期。

④ 高万芹：《双系并重下农村代际关系的演变与重构——基于农村“两头走”婚居习俗的调查》，《中国青年研究》2018 年第 2 期。

⑤ 王跃生：《直系组家庭：当代家庭形态和代际关系分析的视角》，《中国社会科学》2020 年第 1 期。

⑥ 费孝通：《家庭结构变动中的老年赡养问题——再论中国家庭的变动》，《北京大学学报》1983 年第 3 期。

以及现代化、市场化带来的世俗化和理性化价值的普及，直接冲击了传统的“抚育—赡养”反馈模式，子代不再看重哺育与反哺的传统，代际互助逐渐演变为一种只有向下没有向上的单向支持。① 代际冲突、代际失衡、孝道衰落成为这一阶段学界对代际关系特征的主流看法。

进入21世纪第二个十年后，对于中国代际关系特征的看法再次发生转向，研究者们大多认为，代际关系出现了从冲突到缓和乃至团结以及家庭主义彰显的状况。② 近几年来，在个体化和现代化两个理论框架下，研究者们进一步系统性地阐明和论证中国代际关系的新发展以及背后的社会机制。

阎云翔是最先将代际关系变迁置于中国社会个体化进程的大背景中进行考察的学者，也是早期持孝道衰落观点的最具影响力的学者。在2010年前后的田野研究中，阎云翔发现农村代际关系有所改善，出现了代际亲密关系和“合二为一”的代际团结，主要表现为村民开始重新定义“孝而不顺”的孝道规范，家庭重心从老人转向第三代儿童，两代人都共同努力去培养“完美”的第三代。阎云翔将此归纳为“下行式家庭主义”，他强调这些新发展仍然来源于个体化进程，但由于中国文化中对人格的关系性定义，个体对幸福和生命的意义的追求带有中国式社会自我主义的特点。③

对城市家庭的研究也证实了这种新型的代际关系，刘汶蓉发现在中国当下的个体化进程中，家庭代际关系的自反性并未导致家庭个体化，相反，亲子一体和代际责任伦理在家庭成员的自反性生涯和协商过程中得以再造。④ 郑丹丹从三代视域下把当下中国家庭代际关系的特征概括为“与过去脱嵌、和未来一体”，她指出，对已经开始与传统脱嵌的个体而言，血脉延续所蕴含的未来维度对中国个体具有“超越”意义和强大的嵌入功能，经济与人口制度的叠加是中国式个体化的独特影响机制。⑤

① 刘汶蓉：《现代化进程中的家庭结构和家庭关系》，载杨雄、李煜编：《社会学理论前沿》，上海社会科学院出版社2016年版。

② 张爱华、岳少华：《个体化抑或家庭主义：河北上村代际关系的实证调查》，《学海》2018年第6期。

③ 阎云翔：《社会自我主义：中国式亲密关系——中国北方农村的代际亲密关系与下行式家庭主义》，《探索与争鸣》2017年第7期。

④ 刘汶蓉：《转型期的家庭代际情感与团结——基于对上海两类“啃老”家庭的比较》，《社会学研究》2016年第4期。

⑤ 郑丹丹：《个体化与一体化：三代视域下的代际关系》，《青年研究》2018年第1期。

另外一些研究者则把代际关系的再次转向置于中国社会现代化进程的背景下进行理解，认为以代际合作为特征的新型代际关系是中国家庭的现代性适应。华中农村研究团队的贺雪峰在早期研究中认为，我国农村代际关系从传统乡土中国到1949年新中国成立再到改革开放的变迁是一个从代际平衡到代际平等再到代际失衡的过程，并指出中国代际关系的反馈模式将走向更理性、更少亲情的新型平衡关系。① 但在新近的研究中，他指出农民家庭中以代际关系为核心的基本伦理仍然延续，在工业化和城镇化快速发展的进程中，中国农民家庭普遍形成了“以代际分工为基础的半工半耕”生计模式，两代家庭依然紧密联系在一起，共同服务于整个家庭的再生产目标。② 这也形塑了中国农民家庭现代化的独特路径，即农民以家庭为单位，通过代际之间的财富累积和传递，父代逐步为子代积累了现代化的资本，从而推动并加速了子代家庭的现代化进程。③

总而言之，无论是个体化视角还是家庭现代化视角，当下研究都强调在中国社会的现代化和个体化进程中代际之间“合”的力量，揭示出在社会变迁过程中，家本位文化传统具有强大的适应性和能动性，维系了代际之间的团结，也由此形成了独具中国特色的家庭现代发展路径。

（三）家庭行为的变迁

在中国现代化进程中，家庭行为的变动最先反映在婚姻行为上，更确切地说，是婚姻的稳定性上。1950年的《婚姻法》主张废除包办婚姻、禁止重婚纳妾，这使中国社会在1950—1953年出现了第一次离婚潮。1980年《婚姻法》新增“感情破裂”作为离婚条件，加上“文化大革命”和“上山下乡”运动导致了许多不匹配的婚姻，随后的1981—1983年中国出现了第二次离婚潮。2003年以后，我国离婚率发生更迅速的上升，第三次离婚潮由此而起并持续至今。④

与21世纪初第三次离婚潮相伴的还有其他方面的家庭行为的变化。首先是出现从

① 刘汶蓉：《现代化进程中的家庭结构和家庭关系》，载杨雄、李煜编：《社会学理论前沿》，上海社会科学院出版社2016年版。

② 夏柱智、贺雪峰：《半工半耕与中国渐进城镇化模式》，《中国社会科学》2017年第12期。

③ 张建雷：《家庭伦理、家庭分工与农民家庭的现代化进程》，《伦理学研究》2017年第6期。

④ 参见张春泥：《离异家庭的孩子们》，社会科学文献出版社2019年版。

早婚向晚婚转变的趋势，男性与女性进入婚姻的时间在不断推迟。第七次全国人口普查数据显示，全国男性的平均初婚年龄在2020年为29.38岁，全国女性27.95岁，比2010年分别推迟3.63岁和3.95岁。[①]其次，同居成为较为普遍的家庭行为。虽然婚前同居的现象在20世纪最后20年中已经悄然增多，但进入21世纪出现了跨越性的增长，全国抽样调查数据表明，初婚结婚者的婚前同居率在20世纪末不到10%，而21世纪的前十年跃升至接近1/3，2010年以后的增长则更为迅速。[②]

对于家庭领域发生的新的行为变化，一些研究者指出与西方国家的第二次人口转变非常类似，并认为中国社会正在卷入第二次人口转变的大潮中。但是，在我国独特的社会、文化和制度背景下，第二次人口转变在我国呈现与西方社会不同的发展轨迹和特征。於嘉和谢宇基于普查数据和全国性调查数据，从初婚年龄、同居率、离婚率以及生育方面的指标对我国第二次人口转变进行了评估，结果发现，结婚与同居这些更加个体化的家庭行为在我国发生的变化更加剧烈，男性与女性都不断推迟进入婚姻的时间，且不婚率也略有上升，而伴随晚婚这一趋势，越来越多的年轻人选择同居作为进入婚姻的过渡。与西方国家不同的是，受我国传统文化与家庭观念的影响，养育子女这一家庭的传统功能在当今社会依然非常重要，这导致我国涉及养育子女的家庭行为几乎没有变化，婚外生育与婚内不育仍然很少见。另外，虽然我国的离婚率随着出生年份的推移而持续上升，但从离婚风险的角度来看，相比于美国等西方国家中有接近一半的婚姻以离婚告终，我国婚姻的稳定程度仍然较高。[③]

婚前性行为和未婚同居的增多带来了女性未婚怀孕比例迅速上升，但与第二次人口转变所预期的不同，未婚怀孕在中国仍然有较高的婚姻转化率，人们仍然在遵循着生育和婚姻之间的固有联系，怀孕可以是一种婚前行为、个体行为，但生育仍然是一种婚内行为。“性—婚姻—生育”关系的部分解放既显示了个体主义等观念的影响，也显现了中国“家”文化这一传统观念对人们的约束。[④]婚姻和生育的紧密联系还体现在

① 陈卫、张凤飞：《中国人口的初婚推迟趋势与特征》，《人口研究》2022年第4期。
② 於嘉、谢宇：《我国居民初婚前同居状况及影响因素分析》，《人口研究》2017年第2期。
③ 於嘉、谢宇：《中国的第二次人口转变》，《人口研究》2019年第5期。
④ 李文珍：《1957年以来出生女性群体的婚孕新趋势——以未婚怀孕为中心的分析》，《人口学刊》2020年第6期。

已婚女性中存在着普遍的生育行为，在结束育龄期前后仍未曾怀孕或未曾生育子女的妇女比例极低，多年来变化幅度不大。①

第三节　中国特色的家庭现代化变迁的价值与启示

一、展现了不同于西方典型模式的家庭现代化特征

在中国的现代化进程中，尤其是自改革开放以来经济、社会结构急剧转型的过程中，我国家庭日益嵌入到全球化的人类家庭大变迁的浪潮中，展现出诸多时代的演进趋向：在家庭的结构、关系上的“现代”性趋向显著，结构趋于核心化、小型化，父母权威衰落和年轻一代自主性和权力增长；在婚育行为上出现了第二次人口转变的部分特征，初婚时间推迟、结婚率下降，生育率急剧下降，离婚率持续攀升，未婚同居增加；社会个体化进程使追求幸福成为新的家庭理想的一部分，个人的欲望、情感和能动性在家庭生活中的重要性上升。

然而，中国家庭的变迁之路更多地呈现出不同于西方模式的独特性特征。首先，家庭规模和结构的小型化、简单化，并未如西方家庭现代化理论所预测的那样，导致个人家庭意识的淡化、家庭纽带的减少和家庭功能的衰退。家庭代际之间的多种功能关系在分爨异居甚至分处两地之后仍然保持着，表现出“传统”的延续。② 家庭代际间的紧密联系并没有在现代化进程中下降，买房、家务和育儿等方面，都体现出年老父母和成年子女之间的代际合作。

其次，个体自由的增长并没有改变家庭是最为基本的认同和行动单位。欧美现代家庭的起点和终点都是个人，即两个独立的成年人结为伴侣，随着子女的降临，组成典型的核心家庭，子女成年后离家独自生活，婚后子代家庭和亲代家庭相互独立，尽管在有需要时也相互支持，但彼此之间不受权利和义务等关系的制约。在中国，家庭不仅仅是资源、权力和伦理等要素的叠加组合，还是一个有机的整体，具有超越于家庭成员个体之上的价值。虽然在个体主义价值的冲击下，无条件地为家庭而牺牲个人

---

① 翟振武、刘雯莉：《中国妇女终身不孕水平究竟有多高？——基于人口调查数据的分析》，《人口学刊》2020 年第 2 期。

② 王跃生：《直系组家庭：当代家庭形态和代际关系分析的视角》，《中国社会科学》2020 年第 1 期。

利益、为他人而活的传统集体主义价值日渐式微，但家庭依然处于个人生活的中心位置，为家奋斗、相互依存、追求家庭整体性发展的逻辑没有变。①

第三，中国的家庭类型也出现了多样化的趋势，但不断涌现的新的家庭类型，并非是在西方社会表现出来的非婚同居家庭、单亲家庭、重组家庭、丁克家庭、同性恋家庭等多元形态，而是表现在人们可以随时拆分和重组家庭，以实现家庭功能为目标来安排家庭形式和组织家庭生活，比如临时主干家庭、新联合家庭、两头走家庭、留守家庭、隔代家庭等。

第四，婚育模式制度化特征明显。尽管未婚同居现象在增长，但往往是作为婚姻的过渡而非替代，婚姻价值仍然被高度认可；近几十年来离婚率在持续攀升，但这并不意味着我国婚姻的稳定性发生了很大的变化，离婚人口所占比例与婚后十年内离婚率都处在很低的水平②；虽然生育率不断下降且已经位于更替水平之下，但生育仍然是婚姻的重要内容，已婚女性中依然存在普遍的生育行为，而且婚姻仍然是生育行为发生的必要条件。③

二、在变动中延续的家庭：去西方中心主义的多元路径和选择

家庭的现代性转变是一个全球性的过程，世界各地的家庭在一些维度上表现出趋同的发展轨迹，但这并不意味着家庭变迁是以西方模式为标准的单向度、一元化的进程。家庭所处的制度情境、文化传统和经济发展阶段等，使家庭变迁有着基于本土实际的发展道路和选择，并由此构成了人类家庭发展的一个个轨迹和支点。在中国家庭变迁的实践和经验中，有三个方面的因素起到了重要影响作用：国家力量、传统文化以及家庭能动性。

（一）以国家力量推动家庭变迁的进程

西方家庭的现代变迁是伴随工业化的发展而自然推进的。回顾中国家庭的现代化

---

① 宋健、李建民、郑真真、李婷：《中国家庭的“转变”与“不变”》，《中国社会科学评价》2020 年第 3 期。

② 於嘉、赵晓航、谢宇：《当代中国婚姻的形成与解体：趋势与国际比较》，《人口研究》2020 年第 5 期。

③ 翟振武、刘雯莉：《中国妇女终身不孕水平究竟有多高？——基于人口调查数据的分析》，《人口学刊》2020 年第 2 期；於嘉、谢宇：《中国的第二次人口转变》，《人口研究》2019 年第 5 期。

历程可以发现，家庭的剧烈变迁并非始于经济发展，而是开启于近现代以来国家发展的理想和奋斗目标，家庭的现代化与国家的现代化几乎是在同一个时间轴上展开。早在 19 世纪末和 20 世纪初中国现代化进程发轫之初，家庭变革就被视为社会变革的一个重要内容，旧时代的婚姻家庭制度受到猛烈批判，现代婚姻观念、婚姻制度、家庭关系和家庭财产制度得以启蒙。

新中国成立以来，在国家主导的社会主义建设以及市场经济改革过程中，家庭的现代化更是承载着国家走向现代化的使命，国家对家庭的干预和改造被视为社会现代化的一个具有普遍性的机制的思路。[①]21 世纪以后，特别是党的十八大以来，习近平结合国家发展、民族复兴梦想和社会可持续发展要求等，对新时代家庭发展的重要性进行了深刻阐释："要注重家庭、注重家教、注重家风建设；无论时代如何变化，无论经济社会如何发展，对一个社会来说，家庭的生活依托都不可替代，家庭的社会功能都不可替代，家庭的文明作用都不可替代；使千千万万个家庭成为国家发展、民族进步、社会和谐的重要基点。"因此，在中国家庭的变迁逻辑中，不管是从变迁的起点、过程、机制还是模式与结果，最不能忽略的一个逻辑链条就是国家力量的干预，是影响家庭变迁自然进程的直接推手。[②]

（二）传统文化因素在现代化转型中的积极作用

威廉·古德（William J. Goode）在修正其所倡导的家庭现代化理论观点时承认，"由于每种制度都有不同的基点，任何家庭模式的发展方向也就不同"。传统文化就是起到非常重要作用的"不同的基点"，特别是对于像中国这样具有深厚家庭文化传统的国家来说。在中国历史文化传统中，家庭是中国人行为逻辑的实践起点和动力支撑，家庭主义是中国人日常行为的基本价值取向，强调家庭的整体利益高于个体利益、尊老孝亲和世代绵延、父母与子女的和合共生。随着社会经济发展，在工业化、城市化、市场化、个体化等现代性因素的冲击下，传统的家庭价值和行为方式或有式微趋势，或是被现代的观念和行为模式所替换，但这并不意味着现代中国的家庭转型是一种割

---

① 陈映芳：《国家与家庭、个人——城市中国的家庭制度（1940—1979）》，载《交大法学》第 1 卷，上海交通大学出版社 2010 年版。

② 林晓珊：《改革开放四十年来的中国家庭变迁：轨迹、逻辑与趋势》，《妇女研究论丛》2018 年第 5 期。

裂了传统的“现代”形态，在转型的实际过程中，优秀传统往往还可能与现代价值兼容、合作和并存，产生了中国特色的家庭变迁模式。

在中国文化中，孝道是规范代际关系的核心，伴随着社会的个体化进程，孝道中“顺从”元素被抛弃，但“养亲孝亲”的责任伦理依然被社会普遍认同，成年子女与父母之间联系密切且有很强的韧性。传统文化因素也塑造了我国婚育行为变迁轨迹的独特性，表现为：已婚女性中依然存在着普遍的生育行为，丁克家庭比例并未上升，同居增加并没有像西方国家一样伴随出现非婚生育率的上升，这些都与传统养育观念仍然占据主导地位密切相关，婚外生育仍未被社会与家庭认可；个体主义和女性地位上升对于我国婚姻解体的推动作用也受到以子女为中心的传统婚姻文化的牵制，夫妻的婚姻能否维系往往并非出于个人对于自身幸福的考虑，而更多地出于对子女成长的考虑而努力维持婚姻较高的稳定性，因此，相比于西方社会，我国离婚率仍然维持在相对较低的水平。

传统文化也成为国家力量对家庭进行干预和改造时利用的资源，成为国家影响家庭关系和行为的工具和手段。法律上关于子女对父母的赡养扶助义务，祖孙间，兄弟姐妹间有条件的抚养、赡养、抚养义务等的规定，与我国敬老爱幼、相互扶助的传统家庭文化是一致的。

（三）家庭的能动性赋予家庭转型的实践路径以灵活性和多样性

变迁中的家庭不仅是现代性力量改造的对象，家庭作为一个具有主体性和能动性的有机实体，往往会主动回应现代性压力。因而，家庭的现代化转型并非是一个被动接受改造的线性进程，家庭在很多方面是作为“策略”的家庭而因应社会经济变动的格局，以家庭为出发点，对家庭结构、家庭生计、家庭分工、婚姻等制度和观念作出调整和合理的安排。[①] 家庭转型的实践路径因而具有灵活性和多样性。

在家庭结构和功能的变迁上，中国当代家庭结构的“核心化”趋势显著，婚姻家庭独立、自由的需求不断增长，但另一方面，从形式上构成了两个或多个核心家庭之间经常选择以“二合一家庭”、“类主干家庭”的形式居住和运作，以应对日常生活中

① 麻国庆：《家庭策略研究与社会转型》，《思想战线》2016 年第 3 期。

的养老、抚幼、扶助支持等的新挑战，使家庭的功能在中国现代化和个体化的进程中不仅没有日渐衰弱，反而出现了强化的迹象。同样地，自市场化、城市化席卷中国乡村社会以来，农民家庭嵌入中国式城乡二元结构形成了“以代际分工为基础的半工半耕”生计模式，服务于家庭再生产的整体性目标。农民家庭在城乡之间双向流动过程中通过代际接力方式有序实现城镇化，由此形成了农民家庭城市化的中国模式，农民和现代社会之间呈现出高度的整合性。[①]可见，在现代化和市场化压力面前，中国家庭不是一个被动的被改造的客体，而是呈现出很强的主体性和能动性，会根据自身在现代化进程中面临的新问题，对家庭成员和资源进行新的动员和整合，以应对家庭发展的需要。[②]家庭的能动性不仅塑造和激活了家庭自身的发展能力，而且成为中国社会活力的重要源泉。

① 夏柱智、贺雪峰：《半工半耕与中国渐进城镇化模式》，《中国社会科学》2017 年第 12 期。

② 李永萍：《新家庭主义与农民家庭伦理的现代适应》，《华南农业大学学报（社会科学版）》2021 年第 3 期。

第六章　中国家庭政策的语境、演进与展望

在当前人口转型、家庭结构与功能持续转变的过程中，有关家庭政策的议题正在得到前所未有的关注。一方面，伴随工业化、城镇化的进程，家庭规模渐趋核心化、小型化，传统家庭的福利和保障功能被极大地削弱，家庭流动频繁、居住分离、离婚率上升、婚育推迟抚育和赡养观念淡漠等带来的社会问题层出不穷；另一方面，面对社会变迁的日益深入和社会风险的不断加剧，家庭成为社会治理的重要工具和载体，在公共政策话语中被寄予极高的期望。党的十九届四中全会决定将家庭建设的重要性提升到国家治理的高度，要求家庭文明建设发挥积极效应，协助家庭解决各种困境或难题，化解家庭矛盾，推进社会治理，促进实现社会治理现代化目标。党的二十大再次强调“加强家庭家教家风建设”，并明确提出“建立生育支持政策体系”、“发展养老事业和养老产业”等家庭政策的发展战略。

可见，在新时代新形势下，加强家庭政策研究，有助于更好地设计和制定家庭政策，发挥家庭政策促进社会发展的功能和作用。本章首先比较国内外家庭政策发展的社会背景和理论模式，进而提出中国家庭政策的独特语境和内涵，在此基础上梳理分析中国家庭政策的基本制度框架和阶段性特征，总结探讨现有家庭政策取得的主要成就和面临的挑战，并尝试提出未来进一步完善家庭政策的思路。

第一节　全球视野下家庭政策的兴起与发展

家庭是社会结构的最基本单位，具有繁衍、教化、生产等多重功能，但家庭功能的不断弱化亦是世界各国在现代化进程中面临的普遍问题。为此，各国都发展出不同形式的家庭政策来协助家庭生存和发展。

一、国外家庭政策的发展历程

早在19世纪80年代，随着西方大工业生产的快速发展，农业及家庭手工业生产逐渐瓦解，对家庭的传统功能造成了极大冲击。① 这一时期，家庭贫困问题凸显，儿童死亡率升高，这使得政府认识到对家庭进行资源和行为调节的必要性。早期的家庭政策大多聚焦于对特殊贫困家庭的扶助，实施旨在保证产妇的身体健康、帮助妇女提高儿童照料质量的举措。② "二战"以后，西方发达国家的政治逐渐恢复平静，经济增长速度加快。在稳定的社会环境中，要求政府为公民提供完整的福利体系、保障社会安全成为主流社会思潮。20世纪40年代至80年代，西方国家进入福利制度发展的黄金时期，家庭政策也得到飞速发展。原本以聚焦特殊家庭为主的补救型家庭政策逐步发展为面向全体公民的普遍性政策。③

20世纪70年代末期，在经济衰退、老龄化加剧和传统家庭模式进一步萎缩的背景下，一些西方国家的福利制度在经济和政治上陷入困境。贫困人口的迅速增加，福利依赖现象日益严重，家庭问题大量涌现。人们反思在战后初期实行的家庭政策，认为其不仅为政府带来沉重的财政负担，也导致了公民不愿意工作、家庭观念淡薄等社会不良倾向。自20世纪80年代开始，西方掀起了对福利制度和家庭政策的改革。改革的重点是从过去那种以对家庭和个人的津贴为主要形式的缺陷干预型政策，转向将家庭作为社会资产来支持、助其形成可持续发展能力的资产投资型（asset building）政策。④ 进入20世纪90年代以来，改革的方向越来越趋于强化家庭功能和家庭责任，而不是不加选择地将福利"覆盖所有个人和家庭所不能解决的困难和问题"。⑤

---

① Alva Myrdal, *Nation and Family: The Swedish Experiment in Democratic Family and Population Policy*, New York and London: Harper & Brothers Publication, 1941；李东山：《工业化与家庭制度变迁》，《社会学研究》2000年第6期；何欢：《美国家庭政策的经验和启示》，《清华大学学报（哲学社会科学版）》2013年第1期。

② 吕亚军：《欧盟层面家庭政策研究》，经济科学出版社2009年版，第53—58页。

③ 同上书，第60—61页。

④ 张秀兰、徐月宾：《建构中国的发展型家庭政策》，《中国社会科学》2003年第6期。

⑤ K. Briar-Lawson, H.A. Lawson, C.B. Hennen & A. R. Jones., *Family-centered Policies and Practices: International Implications*, West Sussex: Columbia University Press, 2001, pp.17—79；胡湛、彭希哲：《家庭变迁背景下的中国家庭政策》，《人口研究》2012年第2期。

从西方社会家庭政策的发展历程来看，对家庭—国家关系的理解一直是影响家庭政策发展和变化的一个最重要的因素，政策发展过程就是一个对家庭—政府责任界限不断重新界定的过程。早期家庭政策是以家庭为主要照料承担者的福利供给模式，体现为国家对家庭生活的干预和扶助，是一种“家庭主义”(familyism)；“二战”后的家庭政策则试图通过政府对家庭的普惠福利，减轻家庭的责任和负担，被认为具有明显的“去家庭化”(de-familization)特征；20世纪80年代以后，经历福利危机后的西方国家将家庭政策的重点再次转向家庭，重新认识家庭在社会福利制度中的作用，体现出“再家庭化”特征。①

二、中国现代化进程中的家庭变革与家庭政策

中国家庭政策的发展经历了完全不同的路径。传统中国社会是一个建立在家庭亲子血缘基础之上的、以家族制度为核心的社会。维系人际关系和社会秩序的，不是西方式的法律制度，而是伦理关系。和西方社会中“家庭”是一种界限分明的团体不同，传统中国社会中家庭的界限是含糊的，从生育和婚姻所结成的网络出发，可以一直推演出去包括无穷的人。不但亲属关系如此，地缘关系也是如此，每个家庭以自己的地位为中心，可以推展到邻里、街坊、村落。②在这种差序格局的社会结构形态下，人们在遭遇困难时，习惯于依赖家庭、家族和非正式的社会关系网络，而非求助于正式的国家力量。因此，中国历朝历代的政府大多乐见此种社会传统的延续、实践，除了个别朝代颁布实施了慈幼恤孤的政策，极少插手家庭福利事务。③

新中国成立初期，国家对家庭生活的干预虽有替代家庭功能的一面，但也有强化家庭关系的另一面。在城市生活中，在职工成为“单位人”的同时，职工自己以及他们的家属也成为特殊的“家庭人”和“家属人”，“家庭”被强制性地规定为个人无法

① 马春华：《欧美和东亚家庭政策：回顾与评述》，载唐灿、张建：《家庭问题与政府责任：促进家庭发展的国内外比较研究》，社会科学文献出版社2013年版；吴小英：《家庭政策背后的主义之争》，《妇女研究论丛》2015年第2期；韩央迪：《家庭主义、去家庭化和再家庭化：福利国家家庭政策的发展脉络与政策意涵》，《南京师大学报（社会科学版）》2014年第6期。

② 费孝通：《乡土中国　生育制度　乡土重建》，商务印书馆2016年版，第27页。

③ 谭友坤、卢清：《施善与教化：中国古代慈幼恤孤史述论》，《学前教育研究》2006年第12期。

脱离的消费共同体。① 并且，国家对传统家庭制度的态度并非彻底否定或瓦解，而是有条件的改造和保留。政府始终大力提倡孝敬父母、尊老爱幼、夫妻和睦、勤俭持家等传统家庭美德，和谐稳定、互助合作的家庭理念在社会中也未受到冲击和挑战。② 改革开放后，中国社会结构发生重大变迁：随着市场取向的经济体制改革的不断深入，国家与社会间的结构分化更加深化，社会流动的加剧也改变了社会位置与人口的空间分布。③ 这种社会变迁对家庭带来深刻影响：首先，随着社队和单位的瓦解，原来集体承担的很多福利供给和保障功能也随之消失，人们不得不返回家庭，寻求家庭福利和保障。④ 第二，计划生育政策的长期实施使得中国家庭的主要形式不再是传统的大家庭，而是核心家庭。⑤

可见，与西方国家家庭政策经历家庭主义、去家庭化、再家庭化的过程不同，家庭始终是中国社会组织的基础。虽然中国家庭的功能在全面的社会经济转型过程中渐趋弱化，但它依然是应对各种风险的最基本单位。中国在漫长的历史发展过程中所形成的家庭伦理在现代化过程中虽然有所弱化，但仍然是中国社会基本的道德规范和行为准则。新中国成立后，国家对传统家庭制度进行了广泛改造，但在削弱家庭对个体的控制的同时保留了家庭对其成员的约束或保障功能。中国的家庭尽管在变小，但只是一种形式上的“核心化”，其功能的完成仍需要亲属网络的参与。⑥ 正因为此，中国家庭政策始终强调家庭责任和家庭能力建设的重要性，而非以国家和政府力量替代家庭发挥功能。

第二节　中国家庭政策的理念与内涵

关于家庭政策的理论模式与概念内涵，学界在西方家庭政策的经验基础之上已有大量论述，但在中国文化和社会发展状况的独特语境下，西方的学术话语有其局限性。研究中国的家庭政策，不仅要在技术上参照西方理论，更要挖掘中国政府、家庭、社

---

① 陈映芳：《国家与家庭、个人——城市中国的家庭制度（1940—1979）》，《交大法学》2010 年第 1 期。

② 吴小英：《“去家庭化”还是“家庭化”：家庭论争背后的“政治正确”》，《河北学刊》2016 年第 5 期。

③ 孙立平等：《改革以来中国社会结构的变迁》，《中国社会科学》1994 年第 2 期。

④ 沈奕斐：《个体家庭 iFamily：中国城市现代化进程中的个体家庭与国家》，上海三联书店 2013 年版，第 74 页。

⑤ 陆学艺主编：《当代中国社会结构研究报告》，社会科学文献出版社 2018 年版，第 88—97 页。

⑥ 彭希哲、胡湛：《当代中国家庭变迁与家庭政策重构》，《中国社会科学》2015 年第 12 期。

会的深层次运行逻辑，基于中国经验进行总结和凝练。

一、中国家庭政策的独特语境

西方学界关于家庭政策模式的论述主要从两种理论视角展开：一是借用埃斯平-安德森（Esping-Andersen）的“福利体制”视角，将家庭政策划分为自由主义模式、保守主义模式与社会民主主义模式[①]；二是从母职赋权的角度将家庭政策分为就业促进模式、照顾者支持模式和双就业—照顾者模式。[②]这两种视角都将国家与家庭视为截然不同的两个范畴，认为两者间具有比较清晰的边界，并且遵从不同的逻辑与伦理。

与西方社会中家国殊途不同，中国社会中则呈现家国同构。无论是“修身齐家治国平天下”，还是“差序格局”，都意味着中国的“家—国”关系并不清晰。尽管在现代化的进程中家庭与国家都已经发生了重大变迁，但是联结家庭与国家之间的认知、情感与价值则稳定地存续和传承下来。有研究者通过对精准扶贫政策的研究发现，国家扶贫必须契合家庭伦理和施政伦理，即当家庭出现失职、失能或失败的情况下，国家才需要或应该介入和补位家庭发展。反过来，只有家庭培育出适当的社会责任感，国家扶贫才能真正产生成效，建立起长效脱贫机制。[③]这说明，与西方的国家与家庭泾渭分明不同，中国的国家与家庭是一种相互融合和良性互动的关系，中西不同的家国关系造就了它们在国家治理和家庭政策上必然采取不同的路径。可见，中国社会虽然也面临着现代化进程中的普遍家庭问题，但中国社会有独特的家庭优势，表现为个人、家庭和国家三者间的紧密关系。个人安居乐业，国家富强昌盛，是通过家庭这一纽带来维系和实现的。因此，我们在设计家庭福利政策时，要依据中国社会发展阶段和独特家庭文化传统，回应中国家庭的迫切问题与需求，建设中国特色的家庭政策。

二、家庭政策的概念与内涵

家庭政策的概念界定具有较为多元的划分标准。广义的家庭政策包括所有直接或

---

① 吕亚军：《欧盟层面家庭政策研究》，经济科学出版社2009年版，第30—32页。

② 金舒衡：《社会福利和母职赋权——基于OECD国家的福利模式分类研究》，《社会保障评论》2018年第7期。

③ 王雨磊：《精准扶贫中的家国关系》，《人文杂志》2018年第12期。

间接对家庭产生影响的政策与项目，是决策者为了确保家庭作为社会制度的效力而针对家庭并为了家庭所采取的全部政策措施。①狭义的家庭政策则只限于那些明确以家庭福利为政策目标并对其产生直接影响的政策与项目。②在广义和狭义的家庭政策概念之外，还有学者提出了包括两层含义的“中义”的家庭政策概念：一是家庭政策是以家庭整体为目标对象；二是家庭政策旨在增强家庭发展能力、替补与完善家庭功能、提升家庭成员的福利水平。③

国内学者对家庭政策概念的界定基本沿袭了上述“中义”概念的思路，比较一致的共识是认为家庭政策适用的对象应该是家庭，这包括两层含义：一是政策适用以家庭为单位，从家庭的整体状况考虑政策适用的条件；二是当适用对象是个人时，主要考虑的也是个人的家庭角色和在家庭中的行为。按照这样的理解来检视中国的各项社会经济政策，陈卫民认为家庭政策由四类政策组成：（1）生育政策；（2）家庭福利政策；（3）女性就业支持政策，包括生育保险、女职工孕产期的权益保护、托幼社会服务、儿童保护等；（4）家庭形成、成员关系和权益保障的规制，包括婚姻、收养、家属户籍随迁、抚养赡养义务、家庭中的性别平等等的法律规定。④吴帆则认为家庭政策包括五个领域：（1）低收入家庭的财政支持，包括对家庭及家庭成员的现金支持和物资支持；（2）就业支持，包括女性在孕期和哺乳期的劳动权利、女性产假，男性产假，育儿假期，以及扶助其他特殊家庭成员的就业等；（3）儿童支持，包括对各类儿童提供的资助和托儿等各种服务；（4）计划生育家庭的奖励扶助制度，专门针对计划生育家庭，尤其是农村地区的计划生育家庭实施的各种补助和优惠政策；（5）其他与家庭相关的政策，包括对家庭养老、单亲家庭、残疾人家庭的支持等等。⑤

此处大致遵循上述“中义”的家庭政策概念，从政策对象、政策目的和政策功能的角度来界定家庭政策：（1）以家庭或家庭成员为政策对象；（2）以规范、保护、支

① J. Aldous, W. A. Dumon, & K. Johnson, *The Politics and Programs of Family Policy: United States and European Perspectives*, Leuven: Leuven University Press, 1980, p.5.

② G. Kiely & V. Richardson, *Family Policy: European Perspectives*, Dublin: Family Studies Centre, 1991, p.1.

③ 吴帆：《第二次人口转变背景下的中国家庭变迁及政策思考》，《广东社会科学》2012年第2期。

④ 陈卫民：《我国家庭政策的发展路径与目标选择》，《人口研究》2012年第4期。

⑤ 吴帆：《第二次人口转变背景下的中国家庭变迁及政策思考》，《广东社会科学》2012年第2期。

持家庭或家庭成员为政策目的；（3）对家庭或家庭成员产生影响。同时，中国目前已有的家庭政策还可以分为两个层面：（1）面向全体家庭的普适性政策，如婚姻政策、生育政策、教育政策和就业政策等；（2）面向部分弱势家庭的特殊性政策，如针对贫困家庭、低收入家庭、残疾人家庭等的社会救助与福利政策等。

第三节　中国家庭政策的基本框架与阶段特征

家庭政策的研究框架和一些国家的政策实践，为探讨中国的家庭政策提供了一个明晰的分析视角。本节将中国现行的国家层面的家庭社会政策界定为国务院及各部委为单位制定并推行以家庭整体为目标对象的各项法律、法规条例、及社会项目与行动的总和。到目前为止，涉及家庭的社会政策主要包括 171 项。[①] 对这些家庭政策进行梳理和分析，可以发现和探讨中国家庭政策的制度框架、主要特征和存在的问题。

一、基本框架

新中国成立以来，家庭政策经历了从无到有、从少到多的发展历程。1950 年《婚姻法》出台，这是新中国颁布的第一部法律，也是第一部涉及家庭的法律。在 20 世纪 90 年代以前，家庭政策的数量极少；进入 90 年代后，相关政策法规的数量呈逐步上升趋势，自 2011 年后更是进入了政策加速增长期，政策数量上升尤为明显。

从政策类型来看，中国家庭政策大致可以分为法律、党内法规、行政法规、部门规章、司法解释、团体规定六种类型。其中，以部门规章最多，有 75 份，其次是行政法规数量，有 37 份，以法律、党内法规、司法解释、团体规定形式出现的政策文件分别有 34 份、13 份、7 份、5 份。

从政策主体来看，多个政策主体参与了相关政策的制定，政策文件共涉及中央层面的 38 个部门，42 份政策文件由多部门共同发布，体现了家庭政策内容的交叉性和复杂性。

---

① 具体筛选过程为：以“家庭”“生育”“托育”“婚姻”“母婴”“女性”“妇女”“养老”为关键词，以 1949 年 10 月 1 日至 2021 年 12 月 31 日为时间节点，在北大法宝数据库中进行检索，共收集到 3499 份文本。在逐一阅读政策文献后，剔除司法典型案例、会议和活动通知、政府部门内部管理文件等与本研究相关度不高的文本，最终得到 171 份家庭政策文件。

从政策的领域和内容来看，家庭政策主要涉及12个领域：（1）生育，内容主要涵盖计划生育政策和生育保险政策；（2）婚姻与家庭关系，内容包括婚姻关系的建立与解除、户口迁移、探亲、反家庭暴力、婚姻家庭纠纷处理等内容；（3）家庭成员的劳动就业，内容包括妇女就业保护与促进、职业妇女身体健康等；（4）家庭成员的养老，内容主要包括养老保险、养老服务、老年人权益保障等；（5）家庭成员的健康，内容主要包括母婴健康、母婴保健、家庭健康行为等；（6）特殊家庭帮扶，内容主要包括对计划生育特殊困难家庭、残疾人家庭等特殊家庭提供的帮扶；（7）妇女儿童权益，内容主要包括妇女儿童权益保障、反拐卖、母婴设施建设、农村妇女土地权益等；（8）托育，内容集中在支持托育服务和托育机构的发展方面；（9）家庭服务，主要内容是促进城市家庭服务业的发展；（10）家庭教育，主要内容是规划、纲要形式推进家庭教育指导和服务的开展；（11）家庭收入，主要内容是通过对个人所得税专项附加扣除、低收入家庭的最低生活保障等；（12）住房，内容主要涉及城镇低收入家庭的住房、老年人家庭及居住区公共设施无障碍改造等（见表6-1）。

其中，生育领域政策数量最多（34），其次是养老（30）、劳动就业（20）、家庭成员健康（21）、婚姻家庭关系（19）。这一方面与生育政策关系国家人口战略的重要地位有关，另一方面也反映出政策设计仍然最关注女性生育功能的价值倾向。随着高龄社会的到来，中国面临的养老问题愈发严峻，养老政策在近两年飞速发展，仅2020—2021年就出台了12份政策文件，政策文件总数几乎与生育政策持平。

表6-1　中国家庭政策的主要领域

编号	领　域	数量	政　策　举　例
1	生育	34	《中华人民共和国人口与计划生育法》（2021修正）；中共中央、国务院《关于优化生育政策促进人口长期均衡发展的决定》（2021）
2	养老	30	《中华人民共和国老年人权益保障法》（2018修正）；国务院《关于印发“十四五”国家老龄事业发展和养老服务体系规划的通知》（2021）
3	健康	21	《中华人民共和国母婴保健法》（2017修正）；国家卫生健康委、农业农村部、中国计划生育协会《关于服务乡村振兴促进家庭健康行动的实施意见》（2019）
4	劳动就业	20	《中华人民共和国劳动法》（2018修正）；人力资源社会保障部、教育部等九部门《关于进一步规范招聘行为促进妇女就业的通知》（2019）

（续表）

编号	领　域	数量	政　策　举　例
5	婚姻与家庭关系	19	《中华人民共和国反家庭暴力法》(2015)；全国妇联、中央综治办、最高人民法院等《关于做好婚姻家庭纠纷预防化解工作的意见》(2017)
6	妇女儿童权益	12	《中华人民共和国妇女权益保障法》(2018 修正)；国务院《关于印发中国妇女发展纲要和中国儿童发展纲要的通知》(2021)
7	托育	9	国务院办公厅《关于促进养老托育服务健康发展的意见》(2020)；国家卫生健康委《关于印发托育机构保育指导大纲（试行）的通知》(2021)
8	特殊家庭帮扶	7	中国残联《关于印发残疾人康复体育关爱家庭计划（试行）的通知》(2015)；中国残联《关于做好贫困重度残疾人家庭无障碍改造工作的通知》(2017)
9	家庭教育	6	教育部《关于加强家庭教育工作的指导意见》(2015)；《中华人民共和国家庭教育促进法》(2021)
10	家庭收入	5	民政部《关于积极开展城市低收入家庭认定工作的若干意见》(2009)；国务院《关于印发个人所得税专项附加扣除暂行办法的通知》(2018)
11	家庭服务	4	国务院办公厅《关于发展家庭服务业的指导意见》(2010)；人社部《关于加强中心城市家庭服务体系建设的通知》(2012)
12	住房	4	国务院《关于解决城市低收入家庭住房困难的若干意见》(2007)；住房城乡建设部、财政部《关于做好城镇住房保障家庭租赁补贴工作的指导意见》(2016)

二、阶段特征

新中国成立尤其是改革开放以来，家庭政策发生了从少到多、从单一到多元的历史变化，大致可以划分为强调婚姻自由的婚姻法时期（1949—1980 年）、计划生育与托幼市场化时期（1981—2010 年）、生育支持与构建中国特色家庭政策时期（2011 年至今），这清晰地反映出当代中国家庭生活、家庭关系与家庭政策变迁的历史轨迹，具有鲜明、典型的时代性特征。

（一）以婚姻法为主的家庭政策时期（1949—1980 年）

在新中国成立之初的三十年中，《婚姻法》是最为重要的家庭政策。新中国建立伊始，大量封建主义的婚姻家庭旧观念和陋习仍广泛存在。为解决婚姻家庭领域的社会问题，1950 年 4 月，中央人民政府委员会第七次会议通过了《婚姻法》，这是新中国的第一部法律。《婚姻法》的内容包括结婚、夫妻间权利和义务、父母子女之间关系、离婚、离婚后子女的抚养和教育、离婚后的财产和生活、附则，这些规定均为婚姻自由提供了权威解释，也为男女规划自己的家庭生活奠定了法律基础。[①]1980 年，《婚姻法》第一次修订，根据时代特点和需要，增加了实行计划生育、保护老年人权益、夫妻约定财产制等新规定。

新中国成立标志着中国进入崭新的社会主义历史发展阶段。1950 年新中国颁布的《婚姻法》对婚姻制度、家庭结构、家庭关系、家庭功能进行了全面改造，形成了社会主义新婚姻家庭文化，具有划时代的历史意义。并且，《婚姻法》明确规定要废除男女双方不愿意的、被强迫的、包办的、婚内男女严重不平等的婚姻制度，实行男女自愿的、保护妇女权利的、一夫一妻的婚姻制度。因此，它在一定程度上解放了妇女，使得她们拥有婚姻自主的权利。

（二）计划生育与托幼市场化政策时期（1981—2010 年）

1982 年，党的十二大将计划生育定为基本国策。中共中央、国务院在《关于进一步做好计划生育工作的指示》中强调，计划生育是关系到我国社会主义现代化建设成败的大事，要提倡晚婚、晚育、少生、优生。具体要求是：国家干部和职工、城镇居民，除特殊情况经过批准者外，一对夫妇只生育一个孩子。农村普遍提倡一对夫妇只生育一个孩子，某些群众确有实际困难要求生二胎的，经过审批可以有计划地安排。不论哪一种情况都不能生三胎。为保证计划生育工作的稳步实施，这一时期出台了 18 项生育政策，占这一时期家庭政策总数的近三分之一。计划生育政策彻底改变了中国家庭的生育模式，城市“一孩化”家庭生活成为常态，家庭规模迅速减小，家庭生活关系和结构发生深刻转变。

计划生育政策对妇女生活的方方面面都产生了深远的影响。计划生育政策倡导和实施的晚婚晚育、少生优育等措施，一定程度上有助于减轻女性的生育负担，使得她们接受教育和参加社会活动的时间和机会都大大增加。同时，孩子数量的减少使得家庭增加对单个孩子的有效投入，其中女孩获益的可能性相比以往显著提升。[②]但是，随着生育率的降低和家庭规模渐趋小型化，女性在传统社会性别角色的影响下最有可能

---

① 刘继同：《当代中国婚姻家庭政策历史经验、结构特征、严峻挑战与发展方向》，《人文杂志》2018 年第 4 期。

② 邝利芬、程同顺：《“全面二孩”生育政策下女性基本权利的保障》，《天津行政学院学报》2016 年第 4 期。

成为担负家庭照顾责任的人选，这无形中又增加了女性的养育负担。

另一方面，受市场化改革的影响，这一时期托幼方针政策出现了“重教轻托”“重市场轻公益”“重社会轻政府”的倾向，托幼公共服务体系在全国范围内逐渐遭到市场化改革的冲击，特别是接收3岁以下幼儿入托的托儿所及托儿班萎缩极为严重，托幼事业的公益、福利性质被严重削弱和淡化。[①]1992年《九十年代中国儿童发展规划纲要》和2003年国务院办公厅《关于幼儿教育改革与发展的指导意见》都明确了今后的社会力量办托幼机构的大方向。

计划生育政策和托幼市场化的双重挤压使女性在家庭和职场之间陷入两难困境。计划生育政策虽然减轻了女性的生育负担，使她们有可能更多地参与经济社会生活，但同时又带来了家庭小型化、妇女养育责任增加的后果。同时，托幼市场化又使得大多数家庭面临着“入园难”“入园贵”的现实问题，妇女不得不面临职业发展和育儿的矛盾冲突，工作—家庭的平衡问题成为妇女发展中的普遍难题。

（三）生育支持与构建中国特色家庭政策时期（2011年至今）

自2011年起，中国的家庭政策数量明显上升，政策类型也更加多样。这一时期的家庭政策呈现出两个明显特征：一是生育政策发生重大调整；二是政策从规范性政策开始朝向服务性、支持性政策转变。

2011年，中国各地开始实施“双独二孩”政策。2012年，国务院进行机构改革，取消原有的“国家人口和计划生育委员会”，组建新的“国家卫生和计划生育委员会”，标志着国家在实施人口和家庭政策时的角色发生重大战略调整。2013年十八届三中全会决定“启动实施一方是独生子女的夫妇可生育两个孩子的政策”。2015年12月27日，全国人大常委会表决通过了《人口与计划生育法》修正案，全面二孩政策随即于2016年1月1日起正式实施。2021年5月31日，中共中央政治局召开会议，审议《关于优化生育政策促进人口长期均衡发展的决定》时强调，实施一对夫妻可以生育三个子女政策及配套支持措施。从“双独二孩”到“全面三孩”，显示出生育政策从规范、限制生育走向鼓励、支持生育的过程。

① 和建花：《关于3岁以下托幼公共服务理念的再思考——跨学界视野与跨学界对话》，《学前教育研究》2017年第7期。

这一时期出台的家庭政策逐渐开始朝向服务性政策转变，有关家政、养老、托育的政策陆续出台。2010 年，国务院办公厅出台《关于发展家庭服务业的指导意见》，提出要坚持市场运作与政府引导相结合，为家庭提供多样化、高质量的服务。随后，商务部出台了《关于“十二五”时期促进家庭服务业发展的指导意见》，民政部印发了《关于加强中心城市家庭服务体系建设的通知》，对相应的要求予以落实。这一时期养老服务得到了政府的高度关注，自 2011 年起，仅国务院办公厅印发的涉及养老的政策就多达 10 份。1996 年出台的《老年人权益保障法》也在 2012 年、2015 年、2018 年经历了三次修正。近年来，伴随着家庭育儿负担问题的日益凸显，相关部门如国家卫生健康委、国家发展改革委也陆续制定出台普惠托育服务的相关政策，着力支持面向社会大众的普惠性托育服务项目。

预防性的家庭政策在这一时期开始萌芽。党的十八大以来，以习近平同志为核心的党中央提出要“注重家庭、注重家教、注重家风”，强调家庭对于国家发展、民族进步、社会和谐的基础性作用，要求将家庭教育纳入经济社会发展总体规划，完善家庭教育指导服务体系，助推家庭文明建设。2010 年全国妇联、教育部、中央文明办等部门联合印发《全国家庭教育指导大纲》，又于 2012 年、2016 年两次发布指导推进家庭教育的五年规划。2021 年，中国首部家庭教育专门法《家庭教育促进法》出台。这意味着党和政府试图通过发挥家庭教育和家庭文明建设的预防性作用，夯实家庭根基，从而促进家庭和谐发展，减少家庭和社会问题的发生。值得注意的是，妇女在家庭教育和家庭文明建设中的作用得到了高度重视。2013 年，习近平总书记在同全国妇联新一届领导班子集体谈话时明确要求，应发挥妇女在社会生活和家庭生活中的独特作用，发挥妇女在弘扬中华民族家庭美德、树立良好家风方面的独特作用。这表明，在今后家庭政策的制定和发展进程中，不仅要考虑妇女的生育价值和经济价值，更要重视妇女的社会价值，要将妇女全面发展便与新时代经济社会发展紧密结合起来。

第四节　中国家庭政策的历史经验与未来展望

从新中国成立以来家庭政策的基本框架和演进历程来看，中国的家庭政策的主要功能正从规范和限制家庭朝向保护、支持和发展家庭转变，国家角色也经历了强制管控、与市场化结合、再到统筹规划的转变过程。在家庭政策的变迁过程中，性别视角也逐渐进入政策的制定之中，妇女解放不再是唯一主题，妇女的合法权益与诉求的保障也得到关注。当前，中国家庭政策取得了显著成就，也仍面临诸多挑战，亟待从多个方面进行完善。

一、主要成就

（一）调控人口发展

在过去很长一段时间内，中国最主要的家庭政策就是计划生育政策。不少人对计划生育政策的批评实际上是对独生子女政策的批评，但事实上计划生育政策并不等于独生子女政策，独生子女政策只是广义的计划生育政策的组成部分，不同历史时期、不同地区、城乡以及文化传统下，计划生育政策的具体内容并不相同。① 虽然计划生育政策遭到一些质疑，但从政策效果而言，它的实施的确有效地控制了人口过快增长，降低了人口出生率，对中国人口及自身社会、经济的发展和可持续发展产生深远影响。② 王金营通过对不同方案 1972—2000 年间人口变动的模拟比较，发现计划生育政策实施的 28 年间中国累计少出生人口在 2.64 亿—3.20 亿之间，总人口累计少增加 2.31 亿—2.99 亿。同时，计划生育政策对人口出生率降低的最小贡献为 57.88%，对人口自然增长率的降低贡献了 61.21%。③ 计划生育政策推动了中国人口增长模式的迅速转变，缓解了人口对资源环境的压力，改善了人口年龄结构，创造了较长的人口红利期，为 21 世纪中国的社会经济发展提供了较好的人口环境，为改革开放、经济快速发展作出了巨大贡献。

---

① 包蕾萍：《中国计划生育政策 50 年评估及未来方向》，《社会科学》2009 年第 6 期。郭志刚等的研究发现，全国可分为四种不同类型计划生育政策地区（1990 年口径），第一类地区基本严格实施独生子女政策（上海、江苏、北京、天津、四川、重庆），第二类地区混合实行独生子女和独女可以生二胎的政策（辽宁、黑龙江、广东、吉林、山东、江西、湖北、浙江、湖南、安徽、福建、山西），第三类地区为混合实施独女可生二胎及二胎以上政策（河南、陕西、广西、甘肃、河北、内蒙古、贵州），第四类实行二胎及以上的政策（云南、青海、宁夏、海南、新疆）。见郭志刚、张二力、顾宝昌、王丰：《从政策生育率看中国生育政策的多样性》，《人口研究》2003 年第 5 期。

② 邬沧萍、王琳、苗瑞凤：《从全球人口百年（1950—2050）审视我国人口国策的抉择》，《人口研究》2003 年第 4 期；郭志刚：《近年生育率显著“回升”的由来——对 2006 年人口和计划生育调查的评价研究》，《中国人口科学》2009 年第 2 期。

③ 王金营：《中国计划生育政策的人口效果评估》，《中国人口科学》2006 年第 5 期。

（二）提升家庭经济水平

改革开放以来，一系列以家庭为单位的政策的实施对中国居民的家庭发展能力和经济水平也产生了重要影响。例如，在农村实行的“家庭联产承包责任制”将土地的使用权重新分配给家庭，这极大地调动了农民家庭的生产热情，提高了农民家庭的经济收入。20 世纪 80 年代中后期起，越来越多的城镇家庭利用政策机会（如银行贷款）和市场机会，在房产领域中快速积累家庭财富。在这一过程中，家庭成为越来越活跃的行为主体，家庭的经济水平显著提升。[①] 计划生育政策严格执行后，人口出生率迅速下降，老人抚养系数的提高并不明显，劳动年龄人口所承担的抚养和赡养等经济负担大大减轻，这使得家庭支出减少和家庭储蓄能力提高，中国开始逐步进入高储蓄和高经济增长的高水平均衡路径。[②] 此外，计划生育政策改变的不仅仅是人们的生育行为和生育观念，而且影响到家庭的财富积累、结构功能和策略选择。计划生育政策对家庭收入多样性和家庭教育投资也有着显著的正向影响。一方面，家庭收入多样性增加，另一方面，家庭提高教育投资比重，前者可以分散家庭经济风险，而后者也是家庭对未来发展的投资，可以增加家庭发展的可持续性。[③]

（三）促进性别平等

中国的家庭政策在提升家庭领域性别平等、促进女性发展方面发挥了巨大作用。2006 年全国妇联妇女研究所对中国和各省、自治区、直辖市性别平等与妇女发展状况的评估报告显示，在健康、教育、经济、政治与决策、家庭和性别平等与妇女发展的社会环境六个方面，十年间的评价指数都有所上升。其中教育和健康领域上升最多，家庭领域中的家庭资源分配指数和婚姻关系指数都相对较高。[④] 这表明中国的性别平等与妇女发展取得了较快的进步。中国的家庭政策中，有多部法律法规致力于提升女性的社会地位，保障女性的婚姻家庭权利、劳动就业权利和人身权利。早在新中国成立初期，1950 年《婚姻法》颁布打破了传统家庭生活中的夫权和家长制，夫妻同是家庭

① 钟晓慧：《改革开放以来政策过程中的积极家庭》，《妇女研究论丛》2019 年第 3 期。
② 汪伟：《计划生育政策的储蓄与增长效应：理论与中国的经验分析》，《经济研究》2010 年第 10 期。
③ 石智雷：《计划生育政策对家庭发展能力的影响及其政策含义》，《公共管理学报》2014 年第 4 期。
④ 中国性别平等与妇女发展指标研究与应用课题组：《中国性别平等与妇女发展评估报告（1995—2005）》，《妇女研究论丛》2006 年第 2 期。

财产的所有者、夫妻相互继承遗产、子女平等继承父母遗产的权利等都得到法律保障。1951 年《劳动保险条例》规定女职工产假及产假期间的工资照发，1954 年《宪法》规定婚姻、家庭、母亲和儿童受国家保护。《关于女工作人员生育假期的通知》(1955 年)、《女工保护条例》(1956 年）又进一步对保障女性职工劳动就业权利作了细化补充。经过 70 多年的发展，中国业已建成包括《婚姻法》《妇女权益保障法》《母婴保健法》《反家庭暴力法》《劳动合同法》《女职工劳动保护特别规定》在内的等多层次、多维度的妇女权益保障法律法规体系。此外，计划生育政策倡导和实施晚婚晚育、少生优育、“只生一个好”等措施，其政策结果有利于减轻女性的生育和养育负担，使得她们有更多的时间和机会走出家庭的局限，到更广阔的社会中接受文化教育和参加社会活动，从有利于改善女性在家庭中的地位。

二、中国现有家庭政策面临的挑战

（一）政策内容不够完整

与国外家庭政策相比，中国家庭政策在家庭福利上有明显的欠缺。国外家庭政策主要有经济支持、带薪假期和照护服务三项内容，各国在不同的政策理念下，对上述三项内容各有侧重或三者并重。[①] 对照国外家庭政策来看，中国的家庭政策中经济支持和照护服务的内容都存在部分缺失。首先，除了对贫困家庭、计划生育特殊家庭、残疾人家庭等特殊家庭提供经济补贴外，中国对育儿家庭不提供类似国外儿童津贴、托育津贴等的现金支持。第二，中国的家庭政策也不为育儿家庭的成员（尤其是母亲）提供就业导向的现金支持；并且，低保政策对部分人群还造成“福利依赖”，一定程度上阻碍了其家庭成员就业。[②] 第三，近年来国家虽出台了不少有关托育和老年人照护的相关政策，但对其具体内容和运作机制都还需进一步细化。

（二）政策对象重城市轻农村

尽管中国的家庭政策大多是同时面对城乡的普适性政策，但从内容来看，这些普适性政策的内容偏重城市（城镇），针对农村的内容不多。以养老政策为例，现有政策

① 徐枫:《上海家庭政策蓝皮书》，上海人民出版社 2014 年版，第 145—166 页。
② 马庆钰、马福云:《社会救助政策及其执行缺陷的矫正》，《行政管理改革》2016 年第 12 期。

涉及的养老保险、居家养老、社会养老服务、老年人老化住房改造、老人教育等内容，其政策对象主要是城市家庭的老人，涉及农村家庭的老人的内容极少，且实际受惠的只有部分农村老年人（如乡镇养老院、敬老院的服务对象实际上主要是孤寡老人）。又如托育政策的对象是城市家庭，农村家庭妇女无法从中受惠，而农村妇女所要承担的经济责任、儿童照料和养老负担并不比城市妇女轻，甚至更重。此外，对于目前已成为常态家庭模式的农村留守家庭、流动家庭也缺乏应有的政策关注。

（三）政策目标的预防性和发展性有待增强

中国现有家庭政策目标主要可分为两类：一是对家庭成员的行为和关系进行规范，对家庭成员，尤其是妇女儿童的安全健康和合法权益予以保障，例如涉及婚姻家庭、母婴保健、劳动就业、妇女儿童权益等领域的政策，基本都属于这一类型；二是对家庭提供即时性支持的政策。这类政策具有明显的问题导向，通常以解决家庭问题、满足家庭即时需求为目标，例如托育、养老、住房、特殊家庭支持等领域政策都属此类。对于预防家庭问题发生、增强家庭能力、着眼于家庭长期发展的政策，目前只有家庭教育和家庭健康领域的少数几项，且仍以规划性纲领性文件为主，具体操作性有待加强。

三、未来展望

（一）确立个体关怀与家庭发展并重的政策目标

在当前家庭类型多元化发展的新形势下，城乡家庭、双薪家庭、单亲家庭、隔代教养家庭、身心障碍家庭等各有不同需求，这要求家庭政策设计具有较大的弹性和包容性，以灵活应对不同个体的需求。同时，未来中国家庭政策应逐渐从以家庭中某类家庭成员为服务对象向个体与家庭并重过渡。家庭政策体系的建构不能窄化为儿童政策体系、养老政策体系、生育政策体系等的简单相加，而要以整个家庭为基本单元，提升家庭的综合发展能力。政府的功能不是替代家庭，而是为家庭承担责任提供各种政策支持，切实增强家庭成员的信心和能力。

（二）完善贯穿家庭全生命周期的政策内容

从促进家庭发展角度而言，家庭政策应覆盖家庭生活所有领域和贯穿家庭生命全周期。家庭生命周期一般可分为六阶段：初离家的单身阶段，新婚夫妇阶段、养育年幼儿童阶段、养育青少年阶段、孩子离家阶段、晚年生活阶段。①不同家庭成员在家庭生活不同阶段有不同需求，如人际关系调适、亲子教养、家庭资源管理以及家庭压力和危机应对等，这要求家庭政策以家庭及家庭成员的发展为本，不断完善贯穿家庭生命全程的政策内容，尤其是要依托预防性和发展性的政策设计理念，适应国际社会发展趋势与中国家庭变迁的现实需要，增强个体与家庭应对社会变化带来的家庭问题的能力，支持和满足家庭成员发展需要，提升家庭生活品质与促进社会文明进步。

（三）构建全社会协同支持家庭发展的政策策略

当今世界家庭政策的价值取向的重要变化之一，就是由家庭的自我保障转变为由社会与政府共同支持。②自习近平总书记在2015年2月首次提出“不论时代发生多大变化，不论生活格局发生多大变化，我们都要重视家庭建设，注重家庭、注重家教、注重家风”“使千千万万个家庭成为国家发展、民族进步、社会和谐的重要基点”的重要论述以来，中国已陆续出台了以《关于进一步加强家庭家教家风建设的实施意见》和《家庭教育促进法》为代表的多部政策和法律，支持家庭发展的制度顶层设计渐趋完备。当前，家庭政策发展的重点将转向建立国家、家庭、社会协同合作发展的机制，这就要求政策设计要合理划分国家、家庭与社会的权责关系，构建操作运行的方式、途径以及评价等方面的具体策略，充分调动各类社会组织、各类群体的资源和力量，共同参与家庭建设，最终形成全社会“共建共治共享”的家庭发展新格局。

① ［美］乔艾伦·帕特森等：《家庭治疗技术》，王雨吟译，中国轻工业出版社2020年版，第146—147页。

② 李晓宏：《家庭政策出现价值取向变化》，载人民网 http://world.people.com.cn/n/2014/1204/c1002-26143818.html，2014年12月4日。

第七章　中国特色社会主义妇女发展道路的实践和理论

“在任何社会中，妇女解放的程度都是衡量普遍解放的天然尺度。”① 自近代以来，以结束妇女的屈从地位、实现男女平等、性别公正为目标的“妇女解放”和“妇女发展”实践已然成为人类社会影响最为广泛的政治运动和社会思潮。与欧美主要以社会运动的方式影响政治体制和社会政策不同，中国的妇女解放和发展实践根植于民族解放和国家发展情境，形成了一条具有中国特色的社会主义妇女发展道路，既是世界妇女运动重要的组成部分，也是对马克思主义妇女解放理论的运用和发展，为人类社会的妇女解放理论探索贡献了中国经验。

第一节　中国妇女解放和发展的实践道路

中国妇女解放和发展的实践始终根植于民族解放、复兴和国家发展的情境之中，与中国共产党的百年历史相融相嵌。自 20 世纪初以来，中国妇女解放和发展经历了新文化运动和新民主主义革命、社会主义革命和建设、改革开放和现代化建设、中国特色社会主义新时代四个不同历史时期。

一、新文化运动和新民主主义革命时期

首先，中国的妇女解放和发展道路探索，发轫于新文化运动中以争取民主权利为目标的女权主义思潮。西方女权主义诞生于资产阶级启蒙运动和反封建专制的社会革命，与之相比，近代中国妇女运动直接发端于“救亡图存”的时代召唤。为了让妇女不再成为国家的拖累，从“分利者”变为“生利者”，晚清维新知识分子在“强国保

① 《马克思恩格斯文集》第 3 卷，人民出版社 2009 年版，第 531—532 页。

种”的目标下，开始倡导废缠足、兴女学、结团体、办女报，主张婚姻自由，改变妇女体弱无知的状态，动员精英妇女积极从事推翻帝制的革命活动中。上海是晚清中国的女权思想和实践的重要中心，当时上海女性就业人数较多，出入社交场所较早，女学普及，女报众多。1903 年，被誉为中国“女界卢梭”的金天翮出版了《女界钟》，系统讨论男女平等问题、力主婚姻自由、倡导妇女教育和女子参政、呼吁妇女自己解放自己，代表了晚清女权主义思想的最好水平。①1906 年上海群书社发行的《最新女子教科书》要求妇女“必先自爱其群，始勉尽己力牺牲私利，维持公利”②。五四新文化运动中，男女平等和婚姻问题是讨论最多、社会影响最大的问题。以胡适为代表的自由主义知识分子在“人的解放”的视角下，倡导妇女独立人格和个性自由，挣脱封建家庭的束缚。1911 年武昌起义推翻清王朝统治之后，民主共和观念深入人心，妇女参政热情高涨。然而，1912 年由唐群英等人推动的女子参政权运动遭到民国政府的抵制，以资产阶级革命派主导的妇女解放运动黯然失败。

其次，俄国十月革命的胜利极大地传播了马克思主义，促成了中国进步知识分子对妇女问题认识的马克思主义转向。中国共产党的早期思想理论家纷纷在马克思主义视角下从经济基础、两种再生产理论分析妇女问题，把妇女问题与社会主义联系起来。1919 年至 1923 年，李大钊先后发表了《妇女解放与 Democracy》《物质变动与道德变动》《战后之妇人问题》《现代的女权运动》《理想的家庭》等一系列文章，最早开始用马克思主义的唯物史观和阶级斗争学说代替资产阶级人权平等学说来分析中国妇女问题。③1919 年 7 月到 12 月，毛泽东共发表了 13 篇涉及妇女问题的文章，揭示妇女受压迫的根源是封建社会制度，认为女子自立的基本条件是掌握生活知识和技能，获得经济独立，并强调妇女的联合。④1920 年，向警予发表了《女子解放与改造的商榷》，开宗明义地呼吁女性自己要关注女子解放问题，要自己探索女性解放道路。她把妇女解放与社会改造相联系，明确指出为女性争取教育、经济、政治和家庭权利的中产阶级女权运动，因为建基于私有制和快乐主义、个人主义之上而“终恐难如所期”，提出

① 熊月之：《晚清上海：女权主义实践与理论》，《学术月刊》2003 年第 11 期。

② 罗素文：《女性与近代中国》，上海人民出版社 1996 年版，第 148 页。

③ 康沛竹：《试论李大钊妇女解放思想》，《高校马克思主义理论研究》2018 年第 2 期。

④ 肖扬：《中国妇女运动百年简史》(上)，中国妇女出版社 2009 年版，第 45 页。

指向共产主义的社会主义才是女子解放道路“较高较进步的理想”，并提出了婚姻自由、社会养老、儿童公育等妇女解放的设想和计划。① 除此之外，陈独秀、李达等也都分析了妇女受压迫的经济原因和获得解放的条件②，提出“女子问题，实离不开社会主义”③。

再次，中国共产党成立以后，将妇女解放运动纳入无产阶级革命和民族解放事业之中，开始了马克思主义妇女解放理论的中国实践。1922 年中共二大诞生了我党历史上第一份《关于妇女运动决议案》，明确了妇女解放的总目标和现阶段奋斗目标，指出“在私有制制度下，妇女真正的解放是不可能的”④。从中共二大妇女运动决议提出妇女解放“伴着劳动解放进行”，到中共四大妇女运动决议案明确指出妇女解放运动是民族解放运动的要素，它开启了中国特色妇女解放道路的历史起点，将妇女的命运与国家民族的命运联系在一起，在参与中国革命、建设和改革的历史进程中，寻求自身的解放与发展。⑤1928 年中共六大《妇女运动决议案》提出反对女权主义的妇女运动，指出“只有共产党，只有无产阶级革命，社会主义的完全胜利，才能完全解放妇女”⑥。在确立了马克思主义妇女理论的领导地位之后，中国共产党带领、依靠和团结广大劳动妇女，经过国共对峙、抗日战争、解放战争等艰苦卓绝的斗争，终于迎来了新民主主义革命的胜利，终结了数千年中国妇女被奴役被压迫的历史。

二、社会主义革命和建设时期

首先，妇女地位在短时期内发生了翻天覆地变化。1949 年新中国的诞生，开创了中国妇女解放运动的新纪元。虽然当时中国社会生产力水平和工业化水平较低，大部分妇女仍处于文盲或半文盲状态，但是在妇女参政、妇女就业、男女同工同酬、女性

① 向警予：《女子解放与改造的商榷》，《少年中国》1920 年第 2 卷第 2 期，转引自中文马克思主义文库 https://www.marxists.org/chinese/xiangjingyu/mia-chinese-xjy-19200526.htm。
② 中华全国妇女联合会妇女运动历史研究会：《五四时期妇女问题文选》，中国妇女出版社 1981 年版，第 84—85 页。
③《妇女问题与社会主义》，载《陈独秀著作选》第 2 卷，上海人民出版社 1993 年版，第 267、268 页。
④ 张玉菡：《中共“二大”〈关于妇女运动的决议〉探析》，《上海革命史资料与研究》2007 年第 7 期。
⑤ 韩贺南：《中共将妇女解放纳入民族解放的历史必然性及理论支撑》，《中共党史研究》2012 年第 6 期。
⑥ 杜芳琴：《中国妇女研究的历史语境：父权制、现代性与性别关系》，《浙江学刊》2001 年第 1 期。

婚姻权利等方面的成就举世瞩目。一方面，全国范围内建立起社会主义公有制经济体制，农村妇女在土改中分到了田地，城镇妇女被广泛动员参加社会工作，消除了妇女受压迫的经济根源。1951年颁布的《中华人民共和国劳动保险条例》、1955年公布的《农业生产合作社示范章程草案》明确规定了男女劳动同工同酬，前者还规定了女工享有56天的带薪产假。另一方面，从意识形态宣传和法律规范角度推动了男女家庭和社会地位的平等。1950年颁布的《中华人民共和国婚姻法》，彻底废除封建婚姻制度，实行男女婚姻自由、一夫一妻、男女权利平等、保护妇女和儿童合法利益的新民主主义婚姻制度。①1954年《中华人民共和国宪法》颁布，规定妇女在政治、经济、文化、社会和家庭生活各方面享有同男子平等的权利，明确宣示了男女平等的公民权。

其次，妇女的思想文化和性别角色观念走向现代化。20世纪50年代的扫除文盲和学文化运动极大地促进了妇女的解放。通过接受教育和学习，妇女提高了文化水平，掌握了先进的生产技术，不仅使女性在家庭和社会中的地位得到提高，也促进妇女群众主体意识的觉醒，彻底摆脱封建思想的枷锁。伴随着妇女解放和家庭革命运动，国家以一系列制度保障、宣传教育和社会动员措施，从意识形态上将妇女就业与革命、进步、翻身、解放等挂钩，塑造了中国女性积极参与社会劳动、争取经济独立的革命传统。在"妇女能顶半边天""时代不同了，男女都一样"等政治口号之下，官方努力建构一种无差别的、去性别化的性别观。在全面的公有制和集体化时期，评价优秀男女的基本条件是对党和国家的忠诚和在社会领域的出色表现。"女青年"的身份认同不再由家庭角色和性功能来决定，而是与"男青年"一样由社会角色来决定。②这些成就一方面得益于高度集中的国家政治经济体制，另一方面也得益于当时强大的意识形态宣传。新中国在意识形态方面对妇女解放、男女平等的话语建构，极大地鼓舞了广大妇女在内的所有中国人对社会主义制度的热爱和对党执政地位的认同，鼓舞广大妇女积极投身于社会主义革命和建设中，成为国家重建过程中的一支重要人力资源。③

① 全国妇联妇女研究所：《当代中国妇女运动简史（1949—2000）》，中国妇女出版社2017年版，第10—11页。

② 王政：《浅议社会性别学在中国的发展》，《社会学研究》2001年第5期。

③ 王涛：《世界社会主义运动视域下的中国妇女解放》，中国社会科学出版社2015年版，第19—20页。

三、改革开放和现代化建设时期

首先，妇女解放事业在制度法规方面取得长足进步。1978年党的十一届三中全会召开，为中国妇女运动指明了发展方向。康克清在《把妇女工作的着重点转移到现代化建设上来》的广播讲话中指出，加快实现现代化是中国妇女彻底解放的根本途径。1980年通过新修改的婚姻法，进一步强调男女平等的原则，倡导计划生育，提高了法定结婚年龄，突破了单一“从夫居”和“冠夫姓”习俗，将“感情确已破裂”作为离婚的法定理由。总体来说，计划生育政策的全面实施，减少了妇女的生育负担，提高了妇女的健康水平，提升了女孩受教育的机会，延长了女性受教育年限和寻求职业发展的机会，有利于妇女社会地位的提高。①1982年颁布的《宪法》除了规定妇女享有同男子平等的权利之外，还对妇女的同工同酬、婚姻自由、干部选举等其他权益进行保护。②1986年《女职工健康保健暂行规定》、1988年《女职工劳动保护规定》，1992年制定实施了《中华人民共和国妇女权益保障法》，对妇女的政治权利、文化教育权益、劳动和社会保障权益、财产权益、人身权利和婚姻家庭权益作出具体规定。

其次，加强了与世界妇女运动的联系和学术交流。改革开放之后，在“解放思想、实事求是”思想路线的指引下，邓小平及此后的中央领导集体对从国际层面壮大妇女事业、加强与世界妇女运动联系的强调，让我国的妇女运动再次被“纳入国际社会性别主流化洪流之中，在国际妇女运动的大潮中广泛地汲取营养、接受监督、获得检验”③。1980年，中国政府在联合国第二次世界妇女大会上签署了《消除对妇女一切形式歧视公约》，推动中国妇女权益保障与国际接轨。1995年，联合国第四次世界妇女大会在北京召开，中国政府向国际社会庄严宣示，把男女平等作为促进我国社会发展的一项基本国策，大会通过了《北京宣言》和《行动纲领》，成为中国和世界妇女运动

① 全国妇联妇女研究所：《当代中国妇女运动简史（1949—2000）》，中国妇女出版社2017年版，第149—161页。

② 李金莲、王锡林：《邓小平论中国特色社会主义妇女理论的要旨分析》，《楚雄师范学院学报》2017年第4期。

③ 崔兰平：《邓小平对新时期中国妇女运动的历史性贡献》，《兰州大学学报（社会科学版）》2015年第6期。

史上的里程碑事件。与此同时，在世界妇女大会和海外基金会的推动下，西方女性主义理论被大量引介，学界迎来了从社会性别视角透视妇女问题的热潮。另外，继1995年首次发布《中国妇女发展纲要（1995—2000年）》之后，中国政府从2001年开始每10年制定和发布一次《中国妇女发展纲要》，对妇女在经济、政治、教育、健康、家庭生活等领域的权益作出全面规划。

四、中国特色社会主义新时代

首先，推进男女平等和妇女权益保障的国家意志更加鲜明。党的十八大以来，中国特色社会主义进入新时代，妇女发展事业也被纳入推动人类文明、构建人类命运共同体和实现中华民族伟大复兴的历史使命的国家战略之中。2012年党的十八大报告明确指出，“坚持男女平等基本国策，保障妇女儿童合法权益”，首次将男女平等作为基本国策写入党代会报告，将男女平等上升为执政党意志。2015年，中国政府与联合国妇女发展署共同承办了全球妇女峰会，习近平在峰会上指出“我们要把保障妇女权益系统纳入法律法规，上升为国家意志，内化为社会行为规范”。2020年，习近平在联合国大会纪念北京世界妇女大会25周年高级别会议上发表重要讲话，进一步强调将保障妇女权益上升为国家意志的重要性。2022年，党的二十大报告将“男女平等基本国策”第三次写入全国党代会报告，为推进新时代的妇女事业高质量发展，实现中国式现代化道路上妇女平等依法行使民主权利、平等参与经济社会发展、平等享有改革发展成果提供了根本的政治保证。

其次，保障妇女权益的立法不断取得新突破。2015年出台《中华人民共和国反家庭暴力法》，为推动解决妇女遭受家庭暴力问题、维护平等和睦文明的家庭关系提供了更加完善的法律保障。同年，《刑法修正案（九）》废除嫖宿幼女罪，并加大力度严惩侵犯幼女人身权利的犯罪行为。2018年修订《中华人民共和国农村土地承包法》，保证了农村妇女的土地承包经营权，进一步强调承包户内男女平等。2021年正式实施的《中华人民共和国民法典》，坚持了男女平等原则，设立了系列倾斜性规定，对现实生活中处于弱势地位的妇女进行特殊保护，包括首次确立性骚扰的认定标准，明确要求机关、企业、学校等单位建立预防处置机制；进一步明确夫妻共同债务制度；离婚时有关家务劳动补偿的规定，不满两周岁的子女以由母亲直接抚养为原则；禁止包办、买卖婚姻和其他干涉婚姻自由的行为，修改因胁迫结婚请求撤销婚姻的时间起算点等。2021 年，三孩政策实施以后，《中华人民共和国人口与计划生育法》作出修改，全国各地也相继修订计生条例，不断优化产假和育儿假制度，出台生育配套奖励措施等。同时，为了反对劳动力市场的性别歧视问题，保障妇女的劳动健康、平等就业、人才发展等权益，相关政府部门出台了一系列的规章、政策。2023 年新修订的《中华人民共和国妇女权益保障法》开始正式实施，这是该法实施 30 年来继 2005 年、2018 年修订之后的第三次修订，为我国新时代的妇女人权事业、促进性别平等和妇女全面发展提供了新的起点和支撑。

再次，男女平等、妇女保障和发展事业取得显著效果。据《中国妇女发展纲要（2011—2020 年）》终期统计监测报告，2020 年中国女性人均预期寿命为 80.88 岁，在 184 个国家中位列第 62 位，比世界女性平均水平高 4 岁。另外，中国孕产妇死亡率为 1.69‱，比 2010 年降低 43.7%，指标水平居全球中高收入国家前列。更为重要的是，自 2010 年以来，中国女性教育水平显著提升，受教育权利得到充分保障。截至 2020 年，义务教育阶段的性别差距基本消除，小学学龄女童基本实现应上尽上，净入学率自 2015 年开始连续 6 年保持在 99.9% 以上；普通高中在校生中的女生为 1257.5 万人，占比 50.4%，连续 6 年保持在半数以上；女性接受高等教育比例超过男性，各类高等教育中女生占比均超过男生。其中，高等教育在校生中女研究生人数占比 50.9%；普通本专科、成人本专科在校生中女生分别占比 51.0% 和 58.0%。①

第二节　中国妇女发展道路的经验总结和理论贡献

中国进行的社会主义妇女解放，是世界上成功推翻私有制和资本经济殖民，并建立起新型政治经济体系和社会价值体系的体制性实践。虽然它在世界历史上具有一定独特性，并有自身的各种历史局限，但它在实践中对政治经济结构性变革的坚持，对社会伦理新价值的执着，对未来世界愿景的追求，以及它在社会主义革命实践中的

① 参见国家统计局：《中国妇女发展纲要（2011—2020 年）》终期统计监测报告，2021 年。

有效机制化，它的大众走向、无产阶级化和在新体制的建立中起到的前卫作用都将使它成为当今女性主义发展宏观视点和建立世界新价值体系过程中最重要的理论和历史资源。[①]具体来说，在中国共产党领导的百年妇女解放道路上，妇女解放的中国经验和理论贡献主要可归纳为三个方面：一是坚持以马克思主义指导妇女解放运动，二是坚持以国家体制推动妇女解放和发展，三是对马克思主义妇女理论进行本土化探索。

一、坚持马克思主义妇女理论的指导地位

马克思主义妇女理论以马克思、恩格斯为主要创立者，以恩格斯《家庭、私有制和国家的起源》的问世为标志，并经世界妇女解放运动和马克思主义继承者的发展而不断发展。1879 年，倍倍尔出版了《妇女与社会主义》一书，在马克思、恩格斯的理论基础上，进一步系统论述了妇女解放的思想。1907 年，《平等报》主编蔡特金发起召开了第一次国际社会主义妇女大会，并推动第二国际通过了妇女选举权的决议案。1919 年共产国际成立，坚持用马克思主义理论指导妇女运动，坚持阶级对立的观点，反对第二国际领导的改良主义运动，与资产阶级女权主义划清界限。列宁明确指出，只有共产主义才能实现妇女解放，妇女问题是工人问题的一部分，并提出了妇女解放的两个步骤：一是吸引妇女参加阶级斗争，实现政治解放；二是吸引妇女参加经济建设，摆脱“家庭奴役”。[②]蔡特金指出，无产阶级妇女运动，主要不是妇女运动，而是无产阶级运动。我们看到，从国际共产主义运动诞生之初，马克思主义理论家们就开始了对女权主义的批判和抵制，这也决定了中国共产党妇女解放理论的特点，即强调妇女解放与民族解放、工人阶级解放合二而一，反对将妇女分离出来做理论抽象。[③]

中共二大通过了加入共产国际的决议案，标志着中国无产阶级妇女运动正式接受共产国际执委会国际妇女书记处[④]的领导。共产国际在中国革命初期，在宣传马克思主

① 王玲珍：《关于中国革命与性别平等 / 解放的理论再思考》，《妇女研究论丛》2017 年第 5 期。

② 王涛：《世界社会主义运动视域下的中国妇女解放》，中国社会科学出版社 2015 年版，第 54—58 页。

③ 李小江：《女性乌托邦》，社会科学文献出版社 2016 年版，第 111 页。

④ 1924 年后改组为共产国际执委会妇女部。——作者注

义妇女理论、列宁的妇女解放思想和妇女革命人才培养方面提供了强有力的支持和指导。但因为机械照搬苏俄经验，给中国革命也给中国的妇女运动带来巨大损失。20世纪30年中期以后，随着毛泽东思想被确立为党的指导思想，中国的妇女运动逐渐摆脱了共产国际的影响，走上一条中国化的发展道路。王涛将中国化的妇女解放道路特点总结为三个方面：一是以底层劳动妇女尤其是农村妇女为主要依靠力量，二是党组织扮演着底层妇女解放的启蒙者和推动者角色，三是把妇女解放的目标与党的奋斗目标紧密结合。① 这条道路既不同于西方资产阶级女性主义运动，也不同于苏俄依靠城市女工开展阶级暴动的解放道路，但始终坚持了妇女解放问题的马克思主义立场：妇女解放必须通过经济基础的变革和社会结构的调整来实现；妇女解放是民主政治的前提和保证，民主政治又必然推动妇女解放事业的发展；妇女解放运动与无产阶级革命事业是一致的，妇女解放是劳动人民解放的尺度。

新中国成立以后，以妇联主导的妇女工作始终坚持维护和保障妇女的经济政治社会参与权、宣传和推动性别平等观念、促进妇女的全面发展。在改革开放之后，女性面临就业难、就业歧视和工作—家庭平衡困难等问题，妇女回家论、妇女阶段性就业论、市场经济排斥妇女论等思想出现，但全国妇联始终坚定"参与是妇女发展的根本途径"②，坚持推动家务劳动的男女平等和社会化，要"继续提倡家庭男女成员合理分担，并且采取有效措施，努力减轻家务劳动的负担"③。2013年，习近平在同全国妇联新一届领导班子成员的集体谈话中，对妇女发展事业与党和人民事业的关系进行了阐述，肯定并强调了马克思主义立场、观点和方法的重要性："在革命、建设、改革各个历史时期，我们党始终坚持把实现妇女解放和发展、实现男女平等写在自己奋斗的旗帜上，始终把广大妇女作为推动党和人民事业发展的重要力量，始终把妇女工作放在重要位置，领导我国妇女运动取得了历史性成就，它开辟了中国特色社会主义妇女发展道路。"④

① 王涛：《世界社会主义运动视域下的中国妇女解放》，中国社会科学出版社2015年版，第73—78页。
② 中华全国妇女联合会编：《陈慕华妇女儿童工作文选》，中国妇女出版社1999年版，第398页。
③ 中华全国妇女联合会办公厅编：《中华全国妇女联合会四十年》，中国妇女出版社1991年版，第451页。
④ 习近平：《在同全国妇联新一届领导班子成员集体谈话时的讲话》(2013年10月31日)，载全国妇联《习近平关于妇女儿童和妇联工作论述摘编》，内部学习材料。

二、国家体制推动妇女解放和发展事业

西方女权运动始于思想启蒙运动，以广大妇女自我意识的觉醒和文化教育的提高为基础，而中国共产党领导的中国妇女解放道路从一开始就借鉴的是苏联模式[①]。早在1927—1929年农村革命根据地时期，就已依靠中共领导的革命政权为妇女解放创造了奇迹，实现了废除买卖婚姻、废除童养媳和废除妇女缠足“三废除”。[②]新中国成立之后，党和国家主导的妇女工作进一步组织化和制度化，妇女工作体系不断健全完善。

首先，各级妇联有力地推动了妇女事业的进步与发展。1949年，中国妇女运动的领袖蔡畅和邓颖超建立了中华全国妇女联合会，在国家、省、市、区、县、街道六级行政机构中都建立了妇女组织。妇联是中国最大的妇女组织，实行全国组织、地方组织、基层组织和团体会员相结合的组织制度，是党和政府联系妇女群众的桥梁和纽带。新中国成立以来，各级妇联在党的领导下，紧紧围绕党和国家在各个时期的中心任务，组织和团结妇女力量、维护和保障妇女儿童权益、教育和引导妇女思想价值观、推动妇女发展。在计划经济“低工资、高就业”时期，妇联与政府大力兴办托儿所幼儿园。1956年，全国城市各种托儿机构2.67万所，收托儿童125万余人。而且，托儿所幼儿园的工作时间都超过妇女工作的时间，保障女性安心工作。[③]自改革开放以后，妇联通过开展各类宣传活动、评选活动、公益活动等，在动员组织妇女建功立业、统筹推进妇女发展、依法维护妇女儿童权益、提高妇女整体素质、促进未成年人健康成长、扩大中外妇女交流等方面做了大量富有成效的工作，为推进党和国家以及妇女事业的发展作出了卓越贡献。[④]

其次，党和国家保障妇女权益的组织机构体系基本完善。1990年，国务院成立了妇女儿童工作委员会，负责协调和推动政府有关部门执行妇女儿童的各项法律法规和

---

① 指苏联妇女的解放主要是在1917年十月革命胜利后，由掌握政权的苏联共产党和苏维埃国家强力推进的。——作者注

② 王涛：《世界社会主义运动视域下的中国妇女解放》，中国社会科学出版社2015年版，第5页。

③ 李慧英：《计划经济时期男女平等立法与政策》，载杜芳琴、王向贤主编《妇女与社会性别研究在中国（1987—2003）》，天津人民出版社2003年版，第347页。

④ 陈至立：《在纪念中华全国妇女联合会成立60周年座谈会上的讲话》，载http//www.xinddy.com/html/third/art3_6559.html, 2009年4月8日。

政策措施，发展妇女儿童事业。截至目前，妇儿工委有成员单位35家，主要工作职责包括贯彻落实“男女平等”基本国策，组织、协调、指导、督促成员单位执行《中华人民共和国妇女权益保障法》和实施妇女儿童发展中长期规划等。另外，全国31个省、自治区、直辖市，县（区）级以上人民政府都成立了妇女儿童工作机构，配备专职工作人员，经费纳入同级财政预算。除工作机构外，在全国还成立了各类促进妇女发展、维护妇女合法权益的社会机构和协调机构，逐步形成了以政府为主体、社会团体大力协同的促进妇女事业发展的组织机构体系。①

再次，自20世纪90年代以来，政府部门基本建立起妇女发展的监测体系，也形成了以统计数据和抽样调查为基础的对性别平等和妇女发展事业进行评估和指导的科学支持制度。1995年以来，中国政府定期制订《中国妇女发展纲要》，把妇女发展的目标、任务纳入了经济社会发展的总体规划。各地区、各有关部门和社会团体也相应制定了地方发展规划和实施方案，基本形成了国家发展纲要、地方发展规划和部门实施方案相结合、全国性目标和地方性目标相结合、终期目标和阶段性目标相结合的妇女发展目标体系。截至本书写作时，国务院妇儿工委相继制定印发了1995—2000年、2001—2010年、2011—2020年、2021—2030年四个周期的妇女发展纲要监测指标体系，国家统计局每年发布纲要统计监测报告。自2008年起，国家统计局每年编辑印发《中国妇女儿童状况统计资料》；自1990年起，全国妇联和国家统计局联合每10年开展一次“中国妇女社会地位调查”，截至2020年共开展了四期调查。2015年，中国政府发布《中国性别平等与妇女发展状况》白皮书；2019年发布《新中国70年妇女事业的发展与进步》白皮书。

三、中国化马克思主义妇女理论的探索和发展

中国化的马克思主义妇女理论集中体现为马克思主义妇女观在中国的百年探索，是中国共产党关于妇女解放、男女平等一系列思想政策的集成，强调将马克思主义普遍原理与中国妇女解放和发展的具体实践相结合，强调运用马克思主义的立场、观点、

① 顾秀莲：《在纪念第四次世界妇女大会十周年会议上的讲话》，《中国妇运》2005年第10期。

方法观察妇女地位、分析妇女发展、解释和解决妇女面临的时代问题。

首先，毛泽东的妇女解放思想是马克思主义妇女理论中国化的第一个重要成果。新民主主义革命时期，毛泽东进行数次农村社会调研均将妇女和儿童问题列为重要的组成部分，为苏维埃宪法、土地法、劳动法、婚姻法的制定、妇女权益的保障，提供了客观依据，确定了实际可行的男女平等的指导原则。他提出了束缚中国妇女的政权、族权、神权、夫权“四大绳索”的本土化观点，将农民、农妇视为革命的主力军，对马克思主义妇女理论的中国化作出了重要贡献。① 在社会主义革命和建设时期，毛泽东的妇女理论得到了极大的丰富和发展，提出了包括“推动广大的妇女群众参加生产劳动”“必须实现男女同工同酬”“真正的男女平等，只有在整个社会的社会主义改造过程中才能实现”“时代不同了，男女都一样，男同志能办到的事，女同志也能办到”等耳熟能详的观点和口号。② 概括起来，毛泽东的妇女解放思想主要包括：分析了中国妇女受压迫的根源，提出破除封建传统婚姻家庭制度是妇女解放的重要内容；只有民族解放、阶级解放，才有妇女解放；妇女是决定革命胜败的一个重要力量，是社会主义建设的伟大人力资源；妇女参加社会生产，实现经济独立是妇女解放的根本条件；妇女解放和男女平等需要国家政权和法律的保障；要建立健全妇女组织，培养大批妇女干部，是实现妇女解放的必要条件，等等。这些思想观点深刻揭示了妇女解放与阶级解放、国家建设的辩证关系，指明了实现妇女解放的道路和途径，发展了马克思主义关于男女平等的思想，促进了中国社会传统性别观念的改变。

其次，改革开放和社会主义现代化建设时期，以邓小平、江泽民、胡锦涛为主要代表的中国共产党人继承发展了马克思主义妇女观和毛泽东妇女解放思想，对新形势下妇女的作用、妇女发展的目标任务、实现途径、制度保障等基本问题进行了阐述，逐步形成了中国特色社会主义妇女理论。具体来说，系统的社会主义妇女理论是在邓小平社会主义初级阶段理论和20世纪80年代社会实践的基础上发展起来的。③ 有学者将中国特色社会主义妇女理论的探索过程划分为逐步形成阶段（1978—2000年）和

① 刘宁元、王峻：《毛泽东对中国马克思主义妇女解放理论确立的贡献》，《北京行政学院学报》2013年第6期。

② 《毛泽东文选》第2卷，人民出版社1991年版，第677页。

③ 丁娟：《关于中国特色社会主义妇女理论维度与构建的思考》，《山东女子学院学报》2011年第3期。

不断发展阶段（2000年之后）。[①] 其中，江泽民是中国特色社会主义妇女理论的先导。[②]1990年，江泽民在“三八”国际劳动妇女节八十周年纪念大会上，发表了题为《全党全社会都要树立马克思主义妇女观》的重要讲话，明确提出了马克思主义妇女观的定义，“是运用辩证唯物主义和历史唯物主义的世界观、方法论，对妇女社会地位的演变、妇女的社会作用、妇女的社会权利和妇女争取解放的途径等基本问题做出的科学分析和概括”[③]。他从“妇女被压迫是人类历史发展的一定阶段上的社会现象”“妇女解放的程度是衡量普遍解放的天然尺度”“参加社会劳动是妇女解放的一个重要先决条件”“妇女解放是一个长期的历史过程”“妇女在创造人类文明、推动社会发展中具有伟大的作用”五个方面阐述了妇女解放问题的历史性和社会性，第一次系统地总结了马克思主义妇女观的主要内涵。1995年，他在北京世妇会上首次提出男女平等基本国策，使男女平等成为我国一项全局性、长远性和根本性的总政策，为解决社会主义市场经济条件下的妇女发展问题提供了新的理论依据和政策保证。除此之外，当改革开放打破了“大锅饭”，在女工下岗待业、女大学生分配难、妇女回家等问题层出的困境之下，社会各界开始反思女性的主体性问题。全国妇联和学界开始积极接触、学习西方的女性主义理论，接受和引入了“社会性别”“弱势群体”“妇女赋权”与“以妇女为中心的可持续发展”等观念与理论，补充了既有的马克思主义妇女观的理论框架，也构成中国特色社会主义妇女研究的重要组成部分。

再次，习近平关于妇女和妇女工作的系列论述，丰富和拓展了马克思主义妇女观，是马克思主义妇女理论中国化的最新成果。21世纪以后，特别是党的十八大以来，习近平结合妇女发展的客观实际、社会可持续发展要求、国家发展的总体战略、民族复兴的伟大梦想等方面，对新时代中国妇女发展事业的目标任务和根本路径进行了深刻阐释，其重要论述的核心内容包括：进一步明确了中国妇女发展的人民立场；强调中国妇女发展道路必须坚持党的领导，以实现中华民族伟大复兴的中国梦为当代中国妇女运动的时代主题；强调必须坚持中国特色社会主义妇女发展道路，坚持

---

① 石红梅：《马克思主义妇女观与中国特色女性学理论的发展》，《中华女子学院学报》2012年第5期。
② 钟瑞添、乌尼日：《论马克思主义妇女理论的中国化》，《理论学刊》2010年第8期。
③ 江泽民：《全党全社会都要树立马克思主义妇女观》，《人民日报》1990年3月8日。

男女平等基本国策，实现“三平等”（权利平等、机会平等和结果平等）；注重家庭家教家风建设，注重发挥妇女在社会生活和家庭生活中的独特作用；加强妇联组织的引领、服务、联系作用；加强全球妇女事业合作，共建共享美好世界。这一系列重要论述体现了对马克思主义妇女理论的继承性、实践性、价值性和时代性，为新时代开展妇女工作、促进妇女发展提供了根本遵循，也为世界妇女解放和发展提供了中国方案。①

特别需要指出的是，习近平结合中华优秀传统文化和社会现实提出，新时代的妇女发展要注重妇女的家庭角色和作用，强调加强家庭、家教、家风和家庭文明建设，实现妇女家庭贡献与社会贡献的统一。在此之前，马克思主义妇女解放理论强调家庭对妇女的压迫和消亡的历史必然性，强调妇女参加社会生产、获得经济独立对妇女解放的意义。对于婚姻家庭生活与妇女工作事业的关系，存在“如果婚姻妨碍工作，就放弃婚姻”的倾向。② 但事实上，恩格斯的家庭批判论，批判的对象是建立在私有制基础上的资产阶级家庭，夫妻是一种支配与从属的关系，而新时代中国特色社会主义倡导的家庭建设，是以男女共同参加社会劳动和共同分担家务劳动为基础的家庭，体现的是男女平等的关系。从社会主义初级阶段的生产力发展水平来看，家庭关系的存在具有必然性，是儿童、老人获得照料和发展的基本单元；从女性对美好生活的现实追求看，家庭生活美满也是妇女身心健康和自我发展的重要条件。为此，习近平抛开家庭的阶级属性，将家庭作为人的生活单元，阐述了家庭的永恒性和家庭建设的重要性：“无论时代如何变化，无论经济社会如何发展，对一个社会来说，家庭的生活依托都不可替代，家庭的社会功能都不可替代，家庭的文明作用都不可替代。”③ 倡导创造社会条件，帮助妇女实现家庭贡献与社会贡献的统一，既是对中国“家文化”传统的尊重，也是对当前妇女面临家庭与事业两难争议的一种顶层回应，体现了中国妇女发展事业一以贯之的面向实际、解决真问题的战略方针，是马克思主义妇女理论中国化的又一次创新发展。

---

① 何文校：《习近平关于妇女工作的重要论述探析》，《邓小平研究》2020 年第 2 期。

② 中华全国妇女联合会：《毛泽东周恩来刘少奇朱德论妇女解放》，人民出版社 1988 年版，第 102 页。

③ 习近平：《习近平总书记在会见第一届全国文明家庭代表时的讲话》，载新华网 http://www.xinhuanet.com/politics/2016-12/15/c_1120127183.htm，2016 年 12 月 12 日。

第三节 结语：深化中国特色社会主义妇女理论研究

综上所述，中国妇女解放和发展始终在中国共产党的领导下，坚持马克思主义的指导，走出了一条符合中国国情、最能保障广大妇女主体地位、充分发挥妇女作用的中国特色社会主义妇女发展道路。从实践层面看，坚持妇女投身社会生产，兼顾生产者与再生产者身份是中国妇女解放道路的重要特征和经验。马克思主义妇女理论强调，妇女只有积极投身社会生产实践，才能为自身解放铺平道路，奠定解放的经济基础和社会基础。人类社会发展的历程表明，对于妇女而言，只有在家庭、劳动力市场以及教育三个领域中实现完全的男女平等，才有美好的生活。真正的妇女解放和男女平等在于鼓励女性和男性一样，在积极的社会参与中增长见识，在创造和探索未知中完善自我，体验精神上的成长。

我们必须清楚地看到，改革开放以来，中国特色社会主义妇女发展事业之所以能取得伟大的成就，有三个不可忽视的社会因素和条件：一是国家自上而下建立起了较为完善的妇女权益保障制度体系，对男女平等基本国策的有效执行；二是经济社会的快速发展，为女性的生活和发展提供了较好的物质条件、医疗条件、教育条件、就业机会和社会保障；三是计划生育和一孩政策的三十余年严格执行，极大地保障了女童健康和受教育的权利，对提高女性素质和社会地位作出了巨大的贡献。然而，随着我国经济社会发展条件的变化，国家生育政策的调整，叠加公私领域分离、劳动力市场竞争加剧，妇女事业发展当前面临严峻的"工作—家庭"平衡、自我认同和价值选择的挑战。

在多元价值和理论碰撞之际，回顾中国妇女解放和发展的历程，在比较的视野中更能理解马克思主义妇女理论在当代中国的价值。西方女性主义理论是伴随着资本主义发展而发展的，从工业资本主义到福利国家资本主义再到新自由主义，以主体性为核心的女性主义理论和研究日趋走向碎片化，对全人类妇女解放实践的指导意义趋于弱化。[①] 中国的经验弥足珍贵。而我们该如何评估和提炼社会主义妇女解放的实践和

① 董一格：《新视角、新材料：西方马克思主义女权理论视角下的社会主义中国研究评析》，《妇女研究论丛》2017 年第 5 期。

理论资源？如何超越以往研究，从理论上确认社会主义妇女解放与西方女权主义的区别？中国在社会主义体制下、在特有的历史文化脉络中，女性作为生产者与再生产者，其主体性如何体现？与男性、家庭、企业、国家的关系有何特征？这些问题都亟待理论研究者进行回答。近年来，国内性别研究学者开始关注家庭照料、家务劳动、情感劳动等议题，从社会再生产角度把性别问题带回结构分析中，反思消费主义和新自由主义对女性日常生活的赋权与压迫，反思女性家庭—工作双重压力的结构性矛盾，是对马克思主义妇女理论的具体运用。与此同时，中国的妇女研究也发生了研究视角的转换，在经历过强调现代与传统断裂的革命之后，回过头来重新检视“传统”与“现代”，甚至“革命”与“传统”之间的内嵌性关联。① 但总体来说，如何发展出中国特色社会主义妇女理论的基本概念、话语体系、理论体系和学术体系，仍是新时代妇女理论工作者面临的巨大挑战，也将是学界一项长期的历史责任和学术使命。

最后需指出，中国的妇女解放和发展道路具有高度的压缩性和群体差异性，女性自我意识和主体性的发展与国家制度和意识形态之间的发展存在不平衡。在高度压缩变化的时空背景下，女性面临的精神困境和价值冲突也更为突出。这是马克思主义妇女理论在中国发展的特殊情境，也为中国特色社会主义妇女理论的研究提供了经验场域。我们只有不断顺应时代发展的潮流，不断总结中国妇女发展事业的实践经验，融汇和吸纳中外优秀研究成果，才能不断丰富和发展马克思主义妇女理论，为世界妇女解放运动贡献中国智慧和力量。

① 宋少鹏：《立足问题，无关中西：在历史的内在脉络中建构的学科——对中国“妇女/性别研究”的思想史考察》，《妇女研究论丛》2018年第5期。

第八章　中国特色志愿服务的理论视角与体系建构

志愿服务是社会文明进步的重要标志。中国的志愿服务发展既受到西方近代志愿精神的影响，也与中华传统美德以及当代精神文明良好风尚相融合，形成了独特的发展特征。当今志愿服务已经成为中国社会结构转型、社会空间发育以及市民社会价值观念转变过程中一种新的社会事实，而志愿服务研究则是探求这种社会事实的内在根源。[①] 作为一项崇高的社会公益事业，志愿服务在学界受到广泛关注，积累和沉淀了一批优秀的研究成果。本章通过回顾近年志愿服务领域的研究成果，对中西方志愿服务研究的理论视角以及中国特色志愿服务的体系建构展开归纳和思考，以期对中国特色志愿服务发展进行整体性观照的同时，对相关研究现状和未来展望进行梳理和分析。

第一节　志愿服务研究的理论视角

一、志愿服务概念界定

志愿服务起源于西方宗教性的慈善行为，教会是传统志愿服务的推进主体，补充公共服务、满足弱势群体需求成为志愿服务的主要内容。一般认为现代意义的志愿服务始于第二次世界大战以后，在社会福利兴起的背景下发展壮大并走向规范化和制度化。进入 21 世纪，志愿服务已经不再局限于以国家或是地区为边界，通过建立国际合作等方式志愿服务跨入了全球化发展时代，不仅在提供公共服务、培育公民意识、促进社会和谐等方面作出了卓越贡献，也在应急救援、人道援助、生态平衡等多元领域发挥了积极作用，与此同时志愿服务也作为一项社会行为融入了普通社会成员的日常生活。

国外对志愿服务概念的阐述较为丰富和深刻，既有立足学术视角的定义，也有基

① 赵定东、王倩、赵涓淇：《中国志愿服务研究综述——基于中国知网的统计分析》，《观察与思考》2018 年第 2 期。

于实践视角的界定。如 Wilson 认为志愿服务是指自愿利用个人时间来帮助其他人或组织的行为，这种行为具有自发性和前摄性，而非被动反应；他强调个人在提供志愿服务时很多时候会得到非物质性报酬，具体体现在个人能力的提升以及知识与经验的丰富等方面。①Penner 将志愿服务看作是一项有计划及亲社会的长期活动，尤其是体现在帮助他人方面，指出志愿服务具有计划性、长期性和非强制性特征，以此区别于其他偶发性的助人行为。② 保罗・杰・伊尔斯利基于组织视角提出志愿服务分成正规和非正规两类，正规志愿行为指为社会所需要且由组织协调开展的志愿活动，志愿者由此获得心理满足等回报；非正规志愿行为是个人基于社会需要自发形成的志愿活动，呈现自由（无组织约束）特征且常常不考虑回报问题。③

在学术研究领域以外，国际组织也从实践角度对志愿服务作了诠释和界定，其中应用较为广泛的是联合国教科文组织的定义：志愿服务是一种利他行为，指人们在正式（非私人）场合中，在一段时期内自愿、无偿地贡献其时间和专业技术。前国际志愿者协会总裁肯・艾伦也曾对志愿服务作出阐释，认为凡是自愿的、利他的、不求回报的活动都可以归属志愿服务，并指出志愿服务是一种产出活动，由志愿者自愿进行，其直接受益人是社会其他成员，虽然志愿者通过志愿服务可以获得学习知识、技能和提高自尊等的机会，但其原始目的并非是为了获取回报。④

国内学界对于志愿服务的概念也有不同定义，丁元竹、江汛清把志愿服务界定为任何人志愿贡献时间和精力，不以获得物质报酬为目的，为推动人类和社会进步发展而提供的服务。⑤ 魏娜、毛立红认为，志愿服务是志愿者基于自由意志秉持无偿、利他的精神以组织形态提供的社会公益服务。⑥ 对志愿服务的官方定义来自 2017 年出台的《志愿服务条例》，其第二条规定，志愿服务“是指志愿者、志愿服务组织和其他组织自愿、无偿向社会或者他人提供的公益服务”；第六条规定，志愿者“是指以自己的时间、知

① J. Wilson, “Volunteering”, *Annual Review of Sociology*, Vol.26, No.1, 2000.

② L. A. Penner, “Volunteerism and Social Problems: Making Things Better or Worse?”, *Journal of Social Issues*, Vol.60, No.3, 2004.

③ ［美］保罗・杰・伊尔斯利：《志愿者教育导论》，河北教育出版社 1993 年版，第 6 页。

④ 肯・艾伦：《普遍适用的志愿服务管理模式》，《志愿服务论坛》2003 年第 2 期。

⑤ 丁元竹、江汛清：《志愿活动研究：类型、评价与管理》，天津人民出版社 2001 年版，第 2—3 页。

⑥ 魏娜、毛立红：《志愿服务：培育公民精神的新典范》，《南京工业大学学报（社会科学版）》2009 年第 2 期。

识、技能、体力等从事志愿服务的自然人”，这也成为对中国志愿服务的权威界定。

总体来看，中西方对志愿服务的表述虽然各有侧重不尽相同，然在对志愿服务内涵的理解上基本保持一致，特别在对志愿服务的特征认知方面，中国和西方并无差异，即：志愿服务本质上是一种不以获得报酬为目的的社会公益行为，具有自愿性、无偿性和公益性基本特征；其中自愿性指志愿服务是一种自愿和自主的行为，不受外力的强制；无偿性指志愿服务属于无偿行为，不以物质报酬为目的；公益性指志愿服务指向公共利益，不以获取私利为目标。上述三个特征也被认为是衡量某一行为是否属于志愿服务的基本标准。

二、志愿服务研究的理论视角

现代志愿服务历经半个多世纪的发展，相关研究也取得了丰厚的成果。志愿服务覆盖福利经济、公民参与、社会心理、社会治理等多维领域，因此，西方对志愿服务的研究也涉及政治、经济、社会、心理等多元学科视角，有学者对不同学科关于志愿服务的相关解释、理论基础和核心观点等进行了系统梳理（见表 8-1），为理解和把握

表 8-1　不同学科对志愿服务的解释和理论基础

学　科	对志愿服务的解释	理论基础	核心观点
经济学	志愿服务是经济活动，产生经济价值，促进经济福利增长；志愿组织通过提供劳动力和社会资本，矫正市场失灵。	福利经济学理论 人力资本理论	市场失灵背景下，政府应增加国民福利，解决贫困问题；人力资本、社会资本参与社会资源分配，提升民生福祉。
政治学	志愿服务活动是公民参与政治生活、表达利益诉求、争取社会公正待遇的途径。	公民参与理论 赋权理论	公民有参与公共事务的权力；个人通过参与社会组织活动获得支配自身事务的权力和能力。
心理学	志愿服务是个体高层次的自我实现，能够激发志愿者自主选择的潜能。	需求理论 自我决定理论	自我实现是人类的高级需求；个体有自我抉择从事某种行为的潜能。
社会学	志愿服务是社会活动，志愿者通过付出时间、精力和劳动等代价换取信仰认同、团队合作，连接孤立的社会个体。	社会交换理论 角色认同理论	人与人之间互动的本质是代价和报酬间的交换；个体通过互动行为建构和实现角色认同。
管理学	政府失灵、市场失灵背景下志愿服务组织通过提供公共服务促使民众参与治理，但存在局限性。	社会治理理论 志愿失灵理论	在现代社会，社会组织分化公共权力、分担政府管理责任；志愿组织因无法充分获得和有效配置慈善资源而产生功能缺陷和效率困境。

资料来源：改编自赵建建：《中国志愿服务研究中西方理论的借鉴价值、局限性及启发——基于多学科分析》，《中国志愿服务研究》2020 年第 2 期。

志愿服务的理论研究提供了参考。

西方对志愿服务的理论研究颇有建树，尤其在对志愿服务与经济、政治和社会发展的关系方面认识深刻且全面。学界认为自20世纪70年代以来志愿服务在世界范围内广泛兴起的一个重要原因是“政府失灵”和“市场失灵”导致经济和社会福利损失，迫切需要新生力量的加入，以志愿服务为主要内容的“第三部门”应运而生，与政府（第一部门）和企业（第二部门）相互补充，共同完成公共产品的供给。① 特别是在经济危机等背景下当政府和市场无法有效分配资源时，志愿服务作为一种自愿、利他、无偿的活动参与公共服务，有效弥补了政府、市场的不足和缺陷，在提升了分配效能的同时，也创造了社会财富和提升了社会信任资本，为促进公民参与社会治理②，以及社会的可持续发展提供了支持和保障。

但必须要注意的是，政府、市场与社会并非像西方理论所预想的那样总是处于互补状态。庇古、卡尔舒尔兹等就曾指出，如果政府减少财政等支持会造成“志愿失灵”，并可能引发新的社会矛盾。赵建建认为西方志愿服务逐渐陷入了“市场失灵—政府失灵—志愿失灵”的怪圈中，指出目前西方理论有关志愿服务领域的探讨正在尝试把焦点转向如何建构更有效的政府、市场和社会（个人）三个层面的结构性关系方面。③

中国志愿服务的起步和发展晚于西方，相应地在志愿服务研究方面也呈现借鉴、借用西方理论体系的整体特征，主要体现在以成熟的政治学、经济学、社会学等学科理论为基础，聚焦志愿服务与政治、经济、社会等各个领域的关系进行审视和分析。总体来看，西方相关理论为中国志愿服务研究开拓了视野，也为认识中国志愿服务发展现状和解释志愿服务发展过程中面临的各类问题提供了有益的理论视角，但正如不少学者已经意识到的，“以西解中”的研究范式，可能会导致某种困境。

---

① 张佑辉：《第三次分配中的志愿服务：意义、机理与环境——基于北京市微观调查数据研究结论》，《中国志愿服务研究》2021年第2期。

② J. Wilson, M. Musick, “Who Cares? Toward an Integrated Theory of Volunteer Work”, *American Sociological Review*, Vol.62, No.5, 1997.

③ 赵建建：《中国志愿服务研究中西方理论的借鉴价值、局限性及启发——基于多学科分析》，《中国志愿服务研究》2020年第2期。

动机是志愿服务研究的核心议题，中西方学者均对此进行了深入探讨。志愿服务动机，是指一种内在的、心理层面的驱动，使得人们能够克服障碍去参与志愿服务。① 从研究结果看，中国和西方的志愿服务动机呈现出一些不同的特征。孙宝云等指出，中国格外强调动机的善，把志愿活动看作是无私奉献，是人性善的外在表现，如果志愿者在服务中掺杂了私利，会被看成是对志愿服务本质的背离；而在西方，无私奉献只是志愿服务诸多价值取向中的一个，且被认为是最不能产生激励动力的因素。② 社会意义是中西方志愿者参与志愿服务的共同出发点，在西方，志愿者参与志愿服务的动机中会更多体现个人的需求和价值功能，而在中国，志愿者参与志愿服务的动机会更多体现政治和集体意涵。因此，当套用西方的个人利己主义价值观和市场主体“价值互换”为理论前提探讨中国志愿者的动机时，就会因水土不服而出现困难。如何在借鉴西方理论研究的价值基础上，对中国特色志愿服务的理论基础进行研究探索是目前志愿服务研究的重要课题。

第二节 中国特色志愿服务的体系建构

作为一项公益行为，志愿服务在全世界有着共同的伦理基础。但同时，作为各个国家长期进步和发展过程中形成的一种社会成果，志愿服务也呈现出各国独特的传统文化特征和现代政治体制特征。整体来看，中国在习近平新时代中国特色社会主义思想的指引下，积极推进建构中国特色社会主义大格局中独具特色的志愿服务体系，这不仅是中国现代化发展的迫切需要，也是百年未遇之世界大变局形势下，作为人类共同精神财富的志愿服务思想及体系建设的必然要求。③ 伴随中国特色志愿服务实践的不断深入，相关研究也全面展开，本节聚焦中国特色志愿服务的体系构建，通过对发展历程、价值基础、实践路径和总体格局几个方面研究成果的梳理和总结尝试对中国特色志愿服务体系进行整体性观照。

---

① E. G. Clary et al., “Volunteers’ Motivations: Findings from a National Survey”, *Nonprofit Voluntary Sector Quarterly*, Vol.25, 1996.

② 孙宝云、孙广厦：《志愿行为的主体、动机和发生机制》，《探索》2007 年第 6 期。

③ 陆士桢：《建构具有中国特色的志愿服务体系》，《杭州师范大学学报（社会科学版）》2020 年第 4 期。

一、中国特色志愿服务的发展历程

改革开放后，中国开始规模化、组织化地开展志愿服务。1979年，联合国组织派遣志愿者到中国偏远地区从事环境、卫生等领域的志愿服务，成为改革开放后进入我国的第一批外国志愿者。1981年，联合国开发计划署在北京建立中国总部，自此中国开始参与联合国组织的海外志愿服务活动。从国内看，进入20世纪80年代，“五讲四美三热爱”活动在全社会蓬勃开展，同时在民政部的号召下，各类敬老助残和便民利民的社区服务也在全国铺展推进，在广大人民积极参与社区服务投身精神文明建设中，志愿服务也逐步在中国社会发展壮大并深化拓展。

对于改革开放以来中国志愿服务的发展，不少研究者从历史变迁视角进行了梳理。如陆士桢指出改革开放之后中国特色志愿服务进入快速发展时期，根据发展特征可分为启动（1987—1993年）、发展（1994—2000年）、深化（2001—2007年）和全民参与（2008年至今）四个阶段。① 谭建光认为青年是志愿服务最活跃的推动力量，立足青年视角结合政治经济背景和生活文化语境把改革开放后的中国志愿服务发展分为五个时期：1978—1987年的团员青年率先探索学雷锋志愿服务新形式期；1988—1997年的共青团推动青年志愿者行动蓬勃兴起期；1998—2007年的青年推动志愿服务形式灵活多样期；2008—2017年的青年推动社会志愿服务体系创新期；2018年至今的青年推动新时代志愿服务制度建设期。② 陈和基于中国志愿服务的内容和特征认为改革开放至今可分为探索期（1978—1990年）、发展期（1990—2000年）、扩展期（2000—2012年）和深化期（2012—2020年）。③ 魏娜立足志愿服务组织和志愿服务项目的发展状况把改革开放后中国志愿服务发展分为1981—1990年的初步建立阶段、1991—2000年的体系形成阶段、2001—2007年国际化与本土化同步发展阶段和2008年以后的全面发展阶段。④ 专业组织也积极参与了对中国特色志愿服务发展历程的总结，

① 陆士桢：《中国特色志愿服务概论》，新华出版社2016年版，第12—15页。

② 谭建光：《中国志愿服务：从青年到社会——改革开放40年青年志愿服务的价值分析》，《中国青年研究》2018年第4期。

③ 陈和：《新时代中国特色志愿服务发展问题及对策研究》，《青年与社会》2020年第5期上。

④ 魏娜：《我国志愿服务发展：成就、问题与展望》，《中国行政管理》2013年第7期。

北京和众泽益公益发展中心在梳理了1978年以来志愿服务的代表性事件及其产生意义和价值的基础上将中国志愿服务分为四个阶段[①]：启动阶段（1978—1993年）、发展阶段（1994—2000年）、迸发阶段（2008—2015年）以及国家发展战略阶段（2016年至今）。

总体来看，志愿服务的快速发展与改革开放的不断深化同频共振，这成为中国特色志愿服务的鲜明时代特征。改革开放后的社会经济发展给志愿服务的发展注入了活力、提供了舞台，与此同时，志愿精神也为市场经济坚守道德情操底线提供了保障，完善了社会主义市场经济的道德体系，并精准融入社会治理范畴，满足了社会发展的需求[②]，从而进一步推动了改革向纵深推进。特别是在党的十八大以后，在以习近平同志为核心的党中央的高度重视下，志愿服务上升为国家战略全面纳入深化改革大局，在此推动下，中国特色志愿服务在制度完善、信息化建设、研究成果转化和国际化发展等方面均有了显著提升，呈现出蓬勃生机。

二、中国特色志愿服务的价值基础

“志愿服务”一词是西方舶来品，然中国的志愿服务在吸纳西方志愿思想的同时，也有着独特的价值谱系。谭建光指出，中国特色志愿服务理论体系的源泉非常广泛，其中最重要的是“中华美德”“雷锋精神”“外国公益”和“改革创新”。[③]中国特色志愿服务是在继承中华传统美德、吸纳现代慈善公益价值理念的基础上，在社会建设与社会治理的背景下与社会主义核心价值体系融合创造形成独特的价值基础和精神内核，体现出“坚持传统文化和社会主义核心价值观统一的本土特色”[④]。

（一）中国传统伦理思想

中国特色志愿服务深受中华传统文化中仁爱互助精神的影响，具有深刻的文化底

① 王忠平、刘姝辛：《改革开放40年以来我国志愿服务发展历程》，载和众泽益http://www.hcvcchina.com/h-nd-575.html，2022年5月30日。

② 谭建光：《中国志愿服务：从青年到社会——改革开放40年青年志愿服务的价值分析》，《中国青年研究》2018年第4期。

③ 谭建光：《中国特色的志愿服务理论体系分析》，《青年探索》2015年第1期。

④ 陆士桢：《建设独具中国特色的志愿服务体系》，《中国国情国力》2016年第3期。

蕴。伴随中华经济、社会、文化背景发展形成的以“爱人修身”“乐善好施”“慈悲为怀”等为基本特征的传统伦理美德，为中国特色志愿服务的孕育提供了丰富的思想渊源和价值基础，成为当代中国志愿精神的宝贵财富。金伟等将中国特色志愿服务视作中华优秀传统文化的延续与拓展，指出儒家秉持的“仁者爱人”、墨家推崇的“兼爱非攻”、道家坚守的“积善行德”，以及法家强调的“法制立规”等传统美德都为中国特色志愿服务的价值理念创新提供了深厚的历史文化，使得志愿服务精神不断显现其深邃和强大，成为支撑中国特色志愿服务事业不断发展壮大的强大内生动力。① 朱莉玲认为，尽管中国现代志愿服务经过多年的发展，在自身不断实践探索和与国外志愿服务的交流借鉴过程中，其服务理念、服务范围等方面已经摆脱了传统仁爱观的局限和古代宗族关系的束缚，但中国古代的慈善行为的内向性思维根源依旧对志愿行为产生着影响，使得中国志愿服务文化仍具有传统慈善行为的封闭性和内敛性的特征。②

（二）社会主义核心价值体系

中国志愿服务事业伴随着改革开放而壮大，在中国现代化建设进程中蓬勃发展，与社会主义核心价值体系有着密不可分的关系。李潇潇对两者关系作了如下解读：“志愿精神是民族精神的表现，反映了一个国家的文明发展程度，而志愿精神深入人心、付于行动的程度，反映了社会主义核心价值体系的建设程度。”③ 张晓红等从北京奥运的经验出发，认为中国志愿服务体现出来的志愿精神既是“社会主义核心价值体系在奥运志愿服务实践中的反映和体现，又反过来影响和发展了社会主义核心价值体系”，两者呈现“深层理念上的互动关系”。④ 蔡婷玉指出，中国志愿精神立足于中国国情，服务于社会主义现代化建设，以其丰富的内涵和精神实质，全方位体现了社会主义核心价值，同时代表中国特色社会主义社会主流价值的社会主义核心价值体系，也以其强大的凝聚力和感召力为中国志愿精神的丰富与发展奠定了牢固的精神基础，引领中国

① 金伟、鞠彬彬：《中国特色志愿服务的边界分析》，《学习与实践》2022 年第 2 期。

② 朱莉玲：《志愿服务：中西方思维差异及其融合》，《青年探索》2013 年第 2 期。

③ 李潇潇：《论志愿精神在构建社会主义核心价值体系中的功能》，《北京青年政治学院学报》2007 年第 4 期。

④ 张晓红、李凌：《论北京奥运志愿精神与社会主义核心价值体系》，《西南民族大学学报（哲学社会科学版）》2009 年第 9 期。

志愿精神面向新时期深入发展。①

当代中国志愿服务在学雷锋活动中薪火相传，在社会主义精神文明滋养中茁壮成长。学界普遍认同，社会主义核心价值体系为中国志愿服务的深入发展提供了价值引领和思想认同，也促进了志愿精神在全社会的发扬光大。与此同时，志愿服务在自愿地为他人、为社会服务的过程中，也“从‘微观’领域自下而上地反映了中国特色社会主义共同理想”②，为社会主义核心价值体系建设提供了不竭的精神动力。

三、中国特色志愿服务的实践路径

志愿服务作为一种群众性社会行动，是关乎人民大众精神建设的社会实践，是关乎夯实国家基本国力的社会实践，是关乎民族复兴与发展的社会实践。③习近平总书记在中国志愿服务联合会第二届会员代表大会的贺信中指出，志愿服务是“人民有信仰、国家有力量、民族有希望的生动体现”，高度赞扬志愿者“走进社区、走进乡村、走进基层，为他人送温暖、为社会作贡献”，这也是对中国特色志愿服务实践特征的充分肯定。中国特色志愿服务主要蕴含价值、服务和治理三重实践使命，并通过内生发展与外在使命产生双向互促④，具体落实于培育和践行社会主义核心价值观、助推社会治理、提升民生福祉三个方面，相关研究也主要围绕这些方面展开。

首先，中国特色志愿服务是培育和践行社会主义核心价值观的实践载体。2021 年印发的《新时代公民道德建设实施纲要》明确指出“学雷锋和志愿服务是践行社会主义道德的重要途径”。这是因为，志愿服务的参与主体与公民道德的建设主体相一致，一方面，志愿服务是大众自觉的道德实践，是公民道德建设的有效途径；另一方面，公民道德建设能够弘扬公民的社会主体意识，培育社会主义道德人格，可以在宏观层面形成的强大的道德感召力，有力推动社会主义核心价值观建设。⑤因此，作为一项群

① 蔡婷玉：《中国志愿精神与社会主义核心价值体系的关系辨析》，《探求》2010 年第 4 期。
② 李潇潇：《论志愿精神在构建社会主义核心价值体系中的功能》，《北京青年政治学院学报》2007 年第 4 期。
③ 陆士桢、李泽轩：《论新时代中国特色志愿服务的新格局》，《中国青年社会科学》2019 年第 5 期。
④ 张强、齐从鹏：《价值—服务—治理：中国特色志愿服务知识生产的三元共塑机制——基于 1998—2018 年志愿服务学术文献的计量分析》，《中国志愿服务研究》2020 年第 1 期。
⑤ 肖雅月、张晓东：《志愿服务的伦理之维》，《江苏社会科学》2021 年第 1 期。

众性的道德实践活动，中国的志愿服务既是社会主义核心价值观的生动体现，同时也是培育和践行社会主义核心价值观的重要载体。

其次，中国特色志愿服务是推进和实现治理现代化的实践助力。随着国家治理体系和治理能力现代化的全面深入推进，志愿服务作为共建共治共享社会治理格局下的生动实践和创新体现，作为推进国家治理体系现代化的有效途径[①]，全面纳入国家发展战略。黄晓星等从社区志愿服务出发，指出“社区是社会治理的基本单元”，认为从治理现代化与社会建设的两个背景探讨社区志愿服务包含两条脉络线索：一是将社区志愿服务的发展嵌入国家治理能力和治理体系现代化的背景中，是自上而下考察志愿服务如何助推国家治理的分析路径；二是将社区志愿服务的发展融入社会治理与社会建设的背景中，是自下而上讨论志愿服务如何激发社会活力、重建公共性的分析路径。[②]张强等认为，推动志愿服务在社会治理中的积极作用，并非是发挥志愿服务的孤立效应来独立解决社会难题，也非单独评估志愿服务的社会价值和影响力，而是在政府主导、多方参与的治理生态格局中通过积极有序参与，有效融入协同治理生态体系并发挥积极作用。[③]可见，实践参与是志愿服务助推社会治理的唯一路径，也因此，习近平总书记在中国志愿服务联合会第二届会员代表大会的贺信中明确指出，各级党委和政府要为志愿服务搭建更多平台，更好地发挥志愿服务在社会治理中的积极作用。

第三，中国特色志愿服务是提升民生福祉的实践保障。志愿服务作为经济社会转型初期破解市场失灵和政府失灵的重要举措，志愿者队伍被积极动员和广泛倡导以回应社会需求。[④]在内容和形式上，坚持需求导向、促进邻里互助是中国特色志愿服务的典型表征。近年来，活跃在社区，满足百姓多元需求的志愿服务活动深入发展，日常化、细致化的社会关爱网络逐渐形成。志愿服务作为社会的润滑剂、调节器和平衡器，

---

① 上海市精神文明建设委员会办公室：《上海志愿服务蓝皮书（2020）》，上海人民出版社2020年版，第36页。

② 黄晓星、蒋婕：《治理现代化与社会建设：社区志愿服务发展的分析进路》，《中国志愿服务研究》2020年第2期。

③ 张强、齐从鹏：《价值—服务—治理：中国特色志愿服务知识生产的三元共塑机制——基于1998—2018年志愿服务学术文献的计量分析》，《中国志愿服务研究》2020年第1期。

④ 同上。

在减少由群体利益分化所导致的部分群众利益受损和维护社会和谐安定方面[①]作出了突出的贡献，在弥补社会转型过程中出现的社会保障机制的不足，缓解社会矛盾，推动社会公平方面发挥了重要的作用。

四、中国特色志愿服务的总体格局

中国志愿服务经过几十年的发展，在大型赛事、社区服务、文明实践、疫情防控、应急救援、国际援助等领域取得了显著成绩，为促进社会进步、推动国家治理体系完善和国家治理能力提升作出了卓越贡献。2019 年 1 月 17 日，习近平走访天津市和平区新兴街朝阳里社区志愿服务展馆时提出，志愿服务事业要同"'两个一百年'奋斗目标、同建设社会主义现代化国家同行"，要"凝聚广大人民群众共同为实现中华民族伟大复兴的中国梦贡献力量"。这是党和国家对志愿服务重要作用的高度肯定，同时也是对新时代中国特色志愿服务的清晰定位。

总体来看，改革开放以后中国志愿服务不断创新探索，建构形成了"以人民为中心"核心引领，"政府主导、社会协同、全面参与"的中国特色志愿服务体系总体格局。

"以人民为中心"是中国特色志愿服务的价值引领。党的十九大报告明确把"坚持以人民为中心"作为新时代坚持和发展中国特色社会主义的重要内容，人民性也是志愿服务的价值引领。从志愿服务的视角出发，"以人民为中心"具有两层含义。第一，中国特色志愿服务以坚持和践行全心全意为人民服务为根本宗旨，将党的为人民服务、执政为民、以民为先等思想，与爱心奉献的当代志愿精神、助人自助的专业社工精神有机结合[②]，为实现人民对美好生活的向往提供助力。第二，中国特色志愿服务在遵循为人民服务宗旨的同时，也坚持以人民为主体的基本原则，通过激发人民参与志愿活动的积极性和主动性，实现人民共建共享的目标任务。

"政府主导、社会协同、全面参与"是中国特色志愿服务的总体格局。首先，坚持党的领导和政府主导推进是中国特色志愿服务的核心。党建引领和政府主导给予了志

① 陆士桢、李泽轩：《论新时代中国特色志愿服务的新格局》，《中国青年社会科学》2019 年第 5 期。
② 谭建光：《中国特色的志愿服务理论体系分析》，《青年探索》2015 年第 1 期。

愿服务动员最强大的合法性。① 作为一项以民众的自由选择、自主参与为本质特点的社会活动，志愿服务同时也是一项涉及动员与管理等多种行政环节的社会事务；坚持党的领导、政府推动的基本模式是建构具有中国特色的志愿服务理论与实践体系的基本方针。② 其次，社会协同是中国特色志愿服务的本质。合作治理理论强调协同性是基层社会治理的本质特征，志愿服务作为社会治理系统工程的重要组成，需要在社会广泛支持的基础上形成多元主体的协同合作和资源融合。对此，赵迪等认为，政府、政党、社区、社会组织、社区自组织和居民等协同联动最终通过志愿服务实现社区善治和社会文明建设的目标。③ 最后，全面参与是中国特色志愿服务的根基。中国特色社会主义志愿服务事业是具有广泛群众实践性的道德事业，其发展需要全体人民的共同参与。④ 人民的全面参与不仅是志愿服务人民性的具体体现，也是中国特色志愿服务最根本的基石。

第三节　志愿服务研究展望

近年来，中国特色志愿服务围绕国家大局、紧跟发展步伐，“作为共建共治共享社会治理格局下的生动实践和创新体现，作为推进国家治理体系现代化的有效途径”⑤，在与中国实现现代化国家建设和中华民族伟大复兴中国梦同行中，发挥着积极而重要的作用。志愿服务在中国有广阔的发展空间，因此推动志愿服务研究具有长远意义和重要价值。结合中国社会的发展特征，立足志愿服务的基本属性和发展规律，建设发展独具中国特色的志愿服务体系，是中国志愿服务的发展路径，而对中国特色志愿服务的研究也成为中国志愿服务发展最牢靠的支持。

从整体来看，中国学界对于志愿服务的研究在不断深入拓展，相关研究不仅覆盖

---

① 赵迪、张志鹏、张伟：《多主体联动动员：社区居民志愿服务参与的新视角》，《中国志愿服务研究》2021 年第 4 期。

② 陆士桢：《建构具有中国特色的志愿服务体系》，《杭州师范大学学报（社会科学版）》2020 年第 4 期。

③ 赵迪、张志鹏、张伟：《多主体联动动员：社区居民志愿服务参与的新视角》，《中国志愿服务研究》2021 年第 4 期。

④ 赵佳佳：《习近平总书记关于志愿服务重要论述的形成基础、核心内容和鲜明特征》，《中国志愿服务研究》2021 年第 2 期。

⑤ 上海市精神文明建设委员会办公室：《上海志愿服务蓝皮书（2020）》，上海人民出版社 2020 年版，第 37 页。

对志愿服务理论的思辨探讨，也涉及对志愿服务行为的实证分析，同时以中国特色志愿服务为主题的研究在数量和质量上均呈现提升态势。但由于起步晚，目前中国对志愿服务的相关研究仍处在起步成长阶段，总体呈现实践先行的特征。对既往研究的分析发现，我国志愿服务研究呈现两个主要特征：一是相关研究侧重于问题导向和现实导向。志愿服务属于社会行动，中国志愿服务的相关研究的主题和内容也呈现关注热点事件和社会焦点问题，注重回应现实的特征，应该说中国的志愿服务研究目前还未能形成系统的理论体系和完整的研究范式，尚在逐步完善和发展中。二是相关研究相对更加偏向借鉴西方的理论和研究经验。西方关于志愿服务成熟的理论体系和研究实践为中国志愿服务研究提供了诸多借鉴价值，然而也应该清醒地认识到，站在国家治理的高度来看，“西方相关理论难以在宏观理论层面理顺政府、市场和社会组织等在志愿服务发展中”的逻辑关系①，同时在诠释“中国特色”志愿服务的价值优势和发展逻辑，以及在解读志愿行为发生的动机、志愿服务发挥的功能和志愿服务制度保障等方面，西方的研究也缺乏深入的分析和回应。

中国特色志愿服务是党和国家事业的重要组成部分，具有强大的社会动员能力。根据中国经济社会发展特征，建立和完善志愿服务体制机制，是促进新时代中国特色志愿服务健康持续发展的根本保证。当前我国志愿服务发展正立于百年变局和时代新局的关键时期，要促进中国特色志愿服务的健康持续发展，进一步推进志愿服务研究的本土化势在必行。从未来发展看，应在放眼世界、立足国内外学术研究成就和趋势的基础上，全面深入推进对中国特色志愿服务的相关研究，从理论逻辑和实践架构上完善中国特色志愿服务体系的学理框架。

首先，要着力加强中国特色志愿服务的理论研究。新时代背景下中国的志愿服务发展迈进新阶段、面临新挑战，迫切需要科学的理论指导。然而与蓬勃发展的志愿服务实践相比，中国志愿服务的研究相对滞后，特别是针对中国特色志愿服务体系的理论研究整体刚刚起步，呈现“多领域开放性有余，独特核心理论闭合性不足”②的局

---

① 赵建建：《中国志愿服务研究中西方理论的借鉴价值、局限性及启发——基于多学科分析》，《中国志愿服务研究》2020 年第 2 期。

② 张强、齐从鹏：《价值—服务—治理：中国特色志愿服务知识生产的三元共塑机制——基于 1998—2018 年志愿服务学术文献的计量分析》，《中国志愿服务研究》2020 年第 1 期。

面。因此，需要进一步推进中国特色志愿服务体系的基础理论研究，并努力从不同层面进行探究分析，为推动中国特色志愿服务深入发展、更好服务国家治理大局提供理论支撑。

其次，要全面拓展中国特色志愿服务机制研究。对志愿服务机制的生成机理以及运作模式的梳理和解构，对于建构志愿服务长效机制、推进中国特色志愿服务健康持续发展具有重要意义。研究领域在关注志愿服务个体层面的参与意愿和动机等议题的同时，也要从中观和宏观层面对中国的志愿服务发展及对其产生影响的社会各维度之间的相互关系以及运行方式等进行关注和思考，探究志愿服务发展背后深层逻辑和“志愿失灵”困境的解决方案，为进一步探索中国特色志愿服务的推动方式和实践路径、完善运作模式和保障机制提供实践指导。

最后，要积极推进中国特色志愿服务的跨学科研究。志愿服务是一项系统工程，志愿服务研究也应实现跨领域多学科的有机结合。从目前情况看，对志愿服务的研究虽然也借鉴使用了社会学、经济学、心理学等学科的理论基础和研究范式，但现实是“多学科的耦合优势并未发挥出来”[①]。未来需要突破特定学科领域的局限性，立足跨学科视角和本土化创新发展的特点，构建中国特色志愿服务的学术研究体系，为中国特色志愿服务体系建构提供支持和引领。

① 张强、齐从鹏:《价值—服务—治理：中国特色志愿服务知识生产的三元共塑机制——基于1998—2018年志愿服务学术文献的计量分析》,《中国志愿服务研究》2020年第1期。

第二编
社会民生实践与理论

第九章　中国教育公平的理论演进与政策实践

新中国成立以来，中国政府面对全世界人口最多、底子最薄、发展最不平衡的教育现状，坚持教育优先发展，大力推进教育公平。从面向"工农大众"保障底线公平，到办优质公平的教育，"让每个孩子都享有人生出彩的机会"，我国实现了从人口和文盲大国到教育大国的历史性跨越，为世界教育公平的推进积累了宝贵经验。其中，把教育公平作为国家基本教育政策是中国教育公平跨越式发展的基本经验之一。2010 年发布的《国家中长期教育改革和发展规划纲要（2010—2020）》中，第一次把公平和质量作为教育发展的两大战略主题，强调："教育公平是社会公平的重要基础。把促进公平作为国家基本教育政策。"党的十八大以来，以习近平同志为核心的党中央高度重视教育工作，把教育摆在更加突出的优先发展战略地位，召开全国教育大会，印发实施《中国教育现代化 2035》，开启了加快推进教育现代化、建设教育强国、办好人民满意的教育的历史新征程。① 习近平同志强调"坚持教育公益性原则"，标志着我国教育公平政策将更加凸显以人为本的价值取向，在一以贯之强调公平优质教育的基础上，进一步推进"依据常住人口规模配置教育资源"，"多渠道增加普惠性学前教育资源"，"加强县域普通高中建设"，"继续做好义务教育阶段减负工作"，强调通过抬高底部、突破瓶颈，不断提升基本公共教育服务水平②，为建成教育强国奠定坚实基础。

第一节　教育公平理论与实践的多元取向

一、教育公平（equity of education）的内涵

教育公平是具有综合性特征的社会问题，因此除了研究数量多之外，其研究的学

---

① 中共教育部党组：奋力谱写新时代新征程教育改革发展新篇章，载求是网 http://www.qstheory.cn/dukan/qs/2022-09/16/c_1129000637.htm，2022 年 9 月 16 日。

② 袁振国：《牢牢把握公平和质量两个教育发展战略主题》，《人民教育》2022 年第 6 期。

科视角也多种多样，包括教育社会学、教育政策学、教育伦理学、教育法学、教育哲学、教育经济学等学科领域均对这一问题抱有持续的关注度。

我国对教育公平的研究深受科尔曼和胡森的影响。1966 年，科尔曼（J. S. Coleman）主持了针对美国 4000 所学校的 64 万名学生的调查，最终形成了著名的《教育机会均等的理念》(*Equality of Educational Opportunity*）报告（简称“科尔曼报告”)。该报告的突出贡献之一便是重新界定了教育机会均等的内涵，并提出了教育平等的四条标准，分别是进入教育系统的机会均等、参与教育的机会均等、教育结果均等、教育对生活前景机会的影响均等。① 胡森（Torsten Husen）认为教育平等的含义包括个体的起点平等、中介性阶段的平等、个体最终目标的平等。② 被国内学者广为引用的还有英国学者麦克马洪提出的教育公平三种类型，即水平公平、垂直公平和代际公平。③ 日本学者友田泰正把教育机会均等分为效率的平等、形式的平等和实质的平等三种类型。④ 此外，美国哲学家罗尔斯在其《正义论》中提出的平等自由原则、机会的公正平等原则、差别原则（分配正义)，诺奇克提出的资格理论（持有正义)，德国社会理论家霍耐特提出的情感领域的爱与自信、法权领域的权利与自尊、社会共同体领域的团结与自重等三重肯定（承认正义)，都被学者广泛引用并深刻影响着教育公平研究和教育公平政策改革。

二、社会学研究取向的嬗变

在西方教育公平的实证领域，社会学研究独树一帜，在主题上始终围绕教育与社会公平和教育内部的公平来加以展开。其中，功能论主张教育制度选拔分流具有合理性；冲突论认为教育制度复制了社会不平等；新教育社会学认为劳动阶级子女学业失败的原因主要应当在学校教育的实际内容与实际过程等实质方面的问题中去探求，其中迈

---

① 参见袁振国:《论中国教育政策的转变：对我国重点中学平等与效益的个案研究》，广东教育出版社 1999 年版。

② 参见翁文艳:《教育公平与学校选择制度》，北京师范大学出版社 2003 年版。

③ Walter W. McMahon, “A Broader Measure of Wealth and Effort for Educational Equality and Tax Equity”, *Journal of Education Finance*, Vol.4, No.1, 1978，pp. 65—88.

④ 参见［日］友田泰正编:《日本教育社会学》(中译本)，于仁兰等译，春秋出版社 1989 年版。

克·扬的知识建构与控制理论，伯恩斯坦、布迪厄的文化与再生产理论有着深远影响。

20世纪80年代兴起的抵制理论在再生产理论的基础上推进了一步，更为强调人的能动性在推动社会公平和自我解放的作用。其后抵制理论又把关注的焦点重新转向了微观，关心学校内部课堂的日常生活、人际关系等。在上述理论基础上加以继承与超越，批判理论认为非阶级形式的社会排除，诸如性别、种族、民族等在教育不平等中有重要作用，这正是新的批判主义对早期批判主义的超越，也是后现代主义者、女权主义者、后结构主义者秉持的观念。①新的批判理论在术语上不再像实证主义那样以分层（stratification）、选择（selection）、分配（allocation）为话语中心，而是转而以身份（identity）、文化、认知（recognition）为核心。②结构主义（功能主义者或新马克思主义者）向后结构主义转向的过程中，对学校教育研究的焦点已不再是教育的结果，而是教育过程本身；是个人的经验而不是制度。③由此，教育公平的理论和实践探究从对资源平等的关注持续走向对教育目的和过程的探究。

第二节　国内教育公平的理论进展

我国对教育公平的关注在20世纪90年代中期凸显。究其原因，一是我国经济发展不平衡和人们对其关注程度不断提高的影响。二是教育需要的大幅度扩展与国家财力有限、教育机构有限的矛盾。三是我国教育领域出现了许多亟待解决的现实问题。四是一批介绍国外研究教育公平的著作和文章的出现，推动了对国内教育公平问题的审视与反思。④20世纪90年代中期掀起了一场教育公平与效率关系问题的争论，不少学者力图对教育公平的内涵进行界定。谈松华指出，教育公平原则在不同发展阶段有不同的内涵：一般地说，尚未实现教育普及时，公平是指人人都应享有受教育机会；已经实现了教育普及时，公平则是指人人都应享受到较高质量的教育。没有基本的质量保证，入学机会方面的均等只能是表面的、暂时的公平；只有大面积提高教育质量

---

① Kathleen Lynch, “Research and Theory on Equality and Education”, in Maureen T. Hallinan eds., *Handbook of Sociology of Education*, New York: Kluwer Acadamic/Plemun Publishers, 2000, p.90.

② Ibid.

③ Ibid.

④ 郑晓鸿：《教育公平界定》，《教育研究》1998年第4期。

才能确保教育公平原则的真正实施。① 此文虽然早在 1994 年发表，但在今天看来，其对教育公平与质量的论述也并未过时。如何处理承认差别和保证公平两者的关系，仍然是今天教育政策面临的问题。

一、新世纪以来制度公正伦理对教育公平研究的影响

进入 21 世纪以后，随着对教育公平的价值合理性问题的关注，学者们开始引进制度公正伦理标准分析教育公平问题。田正平、李江源指出，现代意义上教育公平的具体内容和规则主要是受教育权利的保证，亦即保证原则；机会平等，亦即事前的原则；按照能力或才能进行分配，亦即事后的原则；补偿原则等方面影响的。② 胡劲松指出教育公平是在一种“比例平等”原则支配下的有关受教育者在教育活动中平等待遇的理想和确保其实际操作的法律制度③，这种观点实际上含有一种教育制度的公平观。翁文艳指出，公平的概念与平等不同，它超出统计上对群体差异的“量”的检测，而与对事态合乎正义与否的判断紧密相关，是一种“质”的合理性方面的特性。④ 随着制度伦理研究成为热点，有关教育制度公正、教育制度公平的研究也日益增多。刘复兴认为，教育公平与政府责任是最重要的教育制度伦理。在教育改革活动中，最核心、最本质的活动就是制度的变革与创新，而制度设计的特征会对教育改革产生决定性影响。⑤

二、教育公平内涵的新时代转向

（一）从教育外部转向教育内部

随着义务教育普及问题的有效解决与教育均衡的内涵式发展，教育起点不公平问题得到一定程度的缓解。针对教育公平的研究主题从重视宏观的输入公平转向重视微观的过程公平。如何打开学校教育过程公平的“黑箱”，成为研究者感兴趣的议题。黄

① 谈松华：《论我国现阶段的教育公平问题》，《教育研究》1994 年第 6 期。

② 田正平、李江源：《教育公平新论》，《清华大学教育研究》2002 年第 1 期。

③ 康宏：《教育效益与公平：教育的两难抉择——广州地区第 28 届教育沙龙综述》，《上海教育科研》2002 年第 5 期。

④ 参见翁文艳：《教育公平与学校选择制度》，北京师范大学出版社 2003 年版。

⑤ 刘复兴：《教育改革的制度伦理：教育公平与政府责任》，《人民教育》2007 年第 11 期。

忠敬等指出，这一趋势的出现，一方面源自国际与国内教育改革发展的阶段性特征，教育公平开始进入追求质量的“后均衡时代”；另一方面在于前期专注宏观教育输入公平与学生公平感体验之间的巨大落差。①沈洪成针对阶级优势如何通过学校教育过程实现这一核心议题，梳理了西方民族志取向的教育不平等研究四条路径，分别是学校分类的社会建构、课程知识的社会组织、不同阶级子弟在学校教育中的适应以及学生文化的意义建构。②高水红通过对学校再生产机制的梳理，提出从“谁的学校教育？”向“学校教育何为？”的问题意识转变，将学校、教师、课程重新纳入教育与社会不平等关系的探讨，通过激活学校的文化资本，让学校教育过程成为弱势阶层学生突破阶层结构制约，对抗社会不平等秩序，超越再生产魔咒的可行路径。③

（二）从工具价值转向人本价值

2003年十六届三中全会提出“以人为本”的理念之后，教育由强调政治、经济功能逐渐转向强调文化功能和促进人的全面发展，这种理念也影响到人们对教育公平的重新理解和界定。杨东平认为真正的“以人为本”应当是以学生为本，而不是以教育政绩、教育GDP和升学率为本；不是以少数学生为本，也不是以高分学生为本，而是以每一个学生的全面发展和终生幸福为本。④程天君指出，教育公平的核心评估域由“社会”转为“人”。教育公平的受惠者是每一个人，而不是部分人。教育公平不只是“学而优者”或“家庭资本优者”所受益的公平。⑤正如石中英所言，以“人”为核心评估域的教育公平观不仅关涉显性、物质等公共资源配置方面的平等、均衡或差距缩小，也涵盖诸如尊严、幸福、精神等隐性的“教育系统内部”的教育公平，要求致力解决教育系统内部普遍存在的不平等、不民主以及等级化、边缘化、排斥、欺侮等现象。⑥

---

① 黄忠敬、孙晓雪、王倩：《从思辨到实证：教育公平研究范式的转型》，《华东师范大学学报（教育科学版）》2020年第9期。

② 沈洪成：《如何打开黑箱？——关于教育不平等的西方民族志研究及其启示》，《社会学研究》2020年第1期。

③ 高水红：《超越“再生产”：学校的教育公平实践》，《南京师大学报（社会科学版）》2020年第4期。

④ 杨东平：《教育改革正在路上》载搜狐网 http://learning.sohu.com/20141222/n407172506.shtml，2014年12月22日。

⑤ 程天君：《新教育公平引论——基于我国教育公平模式变迁的思考》，《教育发展研究》2017年第2期。

⑥ 石中英：《教育公平政策终极价值反思》，《探索与争鸣》2015年第5期。

（三）从形式公平转向实质公平

教育公平与一定的社会基本制度，尤其是教育制度相联，并以此为基准，规定着社会成员具体的教育基本权利和义务，规定着教育资源与利益在社会群体之间、在社会成员之间的适当安排和合理分配。但它不考虑个体先天差异下的教育资源平等分配，导致实质上的教育不公平，从而引发争议。陈栋指出教育不公平的合法化途径大致可分为四类：第一类是行政权力主体以制度形式规定的教育不平等，具体表现为通过制度排斥和制度区隔对教育机会均等和教育资源分配进行干预。第二类是知识权威主体以较为“科学”的方式论证和声援的教育不平等。第三类是优势资本占有者以社会实践的方式推行的教育不平等。第四类是教育弱势群体认同、内化或遵从的教育不平等。①他在此基础上提出了基于“实质公平”的新教育公平实践构想。褚宏启指出，要保证实质的公平，竞争性教育利益分配必须遵从程序公正和制度公正，分别体现教育公平的平等原则和差异原则，而普惠性教育利益分配必须遵循教育公平的平等原则，要求提供均等化的教育公共服务。②

（四）从分配正义转向关系正义

西方对公平正义研究的另一重要领域是政治哲学，其中分配正义理论对教育制度研究影响最大。以罗尔斯为首的分配正义论者倡导在社会各分配领域实施一种正义的分配原则，其很多主张已经成为了当代西方国家教育制度设计和改革的理论指导和逻辑起点。进入 20 世纪 90 年代后，以艾利斯·扬为代表的关系正义论学者指出了分配正义论在理论和实践上存在的不足，并提倡在教育领域关注关系上的公平并予以落实。

文军等人认为，作为相对稀缺的社会资源，教育公平与否的实质取决于其资源供应由谁主导。国家、市场、家庭在教育资源供给中的关系决定了教育公平的程度。③龙安邦等人认为，教育过程公平除了调配教育资源外，还存在排除外部侵扰和优化教育品性的路径。排除外部侵扰强调能力主义在教育中的主导地位，侧重于从教育制度和

① 陈栋：《新时代教育公平的挑战与想象》，《教育研究与实验》2020 年第 6 期。

② 褚宏启：《教育公平的原则重构与制度重组——兼论什么样的教育不平等是公平的》，《教育学报》2020 年第 5 期。

③ 文军、顾楚丹：《教育公平向何处去？——基于教育资源供给三阶段的思考》，《国家行政学院学报》2017 年第 1 期。

教师专业德性两个方面防止和排除外部集团和个体对教育过程的不当侵扰。优化教育品性则关注源于蔑视和压迫的教育不公，强调正视和承认学生的真实存在，构建以尊重、关怀和超越为精神内核的教育形态。① 桑志坚提出走向结构正义的教育公平，即教育公平既体现在社会群体在各类教育资源的分配和分布上，也体现在社会群体在利益冲突解决的程序和规则上。教育公平关乎主体间如何平等相处、相互体认、共同面对和摆脱现代劳动异化的问题，而不应该成为某个阶层参与竞争游戏的砝码。②

第三节　国内教育公平的实证探索

党的二十大报告指出，要办好人民满意的教育，始终将公平作为教育改革发展的根本价值导向，坚持教育资源配置向困难地区、薄弱学校、困难群众倾斜，不断缩小城乡、区域、校际、群体之间的教育差距，让教育改革发展的成果惠及最广大的人群。教育是影响社会流动和社会分层的重要机制。确保每个人平等地接受教育、享受教育服务，不仅仅是为了实现个体知识学习的平等权利，更是为了实现有序的社会流动。教育也是重要的阶层再生产途径，它通过调节收入、职业流动来完成这个过程。③ 因此教育机会平等一直是教育公平在实证研究领域的经典议题，国内的相关研究体现出如下特征。

一、研究对象上由现象研究到趋势研究的转向

李春玲在《教育发展的新征程：高质量的公平教育》一文中，全景式地呈现了新中国成立以来我国教育事业发展的斐然成就，以及从教育弱国到教育大国的历史性转变。同时也指出新发展阶段教育公平遇到的新问题，那就是教育机会增长未能解决教育公平问题，不平衡不充分的发展状况在各阶段教育中均有所体现。④

21 世纪以来，对于我国教育机会阶层、城乡、民族和性别之间的不平等现象已有大量研究。随着定量调查数据的不断丰富，更多研究探讨了市场转型和高等教育扩张

① 龙安邦、黄甫全：《教育过程公平的三重进路》，《全球教育展望》2019 年第 8 期。
② 桑志坚：《结构正义与教育公平：一种社会学的探索》，《教育理论与实践》2019 年第 7 期。
③ 李培林、朱迪：《努力形成橄榄型分配格局——基于 2006—2013 年中国社会状况调查数据的分析》，《中国社会科学》2015 年第 1 期。
④ 李春玲：《教育发展的新征程：高质量的公平教育》，《青年研究》2021 年第 2 期。

背景下中国居民高等教育获得的阶层差距和扩大趋势，呈现了我国教育获得阶层差异的总体变化态势。

（一）高等教育机会平等始终是关注焦点

郝大海采用最大维持不平等理论（MMI），对1949—2003年中国城市教育分层的研究发现，改革以来中国教育分层正在显现出最大维持不平等的特征。① 刘精明以高等教育扩张、社会结构变迁和科学技术发展为背景，探讨了教育自身的质性差异、社会阶层策略行为等因素对高等教育机会分配的影响，同样验证了有效维持不平等理论（EMI）。②

与对不平等"维持"的验证不同，吴晓刚通过考察1990—2000年我国的教育不平等现象发现，家庭背景的影响实际增加了。相比十年前，弱势群体在2000年的教育机会（相对）更少了。即使在控制了地区经济发展水平的差异后，父亲的社会经济地位对于高中升学率的影响仍然呈增加趋势。③ 刘宁宁等同样检验了地区和阶层教育机会获得的双重作用。研究发现，高校扩招并没有缩小不同地区间优质高等教育入学机会的差异，反而在高校扩招后期地区间差异显著增加。高校扩招未能降低不同阶层间优质高等教育入学机会的不平等，优势阶层始终保持入学机会的优势。④

方长春对中国综合社会调查（CGSS）70个年龄组教育获得过程的探究发现，以往的模式转换和重大事件历史分期假定并不能充分描绘先赋性因素对教育不平等影响作用的历史变迁过程，社会变迁过程对于教育不平等的影响有待更为细致的检验。⑤ 邓飞沿用了与方长春一样的以出生年份分为10年跨度的年代组甚至70个逐年同龄组的"自然分期方式"，发现在增加省区"聚集"因素的基础上，省域教育不平等既呈现出区域内的趋同效应，又具有省区间的显著差异；省区政治经济与文化结构对受教育年限的提高和入学机会的享有具有一定的调节作用。⑥ 这反映出各省经济文化差异对教育

① 郝大海：《中国城市教育分层研究（1949—2003）》，《中国社会科学》2007年第6期。
② 刘精明：《高等教育扩展与入学机会差异：1978—2003》，《社会》2006年第3期。
③ 吴晓刚：《1990—2000年中国的经济转型、学校扩招和教育不平等》，《社会》2009年第5期。
④ 刘宁宁、吴克明：《高校扩招对优质高等教育入学机会的影响——基于地区和阶层双维度的考察》，《现代大学教育》2022年第1期。
⑤ 方长春、风笑天：《社会出身与教育获得——基于CGSS 70个年龄组数据的历史考察》，《社会学研究》2018年第3期。
⑥ 邓飞、傅文晓：《新中国70年教育不平等的演变轨迹实证研究——基于CGSS同期群数据的历史考察》，《教育与经济》2020年第4期。

分化的重要影响。

（二）对机会不平等前移的关注增加

教育是现代社会代际传承与流动的主要机制，它既是社会上层成员完成自身再生产的中间环节，也是社会底层成员实现社会流动的主要手段。已有研究表明，对早期教育不平等的干预，能够更好地促进最终的教育获得公平。唐俊超的研究发现，小升初阶段的不平等最为严重，随着入学阶段的提升，在小学—初中—高中—大学的升学过程中，家庭社会经济地位与文化背景的影响逐渐被学校等级所取代，社会底层的受教育者大多数人早已“输在起跑线”。① 邓莉的研究发现中国与经合组织（OECD）国家的学前教育发展存在较大的差距。尽管我国学前儿童入学率从 1950 年的 0.4% 增长到 2018 年的 81.7%，但仍低于 OECD 平均水平和大部分 OECD 国家。父母受教育程度和社会经济地位在很大程度上影响了学前儿童的入学。② 早期教育的公平问题必须得到更多重视的观点逐渐成为社会共识。

（三）从机会不平等到结果不平等

教育结果平等一直被认为是教育公平的理想追求，被誉为教育公平的“乌托邦”。尽管在理论上，一种公正的不等同而非绝对的均等或平等，更符合结果公平的实际。但在实证研究中，对结果不平等的探究，有助于进一步厘清教育机会和教育过程中的质量差异及其影响因素，从而在政策层面上更好地促进高质量教育公平。同时，对教育结果不平等的探究亦是对教育制度“有效性”的检验。

叶晓阳利用 2011 年首都高校生发展状况调查的数据，分析北京高校学生的分层现状。研究发现父母的受教育年限越长，子女大学毕业后进入市场化部门的概率越高；家庭收入越高，子女进入外企工作的概率越高；具有城市户口的学生更倾向于选择私企、外企等。③ 许多多的研究发现，大学四年的教育过程逐步缩小了贫困大学生与其他普通大学生之间在非认知能力上的差距，并为最终消除他们与其他家庭出身较好的大

① 唐俊超：《输在起跑线——再议中国社会的教育不平等（1978—2008）》，《社会学研究》2015 年第 2 期。
② 邓莉、彭正梅：《确保“起跑线”公平——基于 OECD 国家和中国的学前教育机会指标比较》，《南京师大学报（社会科学版）》2020 年第 11 期。
③ 叶晓阳、丁延庆：《扩张的中国高等教育：教育质量与社会分层》，《社会》2015 年第 3 期。

学生在个人能力和在之后的劳动力市场表现上的差距提供了可能。① 但这一结论并没有在其他研究中得到支持。李骏采用累积优势理论，通过分析“首都大学生成长追踪调查”的两期就业数据，发现城乡户籍出身对高学历劳动者工作收入的净影响随时间推移而扩大。累积性不平等的影响，主要来源于其他更加一般化的家庭背景因素的影响，例如家庭经济收入、父母教育程度、父亲职业等。② 刘保中的研究发现，高等教育分流给大学生就业机会带来“好上加好、差上加差”的叠加效应。家庭背景对不同类型学校和专业大学生就业机会的影响存在差异，非重点院校、人文类专业大学生在获得更高收入的工作机会时更容易受家庭背景的影响。③ 李丁的研究发现城乡大学生在学业成绩、校园表现、心理素质上差异不大，但在文化资本、毕业预期上差异明显，呈现出“过程多维性”特征；国内研究生教育机会的分配相对公平，但优势阶层的子女毕业深造选择空间更大，呈现出“出路阶层化”的特征。④ 在教育回报模式上，郭冉等人的研究发现，2008 年之后，高等教育给最低和最高阶层的经济激励甚微，而中间阶层成为教育回报更高的人群。高等教育回报模式呈现出“稳定—中层激励型”态势，即“倒U形”回报模式。个人能力本质上仍然受自身家庭社会经济地位影响，即家庭出身影响个人能力，能力又影响入学机会，进而影响个体的教育回报。⑤ 上述研究都在不同程度上反映了教育结果的平等，即教育回报同样受制于家庭因素。从社会公平的角度考虑，教育能否成为社会底层有效的社会流动渠道，仍然需要在相关政策制定和评估时加强讨论，使教育真正成为塑造社会结构的积极因素。

二、研究视角上由宏观结构到微观机制的转向

面对我国教育机会不平等的演变，研究者们意识到仅仅着眼阶层结构因素是不够的，尚需着眼高等教育获得及教育决策的微观机制和过程。

① 许多多：《大学校如何改变寒门学子命运：家庭贫困、非认知能力和初职收入》，《社会》2017 年第 7 期。
② 李骏：《城乡出身与累积优势：对高学历劳动者的一项追踪研究》，《社会学研究》2016 年第 2 期。
③ 刘保中、张月云：《高等教育分流与大学生就业机会差异》，《青年研究》2022 年第 2 期。
④ 李丁：《过程多维性与出路阶层化——中国大学教育过程的公平性研究》，《社会》2018 年第 3 期。
⑤ 郭冉、周皓：《高等教育使谁获益更多？——2003—2015 年中国高等教育异质性回报模式演变》，《社会学研究》2020 年第 1 期。

李煜提出了影响代际间教育机会获得的三种理想模式，分别是政策干预模式、文化再生产模式和资源转换模式。对三种模式的区分，不仅将之置于社会环境中审视，更关注了教育制度和选拔制度对家庭影响教育机会所提供的条件和限制。① 李煜的研究对其后的教育机会不平等研究提供了重要的参考价值。延续理性选择理论的脉络，不少研究者根据对教育成本、学业成功、阶层回报的预期检验高等教育机会的“理性”决策。李春玲基于人口抽样调查数据，检验 MMI 假设、EMI 假设和理性选择理论在中国社会的有效性。研究发现，教育成本下降、教育收益上升和失败风险下降可以有效地提高中下阶层和弱势群体追求高等教育的愿望，从而有可能缩小教育机会不平等。② 吴愈晓的研究表明，当教育成本增加和教育的预期收益（相对于进入劳动力市场）下降时，农村居民、低教育家庭或子女数量较多的家庭由于教育资源限制或缺乏文化资本机制，更容易做出放弃教育的“理性”决策。③ 同样基于理性选择理论，侯利明发现，只有在绩效主义被破坏的初中升高中阶段，这一效果才开始显现。“学历下降回避”是家庭最重要的教育策略之一。④ 那么这种学历下降回避是否会进一步加剧文化再生产，使得高学历精英家庭的子女占据更多的教育优势？朱斌认为，文化资本的作用是有条件的，只有在考核与评价体系主观化、非标准化的情况下才有效。⑤

三、构成因素上由统整思考到精细区分的转向

在个体高等教育机会获得的研究中，个体的学业成绩通常是升学选择的重要依据，阶层、教育、心理等相关因素等通过影响个体的学业表现进而影响教育机会获得。布东（Raymond Boudon）通过将纷繁复杂的教育获得影响因素区分为首属效应（primary effects）与次要效应（secondary effects），提出了个体教育选择对教育机会获得的影响

---

① 李煜：《制度变迁与教育不平等的产生机制——中国城市子女的教育获得（1966—2003）》，《中国社会科学》2006 年第 4 期。

② 李春玲：《高等教育扩张与教育机会不平等——高校扩招的平等化效应考查》，《社会学研究》2010 年第 3 期。

③ 吴愈晓：《中国城乡居民的教育机会不平等及其演变（1978—2008）》，《中国社会科学》2013 年第 3 期。

④ 侯利明：《地位下降回避还是学历下降回避——教育不平等生成机制再探讨（1978—2006）》，《社会学研究》2015 年第 2 期。

⑤ 朱斌：《文化再生产还是文化流动——中国大学生的教育成就获得不平等研究》，《社会学研究》2018 年第 1 期。

作用。①2010年以来，国内对教育机会不平等的实证研究中，也逐渐沿用了这一研究思路，研究者将教育机会的不平等分解为多个因素，区分了因成绩/能力分化所导致的机会差异和因结构条件不同而产生的机会不平等。

刘精明基于第三、四、五次中国人口普查数据的研究发现，家庭资源可区分为内生性与外依性两种类型。②在后续研究中他进一步探讨了“先赋”与“自致”两类因素对人才选拔的影响机制，从而将教育选拔机制分成了能力和出身两种。能力影响始终较大程度地高于出身影响。③唐俊超划分了资源内化与结构授予的影响机制探究教育不平等产生的二元路径，并指出，外生性资源不仅仅可以通过结构授予、直接分配的方式改变学生的教育机会，它同样能够以某种方式达成内化，直接形塑学生的学习表现。④李忠路运用首属效应和次要效应检验了继续接受研究生教育的获得。研究发现本科就读学校类型和学业表现是父母社会经济地位影响研究生教育机会获得的重要中介变量。⑤其研究结果一方面在一定程度上支持了持续的不平等假设，同时也反映了成绩在保持“教育优势”中依然有其重要作用。

这些对教育机会不平等构成因素的拆分，都是力图解答家庭背景的影响是通过“成绩”还是成绩以外的因素来实现。其共同的结论是家庭背景对成绩的影响在高等教育机会获得中具有稳定性，非成绩因素的影响随着社会结构和制度变化发生变化。这与国际比较研究中得到的结论基本一致。⑥

四、制度探究上由理论借鉴到本土解释的转向

近年来在中国情境下检验国外教育不平等理论的旨趣进一步转向了对我国的具体教育制度设计如何影响教育机会获得的探究。对教育制度究竟以何种特征构成了影响教育机会获得的制度空间，从经验到理论上的关注都逐渐加强。

① R. Boudon, *Education, Opportunity and Social Inequality*, New York: Wiley, 1974, pp.195—199.

② 刘精明：《高等教育扩展与入学机会差异：1978—2003》，《社会》2006年第3期。

③ 刘精明：《能力与出身：高等教育入学机会分配的机制分析》，《中国社会科学》2014年第8期。

④ 唐俊超：《输在起跑线——再议中国社会的教育不平等（1978—2008）》，《社会学研究》2015年第3期。

⑤ 李忠路：《家庭背景、学业表现与研究生教育机会获得》，《社会》2016年第3期。

⑥ Michelle Jackson, *Determined to Succeed? Performance Versus Choice in Educational Attainment*, Stanford University Press, 2012.

在教育选拔制度上，自主招生制度一直是教育机会平等研究的重要制度背景之一。不少研究表明，始于 2003 年的自主招生制度客观上强化了那些来自城市的中上层地位家庭孩子获得精英教育的优势，高考自主招生和加分制度从某种程度上成为高等教育机会分配不公的最大来源之一。吴晓刚通过对三所精英大学具有代表性样本的数据分析发现，获得自主招生破格录取的学生更有可能来自父母受过高等教育的家庭、城市家庭和好的重点高中。同时获得自主招生破格录取学生的学业表现、社会活动能力、非认知能力、毕业后的计划和实际去向与统招学生却并无显著差别。① 鲍威的研究发现，自主招生制度在一定程度上削弱了保送生制度背后存在的不公平性，但依然存在着向知识精英阶层、城市学生倾斜的精英化趋向。②

中等教育阶段的普职分流是教育分轨影响教育机会的研究焦点。曹妍等人的研究发现，高中和中职毛入学率的提高均有助于缩小阶层间的入学机会差距；提高普通高中学额占比或普职比等调整招生结构的方式也能够显著地缩小地区阶层入学机会的差距。③

2013 年启动至今的新高考改革，以其科目选择性加大为特征。新高考背景下个体高等教育机会获得更加凸显了制度限制与个体能动之间的张力。在改革过程中，备受瞩目的现象是部分学生期望通过弃考物理来增加大学入学机会，导致物理选考人数下降，对个体未来职业发展与国家科技人才培养造成不利影响。杨倩利用 2020 年山东省高考相关数据发现，选考理科科目的入学机会均高于选考文科科目，其中尤以物理的机会最高。同时，低学业成绩、农村、薄弱学校的学生以及女生对理科的逃避将会加重他们在入学机会竞争中的弱势地位。因此，高考科目改革应注重动态、量化考察不同群体学生的选考科目偏好以及高等教育机会的分化状况，并通过构建系统的高中学校升学指导机制、加强高校招生改革等促进学生理性选择高考科目，推进高考改革公

---

① 吴晓刚、李忠路：《中国高等教育中的自主招生与人才选拔：来自北大、清华和人大的发现》，《社会》2017 年第 5 期。

② 鲍威：《高校自主招生制度实施成效分析：公平性与效率性的视角》，《教育发展研究》2012 年第 19 期。

③ 曹妍、唐姗姗：《普职分流与阶层间的高等教育入学机会公平——各地区分阶层入学机会指标的再构建及其实证研究》，《北京大学教育评论》2021 年第 4 期。

平、适切与卓越三大价值目标的实现。①

此外，重点学校制度、民办教育制度、教育分轨制度也同样是教育机会研究所关注的重点。家庭背景对教育机会的影响进一步通过早期学校质量差异②、中学的教育分流③、学校总体阶层构成差异④来实现，揭示了考试选拔制度与学校教育制度在家庭背景和教育机会之间的共同作用。

五、研究领域从线下走向线上

进入21世纪以来，信息化、数字化对教育公平的作用引起了国内外学术界的高度重视。教育信息化和数字化涉及新技术手段的引进、整合技术的教学方法的改进，其有利于突破时空界限和优质资源的高速流动与共享，其突出标志是共享优质教育资源和带动随着互联网的飞速发展和在线教育的日益勃兴，“互联网+”的教育公平在研究议题中逐渐占有了一席之地。同时，教育领域的数字不平等现象也日益受到关注。这种不平等与个体、家庭、社会阶层等因素息息相关。已有研究聚焦于宏观层面如城乡与地区、中观层面如学校与社区、微观层面如家庭社会经济背景与性别等维度的学生群体差异。中国教育科学研究院组织的全国性调查表明，东、中、西部在教育信息化教学的支撑和保障、教学过程、需求等方面存在显著性差异，整体上东部显著优越、中部次之、西部落在最后。⑤胡艺龄等人在新冠疫情期间面向全国32个省份地区基础教育各学段的学生、教师及教育管理者进行问卷抽样调查结果显示，各地区学校都已基本具备了教育资源公共服务平台等在线教学条件，保障了此次在线教学的顺利开展。

① 杨倩：《高考科目选择与高等教育机会均等——兼论弃考物理能否增加大学入学机会》，《中国高教研究》2022年第2期。

② 侯利明：《地位下降回避还是学历下降回避——教育不平等生成机制再探讨（1978—2006）》，《社会学研究》2015年第2期。唐俊超：《输在起跑线——再议中国社会的教育不平等（1978—2008）》，《社会学研究》2015年第3期。

③ 吴晓刚：《中国高等教育中的自主招生与人才选拔：来自北大、清华和人大的发现》，《社会》2017年第5期；吴愈晓：《中国城乡居民的教育机会不平等及其演变（1978—2008）》，《中国社会科学》2013年第3期；庞圣明：《市场转型、教育分流与中国城乡高等教育机会不平等（1977—2008）：兼论重点中学制度是否应该为城乡高等教育机会不平等买单》，《社会》2016年第5期；李骏：《城乡出身与累积优势：对高学历劳动者的一项追踪研究》，《社会学研究》2016年第2期。

④ 吴愈晓、黄超：《基础教育中的学校阶层分割与学生教育期望》，《中国社会科学》2016年第4期。

⑤ 中国教育科学研究院课题组：《“停课不停学”的中国经验》，《光明日报》2020年4月21日。

但乡村学校在资源获取、在线教学经验以及配套支持上存在不足，城乡学生在学习兴趣与效果、信息技术素养、心理健康程度上差异显著，城乡教师在信息化教学能力上差距较大。①

龚伯韬探究了“互联网 +”教育公平的起点、过程与结果。在教育公平的起点上，中学生在互联网获得的教育水平存在显著群体差异，但该差距呈缩小趋势，城乡与家庭经济水平是最主要的影响因素；教育过程的不平等程度低于起点不平等，学校与家庭处于优势的学生群体的互联网使用时长更短；从教育公平的结果看，互联网的教育负向影响对优势学生更加不利。② 胡钦太等的研究表明，信息化的不同要素对基础教育结果公平的作用机理不同，只有当信息化基础设施和资源能被有效运用到信息化教学中，才能使得信息化整体上对学生的认知能力水平、课业平均成绩和接受度产生正向影响。③

互联网信息对学生教育规划和升学选择的影响也成为近年来热门的研究议题。杨钋等人的研究发现，互联网使用可通过降低交易成本和解决信息不对称以促进教育投资。④ 鲍威等人将信息支持纳入阶层间教育获得差距影响机制的考察范畴。研究发现新高考制度之下，家庭社会经济属性依然对子代的教育获得具有重要影响，而升学信息支持则进一步扩大了阶层差距。但高中所提供的升学指导和生涯教育能够发挥充足的补偿效应。⑤ 崔盛、吴秋翔等人探究了资助信息对农村学生选择重点大学的影响发现，招考与资助信息强化了学生学业能力的作用，显著提升那些学业能力强且符合高校专项计划招生条件的农村学生赴省外重点大学就读的意愿，然而成本信息会阻碍家庭经济条件较差学生的赴外就读意愿。⑥

① 胡艺龄、聂静、顾小清：《从机会公平走向发展公平——疫情之下我国中小学大规模在线教育的城乡对比分析》，《中国远程教育》2021 年第 5 期。

② 龚伯韬：《“互联网 +”教育公平的起点、过程与结果——基于中学生互联网获得、使用及其学业影响的全国性数据分析》，《华南师范大学学报（社会科学版）》2022 年第 2 期。

③ 胡钦太、林晓凡、张彦：《信息化何以促进基础教育的结果公平——基于中国教育追踪调查数据的分析》，《教育研究》2021 年第 9 期。

④ 杨钋、徐颖：《数字鸿沟与家庭教育投资不平等》，《北京大学教育评论》2017 年第 4 期。

⑤ 鲍威、金红昊、肖阳：《阶层壁垒与信息鸿沟：新高考改革背景之下的升学信息支持》，《中国高教研究》2019 年第 5 期。

⑥ 崔盛、吴秋翔：《资助信息对农村学生选择重点大学的影响——基于高校专项计划的随机实地实验研究》，《华中师范大学学报（人文社会科学版）》2019 年第 1 期。

第四节 中国特色社会主义教育公平发展展望

一、强调制度公正的教育公平

党的二十大提出要加快建设高质量教育体系。教育结果平等是检验教育制度有效性的重要维度。贯彻落实党的二十大精神，要以教育评价改革为牵引，统筹推进育人方式、办学模式、管理体制、保障机制改革，激发教育活力，提升各级各类学校育人质量，增强教育服务经济社会发展的能力。在教育研究中，运用制度公正伦理标准分析教育公平问题，检验教育制度本身是否公平公正这一前提性价值判断，评价和监测教育制度在实践、操作、程序在先期的设置上、在可控制、可预期的环节上是否有利于所有个体的成长与发展、有利于个体的能力平等开发和公正评价。随着个体教育公平追求的提高，对教育制度安排的合理性和公正性进行前提性的追问成为必然。在具体的教育公平政策实践上，追求制度公正的教育公平观将得到更加明显的体现。在理论和实证研究上，对教育公平的监测、学前教育补偿、改革学业评价和考试选拔方式，将成为重点研究领域。

二、以个人权利和福利为中心的教育公平

党的二十大提出要办好人民满意的教育，必须始终将公平作为教育改革发展的根本价值导向，让教育改革发展的成果惠及最广大的人群。教育的大众化和民主化是教育公平的重要表现，但需要注意的是，现代教育的扩张和普及一开始是基于工业化发展和政治需求。在工具主义和社会本位导向下，现代教育的扩张与个人的权利和福利之间并没有密切的联系。但在其后发展的过程中，人的教育发展和各种需要得到了越来越多的关注。国际上所关注的发展指标，从狭隘的经济增长转变为兼顾个人福利和人权问题的指标。教育话语也从职能教育、人力规划转化为满足基本学习需要、教育效能和效益、优质学习等。① 在这样的话语转变下，一种从教育机会均等向教育权利均等转向的教育公平观将成为指导实践的重要原则。在教育公平政策的指定、实施和评

① 参见［美］莫琳·T.哈里楠主编：《教育社会学手册》，傅松涛等译，华东师范大学出版社2004年版。

价过程中，承认每一个个体自身的意愿、价值和尊严，使所有形式的能力与教育都有均等的机会，使所有的家庭及其文化不因任何政府或市场的非理性限制而受到伤害或歧视。[①] 与此同时，个体的学习要求和受教育的需求都得到了前所未有的释放，对教育公平也提出了更高的愿望，质量、卓越、全纳、数字化公平也成为我国制定教育政策时的重要价值取向。

三、以个体主动学习为出发点的学习型社会

习近平总书记在党的二十大报告中对加快建设教育强国作出一系列重要部署，强调“推进教育数字化，建设全民终身学习的学习型社会、学习型大国”。数字技术的高速发展一方面推动着教育变革和创新，深刻改变着各级各类学校的教育模式，另一方面则能推进教育资源开放共享，有效促进教育均衡发展、实现教育公平。在学习型社会中，“教育机会”不仅意味着要保证儿童（不论种族、宗教信仰、经济状况，是否残疾等）都有平等的学习机会，而且要建立一个确保在职者能不断学习新的技能，可以在事业上不断进取，获得成功的体系。学习型社会将为人们接受教育和进行学习提供时间上和形式上的多种选择，在一定意义上为人们进行补偿教育创造更多机会，使得教育公平的实现方式越来越多样化，也能够在一定程度上缓解教育竞争压力，为改善和提高教育公平的程度提供了更加宽松的环境。

① 康永久:《教育公平的政治维度》,《教育研究与实验》2008 年第 6 期。

第十章　中国的单位组织与分配公平

单位是人们获取收入、福利、身份、认同，以及与他者建立有意义连接的重要基础，工作组织掌握着大量的资源，并借由对这些回报、奖赏和生活机遇的分配来形塑和改变社会分化的模式和格局。中国的单位组织也不例外，在初次分配上扮演了举足轻重的作用。本章将对中国单位组织如何影响分配公平进行理论和经验综述，先简要梳理两条理论脉络，再围绕几项重要议题对相关经验研究进行综述，最后将对这一领域的研究观点和目前进展进行评述，并基于对中国经验的总结对后续普适性理论发展提出针对性建议。

第一节　中国单位组织影响分配公平的理论脉络

对中国单位组织的分析可以大体分为两条路径，一条路径是在“单位制”理论框架中展开，另一条路径则受到组织社会学的影响，关注单位组织面临内外部压力后会如何应对和调整。在这两条路径的大量经验研究中，研究者都特别关注单位对资源和机遇分配的影响。

一、经典“单位制”理论下的分配公平①

工作单位一直被看作是中国政治、经济和社会体制的基础，单位的规模、级别、所有制类型显著影响了分配机制和分配后果。②时至当下，“单位制”的一些核心特征已经发生变化，职工对单位的依附程度大为减弱，单位承担的功能弱化，也逐渐出现

① 这一部分相关内容从中央财经大学社会学系王修晓教授的提点中获益良多，在此表示感谢。

② 李路路、苗大雷、王修晓：《市场转型与“单位”变迁：再论“单位”研究》，《社会》2009 年第 4 期；刘建军：《单位中国——社会调控体系重构中的个人、组织与国家》，天津人民出版社 2000 年版；路风：《单位：一种特殊的社会组织形式》，《中国社会科学》1989 年第 1 期。

了突破单位边界的新共同体。因此有研究者认为，“单位社会”已经终结。①但大量经验研究仍然强调，单位在决定城镇居民的认同、行为、资源获取和生活机遇时起着至关重要的作用。②研究者认为，再分配性质越强、市场化转型程度越弱的组织，获取资源和分配资源的权力就越大。例如，拥有行政垄断权力的单位，往往能以更低廉的价格获取各种生产要素，还容易导致消费者剩余向生产者转移，往往能创造出巨额垄断租金，而就职于垄断单位的职工参与分享垄断租金，相对工资水平就大大提高。另一方面，行政垄断行业往往是国有部门，也会由于所有者缺位而出现内部人控制的情况，从而提高管理者的收入和福利水平。总的来说，行政垄断部门、体制内单位、大型企业相较于竞争性市场部门、体制外单位、中小企业，其员工的收入水平、工作稳定性、福利待遇、享受公共服务的水平等都有明显优势。③

二、组织社会学视角下的分配后果

这一路径受到组织社会学和组织研究的新制度主义的极大影响，强调两个因素对组织形态以及分配后果的影响，一是组织的制度惯性，即组织的旧有制度在新环境下继续维持甚至强化的特征；二是组织的制度变迁，指组织在面临效率和合法性压力时所进行的调试。

在组织的制度惯性方面，研究者强调，计划经济体制下再分配权力机制持续发挥作用，从而造成组织间资源分布高度不均衡。例如，法兰西斯对于北京高科技行业的研究发现，社会与组织文化在这些企业上也得到了复制与再生产，高科技企业在企业福利分配等方面都与传统单位制的组织有很多相似性。④韩亦和郑恩营分析组织印记对企业福利实践的影响，发现创建时期“企业办社会”的传统，深刻影响了国有企业在当下的福

---

① 张静：《通道变迁：个体与公共组织的关联》，《学海》2015年第1期；田毅鹏、漆思：《“单位社会”的终结：东北老工业基地典型单位制背景下的社区建设》，社会科学文献出版社2005年版。

② 李路路、秦广强、陈建伟：《权威阶层体系的构建——基于工作状况和组织权威的分析》，《社会学研究》2012年第6期；李汉林：《变迁中的中国单位制度：回顾中的思考》，《社会》2008年第3期。

③ 陈斌开、曹文举：《从机会均等到结果平等：中国收入分配现状与出路》，《经济社会体制比较》2013年第6期；郝大海、李路路：《区域差异改革中的国家垄断与收入不平等——基于2003年全国综合社会调查资料》，《中国社会科学》2006年第2期。

④ Corinna-Barbara Francis, “Reproduction of Danwei Institutional Features in the Context of China’s Market Economy: The Case of Haidian District’s Hi-tech sector”, *The China Quarterly*, No.147, 1996.

利实践。① 中国传统伦理下的等级与权威观念则被用于解释组织内的性别分层和职务职级分层。有研究发现，性别收入差异主要根源不是雇主歧视，而是文化偏见。② “权威崇拜”的文化观念也有助于解释互联网企业中的高管特权与组织分层现象。③

当组织面对制度变迁所带来的外部冲击时，其结构会发生变化，并由此对资源分配产生影响。例如，中国的公有制部门（如政府、事业单位等）出现了规模日益庞大的编制外人员队伍，派遣工、临时工规模的急速扩张，劳动用工体制的不稳定化加剧，都与基层治理的制度性约束和需求密不可分。④ 随着近年来保障劳动者权益的相关法律法规与社会政策的退出，公部门会面临合法性压力，从而有助于这一部门的从业者稳定化，私部门则面临合法性和经济性的双重压力，所以部门内部的二元劳动力市场分割程度也有所增强。⑤

为了回应外部压力，单位组织的架构会相应调整，强化或建立工会、职代会等组织内机构，通过这些机构改变企业注意力的分配，从而影响企业资源向不同类型员工的倾斜，形成组织分层机制。比如，对于中国企业工会的量化研究仍然在讨论建有工会的企业其工资与福利标准是否更高⑥，企业工会是否对于某些行业或职业群体会起到更大的福利提升作用（如劳务派遣工等）⑦，有工会的企业是更倾向于平均主义的分配还

① 韩亦、郑恩营：《组织印记与中国国有企业的福利实践》，《社会学研究》2018 年第 3 期。

② 程诚、王奕轩、姚远：《职场投入的性别不平等及其影响——兼论“出差”的收入效应》，《社会学评论》2019 年第 1 期。

③ 夏冰青：《依码为梦：中国互联网从业者生产实践调查》，上海社会科学院出版社 2021 年版，第 107—110 页。

④ 吕德文：《“混合型”科层组织的运作机制——临时工现象的制度解释》，《开放时代》2019 年第 6 期；叶静：《地方软财政支出与基层治理——以编外人员扩张为例》，《社会学研究》2016 年第 1 期。

⑤ 朱斌：《稳定化与结构化——新制度主义视角下的中国劳动力市场变化（2006—2017）》，《社会学研究》2022 年第 2 期。

⑥ 魏下海、董志强、金钊：《工会改善了企业雇佣期限结构吗？——来自全国民营企业抽样调查的经验证据》，《管理世界》2015 年第 5 期；朱斌、王修晓：《制度环境、工会建设与私营企业员工待遇》，《经济社会体制比较》2015 年第 6 期；Yang Yao and Ninghua Zhong, “Unions and Workers’ Welfare in Chinese Firms”, *Journal of Labor Economics*, Vol.31, No.3, 2013。

⑦ 黄伟、陈钊、陈耀波：《劳务派遣工会：来自企业外的独立力量及其维权效应》，《经济社会体制比较》2014 年第 3 期；李龙、宋月萍：《工会参与对农民工工资率的影响——基于倾向值方法的检验》，《中国农村经济》2017 年第 3 期；李明、徐建炜：《谁从中国工会会员身份中获益？》，《经济研究》2014 年第 5 期；纪雯雯、赖德胜：《工会能够维护流动人口劳动权益吗？》，《管理世界》2019 年第 2 期；魏下海、董志强、黄玖立：《工会是否改善劳动收入份额？——理论分析与来自中国民营企业的经验证据》，《经济研究》2013 年第 8 期。

是差异化供给。[1] 还有研究者注意到了组织中正式制度与非正式制度的张力与协作。[2] 例如，研究者发现，工会维权和提高工资的能力会被企业主的政治关联所削弱[3]；即便有了正式制度，非正式的互惠机制、信任关系、非正式沟通仍然是工会成功介入企业职工工资决定机制并产生预期效果的重要因素。[4]

第二节　单位影响分配公平的重要议题

本节将聚焦几项重要议题，对这些议题的经验研究突出呈现了单位影响分配公平的几个维度，即行政垄断带来的影响、全球化的效应、单位党组织 / 工会的作用。

一、单位的行政性垄断对分配公平的影响

垄断性行业 / 组织对于分配的影响可以分为行业 / 组织间和行业 / 组织内两方面，前者聚焦就职于垄断性行业 / 组织的成员与就职于非垄断性行业 / 组织的成员相比，在资源获取和生活机遇上是否存在系统性的优势（或劣势），后者则关注垄断性行业 / 组织内部的资源分配是否有其独特之处。

首先来看第一方面。研究者认为，单位类型、行业特征等因素是导致改革开放后城镇居民生活机遇分化的主要原因。行业、所有制等因素可以解释 90 年代中期大约一半的收入增长差异；2010 年，行业间收入差距贡献了个体之间收入差距的 14%；从趋势来看，行业间收入不平等对城镇居民收入差距的贡献度不断提高。[5] 单位或行业在资源获取、资源分配或市场竞争中是否占据垄断位置成为影响收入的决定因素。无论

---

① 黄岩、刘剑：《激活“稻草人”：东莞裕元罢工中的工会转型》，《西北师大学报（社会科学版）》2016 年第 1 期。

② 何轩、陈文婷、李新春：《赋予股权还是泛家族化——家族企业职业经理人治理的实证研究》，《中国工业经济》2008 年第 5 期。

③ 杨继东、杨其静：《工会、政治关联与工资决定——基于中国企业调查数据的分析》，《世界经济文汇》2013 年第 2 期。

④ 赵德余：《工会组织在职工工资决定中的影响与作用：来自上海的经验》，《社会科学战线》2011 年第 3 期。

⑤ 陈钊、万广华、陆铭：《行业间不平等：日益重要的城镇收入差距成因——基于回归方程的分解》，《中国社会科学》2010 年第 3 期；Yaqiang Qi and Tongxin Liang, “Regional Segregation or Industrial Monopoly? Dual Labor Market Segmentation and Income Inequality in China,” *The Journal of Chinese Sociology*, No.3, 2016；王天夫、王丰：《中国城市收入分配中的集团因素：1986—1995》，《社会学研究》2005 年第 3 期。

关注哪个时段、无论如何定义垄断行业、无论采用哪类数据资料，研究者都对行业间工资收入差距不断拉大的现实达成了共识。垄断企业超发工资总额计划比例有的高达40%，工资外收入占工资总额计划指标的比例，最高达到66%。① 垄断行业职工名义平均工资是同时期全国平均值的1—2倍，工资增长率也远高于全国平均水平。② 也有研究指出了政府管制与企业所有制之间的交互效应，发现行业垄断会直接提高国有企业职工的工资水平，但对非国有企业，这种效应并不明显，也就是说行业垄断与所有制会产生交互效应。③ 新近研究发现垄断对个体间收入差距的贡献度在4%—8%之间，是最主要的因素之一；行业垄断对高技能劳动者的收入差异影响较小，对低技能劳动者的收入差异影响较大。④

除了收入，垄断行业为职工提供显性或隐性福利的能力也显著更强。罗楚亮、李实发现，如果考虑补贴与福利性收入，组织间收入差异就会显著提升。⑤ 于良春、菅敏杰发现在2003年到2010年间，银行业职工的隐形收入和福利逐年增加，与竞争性行业（通信设备、电子设备制造业）相比，从2003年的15.23倍，增长到2010年的18.29倍。⑥

接着看第二方面，即垄断性行业 / 组织内部的分化，主要表现在垄断性行业或组织在向成员分配资源和机遇时与非垄断性行业 / 组织相比有什么特征，是强化还是削弱了既有分层变量的影响。对于改革中前期的研究发现，在某些国有单位内部，平均主义的分配特征确实削弱了市场因素带来的分层效应，国有部门的性别收入差距也最低。⑦

① 胡静波、李立：《我国垄断行业收入分配存在的问题与对策》，《经济纵横》2003年第11期。
② 姜付秀、余晖：《我国行政性垄断的危害——市场势力效应和收入分配效应的实证研究》，《中国工业经济》2007年第10期。
③ 叶林祥、李实、罗楚亮：《行业垄断、所有制与企业工资收入差距——基于第一次全国经济普查企业数据的实证研究》，《管理世界》2011年第4期。
④ 聂海峰、岳希明：《行业垄断对收入不平等影响程度的估计》，《中国工业经济》2016年第2期。
⑤ 罗楚亮、李实：《人力资本、行业特征与收入差距——基于第一次全国经济普查资料的经验研究》，《管理世界》2007年第10期。
⑥ 于良春、菅敏杰：《行业垄断与居民收入分配差距的影响因素分析》，《产业经济研究》2013年第2期。
⑦ Jon Cauley and Todd Sandler, “Agency Theory and the Chinese Enterprise under Reform,” *China Economic Review*, Vol.3, No.1, 1992；李春玲、李实：《市场竞争还是性别歧视——收入性别差异扩大趋势及其原因解释》，《社会学研究》2008年第2期；刘渝琳、梅斌：《行业垄断与职工工资收入——基于中国上市公司数据的分析》，《中国人口科学》2011年第1期；罗楚良：《垄断企业内部的工资收入分配》，《中国人口科学》2006年第1期。

研究者指出，导致这种平均主义分配模式的原因是，随着资源由上级主管部门控制的外部化模式转变为以企业内部控制为主的内部化模式，国有企业资源的社会化占有也转变为单位化占有，从而形成了利益共同体。①

二、全球化对分配公平的作用

全球化主要指资本、技术、劳动力等要素的跨境流动，大量研究聚焦于这些因素如何影响了收入分配和社会分化。本部分将集中考察那些借由单位而产生影响的全球化现象，并主要聚焦于外资企业和对外贸易的作用。

对于外资企业职工和其他类型组织的职工在收入、福利等各项指标上是否存在差异，目前研究者的总体结论有以下几点：一是外资企业本身存在异质性，因行业、规模、资金来源国（母国）的不同，而在职工的薪酬与福利供给上存在很大差异；二是外资企业与内资企业之间在职工薪酬福利上的差异确实存在，但在不同时期 / 阶段，外资企业的相对优势有所不同；三是外资企业内部不同层级或职位之间的分化与内资企业相比，在某些方面强化了不平等，而在另一些方面则弱化了不平等。

90 年代中前期的一项调查发现，三资企业的平均收入比国营企业高 17.1%，收入构成中奖金比例高。② 逐渐，外资企业的薪酬福利水平开始出现差异与分化。有研究指出，跨国企业的薪酬策略与企业在东道国的在地市场地位紧密联系，当该企业处于技术或行业引领地位时，就会给予员工较高水平的薪酬和福利保障，反之，如果并没有这样的引领地位，薪酬和福利的优势也就不突出。③

研究者对国际贸易是否扩大了不同技能群体之间的工资收入差距仍然存在争议。有研究发现，行业中的外国直接投资（FDI）占比，在 2004 年前有助于缩小行业间收入差距，因为在此之前，对外开放领域主要是劳动力密集型、竞争型的制造业，但在 2004 年后随着金融等人力资本和技术密集型行业的放开，外资进入起到拉大行业间收入差距

① 刘平、王汉生、张笑会：《变动的单位制与体制内的分化——以限制介入性大型国有企业为例》，《社会学研究》2008 年第 3 期。

② 王振中：《中国“三资企业”的工资收入及人力资源配置》，《经济研究》1995 年第 9 期。

③ 杨河清、潘虎、冯遥：《在京跨国企业薪酬管理特点分析》，《人力资源管理》2008 年第 4 期。

的作用。[①]不同类型的行业或企业，在面临全球化时作出的调试也不同，从而会对行业间收入分化产生影响。例如，在竞争性行业如制造业中，吸收FDI越多则会因“逐底竞争”的加剧而导致行业平均工资水平进一步下降；而在垄断性行业如金融业中，对外贸易程度越高，国家则会进一步推动强化该行业的垄断地位，从而推高行业平均收入。[②]

研究者认为外资企业在同工同酬方面做得并不好，单位内分配差异十分显著。90年代的调查就发现，三资企业的内部收入分化程度高于国有企业。[③]跨国公司中的母国外派人员、第三国人员和中国员工在薪酬标准、津贴种类上都有显著差异。[④]在组织内性别不平等方面，外资企业在雇佣阶段的男女平等做得更好[⑤]，但却容易出现职业性别隔离和晋升上的“玻璃天花板”现象。[⑥]近年，有研究发现跨国企业更倾向于接受对于农民工的歧视性管理方式，原因就是外企分支机构为了更好适应东道国制度环境，会在劳动力管理上做一些“在地化”努力，体现出与本地企业类似的管理方式。[⑦]

全球化研究者除了关注跨国企业之外，还聚焦国际贸易，其总体研究发现是国际贸易会带来更多的群体间收入不平等。采用行业集合数据的计量分析发现，出口贸易的密集度提升会提高发展中国家的技术水平，进一步扩大行业内技能劳动者与非技能劳动者之间的工资差距。[⑧]有研究者认为承接外包会提高非熟练技能劳动力的工资水平，从而缩小技能工资差距[⑨]，但更多的研究则指向反面，即认为中国为全

① 李雪：《全球市场下的垄断：竞争行业分割与收入不平等——以金融业和制造业为例》，《社会学研究》2018年第5期。

② 同上。

③ 王振中：《中国“三资企业”的工资收入及人力资源配置》，《经济研究》1995年第9期。

④ 杨河清、潘虎、冯遥：《在京跨国企业薪酬管理特点分析》，《人力资源管理》2008年第4期。

⑤ 李磊、王小洁、蒋殿春：《外资进入对中国服务业性别就业及工资差距的影响》，《世界经济》2015年第10期。

⑥ 颜士梅、颜士之、张曼：《企业人力资源开发中性别歧视的表现形式——基于内容分析的访谈研究》，《管理世界》2008年第11期。

⑦ Mike Mingqiong Zhang et al. “Subsidiary Responses to the Institutional Characteristics of the Host County: Strategies of Multinatonal Enterprises towards Hukou-based Discriminatory HRM Practices in China”, *Personnel Review*, Vol.46, No.5, 2007.

⑧ 刘斌、李磊：《贸易开放与性别工资差距》，《经济学（季刊）》2012年第1期；马文华：《贸易自由化与中国各省内部工资不平等》，《中国劳动经济学》2009年第1期；邵敏、刘重力：《出口贸易、技术进步的偏向性与我国工资不平等》，《经济评论》2010年第4期。

⑨ 李佳、汤毅：《贸易自由化、技术进步与行业内工资不平等——基于中国工业企业数据的分析》，《南开经济研究》2019年第4期。

球供应链制造中间品的过程，扩大了国内不同技能群体之间的工资差距。① 刘廷宇利用历年中国家庭收入调查（CHIP）城镇用户微观数据做了细致的分析，发现外包使得技能工资确实出现了极化，但这种极化并不简单表现为高技能 / 高教育群体和低技能 / 低教育群体之间的分化，事实上，他发现承接外包对于手工任务职业以及初等教育群体的工资推动作用最大，同时则抑制了执行常规工作的中等技能劳动力的相对工资，也就是抑制了那些一般非体力劳动者的相对工资，这使得那些持有通用型技能者（如办公室文职人员）的工资回报下降。② 这一研究指出了一种有趣的方向，即技能的类型，而不是高低级别，可能会成为测量社会群体间分化时有意义的边界。

三、党组织 / 工会等机构对分配公平的作用

近年来，在不同类型单位尤其是非公单位中，新建或强化党组织和工会既是政策要求，也是组织变迁的大趋势。这些组织内的机构设置会改变企业注意力的分配，从而影响企业资源向不同类型员工的倾斜。

首先来看单位工会对分配产生的作用。西方文献认为，工会拥有“垄断权力”（monopoly power），工会会员可以享受到较高的工资、福利和职业门槛。③ 而对于工会覆盖的行业或组织来说，工会又会对工资率起到均等化（equalizing）作用，缩小因人力资本差异和雇主个人判断而造成的工资率差异④，因而，工会覆盖率越高的行业或企业，越可能通过工资集体谈判来影响收入分配，因此组织内和行业间的劳动报酬差距也会变小。

反观中国，研究者仍然莫衷一是。从工会对企业 / 行业间收入和福利差异的影响来看，不少研究认为，建有工会的企业，社会保障水平、职工的小时工资率更高，就业

---

① 王中华、梁俊伟：《中国参与国际垂直专业化分工的收入差距效应》，《经济评论》2008 年第 4 期。

② 刘廷宇：《承接外包对中国技能工资差距影响的理论分析和计量检验》，吉林大学商学院博士论文，2021 年。

③ Richard B. Freeman & James L. Medoff, *What Do Unions Do?*, New York: Basic Books, 1984; Erik Olin Wright, “Working-Class Power, Capitalist-Class Interests, and Class Compromise”, *American Journal of Sociology*, Vol.105, No.4, 2000.

④ Richard B. Freeman & James L. Medoff, *What Do Unions Do?*, New York: Basic Books, 1984.

稳定性更好，职工的职业健康和生产安全得到更好的保障。①魏下海等人的研究发现，在资本密集型行业，工会的工资溢价会加速企业用资本替代劳动，从而促进管理效率和劳动生产率的提高，因此反而拉低了职工的劳动收入份额；相比而言，劳动密集型行业的工会没有起到这么大的作用，因此劳动收入份额没有显著下降。②

从工会作用的群际异质性来看，有研究指出，工会对于在劳动力市场上居于弱势地位的群体，如劳务派遣工、农民工等，有更显著的福利提升作用，例如提高工资率、缩短工时、增加培训机会等。③这些劳动者大量聚集在次级劳动力市场，有显著的行业和部门特征，例如建筑业、生产性服务业、消费性服务业以及公共服务业和集体部门。还有一些研究表明，企业工会作为“行政的一条腿”，对于职工年往往起到了分化而非团结的作用，通过收入、福利和晋升机遇的差异化供给对职工“分而治之”，④认为中国的企业工会在实践自身能动性的过程中通过“借力”、参与构建企业文化、调整组织目标等方式有效影响了企业内部的分配格局。⑤

与此同时，也有很多研究者对中国工会的分配作用并不认可，认为除了测量偏差与样本代表性问题之外，许多研究因没有厘清中国式的工会体制，而呈现了“想象中的工会作用”⑥，即便有统计指标上的相关性，这些研究也无法证明确实是企业或行业工

① 魏下海、董志强、金钊：《工会改善了企业雇佣期限结构吗？——来自全国民营企业抽样调查的经验证据》，《管理世界》2015 年第 5 期；杨继东、杨其静：《工会、政治关联与工资决定——基于中国企业调查数据的分析》，《世界经济文汇》2013 年第 2 期；Yi Lu, Zhigang Tao & Yijiang Wang, “Union Effects on Performance and Employment Relations: Evidence from China”, *China Economic Review*, No.21, 2000; Yang Yao & Ninghua Zhong, “Unions and Workers’ Welfare in Chinese Firms”, *Journal of Labor Economics*, Vol.31, No.3, 2003。

② 魏下海、董志强、黄玖立：《工会是否改善劳动收入份额？——理论分析与来自中国民营企业的经验证据》，《经济研究》2013 年第 8 期。

③ 黄伟、陈钊、陈耀波：《劳务派遣工工会：来自企业外的独立力量及其维权效应》，《经济社会体制比较》2014 年第 3 期；李龙、宋月萍：《工会参与对农民工工资率的影响——基于倾向值方法的检验》，《中国农村经济》2017 年第 3 期；纪雯雯、赖德胜：《工会能够维护流动人口劳动权益吗？》，《管理世界》2019 年第 2 期。

④ 黄岩、刘剑：《激活“稻草人”：东莞裕元罢工中的工会转型》，《西北师大学报（社会科学版）》2016 年第 1 期。

⑤ 佟新：《企业工会：能动的行动者——以北京中外合资企业 B 有限公司工会实践为例》，《江苏行政学院学报》2005 年第 5 期；游正林：《政绩驱动下的工会行动——对 F 厂工会主动介入生产管理过程的调查与思考》，《学海》2011 年第 1 期。

⑥ 游正林：《想象中的工会作用——评几篇定量研究中国工会作用的文献》，《东南大学学报（哲学社会科学版）》2017 年第 5 期。

会提高了职工的收入和福利待遇。

其次考察党组织对于分配的影响。在企业中建立党组织，并使其参与企业治理，是中国特色社会主义政治经济体制的独特现象，也是理解中国式企业组织的运营逻辑和社会经济后果的重要参数。这里的企业可以分为国有企业和非公企业两类，两类企业的党建特征及组织分层后果有较大差异。

对于国企党建的研究主要侧重考察党组织在现代企业架构中的位置、运作及功能，核心回应的问题包括党组织参与国企治理如何影响了企业的绩效、党的领导作用如何改变国企的治理结构等①，这里的绩效不仅包括总量上的变化，还包括不同利益相关者所享受的剩余索取权的分配。有研究表明，国企党委会参与公司治理，会降低公司高管的绝对薪酬，缩小高管和普通员工之间的薪酬差距，党委会通过“双向进入、交叉任职”的领导体制进入公司董事会、监事会和管理层后，其双重身份会使其主动抑制自身薪酬的增长。②研究也发现，国企党组织能降低“内部人控制”的风险，有效防止国有资产流失或是落入少部分管理者之手。③

一些研究呈现了党组织对于提升非公企业职工福利的积极效应，例如，不少研究发现民营企业中的党组织能够显著提升职工的权益保障水平和发展机遇，建有党组织的民营企业，“五险一金”覆盖率、劳动保护状况等指标都表现更好，研究者进一步指出，党组织“加持”下的职工权益保障比仅靠工会的权益保障更有效果。④同时，也有研究表明，非公企业会不会建立党组织，党组织能不能发挥作用都要取决于一定的外部条件，当企业面临更大的外部制度和资源压力时，更可能建立党组织来谋求对外合

---

① 强舸：《“国有企业党委（党组）发挥领导作用”如何改变国有企业公司治理结构？——从“个人嵌入”到“组织嵌入”》，《经济社会体制比较》2019 年第 6 期。

② 马连福、王元芳、沈小秀：《国有企业党组织治理、冗余雇员与高管薪酬契约》，《管理世界》2013 年第 5 期。

③ 陈仕华、卢昌崇：《国有企业党组织的治理参与能够有效抑制并购中的“国有资产流失”吗？》，《管理世界》2014 年第 5 期；严若森、吏林山：《党组织参与公司治理对国企高管隐性腐败的影响》，《南开学报（哲学社会科学版）》2019 年第 1 期；Eric C. Chang & Sonia M. L. Wong, “Political Control and Performance in China’s Listed Firms”, *Journal of Comparative Economics*, No.32, 2004。

④ 董志强、魏下海：《党组织在民营企业中的积极作用——以职工权益保护为例的经验研究》，《经济学动态》2018 年第 1 期。

法性[①]，当党组织能够通过各种机制嵌入到企业的治理结构中，就能获得更强的对内合法性，两重合法性有助于非公企业党组织有效发挥作用。[②]有研究发现，如果企业所在的地方官员有更强烈的晋升预期，有党组织相对于没有党组织的民营企业，企业职工的就业稳定性能得到更大的增强。对于科创性企业的研究也发现，当非公企业的党组织能够形成与党政部门的有效关联，才能完成从“形”到“实”的转换，有效嵌入企业治理架构，并成为企业非正式治理的一项手段。那些同时兼任企业党组织书记的私营企业主，也就是所谓“一肩挑”模式下的非公党建，能够更有效地将地方党政的主张贯彻到企业决策中，对于员工权益保障也会更加重视。[③]

党组织会对不同类型的职工产生差异化的作用吗？一些探索性研究呈现有趣的图景，即非公企业的党组织建设往往会借助党员职工来参与企业治理，因此在职工培养和机遇分配方面都会偏好党员，比如优先录用党员，优先安排党员到企业的重要岗位，党员更可能走上管理岗位等。[④]

第三节　挑战与展望

本章对于中国单位组织如何影响分配公平作了简要综述，可以看到研究者对于单位的作用已达成广泛共识。与此同时，越来越多的研究开始关注单位类型、单位架构、单位间或单位内关系所发生的变化，以及这些变化所带来的后果。在海外社会学学者的相关研究中，结合组织分析和社会分层理论是一个极为重要的视角，组织分析的核心要素就是把组织看作是一个有着内外部动力机制的有机体，而不是一个内部高度同质化的、铁板一块的整体。组织分析者特别关注组织内外群体间关系的流变和多元力量的角逐，并认为这种关系与力量影响了组织如何分配机遇和资源，从而形成或改变

① 朱斌、苗大雷、王修晓：《控制与合法化——中国私营企业建立党组织的机制分析》，《社会学研究》2021 年第 3 期。

② 何轩、马骏：《党建也是生产力——民营企业党组织建设的机制与效果研究》，《社会学研究》2018 年第 3 期。

③ 董志强、魏下海：《党组织在民营企业中的积极作用——以职工权益保护为例的经验研究》，《经济学动态》2018 年第 1 期。

④ 张承耀：《万向集团党组织建设模式及其评析》，《北京市经济管理干部学院学报》2009 年第 1 期；章高荣：《组织同构与治理嵌入：党建何以促进私营企业发展——以 D 市 J 科技园企业党建为例》，《经济社会体制比较》2019 年第 6 期。

了既有的分层结果。① 反观目前有关中国组织分层的研究，对于组织变化与社会经济后果之间关联性和因果性的分析还不够充分，本节将结合学界一些新近研究，尝试性提出中国组织分层研究可以推进和发展的几个方面。

一、更多聚焦组织内外不同利益相关者的互动机制

目前对于中国式单位的研究更倾向于对单位作用进行化约，忽略不同利益相关者之间的互动与角力，没有深入的研究和了解单位组织运行的逻辑与机制，使得对单位的研究变成转型国家"社会分层研究"的一条支脉，也使得这一议题在理论发展上受到分层研究所设定的命题之局限，容易看到中国单位组织变革之特殊性，但较难嵌入在一个更具普遍性的理论背景下考察中国的组织现象，也很少选择多元研究方法去回应组织变革的根本性问题。

近年来，有一些研究者已经开始讨论中国式单位组织的动力机制及其社会分层后果，例如石磊等讨论了单位内部劳动力市场如何发挥作用，单位招聘 / 遴选 / 晋升标准如何确定并受到哪些因素的影响②；朱妍考察了单位内非正式制度（如社会关系）与正式制度（内部劳动力市场制度设置）在分配生活机遇上的替代性关系③；佟新研究了企业中的党组织、行政部门和工会组织之间的角力关系如何影响了企业内部分层架构④；马冬玲与其合作者考察了组织领导团队的性别构成对女性员工面临性别歧视的影响⑤；经济史学者研究了指令性计划经济时期工厂分配生活机遇的机制，发现企业内部党政

① Kevin Stainback, Donald Tomaskovic-Devey and Sheryl Skaggs, "Organizational Approaches to Inequality: Inertia, Relative Power, and Environments", *Annual Review of Sociology*, Vol.36, 2010; John M. Amis, Johanna Mair and Kamal A. Munir, "The Organizational Reproduction of Inequality", *Academy of Management Annals*, Vol.14, No.1, 2020; Lauren A. Rivera, "Employer Decision Making", *Annual Review of Sociology*, Vol.46, No.1, 2020.

② 石磊、李路路、赵忠：《内部晋升还是外部聘任？——组织规模与企业补缺路径的选择》，《社会学研究》2019 年第 3 期。

③ 朱妍：《组织忠诚的社会基础：劳动关系"嵌入性"及其作用条件》，《社会学研究》2017 年第 2 期。

④ 佟新：《企业工会：能动的行动者——以北京中外合资企业 B 有限公司工会实践为例》，《江苏行政学院学报》2005 年第 5 期。

⑤ 马冬玲、周旅军：《女领导的临界规模与组织性别歧视现象——基于第三期中国妇女社会地位调查数据的实证研究》，《社会》2014 年第 5 期；马冬玲、周旅军：《组织中的"蜂后"：事实还是想象？——基于第三期中国妇女社会地位调查数据的实证研究》，《社会学评论》2018 年第 5 期。

领导权力关系的变化会影响工农家庭出身的职工获得就业和晋升的机会，解释了不同出身职工的境遇在不同时期的变化，由此凸显了资源分配背后的政治与制度机制。①这些研究如何进一步扩展与深入下去，并与分层研究结合进而形成对中国组织分层机制的分析和理解，还有待研究者的努力和探索。

二、着力超越再分配—市场二元机制的理论框架

20世纪八九十年代，研究者开始关注社会主义国家的市场转型及其社会分层后果，讨论再分配机制与市场机制在影响民众收入、福利和生活机遇上的角力。单位与分配公平的关系也受到“市场转型论”的极大影响。然而，再分配机制与市场机制的二元论，其背后的理论假设是政治逻辑与效率逻辑的二分，即认为再分配体现了政治逻辑，与市场机制背后的效率逻辑截然不同，甚至呈对立和此消彼长的状态。更进一步来讲，这种二元对立的理论预设反映了不同的研究者如何看待经济发展和社会分层中的政治因素与国家角色，体现了新自由主义与国家主义的根本对立：持新自由主义市场至上论的观点认为，市场机制的引入和政治逻辑的让步极大地改善了资源分配的有效性，让社会的收入和福利分配获得了帕累托改进；但更多的研究者则认为国家以更隐晦和更有效的方式参与到社会财富的创造与分配中，指出要理解中国转型的社会经济后果，就要重新认识中国的权力特征和国家角色。周雪光在一篇研究综述中就指出，在中国的改革进程中，政治分配机制和市场制度机制本身就体现了国家权力的两重性，而这种两重性如何发生历时性变化，在哪些领域会相互抵消、强化或是制约，这都是涉及组织制度变迁的根本性问题，目前还没有得到充分研究和回应。②刘精明也曾指出，在改革时期的中国，再分配权力与市场权力这两个因素应被理解成一种混合体，它们以这样或那样的方式结合，并形塑着社会的分层机制，而不能看作是非此即彼、壁垒分明的两种路径。③

但目前不少组织分层的经验研究仍然倾向于将市场逻辑与政治逻辑对立，或是将

① 林盼：《红与专的张力：1949—1965年工人内部提拔技术干部的实践与问题》，《学海》2015年第3期；林盼：《制度变迁、利益冲突与国营企业技术精英地位获得（1949—1965）》，《中国经济史研究》2018年第2期。

② 周雪光：《西方社会学关于中国组织与制度变迁研究状况述评》，《社会学研究》1999年第4期。

③ 刘精明：《市场化与国家规制——转型期城镇劳动力市场中的收入分配》，《中国社会科学》2006年第5期。

其看作连续统的两端，根据自己的偏好或研究的便利度各执一端进行讨论，而并没有考虑两者通过各种方式结合成混合体的状态。另外，中国的企业组织除了经济性和行政性特征之外，还兼有社会性特征，从指令性计划经济时期的“企业办社会”，到目前“类社区化”的企业组织①，都促使研究者追问，中国式组织（主要是企业组织）的架构、运行、管理与资源分配，究竟依据哪些逻辑，这些逻辑之间存在哪些组合关系。要回答这些问题，需要摒弃简单化的二元思维，进行类型学上的辨析与理论创新。

三、采用多元化研究方法处理更多样的组织现象

组织分层研究对于不同类型组织的注意力分配十分不平衡，大部分研究仍然聚焦于城镇组织，考察不同规模、不同所有制类型组织成员的生活机遇分化；当考察组织内分层，或是组织内机构对于分层的影响时，更多聚焦于国有企业和民营企业，对于其他类型的企业研究仍然不足。

除此之外，组织分层的研究对于农村生产性组织的关注度很低，有政治学和社会学者聚焦了农村民众的财富分化及动力机制，但这些研究在组织分层研究中尚没有收到足够的回响。研究者对于非企业组织的关注也远远不够，虽然有大量的国内学者关注基层政府行为，但对于这些基层组织会带来什么样的社会分配后果则几乎没有研究，包括对于公部门使用编外人员的研究也多讨论其制度基础，而不讨论社会经济后果。

近年来，随着新技术的出现，涌现出了各种新型组织与雇佣形态，如平台企业、零工经济、创意阶层联合体等组织，对于这些新型组织及其社会后果仍然需要大量深入的研究，讨论分层机制会不会随着技术变迁而出现变化。这些组织往往以科技企业自诩，将去科层化、扁平化和平等主义作为自己的标签，但事实是否如此？目前一些研究显示，在互联网企业中，性别不平等至少没有被削弱，甚至在一定程度上被强化了。性别标签通过科技行业特征、职场文化等因素不断得到复制，并再生产了女性从业者在薪资、培训、晋升等多方面的不利处境。而基于职级的分化在这些科技类组织中也十分显著，基于互联网等技术而出现的新型组织在薪酬、福利和职业发展机遇方

① Yi Hubert Han and Jingjing Yao, “Building Organizations as Communities: A Multicase Study of Community Institutional Logic at Chinese Firms”, *Management and Organization Review*, Vol.18, No.5, 2022.

面都存在显著的内部分层，而且由于生产过程的非正式性、自主性和灵活性等特点，内部分层被进一步固化了，与科技企业的初心渐行背离，更像一个传统的科层制组织，高管与中层管理者、普通员工在福利待遇上的差异极其显著。① 但与此同时也有研究发现，科技企业的特征也能帮助雇员避免一些工作场所的歧视性实践，使得少数族裔、女性群体利用规则获得一些抵制性的力量。②

研究对象的复杂性呼唤研究路径和研究方法的多元化。周雪光和赵伟曾在一篇综述中指出，中国的组织与组织分层相关研究因缺乏细致深入的个案研究而难以提供对微观机制的系统理解，他因此呼吁“建立在对实际变化过程、社会制度与历史背景的贴切把握之上（的理论贡献），而不是一些现成的、流行的概念和模式与经验资料的拼凑”③。研究性别不平等的学者也指出，目前对于不同性质、类型等组织的性别歧视的比较研究仍然罕见，对于组织特征如何影响组织内的性别分层，研究者还知之甚少。④ 要了解中国组织分层的机制，必须要深入到组织行为发生的场域中，了解与分析组织行为的逻辑及对不同利益相关者的影响。基于深入细致的案例分析，才能为量化分析设计指标、收集并分析数据打下坚实的研究基础。目前很多量化研究在测量组织分层的因变量时，大多数仍聚焦于收入、社会保障覆盖情况等指标，很多隐匿的福利无法被捕捉到。

此外，还要增加纵向与横向比较的视野，特别是要从历史（主要是指令性计划经济时期）组织现象中汲取给养。研究经济史、企业史的学者对于指令性计划经济时期和改革初期的企业分配模式已有大量研究，无论是关于工人群体内部分化，企业在提拔干部时的“红—专”之争，还是农村经济性组织的劳动力配置与工分分配，历史学者都贡献了大量深入细致的资料分析与类型呈现，有助于我们了解新中国成立以来的制度演进与变迁历史。同时，研究者亦要多多借鉴海外的组织研究，在比较的棱镜中更好地了解中国组织分层机制与模式的普遍性与特殊性。

---

① 夏冰青：《依码为梦：中国互联网从业者生产实践调查》，上海社会科学院出版社 2021 年版，第 84—87 页。

② Johanna Shih, “Circumventing Discrimination: Gender and Ethnic Strategies in Silicon Valley”, *Gender and Society*, Vol.20, No.2, 2006.

③ 周雪光、赵伟：《英文文献中的中国组织现象研究》，《社会学研究》2009 年第 6 期。

④ 李乐旋、马冬玲：《组织中的性别歧视：国外研究综述及展望》，《中华女子学院学报》2018 年第 2 期。

第十一章　非正规就业的理论演进与中国经验

“非正规就业”脱胎于“非正规部门”“非正式经济”，主要指劳动关系不健全或劳动就业形式非正规的就业。1971年以来，在国际劳工组织的倡导下，非正规就业已经成为一个多学科的综合性研究议题，也形成了相应的理论范式。改革开放以来，以下岗再就业、创业带动就业、新就业形态为不同发展阶段，我国探索形成较为完整的灵活就业政策体系，特别是新就业形态劳动者权益保护逐渐落地，地方层面以非正规就业的“上海模式”为代表。与之相对，国内非正规就业研究目前仍处在起步阶段，出现结构论、功能论、政策论等不同研究视角，但大部分研究局限于概念辨析和理论引进，严重滞后于国内政策实践，融合多学科的综合研究仍有待展开。在当前阶段，面对全球非正规就业浪潮，经由马克思主义工人运动与波兰尼理论的历史性交汇，将为破除资本主义市场经济霸权提供源源不断的革命动力。具体而言，其核心在于打破市场经济神话，破解劳动新异化机制，正视完整的“社会人”之无法被彻底商品化的经济社会事实，努力践行以人为本的中国特色社会主义就业理论实践及其治理道路，即坚持人民至上，践行人民城市重要理念，辩证处理好政府、市场与社会的关系，坚定不移走全体人民共同富裕道路，实现人的自由全面发展。

第一节　非正规就业的研究历程和理论视角

“非正规就业”（informal employment）脱胎于“非正规部门”（informal sector）、“非正式经济”（informal economy），其理论根源是刘易斯（William Arthur Lewis）的二元经济论①。

---

①《劳动力无限供给条件下的经济发展》，载［美］威廉·阿瑟·刘易斯编著：《二元经济论》，施炜、谢兵、苏玉宏译，北京经济学院出版社1989年版，第1—46页。

较之正规就业或标准就业，非正规就业也称为“灵活就业”①“弹性就业”②等，主要指劳动关系不健全或劳动就业形式非正规的就业，既包括个体户、自雇就业、家庭帮工等在非正规部门的就业形式，也包括临时工、劳务派遣③、服务外包等在正规部门的非正规就业形式，还包括“众包工作”（crowdwork）④、“零工经济”（gig economy）⑤等互联网时代新兴的基于微任务数字平台的新就业形态⑥。正如布罗代尔（Femand Braudel）所言，非正式经济历史很长，“下层平凡但又独立和自给自足的经济。这是另一个世界，另一种经济，另一种社会，另一种文化”⑦。具体到中国，自宋代以来，这种小生产者未与生产资料所有权相分离、具有小规模资本积累特征的生产机制持续存在，葛希芝（Hill Gates）称之为“小资本主义”（petty capitalism）⑧。直至“二战”前后，非正规就业形态仍是发展中国家经济体系的主体构成之一，新兴的发展经济学和相关学科对这一经济现象进行系统研究，构成了非正规就业研究及其理论演进的逻辑起点。

一、非正规就业概念的提出与发展

1971 年，国际劳工组织（International Labour Organization，ILO）对肯尼亚的失业状况进行专题调研，汉斯·辛格（Hans Singer）、理查德·乔利（Richard Jolly）为项目主持人，形成研究报告《就业、收入和平等：肯尼亚增加生产性就业的战略》。这一报告发现肯尼亚失业状况不符合二元经济理论假设，遂转而采纳“正规部门（formal sector）—非正规部门（informal sector）”的分析框架。“非正规部门”概念被用来指代一种城市失业现象，即一种脱离正规劳动力市场的经济活动。⑨但是，并没有对这一

① 王东进：《完善劳动社会保障制度　促进灵活就业健康发展》，《中国劳动》2003 年第 11 期。
② 张左己：《建立阶段性就业制度　发展弹性就业形式》，《劳动保障通讯》2001 年第 2 期。
③ 宋丰景：《劳务派遣与市场经济下的临时工》，《中国就业》1996 年第 6 期。
④ *Digital Labour Platforms and the Future of Work: Toward Decent Work in Online Word*, International Labour Organization, 2018.
⑤ 参见［美］戴安娜·马尔卡希：《零工经济》，陈桂芳译，中信出版集团 2017 年版。
⑥ 参见张成刚：《就业变革：数字商业与中国新就业形态》，中国工人出版社 2020 年版。
⑦ ［法］布罗代尔：《15 至 18 世纪的物质文明、经济和资本主义》（第 2 卷·形形色色的交换），顾良、施康强译，三联书店 1992 年版，第 41 页。
⑧ Hill Gates, *China's Motor: A Thousand Years of Petty Capitalism*, Ithaca: Cornell University Press, 1996.
⑨ *Employment, Incomes and Equality: A Strategy for increasing Productive Employment in Kenya*, International Labour Organization, 1972.

概念提出相应的统计测量方法。①

1973 年，基于加纳首都阿克拉的田野调查，基思・哈特（Keith Hart）运用“非正规部门”（informal sector）概念②，描述游离在正规劳动市场之外、大量吸纳农村富余劳动力和非熟练人员的城市活动单位，并构建了一个“薪酬雇佣（wage-employment）—自雇型就业（self-employment）”的二元就业模型③。在此基础上，国际劳工组织积极倡导将这一概念运用于发展中国家的就业研究，其中，格瑞（Chris Gerry）指出资本主义生产对小生产（petty production）的冲击④，塞瑟拉曼（S. V. Sethuraman）认为非正规就业构成一个独立的经济部门⑤。80 年代初，国际劳工组织开始将“非正规部门”纳入《世界就业报告》。

20 世纪 90 年代初，国际劳工组织着手开展非正规部门的测量工具研究。1991 年，国际劳工局在《局长报告：非正规部门的困境》中，将“城市非正规部门”概念界定为“发展中国家城市地区那些低收入、低报酬、无组织、无结构的很小的生产规模的生产或服务单位”⑥。1993 年 1 月，在第 15 届国际劳动统计学家大会上，正式采用“非正规部门”的统计学定义，并收录在同年 7 月的修订版《国民经济核算体系》（*The International System of National Accounts, SNA*）⑦中。2001 年，联合国德里非正规部门统计专家组在第 5 次会议中认为，“非正规就业”（informal employment）不仅发生在非正规部门，也发生在正规部门，提出用“非正规就业”指标作为“非正规部门”就业指标的补充。2003 年，在国际劳动统计学家第 17 届大会上，对德里会议提出的“非正

① C. Leys, “Interpreting African Underdevelopment: Reflections on the ILO Report on Employment, Incomes and Equality in Kenya”, *African Affairs*, Vol.72, No.289, 1973, pp.419—429.

② Keith Hart, “The Idea of the Economy: Six Modern Dissenters”, in Roger Friedland and A. F. Robertson, *Beyond the Marketplace: Rethinking Economy and Society*, New York: Aldine de Gruyter. 1990, pp.137—160.

③ Keith Hart, “Informal Income Opportunities and Urban Employment in Ghana”, *The Journal of Modern African Studies*, Vol.11, No.1, 1973, pp.61—89.

④ Chris Gerry, “Petty Production and Capitalist Production in Dakar: The Crisis of Self-Employed”, *World Development*, Vol.6, No.9—10, 1978, pp.1187—1190.

⑤ S. V. Sethuraman, *The Urban Informal Sector in Developing Countries*, International Labour Office, 1981.

⑥ *The Dilemma of the Informal Sector, Report of the Director General*, International Labour Conference, 78th Session, International Labor Organization, 1991.

⑦ CEC, IMF, OECD, UN, WB, *System of National Accounts 1993*, Brussels/Luxembourg, New York, Paris, Washington, 1993.

规就业”指标进行了核准。[①] 至此，国际劳工组织采纳并界定的与非正规就业相关的统计概念有两个：一个是“非正规部门就业”（employment in the informal sector），一个是“非正规就业”（informal employment）。

二、非正规就业研究的议题与模式

1971 年以来，在国际劳工组织的倡导下，发展经济学、经济人类学等相关学科及其学者加入到非正规就业研究之中，经过五十年的研究积累，非正规就业成为了一个多学科的综合性研究议题。

（一）对非正规就业进行概念界定与分类分析

以国际劳工组织为代表，绝大部分学者将非正规部门、非正规就业视为城市失业或城市贫困现象。其中，哈特（Keith Hart）认为，非正式收入的获取方式可按合法、非法进行分类，合法方式包括第一和第二产业生产活动、资本投入相对较大的第三产业、小规模销售和其他服务，非法方式包括低端服务（如骗子、收赃者、高利贷、贩毒、卖淫、掮客、走私、贿赂、诈骗等）和收入转移（如小偷、盗窃、贪污、赌博等）[②]；法伊格（Edgarl L. Feige）认为地下经济“包括（但绝不限于）走私毒品、卖淫、色情文学、赌博、未注册的就业、短工、夜工和逃税。这些互不相干的活动的共同之点在于，地下经济活动者总是千方百计逃脱政府和公众的监督”[③]，并将之细分为非法经济、未公开经济、未登记经济等类型；波特斯（Alejandro Portes）、卡斯特（Manucel Castells）和本顿（Lauren A. Benton）从功能性角度出发，将非正式经济分为生存型、依赖型和成长型等三类[④]；纽沃夫（Robert Neuwirth）用流传于非洲法语系国家与中南美洲地区的俚语“D 体系”指称非正规就业，即未向政

① The Expert Group on Informal Sector Statistics, “*Guidelines Concerning a Statistical Definition of Informal Employment*”, The 17th International Conference of Labour Statisticians, 2003.

② Keith Hart, “Informal Income Opportunities and Urban Employment in Ghana”, *The Journal of Modern African Studies*. Vol.11, No.1, 1973, pp.61—89.

③ ［美］艾德加·法伊格：《地下经济学》，郑介甫等译，上海三联书店、上海人民出版社 1994 年版，第 1 页。

④ Alejandro Portes, Manuel Castells and Lauren A. Benton, “The Policy Implications of Informality”, in *The Informal Economy: Studies in Advanced and Less Developed Countries*, Johns Hopkins University Press, 1989, pp.298—311.

府登记、未纳入管理、以现金支付且不缴税的生产和交易活动以及其所形成的经济体系。①

（二）运用各种方法对非正规市场规模进行测量

非正规就业形态长期处于“未观测经济”范畴，统计学家采用近似估值法对其进行统计测量。其中，部分学者利用劳动力市场规模进行非正规市场规模估测，莫勒夫斯基（Barry Molefsky）通过自雇者群体规模进行非正式市场规模测算②，麦克唐纳德（R. McDonald）通过失业者群体规模进行测算③，古特曼（Peter G. Gutmann）采用职业变动即中途退出工作人员规模进行测算④；部分学者利用小企业和家庭消费规模进行非正规市场规模估算，萨森（Saskia Sassen）认为小微企业（the very small enterprises，VSEs）可以作为非正规市场估算的指标⑤，史密斯（James D. Smith）通过家庭非正式消费规模来估算非正规市场规模⑥；部分学者利用宏观经济指标进行非正规市场规模估算，法伊格利用地下收入假设（UIH）对美国、荷兰、英国、法国、苏联、匈牙利等国家进行分析。⑦

（三）聚焦国家管制与社会博弈的形式与效果

作为一种未被标准化的就业形态，非正规就业往往依托就业者的社会结构因素而脱离于国家管制，诸多学者关注现象背后的国家与社会博弈。其中，索托（Hernando de Soto）指出重商主义是非正式经济问题之源⑧，普通民众由于缺少工作机会、生活贫困而不得不在非正式经济领域谋求生存；哈特将之命名为“未被驯化的市场”（untamed

---

① 参见［美］罗伯特·纽沃夫：《地下经济》，林丰智、张维书、王淑仪译，台湾宝鼎出版2013年版。

② Barry Molefsky, “American Underground Economy”, *Congressional Research Report*, No.81—181E, 1981.

③ R. MacDonald, “Fiddly Jobs, Undeclared Working, and the Something for Nothing Society”, *Work, Employment, and Society*, Vol.8, No.4, 1994, pp.507—530.

④ Peter G. Gutmann, “Are the Unemployed Unemployed?” *Financial Analysts Journal*, Vol.34, No.5, 1978, pp.26—29.

⑤ Saskia Sassen, “New York City’s Informal Economy”, in Alejandro Portes, Manuel Castells and Lauren A. Baltimore eds., *The Informal Economy: Studies in Advanced and Less Developed Countries*, Johns Hopkins University Press, 1989, pp.60—77.

⑥ James D. Smith, “Measuring the Informal Economy”, *The Annal of the American Academy of Political and Social Science*, Vol.493, No.1, 1987, pp.83—89.

⑦《地下经济的合理规模》，载［美］艾德加·法伊格：《地下经济学》，郑介甫等译，上海三联书店、上海人民出版社1994年版，第134—152页。

⑧［秘鲁］赫尔南多·德·索托：《另一条道路》，于海生译，华夏出版社2007年版，第250页。

market）①，即一种成功隔离国家管制的真正市场；埃文斯（Peter B. Evans）提出了“掠夺性国家”（predatory state）概念②，非正规部门的滋生空间日益庞大；克罗斯（John C. Cross）指出国家管制失败的真正原因，即在严苛法律面前，普通大众通过贿赂官员等非正规政治实践赢得生存空间③。

（四）关注边缘就业群体与劳工权益保护

非正规就业人群多为边缘人群、贫困人群或底层阶级，社会保障、劳动权利等处于缺失状态，部分学者基于社会政策进行研究。其中，国际劳工局1992年局长报告指出非正规部门及其就业人员权益保护面临经济管制的传统观念影响④；基于低收入黑人妇女研究，上原（Edwina Uehara）指出底层群体存在着大量的非正式支持和交换⑤，构成了国家社会政策之外的另一张安全网；基于底层单身母亲研究，埃丁和列英指出她们在低收入工作和低水平福利之外的经济生产策略，要求加大教育服务投入⑥；基于全球城市研究，萨斯基亚·萨森（Saskia Sassen）指出，全球化和新经济正在创造不平等的新形式，“基于雇佣的风险、贫困的增长和城市边缘性的增长，雇佣关系的临时化削弱了及至消弭了工人对公司雇主的诉求，因而可被视为劳动力在经济中的地位被削弱，发展到极致，就是其在建制上的边缘化”⑦。

综上所述，非正规就业研究完成了从概念、政策到理论的两次飞跃，相应的理论范式也在形成。2004年，玛莎·陈（Martha Chen）认为非正规就业研究目前已经形成四种理论范式⑧：（1）“二元论学派”出现于20世纪70年代，由国际劳工组织倡导并形

---

① Keith Hart, “The Idea of the Economy: Six Modern Dissenters”, in Roger Friedland and A. F. Robertson, *Beyond the Marketplace: Rethinking Economy and Society*, New York: Aldine de Gruyter. 1990, p.158.

② Peter B. Evans, “Predatory, Developmental and Other Apparatuses: A Comparative Political Economy Perspective on the Third World State”, *Sociology Forum*, Vol.4, 1989, pp.561—587.

③ John C. Cross, *Informal Politics: Street Vendors and the State in Mexico*, Stanford University Press, 1998.

④ *The Dilemma of the Informal Sector, Report of the Director General*, International Labour Conference, 78th Session, International Labor Organization, 1991.

⑤ E. Uehara, “Dual Exchange Theory, Social Networks and Informal Social Support”, *American Journal of Sociology*, Vol.96, No.3, 1990, pp.521—557.

⑥ K. Edin & L. Lein, “Work, Welfare and Single Mothers’ Economic Survival Strategies”, *American Sociological Review*, Vol.62, No.2, 1997, pp.253—266.

⑦ [美]萨斯基亚·萨森：《全球化及其不满》，李纯一译，上海书店出版社2011年版，第150页。

⑧ Martha Chen, “Informality and Social Protection: Theories and Realities”, *IDS Bulletin*, Vol.39, No.2, 2006, pp.18—27；转引自《全球化和社会转型背景下的非正规就业》，载任远、彭希哲主编：《2006中国非正规就业发展报告：劳动力市场的再观察》，重庆出版社2007年版，第5—6页。

成，核心观点是非正规部门和正规部门构成二元经济体；（2）“结构性学派”出现于70年代后期至80年代，由卡洛琳·莫斯特和亚历山大·波特斯及其他学者提出，核心观点是把非正规部门视为次生经济单元；（3）“守法主义学派”出现于80年代至90年代，由索托提出，核心观点是非正规部门是为了规避正规部门的各种成本；（4）“不守法主义学派”出现于21世纪初期，由新古典主义经济学家提出，核心观点是非正规就业人员自愿避开法律和税收。

第二节　国内非正规就业政策的探索实践

新中国成立后的社会主义改造，使非正规就业群体被纳入统一体系之中，但仍遗留部分单位之外的自雇人员。改革开放以来，中国发展转型过程中也出现新的就业群体和就业模式。针对这一问题，国家有关部门及时进行研究，2001年，国家劳动部劳动科学研究所在《灵活多样就业形式问题研究报告》中第一次提出“灵活就业”①，作为构建相应政策体系的基础。

一、全国层面的灵活就业政策演进

“灵活就业”概念提出后，正逢国有企业改革和下岗职工再就业的攻坚阶段，国务院及相关部委下发的再就业文件采用灵活就业的表述，形成较为系统的政策体系。其中，比较有代表性的政策文件有：

2002年9月，中共中央、国务院《关于进一步做好下岗失业人员再就业工作的通知》提出，“鼓励下岗失业人员通过非全日制、临时性、季节性、弹性工作等灵活多样形式实现就业”②，这是中央文件第一次提出促进灵活就业的政策措施。2003年5月，国务院办公厅《关于加快推进再就业工作的通知》明确提出，“鼓励下岗失业人员自谋职业、自主创业以及通过非全日制、临时性、季节性、弹性工作等灵活多样的方式实现再就业”③。2003年5月26日，国家劳动和社会保障部办公厅《关于城镇灵活就业

① 国家劳动部劳动科学研究所：《灵活多样就业形式问题研究报告》，《研究论坛》（内部通讯），2001年。
② 《关于进一步做好下岗失业人员再就业工作的通知》（中发〔2002〕12号），2002年9月30日。
③ 《关于加快推进再就业工作的通知》（国办发〔2003〕40号），2003年5月12日。

人员参加基本医疗保险的指导意见》[①]明确将灵活就业人员纳入基本医疗保险制度范围。

2007年8月30日十届全国人大常务会第二十九次会议通过、2008年1月1日正式实施的《中华人民共和国就业促进法》第二十三条规定“各级人民政府采取措施，逐步完善和实施与非全日制用工等灵活就业相适应的劳动和社会保险政策，为灵活就业人员提供帮助和服务”[②]，这是第一次将灵活就业纳入国家法律体系，灵活就业就此从再就业领域转入促进就业领域。

2012年1月，国务院《关于批转促进就业规划（2011—2015年）的通知》提出“实施鼓励劳动者多渠道、多形式就业的扶持政策”[③]，较为完整地表述了国家灵活就业政策的要点。2017年1月，国务院《关于印发“十三五”促进就业规划的通知》明确创业带动就业策略，从创造就业的角度对灵活就业进行表述。[④]2020年7月31日，国务院办公厅《关于支持多渠道灵活就业的意见》将灵活就业界定为个体经营、非全日制以及新就业形态等领域，并在拓宽就业发展渠道、优化自主创业环境、加大对灵活就业保障支持等方面提出十四条具体意见[⑤]，构成了迄今为止最为完整的全国灵活就业政策体系。

二、地方层面的非正规就业政策实践

在地方层面，面对20世纪90年代以来的下岗失业大潮，地方政府探索实践灵活就业政策以应对日趋严峻的就业形势，基本形成以政府推动为基础的“上海模式”、以市场力量为基础的浙南产业集群、SOHO模式等[⑥]。其中最具代表性的是上海，在实施再就业工程[⑦]的过程中，全国首次引入“非正规就业”的概念名词，探索形成极具上海特色的“非正规就业劳动组织”及其就业模式，被国际劳工组织誉为非正规就业的

① 《关于城镇灵活就业人员参加基本医疗保险的指导意见》（劳社厅发〔2003〕10号），2003年5月26日。
② 参见2008年1月1日正式实施的《中华人民共和国就业促进法》。
③ 《关于批转促进就业规划（2011—2015年）的通知》（国发〔2012〕6号），2012年1月24日。
④ 《关于印发“十三五”促进就业规划的通知》（国发〔2017〕10号），2017年1月26日。
⑤ 《关于支持多渠道灵活就业的意见》（国办发〔2020〕27号），2020年7月31日。
⑥ 刘社建：《非正规就业的主要模式及未来发展方向》，《经济体制改革》2007年第2期。
⑦ 参见复旦大学、解放日报社联合调查组：《奇迹是如何创造出来的——关于上海市再就业工程的研究报告》，复旦大学出版社1998年版。

“上海模式”。

1996年10月，上海市再就业工程领导小组办公室《关于鼓励下岗人员从事非正规就业的若干试行意见》对发展非正规就业作出具体规定，这是国际劳工组织所倡议的“非正规就业”概念及其名称首次进入中国政府体系的政策话语之中①。1998年7月，上海市再就业工程领导小组办公室《关于组建公益性劳动组织的认定管理暂行办法》，进一步将下岗失业人员的非正规就业向公益性劳动拓展②，形成“万人、千人、百人”就业工程项目。2003年7月，上海市劳动和社会保障局《关于印发〈关于规范非正规就业劳动组织管理的若干意见〉的通知》，进一步明确非正规就业劳动组织的性质、经营服务范围、经营原则、名称规范、申办条件、认定程度、管理机构、权利义务、人员管理、保险事项、年度检查、证照管理等内容，也明确劳动组织的18项经营范围。2005年12月，上海市第十二届人大常委会第二十五次会议通过《上海市促进就业若干规定》，2006年3月1日起正式实施。其中，第十三条规定“本市鼓励和引导劳动者通过非正规就业的劳动组织，实现就业”③。这是非正规就业在中国第一次进入地方法律体系。截至2005年底，全市非正规就业劳动组织总数3.4万家，涉及从业人员35.5万人。④

近年来，上海市积极推进非正规就业正规化。2013年2月，上海市政府办公厅《关于转发市人力资源社会保障局等十部门〈关于调整完善本市“万人就业项目”协管员队伍管理工作指导意见〉的通知》，将万人就业项目9支协管队伍转制为正规组织。⑤2017年12月13日，上海市政府办公厅《关于转发市人力资源社会保障局等六部门〈关于促进本市公益性劳动组织转制指导意见〉的通知》，进一步最近现有公益性劳动组织全部转制为符合劳动法规定的用人单位。⑥概括而言，上海市积极推进下岗失

---

① 《关于鼓励下岗人员从事非正规就业的若干试行意见》（沪再就办〔1996〕5号），1996年10月31日。
② 《关于组建公益性劳动组织的认定管理暂行办法》（沪再就办〔1998〕21号），1998年8月4日。
③ 参见2005年12月29日通过的《上海市促进就业若干规定》。
④ 参见上海市劳动和社会保障局：《2006年上海市就业和社会保障工作报告》，2007年。
⑤ 《关于转发市人力资源社会保障局等十部门〈关于调整完善本市“万人就业项目”协管员队伍管理工作指导意见〉的通知》（沪府办发〔2013〕9号），2013年2月28日。
⑥ 《关于转发市人力资源社会保障局等六部门〈关于促进本市公益性劳动组织转制指导意见〉的通知》（沪府办发〔2017〕76号），2017年12月13日。

业人员非正规就业，政策体系涵盖行业准入、组织形态、扶持政策、社会保障等领域，在消除城市贫困、拓宽就业渠道、小企业孵化器、政府适度介入等方面具有借鉴意义。

第三节　国内非正规就业研究的理论进展

“非正规就业”的学术概念最早出现在1985年，厉以宁在《宏观经济与微观经济协调的理论对我国经济体制改革的参考意义》一文中引用希克斯（John Hicks）的观点，认为“宏观经济与微观经济的协调问题也同两种就业和两种工资制度的分析联系在一起。……他所说的两种就业，是指工资非自由浮动的正规就业和工资具有较大伸缩性的非正规就业”[①]。以此为起点，国内非正规就业领域的研究成果日渐丰富。

一、非正规就业研究的“结构论”视角

这类研究关注非正规就业在宏观层面的结构性议题，具体分为三个方面：

（一）关注非正规就业规模测算

夏兴园采用劳动力参与率法、收入支出差异法、黑市差价法及税收测算法等测估地下经济规模，其在国民生产总值的比重逐年提高[②]；胡鞍钢和赵黎认为“非正规经济占GDP比重不断提高，成为中国经济增长最重要的部门之一”[③]。

（二）关注非正规就业与全国劳动力市场的关系

朱镜德提出三元劳动力市场，并建立两阶段乡—城劳动力迁移理论模型[④]；胡鞍钢和杨韵新预计“非正规就业将在未来10—15年内接近城镇就业总数比重的50%”[⑤]；金一虹认为当前已具备形成非正规劳动力市场的条件[⑥]；蔡昉和王美艳则揭示了非正规就业在劳动力市场发育、创造就业机会中的作用[⑦]。

① 厉以宁：《宏观经济与微观经济协调的理论对我国经济体制改革的参考意义》，《社会科学辑刊》1985年第4期。
② 参见夏兴园：《中国地下经济问题研究》，河南人民出版社1993年版。
③ 胡鞍钢、赵黎：《我国转型期城镇非正规就业与非正规经济（1990—2004）》，《清华大学学报（哲学社会科学版）》2006年第3期。
④ 朱镜德：《中国三元劳动力市场格局下的两阶段乡——城迁移理论》，《中国人口科学》1999年第1期。
⑤ 胡鞍钢、杨韵新：《就业模式转变：从正规化到非正规化》，《管理世界》2001年第2期。
⑥ 金一虹：《非正规劳动力市场的形成与发展》，《学海》2000年第4期。
⑦ 蔡昉、王美艳：《非正规就业与劳动力市场发育》，《经济学动态》2004年第2期。

（三）关注非正规就业与就业战略的关系

陈淮认为非正规就业需要国家政策的多方扶持①；张兴华则认为通过非正规部门来缓解城乡就业矛盾②；王郁认为非正规就业有利于扩大就业渠道和促进再就业③；张彦认为非正规就业是一个“复杂的好事”④，亟待平衡。

二、非正规就业研究的“功能论”视角

这类研究主要从农民工个体 / 群体出发，关注以非正规就业人员为中心的微观研究议题，具体分为三个方面：

（一）关注“外来散工”等自雇农民工群体

周大鸣最早研究自雇农民工，将“散工”界定为“外来劳动人口中从事各种‘自由’职业的人”⑤；刘志军将之分为无稳定雇主的他雇者、自雇者等两类⑥；尹晓颖、闫小培和薛德升则将非正规就业与“城中村”结合在一起⑦；李培林的“城中村”研究也专门关注“村落地下经济”⑧。

（二）关注“市场摊贩”等自雇农民工群体

以北京“浙江村”的个案研究最为典型。王春光最早研究指出，自雇者在市场聚集机制基础上的自发社群、生计模式和社会网络，构建了流动人口的业缘型社区⑨；项飚从自雇者群体的生活实践出发，发现“浙江村”是在体制外以“传统网络的市场化”进行微观层次上规则创新的结果，成功地塑造出“跨越边界的社区”⑩；张鹂则从空间理论的角度进行研究，认为“在官方管理之外，外来人口社区代表着一种新的空间化的

① 陈淮：《非正规就业：战略与政策》，《宏观经济研究》2001 年第 2 期。
② 张兴华：《非正规部门与城乡就业矛盾的缓解》，《中国农村经济》2002 年第 3 期。
③ 王郁：《非正规就业发展和公共政策》，载任远、彭希哲主编：《2006 中国非正规就业发展报告：劳动力市场的再观察》，重庆出版社 2007 年版，第 132 页。
④ 张彦：《非正规就业：政策调整和制度创新》，《社会科学》2009 年第 6 期。
⑤ 周大鸣：《广州“外来散工”的调查与分析》，《社会学研究》1994 年第 5 期。
⑥ 刘志军：《杭州市散工生存状况调查》，《浙江社会科学》2006 年第 6 期。
⑦ 尹晓颖、闫小培、薛德升：《快速城市化地区“城中村”非正规部门与“城中村”改造》，《现代城市研究》2009 年第 3 期。
⑧ 李培林：《村落的终结：羊城村的故事》，商务印书馆 2004 年版，第 129 页。
⑨ 参见王春光：《社会流动和社会重构：京城“浙江村”研究》，浙江人民出版社 1995 年版。
⑩ 参见项飚：《跨越边界的社区：北京“浙江村”的生活史》，三联书店 2000 年版。

权力”[①]。

（三）关注自雇农民工的劳动体制

沈原认为，农民工“短工化”的主要原因在于“以低薪酬待遇、缺乏保障、无发展前景为特征的‘农民工生产体制’”[②]；潘毅等指出建筑业普遍实行“分包劳动体制”[③]；田毅鹏等描绘马路劳动对城市边缘空间的生产与超越[④]；孙志建认为政府的模糊性治理在“统一性”和“适应性”之间取得平衡[⑤]。

三、非正规就业研究的“政策论”视角

这类研究将非正规就业引入社会政策领域形成研究议题，具体分为三个方面：

（一）基于非正规就业反思现行就业政策

任远提出隐性就业“其背后蕴含着就业管理和劳动力市场化制度建设的滞后”[⑥]；丁金宏指出城市非正规就业的“户口坝”[⑦]；张彦认为非正规就业政策涵盖面不足，“处于不对称、不平衡状态”[⑧]；石美遐从国际比较的角度提出政策选择[⑨]。

（二）针对非正规就业特定群体的政策思考

孙芝兴等分析了摊贩经济的问题根源、表现形式、治理历程和政策建议[⑩]，刘春燕关注城镇非正规就业女性群体的政策[⑪]；吕来明等提出城市流动摊贩群体的治理模式[⑫]；袁霓提出女性非正规就业者的社会保障和社会政策建议[⑬]；黄耿志运用空间政治理

① 参见张鹂：《城市里的陌生人》，袁长庚译，江苏人民出版社 2014 年版。
② 清华大学社会学系课题组：《“短工化”：农民工就业趋势研究》，载《清华社会学评论》（第 6 辑），社会科学文献出版社 2013 年版，第 40 页。
③ 潘毅、卢晖临、张慧鹏：《大工地：建筑业农民工的生存图景》，北京大学出版社 2012 年版，第 94 页。
④ 田毅鹏、张霁雪、陶宇：《空间生产、资本接续与权力介入的实践逻辑》，《社会科学》2010 年第 5 期。
⑤ 参见孙志建：《模糊性治理：中国城市摊贩监管中的政府行为模式》，复旦大学出版社 2016 年版。
⑥ 任远：《隐性就业与就业管理》，《人口与经济》2001 年第 4 期。
⑦ 丁金宏：《中国对非正规就业概念的移植与发展》，《中国人口科学》2001 年第 6 期。
⑧ 张彦：《社会转型期城市非正规就业政策调整和制度创新研究》，《科学发展》2010 年第 1 期。
⑨ 参见石美遐：《非正规就业劳动关系研究》，中国劳动社会保障出版社 2007 年版。
⑩ 参见孙芝兴、陈子韦、戴星翼：《摊贩经济研究》，上海人民出版社 2009 年版。
⑪ 参见刘春燕：《性别与健康：城镇非正规就业女性健康需要和政策回应》，社会科学文献出版社 2012 年版。
⑫ 参见吕来明、董彪、赵颖：《城市流动摊贩权力保护与治理机制研究》，法律出版社 2013 年版。
⑬ 参见袁霓：《中国女性非正规就业研究》，中国社会科学出版社 2015 年版。

论分析城市摊贩的冲突根源和治理困境①；周昕提出社区小商贩群体“三位一体”社会治理创新②。

（三）非正规就业“上海模式”的研究反思

中国社会科学院课题组将这一非正规就业政策经验归纳为以积极劳动政策为核心的“上海模式”③；刘社建将上海作为中国非正规就业的典型案例和成功模式④；任远对非正规就业“上海模式”提出完善建议⑤。

综上所述，国内非正规就业研究目前仍处在起步阶段，大部分研究属于概念辨析和理论引进，滞后于国内政策实践，融合多学科的综合研究仍有待展开。针对这一情况，2010 年 10 月，北京大学和《开放时代》杂志联合举办“中国非正规经济”论坛，这一论坛的主旨是：“摆脱主流经济理论和‘现代化’模式的误导，摒弃意识形态的争执，正视中国非正规经济的现实，从‘社会保护’和‘人本发展’的角度，探讨人道、经济、可持续的中国发展之路。”⑥这次论坛集合了来自经济学、历史学、社会学、人类学、人口学、法学、管理学等不同学科的一大批著名学者，围绕“中国非正规经济”进行了广泛而充分的学科交流，以期整合多学科资源构建中国非正规就业研究新的综合性研究视野。

第四节　结语：非正规就业中国经验的理论探索

根据国际劳工组织发布的《世界就业和社会展望：2018 年趋势》，截至 2017 年底，全球大约 20 亿人处于非正规就业状态，占就业人口总量的比例为 61%，⑦新近发布的《世界就业和社会展望：2022 年趋势》集中探讨新冠疫情下非正规就业者的状态及其改

---

① 参见黄耿志：《城市摊贩的社会经济根源与空间政治》，商务印书馆 2015 年版。
② 参见周昕：《社区小商贩社会治理创新研究》，中山大学出版社 2016 年版。
③ 中国社科院课题组：《积极劳动政策：上海模式述评》，《经济学动态》2002 年第 5 期。
④ 刘社建：《中国非正规就业的典型案例和成功模式》，载任远、彭希哲主编：《2006 中国非正规就业发展报告：劳动力市场的再观察》，重庆出版社 2007 年版，第 81—97 页。
⑤ 任远：《完善非正规就业“上海模式”的思考》，《社会科学》2008 年第 1 期。
⑥ 黄宗智、李强、潘毅、刘世定、胡鞍钢、郭伟和、张勇、万向东、李明欢、张静、麻国庆、金一虹、庄孔韶、卢晖临等：《中国非正规经济》（上、下），《开放时代》2011 年第 1—2 期。
⑦ *Greening with Jobs: World Employment and Social Outlook 2018*, International Labour Organization, 2018, pp.29—30.

善建议。[①] 在当前阶段，庞大的非正规就业群体集聚在各大城市特别是全球城市，其中，既有以从事非正规就业为生的底层阶级 [②]，也有以弹性就业为主的“穷忙”阶层 [③]，还出现以跨国迁移就业为主的劳工阶层 [④]，甚至出现以自由就业为主的中高端阶层人士 [⑤]。研究劳工问题的国内外学者几乎一致同意，全球范围内确实存在一股越来越明显的非正规就业浪潮。与此对应的一个客观后果，根据盖伊·史坦丁（Guy Standing）的研究，就是形成了一个规模日趋庞大的“不稳定无产阶级”（the precariat）群体，这是“一个因全球化而生的当代新危险阶级” [⑥]，在不久的未来有可能成为一股危险的破坏力量。

在 1845 年出版的《英国工人阶级状况》中，恩格斯敏锐地发现“工厂” [⑦] 之外的“多余的人” [⑧]，即在工作竞争中落败、不得已沦落街头的“街头无产者”工人群体，他们与工厂工人一样具有革命性，只是马克思主义阶级理论并未予以专题研究。在当前阶段，这些“多余的人”则呈现出新变化。由于互联网信息技术和资本无序扩张，非正规就业基础上的新就业形态已被市场经济所深度形塑，以平台算法为主导的生产体制更为彻底地剥离劳动者的社会身份，使之成为更加纯粹的商品化劳动力，这种新异化机制其实蕴含着更大的危机。借用波兰尼的话来说，传统的非正规就业者由于社会关系的“浸没”（submerged）机制形成“双向运动”（double movements） [⑨]，在资本冲击及社会震动中起到缓冲作用，该理论对“社会学的马克思主义”作出了独特贡献。经由马克思主义工人运动与波兰尼理论的历史性交汇，工厂体制与非正式的街头体制并非截然二元对立，其间的矛盾和张力为破除资本主义市场经济霸权提供源源不断的革命动力。

---

① *World Employment and Social Outlook 2022*, International Labour Organization, 2022, pp.22—24.

② ［美］肯·奥莱塔：《美国底层阶级》，聂振雄、蒋伟明译，上海译文出版社 1991 年版，第 2 页。

③ 参见［日］门仓贵史：《穷忙族》，袁淼译，中信出版社 2009 年版；［美］戴维·希普勒：《穷忙》，陈丽丽译，上海译文出版社 2015 年版。

④ 参见［美］周敏：《唐人街》，鲍霭斌译，商务印书馆 1998 年版；蓝佩嘉：《跨国灰姑娘》，吉林出版集团有限公司 2011 年版。

⑤ 参见项飚：《全球“猎身”》，王迪译，北京大学出版社 2012 年版。

⑥ ［英］盖伊·史坦丁：《不稳定无产阶级》，刘维人译，台湾城邦文化出版 2019 年版，第 264—265 页。

⑦ 《资本论》第 1 卷，人民出版社 2004 年版，第 481 页。

⑧ 《英国工人阶级状况》，载《马克思恩格斯全集》第 2 卷，人民出版社 2005 年版，第 369 页。

⑨ ［匈］卡尔·波兰尼：《巨变：当代政治与经济起源》，黄树民译，社会科学文献出版社 2013 年版，第 238 页。

具体到中国情境，在当前阶段，以城市化、信息化、全球化为背景，既有就业的非正规化特征越来越明显：首先，城市化进程客观上促进农民工迁移就业，在以职业分化为代表的劳动分工基础上形成城市秩序，呼应了芝加哥学派帕克提出的“城市生活研究纲要”①中研究职业的“秩序”内涵；其次，信息化进程客观上带动就业形态及其结构的迭代性系统变迁，新旧职业结构之间为非正规就业提供了生存空间，呼应了阿伯特提出的“职业存在于系统之中”②的职业系统论；最后，在全球城市两极化格局中，以全球城市精英及其劳动密集型消费模式为代表，正规就业与非正规就业间形成了一种等级性劳动分工关系，呼应了萨森提出“新经济正在创造不平等的新形式”③的重要论断。城市化、信息化、全球化的综合影响效应最终汇集到城市场域之中，而非正规就业现象只是这三者共生共变的阶段性产物之一，为运用社会学理论方法进行研究提供了有效衔接点和实证分析点。

但仅仅运用社会学理论方法是远远不够的，经由马克思主义与波兰尼理论的历史性交汇，其核心在于打破市场经济神话，特别是劳动力完全商品化的神话，将工人阶级劳动者的研究视角重新回归至“人”之总体性范畴，正视完整的“社会人”之无法被彻底商品化的经济社会事实。以此为出发点，非正规就业研究所蕴含的理论突破点就是将人的多面性以辩证方式完整呈现出来，这就为践行以人为本的中国特色社会主义就业理论提供发力点，即坚持人民至上，辩证处理好政府、市场与社会的关系，使市场在资源配置中起决定性作用、更好地发挥政府的作用和最大限度地激发社会活力，坚定不移走全体人民共同富裕道路，实现人的自由全面发展。由此，非正规就业领域的中国道路探索既要正视非正规就业者对城市创新发展的潜在贡献，也要将城市打造成非正规就业者社会保护的人民福祉，以人民城市重要理念开启中国式现代化新征程。

---

① ［美］R. E. 帕克：《城市：对于开展城市环境中人类行为研究的几点意见》，载［美］R. E. 帕克、E. N. 伯吉斯、R. D. 麦肯齐：《城市社会学》，宋俊岭等译，商务印书馆2012年版，第15页。

② ［美］安德鲁·阿伯特：《职业系统》，李荣山译，商务印书馆2016年版，第12页。

③ ［美］萨斯基亚·萨森：《全球化及其不满》，李纯一译，上海书店出版社2011年版，第153—156页。

第十二章　改革开放以来中国青年就业与发展

就业稳，则大局稳，这是中国特色社会主义建设的重中之重。青年是宝贵的人力资源，就业问题不仅是青年个体的问题，亦是社会的问题。近年来，青年就业问题主要表现在：在职贫困现象时常发生，针对青年的就业歧视较为普遍，存在工作强度大、稳定性差等权益保护问题。因此，政策部门应担负起宏观调控的责任，加强对青年的社会保障，专门出台有利于青年就业的政策，创造公平的就业环境以促进青年发展。

第一节　中国青年就业问题产生的背景

一、各国在经济社会发展中均存在青年就业问题

全球青年失业率显著高于成年人。青年失业是世界各国的普遍现象，也是一个全球性的社会问题。近年来，由于结构调整、技术进步和全球化等压力对世界经济造成的影响，特别是在经济发展全球化、一体化浪潮的冲击下，青年失业作为一种全球性的挑战显得越来越严峻。国际劳工组织在 2003 年发布的《全球青年就业趋势报告》显示，世界各地青年的失业问题严重，失业人数比 10 年前上升了 26.8%，失业率达到 14.4%。2008 年，席卷全球的金融危机和经济衰退导致原本就积重难返的青年就业问题陷入深渊，各国青年失业率纷纷创历史新高。[①]2010 年，经合组织（OECD）相关国家青年平均失业率达 16.8%，青年失业者规模约 1500 万人，其中，高于平均失业率国家占比为 58.5%。在各国政府和相关组织的针对性就业扶持举措之下，时至 2019 年，OECD 相关国家青年失业问题得到缓解，青年失业率降至 11.7%，高于平均失业率国家

① 鲍威、李炳龙：《谁失业、谁就业、谁升学：2003—2009 年中国高校学生毕业后发展路径选择的观察》，《清华大学教育研究》2012 年第 1 期。

占比也降至46.3%。[①]2020年国际劳工组织发布的《全球青年就业趋势：技术与未来工作》的报告指出，全球15—24岁之间的青年人，其失业的可能性是25岁以上成年人的三倍。[②]新冠疫情给全球市场带来新的不确定性，国际劳工组织称2022年全球失业人数将达到2.07亿，这远远超过2019年的水平，青年是首当其冲的失业人群。[③]

各国和地区之间的就业就业率存在差别。2012年，美、欧债务危机冲击到了世界大部分地区，整个发达经济体都陷入中长期低迷。尽管全世界有近40%的青年从事劳动力市场活动，这其中既包括受雇人员，也包括未受雇人员。后者也被称作潜在劳动力，但在不同区域之间区别显著。2019年，北美的青年劳动参与率最高，为52.6%，其次是拉丁美洲和加勒比地区，以及撒哈拉以南非洲地区，分别为48.9%和48.2%。青年劳动力参与率最低的区域在北非和阿拉伯国家，只有大约7%。尽管存在地区差异，但在1999—2019年之间，青年的劳动力参与率却普遍存在下降的趋势，全球的青年劳动力参与率下降了近12.0%，从53.1%下降到41.2%。因此，尽管在此期间青年总人口从10亿增加到近13亿，青年劳动力总数却从5.68亿下降到4.97亿。青年可能会因为各种原因被排除在劳动力市场之外，包括教育、家庭责任、疾病或残疾，以及对自己能够找到工作的信心不足等。[④]

二、改革开放以来就业是中国社会的现实问题

受世界经济形势的影响，我国就业受到冲击，同时，随着我国城市化、工业化进程的加快，我国面临着城镇新增劳动力就业、农村劳动力转移、高校毕业生就业、体制转轨中遗留的下岗失业人员再就业、退役军人和失地农民就业等众多问题。改革开放以来我国就业压力一直较大，由于劳动力总体供大于求，劳动者充分就业的需求与劳动力总量过大，致使失业和就业方面的矛盾日益突出，我国面临严峻的就业形势。

① 鲍威、陈得春、岳昌君：《青年就业扶持政策的国际比较——对后疫情时代中国高校毕业生就业政策的启示》，《教育发展研究》2020年第23期。

② 国际劳工组织：《全球青年就业趋势：青年失业率或是成人的三倍》，载http://www.woosmart.com/news/5326.html，2020年3月10日。

③ 《2022年失业人数，预计达到2.07亿，你做了哪些工作准备？》，载腾讯网https://page.om.qq.com/page/O7dwP3Gs7DkLX98o9yf-rtnw0，2022年1月19日。

④ 黎淑秀、钟卓雅：《青年就业的全球和区域趋势》，《广东青年研究》2021年第3期。

1979 年，我国的失业人员达 560 万人，失业率为 5.4%。1989 年，我国形成登记失业人员为 378 万人，失业率为 2.6%。1993 年，我国登记失业人员为 420.1 万人，失业率为 2.6%。1997 年，城镇登记失业人数 570 万人，登记失业率为 3.1%，当年还有下岗职工 1151 万人，比 1993 年约增长 4 倍，新老下岗人员累计达 2000 万人。2001 年，我国劳动力供给总量和剩余劳动力分别为 73574 万人和 1406 万人，比 2000 年分别增加 768 万人和 211 万人，城镇登记失业率达到 3.6%，庞大的下岗和失业大军使我国的失业率突破 4.0% 的国际公认的警戒线。2003 年，我国的失业率已达 4.3%。2005 年，全国城镇登记失业人数为 839 万人，城镇登记失业率为 4.2%。[①]2010 年，全国城镇登记失业人数为 908 万人，城镇登记失业率为 4.1%。2015 年，全国城镇登记失业人数为 966 万人，城镇登记失业率为 4.05%，2019 年，虽然全国城镇新增就业 1352 万人，但城镇登记失业人数还是达到 945 万人，城镇登记失业率为 3.62%。受疫情影响，2020 年，城镇登记失业率为 4.24%，2021 年，全国城镇登记失业人数为 941.2 万人，全国城镇调查失业率为 5.1%。从历年的全国城镇登记失业人数和城镇登记失业率可以看出，改革开放以来，我国城镇登记失业人数呈上升趋势，虽然城镇登记失业率大多稳定在 4.1% 上下，经济发展过程的 GDP 提升增加很多就业岗位，但由于需要就业人员基数的不断上涨，就业难问题依然严峻。

三、青年就业压力与难度远高于其他人群

意大利经济学家尼尔·欧·希金斯（Niall O'higgins）等人于 1997 年首先提出了青年失业具有显著的不稳定性。成年人失业率随时间变化较平稳，但青年人无论是男性还是女性，失业波动幅度明显较大；其他发达国家也呈现同样特征。[②] 由于青年是从职场准入场者的角色开始，虽然其在朝阳产业中占有竞争优势，但绝大多数的就业岗位仍在传统产业当中，每年增加就业岗位数有限前提下，青年进入职场的难度很大。

青年人失业（包括待业）占失业总数的比率相当大，是我国历年存在的问题，特别是传统的就业制度被打破之后，这一问题显得尤为严峻，改革开放后的 40 多年基本

① 参见曾燕波：《青年八大热点问题研究》，上海社会科学院出版社 2007 年版。

② Niall O'higgins, "The Challenge of Youth Unemployment", *Employment and Training*, Vol.50, No.4, 1997.

呈上升趋势。1978 年，失业青年人数为 249.1 万人，占城镇失业人数的 47.0%。1988 年，失业青年人数为 245.3 万人，占城镇失业人数的 82.8%，与 10 年前相比几乎增加了一倍。1997 年，失业青年人占城镇失业人数的 68.9%。由于第三次生育高峰时期出生的人口进入劳动年龄，中国劳动力资源呈持续上升趋势。2000 年，全国新增适龄劳动人口 4300 万人，平均每年需要安置 1400 万人。2003 年，我国城镇新增劳动力 1000 万人。中国青少年研究中心发布的《城镇青年就业失业状况》指出，城镇失业青年群体正日益扩大，2008 年，城镇失业青年占全部城镇失业者的 54.0%。城镇青年就业总数约为 1.0966 亿，城镇青年就业人数占全国城镇 16 岁以上就业人员总数的 36.3%。① 中国青少年研究中心发布的《中国青年人口与发展统计报告（2015）》显示，城镇失业青年（16—34 岁）占城镇失业人员的一半。②2022 年，我国城镇新增劳动力约 1600 万，再创新高，7 月份，16—24 岁人口调查失业率达到 19.9%。从青年失业人数占失业总人数比例中可以看出，青年的就业压力远高于其他成年群体，在整体失业人员不断增加的情况下，青年失业人员占比最高。多年以来，我国青年就业压力始终保持在一个较高的数值，并没有随着时间的推移而得到有效缓解，我国将会在一个较长的时期内面临巨大的就业压力。③

四、青年就业不仅是生存问题更是发展问题

挪威经济学家托瑞德·哈默（Torild Hammer）指出，青年的早期失业经历有可能使得他们陷入长期失业。英国经济学家理查德·布瑞恩（Richard Breen）等人的研究指出，20 世纪七八十年代以来，经合组织国家失业青年中长期失业者的比重显著上升，虽然总体上青年长期失业率低于成人的长期失业率水平，但从绝对量上看，青年的长期失业问题在经济合作与发展组织国家已十分严重，并成为青年失业的主体。④

尽管其中有青年群体自身工作经验不足的原因，但也存在重大的结构性阻碍。值

① 邓希泉：《城镇失业青年占城镇失业人员半数以上》，载广东公务员考试网 http://www.gdgkw.org/2010/0116/4476.html，2010 年 1 月 16 日。

② 参见《〈中长期青年发展规划（2016—2025 年）〉学习辅导读本》，人民出版社 2019 年版。

③ 王建光、余项科：《影响青年劳动者就业因素探析》，《人民论坛》2016 年第 8 期。

④ 毕先萍：《青年失业的特征及成因：基于国际视角的考察》，《青年研究》2004 年第 10 期。

得一提的是，国际劳工组织称在全球4.29亿在岗青年中，有近5500万处于极度贫困状态，每天的生活费不足1.9美元，占到总人数的13%。在目前世界上近13亿青年人中，约有2.67亿处于“无工无学无培训”的“三无”状态，且占比逐年上升；其中，女性有1.81亿，占到三分之二。2020年，全球青年失业率约为13.6%，另外还有4100万青年属于“潜在劳动力”，这一群体能够立即开始工作，却往往因为灰心失望而已经放弃了求职，或是正在积极寻找工作，但因为学业尚未完成等原因而暂时无法到岗。①

青年就业问题应当受到特别关注，因为青年时期是一个人选择职业道路、获取工作经验与技能、形成自我价值、开始自立并真正融入社会的关键阶段，这一阶段的就业经历可能对其将来乃至一生都会产生深远的影响。失业不仅抑制青年未来薪资和就业能力的提升，对其幸福感、工作满意度和健康等身心健康发展也具有不同程度的负面效应，甚至降低青年自尊，增加抑郁症的发病率，留下永久“伤疤”，即所谓的“青年失业的多重伤疤效应”②。因此，如果不能在解决青年就业问题的思路上实现突破和创新，就可能延误解决问题的时机，造成新的社会不稳定因素。

就业在青年发展和社会发展中占相当重要的作用，我国政府历来重视青年就业问题，从2021年政府工作报告中可以看出，党和政府对青年就业高度重视，就业将是未来一个时期内中国青年面临的实际问题，作用于青年的生存与发展。就业优先已经贯穿于历年的经济政策之中，成为一个社会热点。③

第二节　改革开放以来中国青年就业特征

一、性别、学历等外在特征对青年就业产生影响

在青年就业过程中，性别和学历等外在特征是重要的影响因素。有调查发现，近40%的被调查青年遭遇过就业歧视，就业歧视主要体现在就业经验、性别和学历等方面，最容易产生就业歧视的单位是外资企业和民营企业，国有企业次之，政府部门、

① 国际劳工组织：《全球青年就业趋势：青年失业率或是成人的三倍》，载http://www.woosmart.com/news/5326.html，2020年3月10日。

② A. H. Goldsmith, J.R. Veum, D. William Jr., “The Impact of Labor Force History on Self-esteem and its Component Parts, Anxiety, Alienation and Depression”, *Journal of Economic Psychology*, No.2, 1996.

③ 何云峰：《中国青年就业研究现状与国外青年劳动就业》，《广东青年研究》2021年第3期。

行政事业单位产生歧视的概率相对较低。①

性别歧视 在许多研究中性别都被作为一种重要的影响因素，在青年就业过程中性别歧视比较普遍。朱家华的调查发现，自身因素、学校因素和社会工作因素等都会对大学生就业产生影响，性别便是其中一个重要的方面。② 任锡源的研究发现，性别对博士生就业产生很大影响，女博士更容易遭受性别就业歧视。③ 程征东也认为，性别歧视因素会直接导致女性青年的失业率远高于青年失业的平均水平。④ 蔡昉主编的《中国人口与劳动问题报告——城乡就业问题与对策》绿皮书对失业、下岗职工状况、女性职工地位及与之相关的制度因素进行分析，指出在就业问题上，由于性别歧视，政府应进行政策调控。⑤

学历歧视 低学历青年在择业和就业过程更容易遭受就业歧视。岳雪莲的研究发现，学历的高低对就业有重要的影响，学历越高并不意味着就业越好，但低学历者就业更加困难。⑥ 王蓉蓉认为，学历不高是青年就业问题存在的首要障碍因素，专业不好、社交能力弱、工作经验缺乏也是重要方面。⑦ 赵珍通过研究不同教育程度毕业生的就业状况发现，中国青年初次就业中存在两个突出的问题，一是中等职业教育程度毕业生供不应求但就业质量差，二是高等职业教育程度毕业生供过于求。⑧ 中国青少年研究中心的调查发现，在基本已经实现九年制义务教育的城镇青少年群体中，随着文化程度的升高，失业比例迅速降低，但大学毕业生失业成为日益突出的问题。城镇失业人员大学毕业生失业率逐年提高，其中比较最高的是大学专科学历，其次是大学本科学历，最后是研究生及以上学历。⑨

---

① 姚科艳：《青年就业歧视的网络调查与解析》，《中国青年研究》2013 年第 5 期。
② 朱家华：《大学生就业的影响因素分析》，《软件》2013 年第 9 期。
③ 任锡源：《基于性别差异的博士生就业影响因素研究》，《中国海洋大学学报（社会科学版）》2013 年第 6 期。
④ 程征东：《上海市青年就业促进工作中政府责任履行研究——以新公共管理理论为视角》，上海师范大学硕士学位论文，2015 年。
⑤ 参见蔡昉：《中国人口与劳动问题报告——城乡就业问题与对策》，社会科学文献出版社 2002 年版。
⑥ 岳雪莲：《广西新生代农民本土就业影响因素探讨》，《中南民族大学学报（人文社会科学版）》2014 年第 1 期。
⑦ 王蓉蓉：《大城市青年就业现状探析——以上海为例》，《南京人口管理干部学院学报》2012 年第 7 期。
⑧ 赵珍：《中国青年初次就业问题研究》，首都经济贸易大学博士学位论文，2008 年。
⑨ 邓希泉：《城镇失业青年占城镇失业人员半数以上》，载广东公务员考试网 http://www.gdgkw.org/2010/0116/4476.html，2010 年 1 月 16 日。

经验歧视　21世纪以来，青年失业和未充分就业现象在全球范围内持续蔓延。由于存在雇主职业培训投入不足、青年缺乏职业实践经验等情况，青年失业率远高于成人失业率。① 当前青年跳槽频繁，就业稳定性不足，一些用人单位只看眼前，只管用人，不重视对职工的培训，不注重人才长远培养和人才梯队建设。一些用人单位在招工时，过于看重个人的实际工作经验，歧视初就业的青年，认为他们动手能力差；且应届大学毕业生只有书本上的理论知识，不能立即“使用”，不能很快地创造价值，不如招有工作经验的人。据了解，对应聘者要求有工作经验的企业和单位占了用人单位总数的66%；明确表示“没有工作经验不予考虑”的占21%。②

二、观念、兴趣等内在特征对青年就业产生影响

改革开放初期，青年就有了自主择业的意识，在青年就业过程中，就业观念和职业兴趣亦会对青年产生影响。

就业观不正确或就业技能不足是青年就业问题产生的重要因素之一。桑伟林、蔡智认为，在我国经济从高速到高质的转型期间，青年就业创业面临巨大压力，具体表现为青年劳动人口持续供过于求、青年自身素质不能很快提高、青年就业观念和择业意愿与现实脱节。③ 杨岳认为，青年的就业困难与失业危机，一个重要的原因是就业市场需求不足和青年人本身缺乏就业所需的观念、技能、知识和经验。④ 吴森富提出，中国目前20—30岁的青年是伴随着改革开放成长起来的，一方面亲眼目睹了中国的巨大变化，另一方面追求更多的经济收入。所有这些都决定了他们在求职过程中容易出现期望过高、产生过多的物质要求、追求那些高工资和晋升快的热门职业，而不愿意接受普通的和低工资的职业。这就产生了期望与现实的差距，失业也就难免了。⑤ 尹建堃

---

① C. E. Montenegro, “Job Security and the Age-composition of Employment: Evidence from Chile”, *Estudios de Economia*, Vol.34, No.2, 2007.

② 参见曾燕波：《八大青年热点问题》，上海社会科学院出版社2008年版。

③ 桑伟林、蔡智：《改革开放40年来青年就业创业政策演进及其优化研究》，《中国青年研究》2018年第10期。

④ 杨岳：《经济全球化背景下的青年就业》，国际社会学会第34届青年社会学研究委员会第六届亚洲区青年问题研讨会论文，2004年。

⑤ 吴森富：《青年失业现象、原因及对策分析》，《青年研究》2003年第1期。

认为，青年人没有工作，很大一部分原因是其不满意能够找到的工作。学历较高的青年人，在就业时有着较高的期望值。学历低一点的，如果没有太大的生活压力，也不愿干太辛苦的工作，而是希望通过进一步寻觅或者培训找到理想的工作。从这个意义上讲，青年就业问题，更多的是一个择业问题。①

研究显示，足够的成就动机和专业兴趣会对青年就业产生正向影响，专业兴趣可以通过影响人力资本积累和人力资本的发挥进而影响就业。冯沁雪基于2009—2019年高校毕业生就业调查的实证研究发现，高校毕业生的专业兴趣会显著提升毕业落实率，对正规就业毕业生的就业满意度有显著正向促进作用，但对起薪没有显著影响；学习成绩在专业兴趣影响毕业生就业落实中发挥了部分中介效应，工作的学用匹配程度在专业兴趣影响正规就业毕业生就业满意度中发挥了部分中介效应。②其实，专业兴趣深刻影响着人力资本的积累，专业兴趣强的学生更可能进行深层学习和深入的信息加工，进而加深专业知识理解程度。③专业兴趣越强，对专业相关领域的求职兴趣越高④；毕业时越可能就职于与专业相关的工作领域，即学用匹配度更高；⑤毕业生就业的人职匹配度也越高，即对工作更感兴趣、对工作更擅长、工作与理想职业和专业一致的程度更高，进而对求职和职业发展更为有利。⑥

三、青年就业的群体特征明显

青年就业的群体特征最明显地表现在新生代农民工和大学毕业生身上。

一是青年农民工从就业难到用工荒。在农村1.5亿富余劳动力中，向非农领域转移和进城务工的主要是青年。农村青年转移就业中的种种障碍应受到足够关注。⑦初次外出就业的农民工平均年龄为21.7岁，较早的外出务工缩短了受教育的年限。在新生

① 白天亮：《青年占失业者比重上升　大学生失去就业优势》，《人民日报》2005年6月27日。
② 冯沁雪：《专业兴趣会影响就业质量吗？——基于2009—2019年高校毕业生就业调查的实证研究》，《教育与经济》2021年第4期。
③ 赵兰兰、汪玲：《学习兴趣研究综述》，《首都师范大学学报（社会科学版）》2006年第10期。
④ 朱红：《理科大学生职业志趣的实证分析》，《北京大学教育评论》2016年第4期。
⑤ 于洪霞：《高校毕业生就业专业结构匹配情况及其影响因素探析》，《教育学术月刊》2011年第8期。
⑥ 钟秋明：《高校毕业生就业观影响就业质量的实证研究》，《高教探索》2015年第3期。
⑦ 赵珍：《中国青年初次就业问题研究》，首都经济贸易大学博士学位论文，2008年。

代农民工中有 87.3% 的人没有从事过农业生产劳动，这部分人从不上学后就直接外出寻找就业。新生代农民工较多从事制造业，其次是建筑业，他们大多从事一线的生产工作，工作的环境也较为恶劣。加上我国经济增速放缓，加工制造业出现萎缩，使得新生代农民工的就业机会减少，竞争更加激烈。虽然新生代农民工在生活水平和价值观上发生了变化，他们喜欢在城镇的生活，且愿意留在城镇。但社会保障制度的不完善，使他们很难享受到本地就医的便利，大部分新生代农民工没有社会保险。① 王德文基于 2000 年人口普查长表数据的 1% 抽样资料的分析为基础，测算出 2000 年城市失业率为 8.3%，远大于城市登记失业率，也高于将城市下岗职工纳入计算调整后的失业率。15—24 岁城市劳动力失业率为 11.7%，其中，本地青年劳动力失业率为 15.5%，农村青年迁移者失业率为 4%。虽然农民工用工荒的出现使新生代农民工就业难得到很快解决，但劳动力转移过程中的就业问题仍要面对。②

二是高校扩招后毕业生增长迅速，就业艰难。随着我国高等教育的不断发展，几年之内，高等教育进入了大众时代。教育的大众化要求中国大学的招生规模大规模扩张，而扩张的直接结果之一就是大学毕业生人数的快速增长。由于社会发展地区不平衡，东部发达地区为毕业生提供了良好的生活环境和发展前景，成为人才投入大省，人才竞争非常激烈，许多学生未能获得有效的就业机会。部门之间的劳动力市场划分也会给大学毕业生的就业带来困难。③ 田永坡认为高校毕业生存在一般人力资本专业口径窄、特殊性人力资本实践培训力度小等问题，外加高等教育大众化进程中存在高校内生性不足、学科渗透力弱和专业合作协调欠缺等现象，导致高校毕业生专业能力弱，进而产生大学生就业难现象。④ 殷建新认为在人才培养要求下，对专业能力、专业实践、专业素质等方面仍有较大提高空间，而这些因素正是形成高校毕业生就业力的核心要素，这些核心要素的缺失，导致高校毕业生在就业市场中处于劣势地位，进而滋生大学生就业难现象。⑤ 因此大学生就业难，要从以上几个方面从政策上加以解决。

---

① 武晨：《我国青年就业影响因素研究》，安徽财经大学硕士学位论文，2015 年。
② 王德文：《迁移、失业与城市劳动力市场分割》，《世界经济文汇》2004 年第 1 期。
③ 郭艺浓：《我国大学生就业难的原因及其对策分析》，《劳动保障世界》2020 年第 14 期。
④ 张臻：《我国大学生就业难现象研究》，《广西质量监督导报》2021 年 1 月 28 日。
⑤ 殷建新：《中外对大学生就业难问题的研究与实践比较分析》，《南京财经大学学报》2008 年第 6 期。

四、青年就业的代际差别明显

21世纪以来，青年失业和未充分就业现象在全球范围内持续蔓延。由于存在雇主职业培训投入不足、青年缺乏职业实践经验等情况，青年失业率远高于成人失业率，成为各国政府和社会的关注焦点。①2018年，由全国青联及劳动和社会保障部劳动科学研究所联合进行的对全国7000名青年的就业状况调查显示，青年失业率为9%，高于中国当时6.1%的社会平均失业率。失业1年以上的长期失业者占72%。②中国青少年研究中心的调查表明，城镇失业人员的失业原因主要有：因单位原因失去工作（28.7%）、毕业后未工作（22.1%）、因个人原因失去工作（19.1%）和料理家务（12.9%）。对16—19岁和20—24岁的城镇失业青年来说，毕业后未工作是最主要的失业原因，分别占77.6%和60.9%；其次是因个人原因失去工作，其比例分别为14.3%和19.1%。25—29岁城镇失业青年的首要失业原因也是毕业后未工作，但比例下降至28.0%；因个人原因失去工作，比例则上升至27.3%。30—34岁城镇失业青年的首要失业原因则是因单位原因失去工作（29.2%），其次是料理家务（23.3%）和因个人原因失去工作（21.8%）。邓希泉分析认为，四个年龄段城镇青年失业原因的差异，正是我国社会结构变动、就业体制改革和教育政策变化的直接反映。30—34岁的城镇失业青年被企业改制和用工制度改革的余波所累，16—24岁城镇失业青年则主要受到高等教育迅速扩张但未有效与社会需求对接等弊端的直接影响。③

第三节　改革开放以来中国青年的就业问题

一、收入问题对青年产生较大的生存性压力

中国青少年研究中心孙宏艳调研发现，职业青年面临着三大压力：经济压力

① C. E. Montenegro, "Job Security and the Age-composition of Employment: Evidence from Chile", *Estudios de Economia*, Vol.34, No.2, 2007.

② 全国青联及劳动和社会保障部劳动科学研究所：《中国首次青年就业状况调查报告（2018）》，载百度文库 https://wenku.baidu.com/view/e97a4663cec789eb172ded630b1c59eef8c79a95.html。

③ 邓希泉：《城镇失业青年占城镇失业人员半数以上》，载广东公务员考试网 http://www.gdgkw.org/2010/0116/4476.html，2010年1月16日。

（72.1%）、职业迷茫（40.6%）、住房压力（34.1%）。① 卢帆的研究发现，在国有企业就职的年轻人的工资属于中等水平，有43.6%的青年对自己现在的工资水平感觉一般，只有三分之一的青年对目前的工资基本满意。在有孩子的青年样本中，五成青年认为有了孩子以后开销非常大，生活紧张。② 他们中的不少人，在大城市买不起房子，他们不再追逐高房价，转而享受生活，一旦家庭出现变故，他们的抗风险能力很弱。可见，收入问题是青年面临的最为直接的现实问题。随着房价的不断上涨，住房压力对于青年就业人群而言尤为巨大。③ 黄文丽的研究发现，"蜗居"青年收入水平低，生活负担重，没有能力改变自身的居住状况。④ 于淼的调研表明，青年群体刚步入社会，处于经济独立初期阶段，收入来源基本全部是工资性收入，而社会租房价格与购房价格都相对较高。⑤ 宋程的调查表明，在长三角城市群里，46.4%的青年居住在合租房内，10.2%的青年居住在群租房内。由于收入水平有限，很大一部分青年仍面临着居住环境较差的困境，无力改变现状。⑥ 于淼指出，我国青年的住房水平低于社会平均水平，且周期性较为显著。青年创造财富的能力较弱、积累财富的程度较低，他们的境遇是社会风险的一部分。国家应该针对青年群体，出台更为整体、精准、有效的政策，比如，更完善的就业和住房政策供给，帮助他们解决生活困难，以此舒缓他们的经济压力。⑦

二、价值实现对青年产生较大的发展性压力

随着改革开放的全面展开，青年择业时更崇尚"自我设计""自我奋斗"和"自我实现"，谋生存、求发展是青年就业的基本动机。⑧ 青年就业求长远发展的意愿比较明显，找工作对他们来说不再是单纯地为了生存，更多地是为了获得自我价值的实现。对外出打工人群的调研发现，被调查者外出打工因为"随大流出来闯闯"的很

① 章正：《经济压力是在职青年面临的最大"敌人"》，《就业与保障》2019年第9期。
② 卢帆：《国企青年职工家庭经济压力及社会支持调查报告》，《青年与社会》2013年第1期。
③ 蒋知曈等：《面向青年就业人群的住房供应体系研究》，《上海房产》2021年第3期。
④ 黄文丽：《我国大学毕业生住房保障面临的问题及对策研究》，《劳动保障世界》2016年第3期。
⑤ 蒋知曈等：《面向青年就业人群的住房供应体系研究》，《上海房产》2021年第3期。
⑥ 宋程：《青年住房问题研究——基于长三角城市群青年民生调查的分析》，《青年学报》2020年第1期。
⑦ 章正：《经济压力是在职青年面临的最大"敌人"》，《就业与保障》2019年第9期。
⑧ 张澜：《大学生择业观与高校职业发展教育对策研究》，《沈阳航空工业学院学报》2007年第6期。

少，仅占 4.9%，一般都有比较明确的成就动机，有较强的个人发展愿望，希望通过自身的努力提高素质技能，为今后发展打下基础。当问及“如果工作出色，作为奖励，您最希望得到的是什么？”时，被调查者的回答由高到低依次为：提供学习培训机会（27.4%）、提高工资级别（22.6%）、解决户口问题（16.3%）、改善福利待遇（16.0%）、晋升职务或调到更好的岗位（14.4%）、希望受表彰（4.9%）、得到休假（2.1%），突出需求主要在发展方面，绝大部分青年在经济利益获得初步满足后，在文化生活、社会参与、成才创业等方面的需求进一步凸显。①

近年来，“躺平”现象引发诸多争议，对于青年来说，工作压力和生活压力同时出现，对自我实现产生了威胁与挑战。当代青年所面临的巨大压力是具象而真实的，如收入、住房、工作等现实问题。②“躺平”的背后折射出年轻一代的困惑与苦恼，他们对自己的未来进行了多维度的考量，其实在现实生活中，选择彻底自我放弃的人寥寥无几，他们渴望自我实现。③在职场竞争激烈的年代，很多青年即使有再多的困难和压力，他们也想要靠个人奋进，实现“草根逆袭”。在职场供远远大于求的情况下，由于青年掌握的社会资本不同而产生的不公平竞争对青年发展和社会发展是不利的，政府有责任采取有效措施来扭转这一局面。青年生存与发展问题至关重要，如何帮助青年成长成才，实现理想，需要相关部门的政策性引导。④

三、存在工作强度大、稳定性差等权益保护问题

由联合国青年就业网络中国项目合作办公室发布的《中国青年就业状况报告》指出，中国劳动力市场灵活性强，而就业的保障性和稳定性差。对于青年人来说，他们面临的主要是结构性问题。青年劳动力市场的需求较大，青年人找份工作并不难。但是，由于自身文化水平、技能和经验等方面的原因，找份正规工作却比较困难。这表现为，存在一部分长期失业青年，临时就业的比重高，从学校向正规劳动力市场转换

---

① 顾淑华：《就业、生活、权益和价值追求——上海市外来务工青年生存与发展状况的调研报告》，《当代青年研究》2000 年第 2 期。
② 马海兰：《需要层次论视域下的“躺平”与青年就业现状分析》，《广东青年研究》2021 年第 4 期。
③ 同上。
④ 曾燕波：《“佛系”抑或奋进：青年职业价值观调查》，《青少年导刊》2019 年第 7 期。

的时间长等。[①]就业青年的工作时间较长，不仅高于城镇就业人员的周平均工作时间，而且大部分城镇青年工作时长超标。从现实情况看，第一，青年人口的生理需要得不到满足。超标的工作模式成为大部分城镇就业青年的生活常态，他们长时间处于超负荷工作中，吃饭、睡眠的时间没有保证，更无规律可言。在就业青年的工作时长上，以2016年城镇不同性别就业青年的工作时间情况为例，城镇就业人员的周平均工作时长为46.1小时。就业青年的工作时间较长，且大部分城镇青年工作时长超标。[②]2016年上海社会科学院创新团队对青年发展情况的实证研究发现，有17.9%的青年每月工作超22天，26.9%的青年每周工作超过正常的40个小时，这部分青年加班现象严重，工作负载较重。并且，以每月加班情况来看，学历越高工作越忙、加班越多；出生地为上海的青年每月工作超过22天的占17%，出生地不是上海的青年每月工作超过22天的占30.5%。出生地为上海的青年每周工作超过40小时的占25.5%，出生地不是上海的青年每周工作超过40小时的占31%。很多青年为了在一线城市奋斗，加班工作成为常态。

从传统意义上讲，所谓"人挪活"即跳槽，是能力者的体现，主动更换的工作会越来越好，但是，随着近年来就业形势的严峻，很多大学毕业生工作不理想，由于专业不对口、人际交往能力差、待遇不足、不能吃苦等主客观原因导致青年职业稳定性越来越差，影响青年的发展。2016年上海社会科学院创新团队对青年发展情况的实证研究发现，多数青年（63.6%）有过跳槽行为。当问到青年从事超过半年以上的工作有几份时，一份也没有的占18.5%，有一份的占32.7%，有二份的占28.7%，有三份的占15.5%。同时，青年被动性失业也成为常态，当问到青年认为自己在未来的6个月内失业的可能性有多大时，认为非常有可能的占2.8%，比较有可能的占9.8%，一般有可能的占17.8%，不可能的占49.3%，非常不可能的占20.3%。

四、产生"啃老族""蚁族"等青年新族群

所谓"傍老族"，就是指已成年、有谋生能力，但依旧"躺"在父母怀里，在

---

① 联合国青年就业网络中国项目合作办公室：《中国青年就业状况报告》，载豆丁网 https://www.docin.com/p-2063866454.html。

② 张舟：《面对"躺平"青年说教不如换位思考》，《四川日报》2021年5月17日。

不“断乳”的状态下生存的青年，他们的生活主要来源是向父母要钱。而那些家境贫寒、父母本身就难以为继的情况下，依然“啃”父母的青年，则被称为“啃老族”。无论是“傍”还是“啃”，这个“新失业群体”如今都成为部分中老年人沉重的家庭负担，从而引发新的心理焦虑。特别值得注意的是，这些群体正由经济条件优越家庭子女向困难家庭延伸。一边是劳心劳力、白发苍苍的父母，一边是赖在父母怀里不愿“断乳”的子女。调查发现，社区青年求职热情不高，啃老或当全职太太现象有增长趋势，有工作的青年占 88.7%，以前有但目前没有工作的青年占 7.8%，从未工作的青年占 3.5%，没有工作的青年合计占 11.3%。① 其实，我国的“新失业群体”或“无就业的年轻人群体”即“啃老族”，早在 20 世纪就已产生。2000 年第五次全国人口普查表明，当时 15—29 岁的青少年共有 31494.5 万人，其中，“啃老族”就有 1152.7 万人，占青少年总人数的 3.66%。② 近年来，“啃老族”在不断升级壮大，劳动和社会保障部《2003—2004：中国就业报告》披露：城镇新增劳动力中只有 40%—50% 能够实现就业，新成长失业青年增幅为 62.3%；据中国老龄中心调查，我国 65% 的家庭存在着老养小现象，有 30% 的成年人被老年人供养着。③ 更加引人注意的是，由于高等教育的大众化与大学生就业难现象的出现，有的大学生也加入了这个群体并有发展扩大趋势，大学生“啃老族”是新生的知识型寄生阶层，长此以往可能会影响到家庭的和谐并诱发社会的不稳定。④ 就业形势严峻和生存压力增大成为很多年轻人被迫“啃老”的重要原因。很多找不到稳定工作的年轻人不得不接受父母的帮助，不得已成为“啃老族”。⑤ 随着我国经济水平的不断发展和提高，随之而来的生活和消费成本不断攀升，即使有工作的年轻人，除了支付基本生活之外，几乎就成了“月光族”，更不用说支付结婚、买房、哺育下一代的费用了。因此，为了避免这些生活压力，很多年轻人向父母伸出了援手，不愿吃苦，甘心当“啃老族”。⑥ 不正确的就业观念是影响青年就业最重要的

---

① 曾燕波：《“佛系”抑或奋进：青年职业价值观调查》，《青少年导刊》2019 年第 7 期。
② 梦林：《中国的“啃老族”》，《百科知识》2016 年第 17 期。
③ 张科：《“啃老族”的形成原因探析》，《广西社会科学》2008 年第 9 期。
④ 史淑桃：《当代大学生“啃老族”现象对高等教育的反思》，《商业时代》2010 年第 16 期。
⑤ 师艳荣：《“啃老族”缘何日益壮大》，《教育家》2019 年第 11 期。
⑥ 张晶晶：《“啃老族”现象成因探究》，《山西师大学报（社会科学版）》2014 年第 5 期。

主观因素。其一表现在期望值过高，大事做不了，小事又不做，因此找不到满意的工作。二是表现在有些青年好逸恶劳和爱慕虚荣，宁愿当“啃老族”，在择业时存在怕苦、怕畏、畏难情绪，缺乏勇敢自信的生活态度，只考虑工作待遇较高、工作环境好的职业和企业，希望一步到位，而不愿意到条件比较艰苦的地区和行业去工作，踏踏实实从头做起，缺乏务实实干，艰苦创业精神。①

不少大学生毕业后沦为“蚁族”。城乡差距、区域差距过大导致大学毕业生大多涌向大城市或沿海地区就业。“蚁族”绝大多数来自农村落后地区，由于没有什么社会资源可以利用，他们经常失业，大多数“蚁族”就职于中小型企业，相关险金的社会劳动保障措施得不到落实。②另一相关调查也显示，“蚁族”群体就业呈现流动性强和就业方式多样化的特点，就业主要集中在经济发达地区的城市中，他们大多是毕业5年内的大学毕业生，他们不愿到乡镇和经济落后地区工作，并且频繁更换工作，收入不稳定，就业后绝大多数人无“三险”、无劳动合同、无稳定住房。同时，蚁族的基本生活消费相对较低，多数处于收支平衡或略有结余的状态，除了工作和学习，没有经济基础去消费，更没有文化娱乐。③由于“蚁族”的经济基础较差，住房对他们来说是最大的问题，对于刚毕业几年的大学毕业生来说，如果靠自己的力量根本买不起。然而，租房也不便宜，他们往往选择“群租房 ”。他们认为聚居或租房子是个很好的选择，这就决定了他们的居住环境比较差，空间窄小，周边的公共设施不齐全并被低端娱乐场所包围，人员流动性大，人群结构复杂，人身和财产安全问题愈发堪忧。④尽管上海有关部门曾下文不允许将高层住宅隔断，但是事实上规定成了一纸废文。这些刚毕业的大学生选择“蚁居”，实属无奈之举。其中有不少人在简陋的出租房甚至地下室。他们之所以“宁要大城市一张床，不要小城市一套房”，原因之一是缘于对事业的追求。他们渴望成功，渴望实现自己的人生价值。调查发现，选择群租房的占到15.8%，自己租房的有28.9%，住在父母家的占31.6%，即使有自己的房子的占到23.7%，其中又大多有

① 陈跃强：《影响青年就业难的因素分析》，《天津职业院校联合学报》2014年第9期。

② 刘慧颖：《从蚁族视角分析当代大学生就业观》，《华章》2012年第8期。

③ 谷华菩：《浅析蚁族群体就业援助现状》，《现代经济信息》2015年第23期。

④ 刘慧颖：《从蚁族视角分析当代大学生就业观》，《华章》2012年第8期。

家里帮助。[①]“蚁族”大多想着“出人头地、衣锦还乡”，于是很多大学生把眼光盯住机关或大型国有企业，渴望通过考研、考公务员来改变现状，实现理想。[②]所以，尽管在城市中生活艰苦，但仍坚持在城市中生活。“蚁族”面对的就业不平等主要体现在两个方面，一是家庭社会资源的不平等，二是户口政策的不平等，不够开放的户籍政策和繁琐的办理程序也让部分用人单位以此为借口拒绝给予部分蚁族平等的就业工作机会。[③]

第四节 促进青年就业与青年发展的理论与实践

一、促进青年就业的域外经验

由于青年是职场的准入场者，在整个社会就业形势艰难时会受到更大的影响。因此，各国政府针对青年就业问题纷纷出台政策以促进青年就业。法国出台了专门的“青年就业计划”，政府对500人以下的企业招用失业青年的减免社会保险费。具体办法是：企业若雇佣特困青年并同签订长期合同，雇佣当年免除雇主应为其缴费的全部社会保险费，第二年再减免6个月。[④]英国出台了从“福利到工作”方案，该方案拨款31亿英镑补贴青年就业。针对25岁以下，失业6个月以上的青年人，该方案提供几种选择的机会，第一种是鼓励参加项目合作企业为失业青年提供一份工作，企业可以给予每周60英镑的工资补贴，第二种是志愿者组织提供的工作，第三种是公益性岗位。[⑤]美国涉及促进青年就业的法律有《劳动力投资法案》《美国复苏与再投资法案》以及《美国就业法案》；同时，积极制定有针对性的政策措施，减少税收、增加投入，提高保障，鼓励创业，设立促进青年就业项目。[⑥]日本政府于2003年制定了名为“青年自立・挑战计划”的综合性青年就业政策，并于2004年开始实施。该政策以青年职业自立为目的，强调以地域为基础、跨部门综合，以及充分灵活运用公司或民间团体。

---

① 曾燕波：《大学毕业生在上海的就业与发展状况调查》，《上海经济研究》2010年第12期。
② 刘慧颖：《从蚁族视角分析当代大学生就业观》，《华章》2012年第8期。
③ 谷华菩：《浅析蚁族群体就业援助现状》，《现代经济信息》2015年第23期。
④ 陈玉萍：《中外青年就业援助政策措施研究》，《湖北社会科学》2013年第10期。
⑤ 罗恩立：《英国提升青年就业能力政策及启示》，《当代青年研究》2010年第3期。
⑥《美国促进青年就业政策及对我国的启示》，《中国劳动保障报》2015年5月6日。

具体来说，日本的青年就业政策框架主要有三方面内容：一是面向应届毕业生和未就职的往届毕业生的支援政策，二是面向自由职业者和青年失业者的支援政策，三是提高和推进青年就职意识的各种支援政策。这些政策为青年提供职业介绍、职业培训和职业教育等服务，并通过补助民间机构改善青年就业。① 王学俭介绍了欧盟各国家从平衡青年劳动力供需与加强就业信息传播等角度入手，帮助青年实现就业，取得了良好的效果。②Karen Brooks 指出撒哈拉以南的非洲国家采取措施通过农业为青年创造就业，以此获得"青年红利"。这些措施将为非洲农业带来增长，改善粮食安全和保护脆弱的自然环境。③ 徐章辉运用国际组织关于青年就业的原始资料以及数据，介绍了国际组织关于青年就业不足、政策建议与服务活动，文中提出需要重视有关青年就业知识库的建设，开展多种以青年就业为中心的活动，建立综合政策路径。④

二、促进青年就业的政策性建议

我国学者就青年就业促进政策主要从促进青年就业的导向性政策和促进青年创业入手。

在政策导向方面，陈秋华等的《体制转换结构变迁与就业》一书，从改革和发展耦合的角度研究就业问题，综合运用政府调控理论和经济学的有关理论，建议构建起促进充分就业的体制转换与结构变迁的政策体系。⑤ 翟春则强调政府部门在促进青年就业中应当发挥主导作用，首先应实施适度增长下的高就业率经济发展战略，形成就业优先的政策导向；其次，应完善现有的劳动预备制度，建设全国统一的就业市场，完善现有的就业统计体制；再次，要拓展青年就业的途径，增加青年就业的岗位，加大对青年技能培训的投入，鼓励广大青年发挥专长、各尽所能，自主创业，并且在资金、税收、技术及场地方面给予适当支持。⑥ 郭宇认为，健全的财税政策，既可以促进更多

---

① 夏媛：《日本青年就业问题及其政策对应措施》，《当代青年研究》2017 年第 1 期。

② 王学检、董振华：《欧洲发达国家的青年就业政策及启示》，《当代青年研究》2006 年第 3 期。

③ Karen Brooks, "Agriculture as a Sector of Opportunity Law", *Journal of the Japanese and International Economies*, No.3, 2003.

④ 徐章辉：《国际组织的青年就业政策》，《当代青年研究》2006 年第 7 期。

⑤ 参见陈秋华等：《体制转换结构变迁与就业》，中国财政经济出版社 2000 年版。

⑥ 翟春：《青年就业问题与对策的思考》，《辽宁行政学院学报》2011 年第 12 期。

青年人才服务中西部开发，缓解人才供求的地区结构性失衡问题，也能够在一定程度上解决第一产业人才供给不足的困境，缓解产业结构性失衡问题。① 李春玲认为，改善劳动力就业市场的环境，需要政府从全局出发，调整政策思路。营造规范劳动力市场和完善社会管理体制，提供更加公平的就业机会，这是政府能做的，也是政府必须去做的。② 周海旺则建议由政府实行“量身定做”的就业援助办法来解决青年就业难题。比如，通过推进青年职业见习计划，增强青年学生的实践能力；扩大实施大学生“双证”制度，帮助缺乏工作经验的大学生通过参加高校职业技能鉴定、获取国家职业资格证书来增强其就业竞争力。③ 蔡昉认为，政府治理失业的政策手段可包括：加快旨在增加就业机会的经济增长；提高劳动力资源的人力资本含量；完善社会保障、帮助脆弱群体。④

在促进青年创业方面，王晓娟基于陕西青年创业环境的分析，提出拓宽创业融资渠道以提供资金支持，完善政策体系以降低创业交易成本，加强教育培训以培养创新创业精神，搭建各类服务平台以满足创业需求等建议。⑤ 李华红等认为，要对创业服务体系进行综合治理，完善金融服务、技术服务、信息服务、公共服务、营销服务、创业示范服务、风险保障服务等。⑥ 黄敬宝提出家庭要强化创业特质和创业精神培养，学校要强化专业知识、创业知识、创业技能的传授，政府要强化创业园建设并给予优惠政策扶持，通过优化创业环境和完善创业生态圈的功能，促进青年创业人才的进一步成长。⑦ 肖喜明基于新制度经济学的视角，提出建立信息共享平台，提高政策措施有效传达率；制定差异化政策措施，提高青年创业扶持精准度；加大创新保护与鼓励，保障青年创业主体权益；整合政策措施，强化政策绩效管理等对策建议，以优化青年创

---

① 郭宇：《以健全的财税政策保障青年就业》，《人民论坛》2019 年第 4 期。

② 李春玲：《求解大学生就业三大困惑》，《光明日报》2013 年 4 月 13 日。

③ 周海旺：《上海青年就业现状、问题与对策探讨》，《当代青年研究》2007 年第 11 期。

④ 参见蔡昉：《中国人口与劳动问题报告——城乡就业问题与对策》，社会科学文献出版社 2002 年版。

⑤ 王晓娟：《青年创业环境及其优化研究——基于陕西青年创业环境的实证研究》，《西安财经学院学报》2014 年第 5 期。

⑥ 李华红等：《新形势下西部地区农村青年创业服务体系综合治理研究——基于贵州省的实证调查》，《中国青年研究》2015 年第 7 期。

⑦ 黄敬宝：《中关村青年创业人才的成长机制》，《中国青年社会科学》2019 年第 4 期。

业制度。[①] 王义明从宏观国家治理视角提出，当代青年创业要与社会转型结合，与公益机构、服务组织合作；青年创业要与民生改善结合，为弱势群体提供就业机会；青年创业要与技术创新结合，了解、吸收、运用新技术；青年创业要与国际发展相结合，关注国际国内形势变化，承担并发挥公民责任和社会责任。[②]

三、加强青年人力资源开发的意见

党的二十大报告指出："培养造就大批德才兼备的高素质人才，是国家和民族长远发展大计"，"未来五年是全面建设社会主义现代化国家开局起步的关键时期"，"青年强，则国家强"。当代中国青年生逢其时，施展才干的舞台无比广阔，实现梦想的前景无比光明。青年人力资源开发是我国基本国策，增强青年素质是适应经济发展的根本要求。尽管我国政府为开发青年人力资源作了不懈的努力，但我国在这方面与发达国家的差距是显而易见的。体制改革和产业结构调整带来的结构性失业将成为我国青年失业的主要因素。结构性失业主要指原有劳动力技能不能适应就业岗位需要的失业现象。20 世纪 90 年代以来，随着经济全球化的推进，各国产业结构调整的速度明显加快，随着产业结构的调整和升级，特别是知识经济的发展，对劳动力的素质不断提出了新的要求，加快青年整体素质提高，大力发展正规教育、非正规教育和在职培训是当务之急。[③] 黄敬宝认为，在互联网时代，青年、高校和政府"三驾马车"要同时发力，推动青年的就业与职业发展。[④]

当前我国青年人力资源开发还有很多不足。每年国家对高等教育投入大量的资金，虽然高等院校每年都在扩招，还是有很多的青年不能进入大学进行学习，初中或高中毕业后踏入劳动者的队伍。这部分青年具有一定的文化水平，对社会有一定的认识，但他们所掌握的知识很难在企业中进行运用，许多青年在工作一段时间后会因为技能不足被辞退。促进就业必须由政府实施人力资源开发战略。随着当今经济社会的高速

① 肖喜明：《促进我国青年创业的制度需求与制度供给分析——基于新制度经济学的视角》，《中国青年研究》2018 年第 9 期。

② 王义明：《国家治理视角下的青年创业分析》，《青年探索》2015 年第 5 期。

③ 参见曾燕波：《青年八大热点问题研究》，上海社会科学院出版社 2007 年版。

④ 黄敬宝：《"互联网 +"时代的青年就业与新思维》，《中国青年社会科学》2015 年第 5 期。

发展，经济发展方式的不断转变、产业结构的不断调整、产业能级的不断提升，用人单位对劳动者的综合素质提出了更高要求，各地人力资源市场的结构性矛盾问题也就日益凸显。当前的促进就业工作应该以充分开发、合理利用社会的人力资源为工作的出发点以及着力点，全面提升劳动者的职业素质，加大技能劳动者的培养力度，吸引海外的高层次人才来中国就业，加快重点领域以及紧缺人才的培养。人力资源开发战略的深入推进，谁才有这样的胆魄，谁才有这样的号召力，答案同样一目了然，那就是政府。[①] 政府应当对低学历的青年进行技能培训，使其能够掌握一种工作实用技能。政府相关机构可以与企业进行合作，以企业对劳动者的需求为导向对青年进行技能培训，这样可以更加贴近实际情况，将所学的技能运用到工作中。[②] 吴伟东从用人单位和劳动者的共同发展、合作共赢的角度建议促进劳动关系的长期化发展，尤其要给青年劳动者提供更多的职业培训机会；青年就业者应该提升对劳动合同重要性的认识和对职业培训的关注程度，以便更好地维护自己的合法就业权益。[③] 余卉强调，青年应该有意识苦练本领、增长才干，在校期间通过参加学科竞赛、职业指导课程、求职培训等提升个人的人力资本；通过实习、实践等结交朋友提升个人的社会资本，靠自己的努力最大程度上减少家庭社会资本差异对就业的影响。[④] 谭杰提倡青年要树立“先就业、后择业、再立业”的意识和“循序渐进、不断发展”的职业观念，走一条面对现实、降低起点、先融入社会再寻求发展的道路。[⑤]

四、完善青年就业的社会保障工作

20 世纪 80 年代以前我国实行国家社会保障模式，在此之后对社会保障进行了一定的改革，逐渐向社会化保障模型过渡。为了满足社会和公共的需求，我国将社会保障分为四个组成部分，其中，社会保险是整个社会保障体系中的核心。青年作为劳动群

---

① 陈栋渊：《促进长期失业青年就业的政策支持体系研究》，上海师范大学硕士学位论文，2016 年。
② 武晨：《我国青年就业影响因素研究》，安徽财经大学硕士学位论文，2015 年。
③ 吴伟东：《青年就业者劳动合同签订状况及意愿调查》，《当代青年研究》2015 年第 2 期。
④ 余卉：《寒门再难出贵子？社会资本双重属性下青年就业的质性研究》，《中国青年研究》2019 年第 12 期。
⑤ 谭杰：《珠三角地区青年就业创业形势分析》，《中国青年研究》2014 年第 7 期。

体的重要的组成部分，流动性比较大，更加需要失业保险。青年作为新加入的劳动者，缺乏工作经验，容易在劳动过程中失业或受到伤害。与其他劳动者相比，更需要社会保险的保障。政府部门应当积极向劳动者宣传社会保险的好处，增加青年劳动者的参与度。同时，应当对企业加强监管和规范，切实做到保障劳动者的权益，增加青年劳动者的维权意识。①

在劳动力市场层面，曾燕波认为，应发挥政府的宏观调控作用，制定相关规定、管理办法等，加强就业市场及其信息化建设，并加强对就业市场的有效监督，建立协调有序的市场秩序。②谭杰认为，企业作为劳动力市场的需求主体，应当保障青年就业者的合法权益，认真执行“五险一金”制度，提升员工对企业的信任感、归属感；健全培训、晋升、奖励、激励机制，建立内在的拴心留人机制；改善青年就业者的工作和居住环境，满足其居住和情感需求；青年农民工作为供给主体，应当积极参与培训，提高自身求职、就业和职业规划技能。③

在社会资本层面，曾燕波提出要建立健全社会保障制度，促进社会保险、社会就业、社会福利等规范化、科学化、社会化，以促进青年就业，进而维护社会公平。④撒凯悦、罗润东提倡社会与文化制度建设，积极构建适应社会主义市场经济的新型家庭代际关系，减少父母主动被“啃老”的负面影响，以促进青年就业。⑤

在政策层面，桑伟林、蔡智提出，构建统一的青年就业创业政策体系，建立青年就业创业工作部际联席会议制度；构建政策执行的保障服务，以确保青年就业创业政策的有效实施；针对青年群体特点，增加政策的针对性和可操作性；建立青年就业创业政策实施的科学评估机制，促进相关政策的高效实施。⑥侯艺认为，要创新就业信息服务方式，充分运用互联网技术打造适合青年特点的就业服务模式，为青年提供职业

① 武晨：《我国青年就业影响因素研究》，安徽财经大学硕士学位论文，2015 年。
② 曾燕波：《社区青年就业促进机制研究——以上海市 J 区社区青年为例》，《社会科学》2014 年第 9 期。
③ 谭杰：《珠三角地区青年就业创业形势分析——以佛山市南海区为例》，《中国青年研究》2014 年第 7 期。
④ 曾燕波：《社区青年就业促进机制研究——以上海市 J 区社区青年为例》，《社会科学》2014 年第 9 期。
⑤ 撒凯悦、罗润东：《“啃老”还是“养老”：家庭代际财务转移与青年就业的关系》，《甘肃社会科学》2018 年第 6 期。
⑥ 桑伟林、蔡智：《改革开放 40 年来青年就业创业政策演进及其优化研究》，《中国青年研究》2018 年第 10 期。

指导、就业信息、就业帮扶等多元化服务。[①] 郭宇建议健全就业培训方面的财税政策，健全向中小企业倾斜的财税政策，健全向中西部、乡镇企业倾斜的财税政策，以保障青年就业。[②]

就业稳，则大局稳，这是经济社会稳定发展的重中之重。当前，国际形势复杂多变，国内青年就业形势依然严峻。青年就业不只是为了生存更是为了发展，近年来，青年失业现象严重，在职贫困现象时常发生，政策部门应担负起宏观调控的责任，出台有利于青年就业的政策，创造公平的就业环境以促进青年发展。

① 侯艺：《保就业背景下青年就业现状研究》，《中国青年研究》2022 年第 9 期。
② 郭宇：《以健全的财税政策保障青年就业》，《人民论坛》2019 年第 4 期。

第十三章　中国特色社会保障制度的理论、实践与展望

社会保障是保障和改善民生、维护社会公平、增进人民福祉的基本制度保障，是促进经济社会发展、实现广大人民群众共享改革发展成果的重要制度安排。[①] 一路走来，中国社会保障制度实现了从部分覆盖走向全民福祉的发展目标，建成了世界上规模最大的社会保障体系。[②] 随着社会和经济环境的变迁，社会保障的内容与程度亦会随着社会发展和人群演化而产生历时性变化。质言之，对社会保障的理解实际上隐含了国家应在哪些方面以及何种程度上保障人民基本民生需求的价值判断，关注的是政府如何通过再分配消除或减缓社会民生矛盾的应当性和正当性。

第一节　社会保障的概念、制度理念及模式

一、社会保障概念界定

"社会保障"由"social security"翻译而来。在西方，它是一个与收入安全相关的狭义概念[③]，国际政策研究特指国家针对疾病、伤残等 8 种风险的收入安全制度。从历史实践看，社会保障是工业化、都市化和现代化下缓和社会矛盾、维护资本主义发展的特有现象和制度安排。[④] 英国社会政策学家马歇尔指出，20 世纪 70 年代后，为消除贫困和服务最低社会经济层次人群的社会保障制度退居次要地位，关注所有人福利状况的社会福利制度跃居主导地位。[⑤] 广义"社会福利"（social welfare）统筹国家改善民众生活、不断满足其基本需要的诸多制度安排，体现对人类福祉的追求。

① 习近平：《促进我国社会保障事业高质量发展、可持续发展》，《求是》2022 年第 8 期。

② 万国威：《"以人民为中心" 70 年来中国社会保障的变革与经验》，《人民论坛》2019 年第 29 期。

③ 孔伟艳：《社会福利与社会保障的概念辨析》，《中共天津市委党校学报》2011 年第 5 期。

④ 周弘：《欧洲社会保障的历史演变》，《中国社会科学》1989 年第 1 期。

⑤ T. H. Marshall, *Social Policy in the Twentieth Century*, London: Hutchinson, 1975.

与“大福利、小保障”的国际惯例不同，我国遵循“大保障、小福利”理论界定和社会理解。20 世纪 80 年代，“社会保障”被官方正式采纳，取代计划经济时代的救灾救济、劳动保险、公费医疗等诸多分散概念，成为社会保障领域最高层次的理论范畴。1993 年《中共中央关于建立社会主义市场经济体制若干问题的决定》提出“建立包括社会保险、社会救济、社会福利、优抚安置和社会互助、个人储蓄积累保障等内容的多层次社会保障体系”，奠定我国社会保障制度的基本框架。学界认为，现代社会保障是国家或社会依法建立、具有经济福利性的社会化国民生活保障系统统称，包括法定的社会救助、社会保险、社会福利、社会优抚系统和非法定的各种补充保障措施。①

有研究者认为，与“国际惯例”背离的中国版理解体现了与社会主义初级阶段国情相适应、对于“社会保障”而非“社会福利”的价值追求，但长此以往易产生本末倒置和关系不顺之感，不利于中国福利制度建设的整体利益和长远发展。② 但政策实践上，我国始终坚持保障适度和基础普惠，并赋予社会保障促进共同富裕的功能定位，体现出国家制度的社会主义属性以及适应不断变化的国情需要的中国特色做法。由此，学界涌现出“底线福利”“非底线福利”“跨底线福利”诸多提法，超越“社会保障”和“社会福利”传统学理范畴，为两者关系的拓展提供空间。③

二、中国社会保障制度理念

中国关于社会保障方面的思想可追溯到舜时期“慎身”“安民”的执政思想。春秋战国诸子百家，社会大同论等观点亦体现出关注“社会保障”的特征。这些思想在理想社会构想方面与西方相同，因官方负责的传统更早论及政府责任，还涉及优抚和福利设施，并有仓储后备此类积极防范举措，因而发展出系统赈济学说；近代民生主义还主张兴办公共教育、保障充分就业、实施免费医疗。但这些丰富思想或注重于治标之术，或受限于特定历史条件，或受制于统治者个人意志，未能走向制度化。这

① 郑功成：《中国社会保障演进的历史逻辑》，《中国人民大学学报》2014 年第 1 期。
② 刘继同：《社会福利与社会保障界定的“国际惯例”及其中国版涵义》，《学术界》2003 年第 2 期。
③ 景天魁：《探索适合中国的民生建设新路》，《学习与实践》2019 年第 8 期。

是中国官方较西方更早接入社会保障领域又远晚之建立现代社会保障制度的重要原因之一。①

有别于资本主义国家，社会保障理念和制度在中国的出现形成，并非由“工业化的逻辑”推动，也不是由劳资关系冲突造成的社会压力推进，而与共产国际的影响和中国共产党进行社会改造的理想密不可分。② 马克思主义社会保障思想是一种有别于西方三大流派的全新无产阶级社会保障思想③，这也是中国共产党带领下的社会保障制度建设的理论基础，表现为④：其一，参照列宁无产阶级国家保险理论和共产国际的实践，新中国成立初期即建立起“国家统包”的社会保障制度，赋予其“以福利促生产、进行社会改造”功能，延续无产阶级革命的影响；其二，始终践行马克思主义社会保障制度建设原理，由国家主导改革与发展，从着手安置下岗职工、城乡居民全覆盖再到发挥再分配功能实现共同富裕，不断纠正过程中的不公平问题，体现马克思主义思想的价值追求；其三，结合不同时期历史使命与中心任务，持续进行中国化探索，彰显马克思主义社会保障思想的发展性。尤其是改革开放后，中国共产党形成了诸多社会保障建设的重大战略思想，构筑起中国特色社会保障制度思想理论体系⑤，主要体现在：

制度功能理论不断发展，从“让一部分人先富起来”到“共同富裕”，从“适应经济发展水平”，“保障人民生活、调节社会分配的基本制度”到“更加公平可持续”，“是治国安邦的重大问题”等；制度目标理论包括“保障和改善民生”“全面建成小康社会”“满足人民的美好生活需要”等；制度理念理论论及“就业是民生之本”“促进社会公平正义、实现共享发展”等；特色发展道路理论，如乡村振兴、精准扶贫，区域协调发展机制。这标志着中国共产党对社会保障制度建设重大问题认识的发展和深化，指导我国社会保障制度健康发展和完善。

① 参见郑功成：《社会保障学》，中国劳动社会保障出版社 2004 年版。
② 郑功成：《新中国 70 年社会保障发展的理论与实践逻辑》，《光明日报》2019 年 10 月 8 日。
③ 参见丁建定等：《中国特色社会保障制度理论发展研究》，人民出版社 2022 年版。
④ 汪连杰：《马克思的社会保障思想及其中国化研究》，《经济学家》2018 年第 6 期。
⑤ 参见丁建定等：《中国特色社会保障制度理论发展研究》，人民出版社 2022 年版。

三、中国社会保障制度模式

不同于西方三大社会保障思想流派①，中国现代社会保障建设以无产阶级社会保障思想为基础，形成特色社会保障制度功能、理念、目标、发展道路理论。有研究把中国归结为类似“保守主义”或保守主义和自由主义混合类型；有研究则跳出安德森福利体制框架②，从本土性和主体性意识出发，对中国特色社会保障模式进行探讨，主要集中在三方面：

一是阐述以西方发展实践为基础的福利国家类型分析的不适用性。如认为安德森的划分标准有“将福利视为商品”资本主义生产方式的烙印，与在社会主义制度下中国社会保障制度建立和完善的动力和路径不相容③；并立足东亚整体，提炼出东亚福利体制有别于西方的制度化特征、内在约束条件及文化资源。④⑤

二是以新视角重新解读中国社会保障模式，如国家、社会力量、市场主体、家庭等要素。比如，将管理体制纳入类型分析，提出“制度—管理”框架，政府主导的科层式合作主义模式，是中国社会保障制度与管理的“特色”⑥；进一步将中国模式予以全球视野、历史视野中定位。从合作收益和权利责任的视角，将中国总结为“家庭（社会网络）—政府—市场”模式，对应美国“市场—政府—社会”和德国“政府—市场—社会”模式⑦；基于国家治理能力分析框架和与经济政策的互动，提出依附—托底、依附—中心、融合—中心三种东亚社会保障体制类型，对应不同时期中国社会保障制度。⑧

三是区分整体类型和单一社会保障项目性质。急剧的社会变革和复杂背景促使中

① 丁建定:《西方社会保障制度的理论溯源》,《社会科学辑刊》2020 年第 5 期。
② ［丹］哥斯塔·埃斯平·安德森:《福利资本主义的三个世界》, 郑秉文译, 法律出版社 2003 年版, 第 29 页。
③ 鲁全:《中国特色社会保障模式初论——基于管理体制的视角》,《社会保障评论》2021 年第 2 期。
④ 郑功成:《东亚地区社会保障模式论》,《中国人民大学学报》2012 年第 2 期。
⑤ 林义:《关于东亚社会保障模式的理论思考》,《中国人民大学学报》2012 年第 2 期。
⑥ 鲁全:《中国特色社会保障模式初论——基于管理体制的视角》,《社会保障评论》2021 年第 2 期。
⑦ 席恒、田宋:《合作收益视角下的东亚社会保障模式》,《山东社会科学》2017 年第 7 期。
⑧ 贾玉娇:《重新发现东亚社会保障——对发展主义华语中东亚国家发展能力的回应及新解》,《社会保障评论》2020 年第 4 期。

国社会保障以多种方式覆盖各就业类型人口，整个制度体系中，或多或少找到自由主义、保守主义、社会民主主义的影子，混合型是现代社会保障一般性发展规律，不能作为排他性的类型划分方法。① 有研究发展我国社会保障“内容—结构—层次”三体系理论框架②，指出社会保障模式的本质是社会保障资金配置的最佳组合点，划分出互助、公助、国助、共助、团体、国家保障类型，将我国主要社会保障项目总结为农村地区国助保障模式、城镇职工共助保障模式、公务员国家保障模式。③

第二节　中国特色社会保障制度的实践与发展

尽管中国社会保障体系的发展因不同时期下的社会经济条件和社会背景的差异呈现出发展的阶段性。但中国共产党领导下的中国治理模式保障了社会保障政策的连续性与动态性，呈现出巨大的制度优势。

一、中国特色社会保障制度的实践

自改革开放以来，虽然中国社会保障制度也历经深刻的变迁，在不同阶段承担不同的历史使命，但制度的发展与变迁始终与整个国家的政治、经济、社会乃至文化的循序协调发展保持着内在一致性。④

（一）生产资料公有制是中国社会保障制度发展的内生动力

马克思指出，生产资料公有制是社会主义社会的根本特征，基于公有制“按劳分配”原则，可实现劳动者通过“等量分配”平等地占有生产资料。⑤ 因为按劳分配原则默认“劳动者的不同等的个人天赋，从而不同等的工作能力，是天然特权。所以就它的内容来讲，它像一切权利一样是一种不平等的权利”。这种在形式上的平等而在内容上的不平等的按劳分配原则，是“在经过长久阵痛刚刚从资本主义社会产生出来的共产主义社会第一阶段，是不可避免的。权利决不能超出社会的经济结构以及由经济结

① 鲁全：《中国特色社会保障模式初论——基于管理体制的视角》，《社会保障评论》2021 年第 2 期。
② 丁建定：《西方社会保障制度的理论溯源》，《社会科学辑刊》2010 年第 5 期。
③ 王立剑、代秀亮：《社会保障模式：类型、路径与建议》，《治理研究》2018 年第 5 期。
④ 林义、任斌：《政治经济视角下的中国社会保障：变迁逻辑与发展经验》，《社会科学》2021 年第 10 期。
⑤ 《马克思恩格斯选集》第 3 卷，人民出版社 1995 年版，第 304 页。

构制约的社会的文化发展”[1]。因此，在这个社会中，社会总产品在用来作为消费资料进行分配之前需要做各项社会扣除，而这从每“一个处于私人地位的生产者身上扣除的一切，又会直接或间接地用来为处于社会成员地位的这个生产者谋利益”。由此可看出，公有制是分配正义的社会基础，也是社会主义社会保障制度惠及全民的社会基础。劳动者的等量劳动领取等量报酬，也意味着建立在劳动基础之上的社会保险制度必须具有公平性，而从社会总产品扣除下来的部分应当通过社会福利的方式公平地提供给有需要者。

中国社会保障制度内在遵循马克思主义思想的指导。在社会救助层面，2015年临时救助制度在全国范围内全面实施；2016年至2022年间，国务院、民政部等国家部门就进一步完善特困人员、特殊困难老人、最低生活保障等方面出台相关政策[2]。依托社会救助制度的逐渐完善，2020年中国取得脱贫攻坚全面胜利。2015年城乡居民大病保险的实施，2018年国家医疗保障局成立，2019年国家全面取消城乡居民医保个人账户，增强医疗保险制度的互助共济功能，并于2022年建成全国统一医保信息平台，为异地就医结算奠定基础，中国医疗保障管理体制得以统一。2018年职工养老保险中央调剂金制度建立，为全国统筹打下基础，2022年企业职工养老保险全国统筹方案启动实施，在全国范围内对地区间养老保险基金当期余缺进行调剂。社会慈善层面，2016年《中华人民共和国慈善法》颁布并于2022年进行修订，2017年国务院通过《志愿服务条例》，法律保障程度获得提升。

（二）“坚持以人民为中心”是中国社会保障制度建构的价值归旨

一路走来，中国社会保障制度的发展始终坚持“以人民为中心”的发展理念，实现了从部分覆盖走向全民福祉的发展目标，中国的社会保障不仅事实上为全民共享国家发展成果提供了基本途径，而且客观上已经成为实现这一目标的基本制度保证，它也是带给人民群众获得感最强烈、最实惠的重大制度安排。[3]“十三五”期间，我国十

① 《马克思恩格斯选集》第3卷，人民出版社1995年版，第305页。

② 2016年，国务院发布《关于进一步健全特困人员救助供养制度的意见》；2022年，民政部等部门联合发布《关于开展特殊困难老人探访关爱服务的指导意见》《关于进一步做好最低生活保障等社会救助兜底保障工作的通知》。

③ 万国威：《“以人民为中心”70年来中国社会保障的变革与经验》，《人民论坛》2019年第29期。

亿二千万人拥有基本养老保险，十三亿六千万人拥有基本医疗保险。

在民生理念与民生实务的关系上，要以民生理念指导民生实务，用民生实务落实民生理念，一旦二者发生背离，要用“以人民为中心”的发展思想予以评价和化解。①这与马克思主义社会福利思想相契合，马克思不仅关注无产阶级的贫困化，而且关注无产阶级福利的改善。在企业社会保障负担层面，2015 年国务院决定降低失业、工伤、生育保险三险费率，到 2019 年降低社会保险费率综合方案实施，首次大幅度降低社会保险费率，是减轻企业负担的重大举措。2020 年以来，为应对新型冠状病毒疫情的冲击，中央及地方层面的政府出台系列社会保障新政，对于疫情期间的民生保障、社会安定以及复工复产提供有力支撑。如 2020 年 5 月，人力资源社会保障部、财政部发布《关于扩大失业保险保障范围的通知》，进一步扩大失业保险保障范围、更好保障失业人员基本生活。

（三）现代化国家建设与社会保障制度发展相互推进

中国社会保障制度发展至今，已经逐步由碎片化阶段进入系统化整合阶段。社会保障制度面临整体性治理的问题，既有历史原因，又是中国现代化过程中的社会保障制度发展的回应和必然性。追溯历史原因，中国的现代化比西方现代化晚了数个世纪，现代化的历史任务至今尚未完成，由于中国社会发展的不平衡性，当下的中国是一个多元化的社会，前现代、现代以及后现代在中国历时性出场而又共时性在场，对于中国而言，不但要补上“现代化”的课程，而且要面临全球化、信息化以及后现代化共生共存、碎片化时代价值共识缺乏的考验，这是当下中国社会制度建设的特殊时代境遇。②

中国式现代化既有各国现代化的共同特征，更有基于自己国情的中国特色，同时对社会保障提出新的更高的要求。③2021 年人力资源和社会保障部等八部门共同印发《关于维护新就业形态劳动者劳动保障权益的指导意见》，便是积极探索现代化进程中出现的新就业形态的劳动者权益保障的体现。

---

① 童星：《新时代民生概念辨析》，《内蒙古社会科学（汉文版）》2019 年第 1 期。

② 参见徐瑞仙：《社会保障价值理念论》，中国社会科学出版社 2022 年版。

③ 郑伟：《理解中国式现代化对社会保障的新要求》，《社会保障评论》2022 年第 6 期。

（四）共同富裕目标实现的阶段性促使社会保障制度持续发挥作用

党的十八大报告明确指出：共同富裕是中国特色社会主义的根本原则。中国式现代化的本质要求包括实现高质量发展和全体人民共同富裕。共同富裕需要系统、集成性制度的支持，社会保障是其中之义。二十大报告则提出要健全覆盖全民、统筹城乡、公平统一、安全规范、可持续的多层次社会保障体系，是对社会保障体系的发展提出的新要求和面临新问题作出的调整与应对。早在 2013 年习近平在中央政治局常委会会议上关于当前经济形势和经济工作的讲话就提到，在改善民生的政策方面，要从社会主义初级阶段基本国情出发；要避免像一些国家那样盲目进行“福利赶超”落入“中等收入陷阱”，又避免像一些国家那样实行“泛福利化”导致社会活力不足。①

马克思指出，要完全消除按劳分配所蕴含的弊病，真正实行分配内容上而不是形式上的平等，只有在进入共产主义社会高级阶段后才能做的，即“在迫使个人奴隶般地服从分工的情形已经消失，从而脑力劳动和体力劳动的对立也随之消失之后；在劳动已经不仅仅是谋生的手段，而且本身成了生活的第一需要之后，只有在那个时候，才能完全超出资产阶级权利的狭隘眼界，社会才能在自己的旗帜上写上：各尽所能，按需分配”②。在此，每个人的义务既是平等的——都要尽己所能，又是不平等的——能力有大有小；每个人的权利既是平等的——都可取己所需，又是不平等的——所需有多有少这种权利与义务的平等与不平等，其实就是最大的实质平等。③

由此可见，共同富裕不是同等富裕，并且具有阶段性发展的特征，此间，社会保障大有所为，并对其“精准性”提出了更高的要求。2015 年国务院决定全面建立残疾人两项福利补贴制度、2016 年国务院印发《“十三五”加快残疾人小康进程规划纲要》、2017 年国务院颁布修订后的《残疾人教育条例》和《残疾预防和残疾人康复条例》、2018 年国家建立残疾儿童康复救助制度，积极发展残疾人福利事业；2016 年国务院发布《关于加强农村留守儿童关爱保护工作的意见》和《关于加强困境儿童保障工作的意见》；2018 年退役军人事务部成立，2019 年中办、国办出台退役士兵社会保险转移接

---

① 《习近平谈治国理政》第 4 卷，外文出版社 2022 年版，第 344—345 页。
② 《马克思恩格斯选集》第 3 卷，人民出版社 1995 年版，第 305—306 页。
③ 许飞琼：《论马克思的社会保障思想及其时代意义》，《政治学研究》2013 年第 3 期。

续新政，2020 年《中华人民共和国退役军人保障法》颁布，2021 年《中华人民共和国军人地位和权益保障法》颁布，2022 年国务院办公厅发布《“十四五”退役军人服务和保障规划》，并建立专门的残疾退役军人与优抚对象医疗保障制度，军人保障制度不断完善；2019 年人社部等发布《香港澳门台湾居民在内地（大陆）参加社会保险暂行办法》；2021 年国务院印发《中国妇女发展纲要（2021—2030 年）》和《中国儿童发展纲要（2021—2030 年）》，特殊群体社会保障政策与制度亦在不断完善进程中，为共同富裕铺垫坚实的基石。

二、中国社会保障制度发展面临的挑战

当前，中国社会保障制度改革涉及利益关系调整复杂和外部新形势的挑战，渐进式、补丁式制度构建轨迹使各保障项目呈现在目标、政策和管理上相互隔离、同类保障多轨运行的制度分设，以及试点探索下的地方化特征。我国社会保障制度仍存在以下不足：

一是社会保障体系结构发展不平衡。与劳动力市场联系不紧密的社会福利及相关服务发展相对滞后，面对人口均衡增长目标和老年消费需求增长，普惠性儿童福利、老年服务和护理保险成为现实短板。第一层次的基本保障“一枝独大”，市场和社会力量承担的补充保障发育不够。① 政府资金和服务递送压力愈发凸显，高收入者和中低收入群体的诉求皆未被合理安放。尽管机构改革基本理顺了社会保障行政管理体制，部门间联系机制仍有待加强。健康中国大战略下的三医联动关系仍未理顺，社会保障与教育、就业、收入分配等相关系统尚未实现良性互动和相互促进。

二是制度的统一性与规范性不足，带来待遇不公、权责不清、筹资失衡。② 国家层面具有刚性约束地方行为的完备法律法规缺位，使地方政府的不作为具有合法性，也造成地方政策推动广受桎梏，导致基金余缺分化和待遇不公，削弱中央调剂政策的效果。各级政府、基本与非基本保障的责任边界模糊，中央与用人单位责任偏重，地方

① 《完善覆盖全民的社会保障体系　促进社会保障事业高质量发展可持续发展》，《人民日报》2021 年 2 月 28 日。

② 郑功成：《面向 2035 年的中国特色社会保障体系建设——基于目标导向的理论思考与政策建议》，《社会保障评论》2021 年第 1 期。

与个人责任相较轻的权责失衡现象难以纠正。

三是离“应保尽保”有差距，参保质量不高。受缴费能力和职业限制，选择居民保险的人数远高于职工保险，社会平均筹资水平低，社会保障整体质量低。重大疾病和老年基本生活保障仍是城乡居民的现实之忧。灵活就业人员、新业态从业人员、自由职业者、贫困人员等群体尚未完全纳入社会保障。① 失业、工伤保险项目覆盖率相对低，农民工等目标群体参保更少，偏离建制初衷，漏保、脱保、断保情况尚存。

四是社会保障公共服务能力同人民群众的需求还存在一定差距。社会保障的管办不分现象突出，经办服务体系的独立性和专业化程度不高，经办服务能力不足。表现为社会保险经办服务还不能适应灵活就业、新业态从业人员需求；农村社会保险经办服务存在投入少、能力弱、水平低的问题。社会救助迄今仍由基层代办，非专业化导致错保、漏保现象仍然存在。各项业务之间的基础数据共享水平不高，专业信息的标准化建设不能适应上下贯通、纵横一体的要求。

五是收入再分配的效果不理想。② 一则是统筹层次低、管理漏洞所致。③ 二则是社会保险缺乏累进的筹资与联动机制。三则因整体物质财富不足，政策固化改革步履维艰难，多层次社会保障体系的结构性失衡导致群体之间待遇差距依旧。四是待遇调整不同步、机制不完善。五是最低生活保障与社会救助的水平偏低制约其收入再分配功能的发挥。六是不合理的社会保障制度设计反而导致逆向调节。比如，住房公积金制度在缴存、提取和贷款方面的制度设计不完善，易出现“劫贫济富”现象，企业年金的设置甚至加剧机关单位和企业职工的差距。

六是可持续性和动态适应机制有待加强。④ 责任分担机制方面，政府、单位、家庭、个人等不同主体责任不明确，导致主体缺位与越位并存的混乱局面；各主体的筹资分担比例不同，企业负担较重。不同层级政府间的责任分担机制模糊，不同主体在不同

① 龙玉其、王延中、宁亚芳：《“十四五”时期社会保障发展的目标思路与关键举措》，《经济学动态》2020 年第 8 期。

② 王延中、龙玉其：《社会保障与收入分配：问题、经验与完善机制》，《学术研究》2013 年第 4 期。

③ 蔡萌等：《中国社会保障支出的收入分配效应研究》，《经济社会体制比较》2018 年第 1 期。

④ 龙玉其、王延中、宁亚芳：《“十四五”时期社会保障发展的目标思路与关键举措》，《经济学动态》2020 年第 8 期。

层次社会保障中的责任更未明确。财务收支平衡方面，缺乏科学的社会保险尤其是养老保险精算机制，社会保险基金对政府财政资金的依赖过大。动态适应机制方面，社会保障系统相较封闭，与经济社会发展变化相适应的社会保障相关参数的动态调整机制不足，无法及时适应家庭结构、人口预期寿命、老年抚养比、经济增长率、财政收入增长率、投资收益率等要素的变化。

第三节　中国特色社会保障制度的未来发展

中国已开启全面建设社会主义现代化强国新征程。2035 年基本实现现代化是国家明确的既定目标，扎实推进共同富裕成为国家发展的重大主题。① 习近平总书记提出“系统集成、协同高效”、促进社会保障事业高质量发展、可持续发展 ②，为“十四五”时期社会保障发展指明了方向。

一、新时代中国特色社会保障制度的战略定位

随着国家现代化进程的发展，中国社会保障目标已从传统的风险防范和化解，扩展为实现国家现代化治理和中国特色社会主义共享发展；社会保障制度由强调个体生活质量、提高生活水平的社会层面的工具属性，上升为对内增强凝聚和提升实力、对外展现优势并提高制度话语权的国家层面战略安排。③ 为此，“十四五”时期社会保障发展战略重点为：一是在“双循环”新发展格局中，发挥推动国内大循环的新功能。以再分配稳定国民安全预期，深化养老、健康产业供给侧结构性改革，吸引和发展人才资本，于供求两端提振消费；④ 二是发挥社会保障再分配的功能，从建立统一的低收入线制度，建立特殊群体的福利照料体系，提升公共服务均等化等方面着手 ⑤，优化社会保障结构，促进公平；三是多目标并举下，实现社会保障高质量发展。包括提高个

---

① 鲁全：《十四五时期社会保障制度的战略定位与重点任务》，《山东社会科学》2021 年第 3 期。

② 《完善覆盖全民的社会保障体系　促进社会保障事业高质量发展可持续发展》，《人民日报》2021 年 2 月 28 日。

③ 鲁全：《十四五时期社会保障制度的战略定位与重点任务》，《山东社会科学》2021 年第 3 期。

④ 林闽钢：《“十四五”时期社会保障发展的基本思路与战略研判》，《行政管理改革》2020 年第 12 期。

⑤ 杨立雄：《概念内涵、路径取向与分配定位：对共同富裕关键理论问题的探讨》，《华中科技大学学报（社会科学版）》2022 年第 4 期。

体层面的保障和服务水平，统筹区域和群体层面的待遇公平，实现体系层面的多层次、可持续发展。①

二、新时代中国特色社会保障制度的建设方向

（一）推动社会保障制度的“整体性”和“均衡性”发展

习近平总书记在十九届中央政治局第二十八次集体学习时的讲话《促进我国社会保障事业高质量发展、可持续发展》指出，我国社会保障制度整合没有完全到位，制度之间转移衔接不够通畅；部分农民工、灵活就业人员、新业态就业人员等人群没有纳入社会保障，存在“漏保”“脱保”“断保”的情况；政府主导并负责管理的基本保障“一枝独大”，而市场主体和社会力量承担的补充保障发育不够；社会保障统筹层次有待提高，平衡地区收支矛盾压力较大；城乡、区域、群体之间待遇差异不尽合理。

这些问题的凸显，或多或少在制度的内部区隔、空间、时间上指向我国当前社会保障制度发展过程中出现保障范围的边界性和保障程度的有限性，使制度内部存在缝隙和边界，无法实现制度的有效衔接，进而导致部分人群被排斥在社会保障制度之外。

二十大报告将社会保障制度的公平性和统一性提到了新的高度，并强调社会保障制度运行的安全性和规范性。推动社会保障制度从分立走向整合是当下的基本改革趋向，如，加强顶层设计，以法治为引领，全面整合现有社会保障制度体系；协同治理主体，改变社会保障治理主体权责失衡的困局；以信息技术为抓手，破解管理分割的体制机制固有藩篱。② 有学者提出去户籍化，以在当地产生经济行为或常住为标准，在市域层面建立一元化社会保障制度③，系列举措和构想要为实现社会保障的“整体性”和“均衡性”发展持续发力。

（二）应对人口家庭结构变化对社会保障制度的挑战

一是人口老龄化带来社会保障制度的可持续性挑战。在社会保障及服务城乡分离、区域分隔、群体分立的碎片化格局下，与全球老龄人口最大的“银发浪潮”相伴而生

① 林闽钢：《“十四五”时期社会保障发展的基本思路与战略研判》，《行政管理改革》2020年第12期。

② 李磊、李连友：《从碎片到整合：中国社会保障治理的进程与走向——基于“理念—主体—路径”的分析框架》，《经济社会体制比较》2021年第1期。

③ 鲁全：《“十四五”时期社会保障制度的战略定位与重点任务》，《山东社会科学》2021年第3期。

的是如何搭建、推进及优化中国的社会保障及服务政策的问题。①

二是人口老龄化与流动人口趋势叠加导致区域间养老金收支失衡。我国人口发展中的两大关键进程——年龄结构老化和人口迁移流动相互叠加，导致我国地区间人口年龄结构老化不均、养老负担失衡，部分省份养老保险基金收支情况恶化。②

三是家庭结构小型化和个人原子化，导致家庭保障功能式微，对政府和社会带来的一定的压力和负担。随着社会保障改革的纵深推进，家庭重要性及功能出现了“强—弱”并存的高低序次，即家庭社会保障重要性在提升的同时，其社会保障功能及价值取向却趋于弱化。重拾社会保障政策的家庭要素，将社会保障与家庭再保障的良性互动及“互融”机制纳入社会保障的系统性改革与优化之中，成为现代性社会保障制度的未来与走向。③

（三）认识人工智能发展对社会保障制度发展的新要求

人工智能技术的广泛应用及其对劳动力市场中雇佣劳动力的挤压，极大地影响着劳动力市场制度。④增强社会保障制度对数字化时代的适应性，是改革的另一取向，关乎政策惠及面和制度健康运行。互联网发展和平台经济衍生出来诸多新型工作方式和岗位，这些劳动力在制度形态上呈原子化，缺少组织化的工作关系⑤，社会保险制度的稳定劳动关系运行基础正在瓦解，亟须理清三大问题：

一是社会保险制度对象无筛选性，含全体正规、非正规就业人员，且基本保障权益均等。二是确保主体筹资责任清晰，妥善处理转制成本，减少劳动力流动障碍。社会保险缴费基数考虑由工资改为以收入为基础，顺应收入多元化趋势。三是社会保障事业须适应数字化时代给经济社会和百姓生活带来的变化，发展与之相应的社会保障技术体系，实现社会保障领域的数字治理，尤其需要在建立社会保险精算制度，建立社会保障基础信息标准体系建设两方面加强。⑥

---

① 王增文：《社会保障家庭要素融入及政策的演进考量》，《东岳论丛》2020 年第 2 期。

② 路锦非、张路、郭子杨：《养老保险基金中央调剂制度与地方征缴失衡：基于央—地互动视角的分析》，《公共管理学报》2023 年第 2 期。

③ 王增文：《社会保障家庭要素融入及政策的演进考量》，《东岳论丛》2020 年第 2 期。

④ 贾玉娇：《共同富裕型社会政策：理论内涵、政策体系与实践路径》，《社会科学战线》2023 年第 2 期。

⑤ 参见道格林等：《平台经济与劳动立法的国际趋势》，中国工人出版社 2020 年版。

⑥ 何文炯：《数字化、非正规就业与社会保障制度改革》，《社会保障评论》2020 年第 3 期。

三、新时代中国特色社会保障制度的完善路径

综合已有研究观点①②③④，“十四五”时期社会保障发展的基本思路可概括为：覆盖全民、保障适度、权责清晰、统筹发展、科学治理。

第一，组织保障方面，设立国家层级社会保障咨询或审议委员会，优化中央决策机制⑤；精简整合社会保障管理和服务机构，中央建立社会保障部，省级及以下政府建立社会保障厅（局），降低管理成本⑥；充分发挥中国特色社会主义制度和中国共产党领导优势，优化社会保障治理体系；加快法制化建设。

第二，优化制度安排，体现普惠公平和政府有限责任。一方面应对人口老龄化，推进养老服务供给侧改革。如基础养老金全国统筹；调整财政投入和缴费机制，增加基金收入；释放其他层次养老金发展空间和参保人需求，提高年金覆盖。另一方面，保障健康中国战略实施，促进基金安全高效。如补偿机制由被动治疗向适当兼顾疾病预防转变；考虑定额缴费制改革，建立退休人员参保机制；建立医保待遇清单，促进政策统一公平；实现一体经办结算和法人化经办服务体系等。

第三，瞄准相对贫困和返贫问题，强化兜底保障。如按照自立与发展要求，拓展救助内容，增强制度的发展性；建立综合社会援助体系，提供类别化救助，如困难老人护理救助、贫困劳动力就业帮扶、困境儿童控辍保学机制；按照“最多跑一次”原则，建立基层整合式社会救助平台，提高社会救助治理和资源调动能力。

第四，补齐制度短板，促进共享发展。一是统筹城乡发展；二是补齐儿童福利、养老服务短板，如三岁以下儿童公共托幼服务、需求导向综合性家庭养老照料支持体系等；三是提升居民养老金待遇水平；四是活化失业保险基金，探索灵活费率和缴费

---

① 龙玉其、王延中、宁亚芳：《“十四五”时期社会保障发展的目标思路与关键举措》，《经济学动态》2020 年第 8 期。

② 林闽钢：《“十四五”时期社会保障发展的基本思路与战略研判》，《行政管理改革》2020 年第 12 期。

③ 王延中、龙玉其、宁亚芳：《“十四五”时期中国社会保障建设的目标任务与政策建议》，《社会保障评论》2020 年第 3 期。

④ 鲁全：《“十四五”时期社会保障制度的战略定位与重点任务》，《山东社会科学》2021 年第 3 期。

⑤ 郑功成：《面向 2035 年的中国特色社会保障体系建设——基于目标导向的理论思考与政策建议》，《社会保障评论》2021 年第 1 期。

⑥ 王立剑、代秀亮：《社会保障模式：类型、路径与建议》，《治理研究》2018 年第 5 期。

机制，增强企业裁员的约束力。

第五，加大社会保障再分配力度，强化互助共济功能。一是通过养老医疗全面强制参保，工伤、失业保险扩面，加强就业服务和灵活就业人参保便捷度，实现基本社会保险全覆盖；二是从财政支出结构、基金投资运营、个体责任划分、国有资产划转等方面，壮大社会保障体系物质基础；三是缩小城乡、职业、群体间待遇标准，进行提高互助共济能力的机制改革，如取消个人账户；四是立足于长远，探索构建公平统一的国民基础年金制度和国民健康保险制度。

第六，统一社会保障经办，提升服务质量。一是出台《社会保障经办机构管理条例》，规定经办机构的性质和法律地位；二是建立全国统一的管理经办体制，实行全系统的垂直管理；三是建立专业化的社会保障职业队伍，实行动态配比的负荷比管理机制；四是建立社会保障经办成本投入机制；五是经办系统内部建立风险控制机制；六是走“智慧社保”之路。

第七，建立社会保障缓解相对贫困的长效机制。如建立国有资产划拨充实社会保障基金的长效机制；增强失业保险促进就业的功能；建立公共资金一盘棋使用的决策体制机制；发挥好社会保障在应急治理体系中的积极作用；坚持发展“新经济”，为社会保障制度建设奠定丰富的物质基础。

第十四章　健康中国的研究、实践与展望

健康是重要的人力资本和可行能力，因此健康的不平等受到广泛的关注。健康不平等并不是指所有的健康差异，而主要是指社会群体中因系统性差异导致的健康水平不同，例如弱势群体（如穷人、女性、少数族裔等群体）与其他相比，可能遭遇更多的健康风险和产生疾病的社会不平等现象。① 健康不平等的研究从医学开始，逐渐扩展到社会科学领域，研究也逐步由关注医学因素到关注非医学因素。这是因为随着医疗技术发展和生活水平提升，人们所面对的疾病种类发生变化，慢性病在传统的重大传染性疾病被控制住后成为了主要的病症，而这些慢性疾病同时与社会因素密切相关。

随着中国经济水平的不断提升，对于健康的关注度也逐渐提升。国内学者开始关注中国转型发展中所伴随的健康不平等问题，国家政策也开始持续推进居民健康水平，例如 2017 年十九大报告中提出的健康中国发展战略，提到“人民健康是民族昌盛和国家富强的重要标志。要完善国民健康政策，为人民群众提供全方位全周期健康服务”。回顾新中国对于健康平等化事业的促进历程，从新中国成立初期爱国卫生运动的兴起到“健康中国 2010”和“健康中国 2030”等战略的实施，中国特色的健康战略发展也都取得了举世瞩目的成就。本章关注健康平等化事业的中国实践，首先考察中国健康不平等研究中常用的理论，接着重点回顾中国健康不平等研究的现状和机制等，同时关注在中国特有制度和语境下的健康平等化事业发展和成效。最后在理论和实证梳理的基础上，提出健康中国目前的阶段与展望，以此来助力健康中国科研事业的进一步发展。

① Paula Braveman, “Health Disparities and Health Equity: Concepts and Measurement”, *Annual Review of Public Health*, No.27, 2006.

第一节 健康不平等研究的理论视角

对于使用什么理论和研究视角看中国的健康不平等研究，近几十年来学者们主要还是沿袭着西方传统。其中，常用的研究视角大致有三种：一种是探讨社会经济地位如何影响健康的两种假说；一种是将研究对象放入到时间序列中，从生命历程视角研究健康不平等；还有一种是关注社会网络对于健康的作用，下面则简要整理这三种理论假设的研究。

一、健康与社会经济地位视角

从经济学的学科角度，健康是一种社会资源，同时也是一种消费品。因此经济学学者们更多地将健康作为理性人的投资，或者是重要的人力资本。因此不同社会经济地位的个体追求健康除了基于生物医学的需求之外，也是一种社会需求。而在社会经济地位对健康不平等影响方面，社会学和公共卫生提出了两种理论假设：社会选择论和健康因果论①，这也是王甫勤等众多社会学家在研究中使用过的理论解释。②大量研究发现收入不平等与健康指标存在负相关，但收入不平等与健康是否存在因果关系，收入不平等是否真的会影响健康差异，是否只是一种统计假象，这些都存在着争议。③

社会因果论认为健康与社会经济地位相关的维度（教育、收入、人际关系等）存在相关关系，因而社会经济地位差异会产生健康的不平等。持有健康选择论的学者认为健康是个体社会流动的重要因素，良好的健康状况会有更高的向上流动概率，健康水平较低的人向下流动概率越高，从而以健康为基础的社会流动产生了健康的不平等。国外对健康不平等的研究大多基于社会因果论，从经济收入、教育、社会地位等方面对健康不平等进行解释，并且多数研究都证实了社会因果论，即认为社会经济因素对健康不平等具有显著影响。国内也有不少学者作出了重要贡献，如学者运用中国的卫

---

① 许伟、谢熠：《健康社会学的流变与前瞻》，《学术论坛》2014 年第 8 期。

② 王甫勤：《社会流动有助于降低健康不平等吗？》，《社会学研究》2011 年第 2 期。

③ 参见齐亚强：《收入不平等与健康》，知识产权出版社 2012 年版。

生服务总调查数据研究收入相关健康不平等①，以及运用卫生调查数据对农村健康不平等进行了分析②，从社会流动方面考虑健康不平等③，运用全国性截面数据对健康不平等进行综合实证分析等。针对老年人健康的研究发现，社会经济地位对食物获取、体育锻炼、娱乐活动和生活幸福感都有积极效应。④焦开山利用"中国健康与养老追踪调查"（CHARLS）2011 年的数据研究 45 岁以上群体，考察不同社会经济地位群体在身体功能、抑郁症状和自评健康上的不平等和影响因素，随年龄增加不同社会经济地位群体身体功能性状况差异在增大。⑤

二、健康与生命历程理论

如果将健康的变化放入到时间维度中去，则是一种持续的影响过程。埃尔德将生命历程定义为"在人的一生中通过年龄分化而体现的生活道路"，这里年龄分化指的是"年龄所体现的社会期望差异和可供选择的社会生活内容的差异。正是这些差异影响到了生活事件的发生及其在某一状态中持续时间的长短，从而形成了不同的生命阶段，变迁和转折点"。埃尔德认为，年龄变迁发生在一定社会制度中，并且容易受到社会历史变化的影响。⑥国内也有一些基于此范式的实证研究，例如考察中国政治变迁、经济改革等重大社会事件对特定人群、特定生活领域的影响。⑦⑧生命历程研究把人由静态的个体放入到动态的历史潮流中进行研究，在生命历程中研究制度变迁产生的深刻影响。这个理论侧重于研究社会变迁对于个人生活和发展的影响，在美国《儿童心理学手册》（第五版）中被列为人类发展的三大基本模型之一（生态化理论、毕业发展理论）

---

① 胡琳琳：《我国与收入相关的健康不平等实证研究》，《卫生经济研究》2005 年第 12 期。
② 任小红、王小万、刘敬伟：《湖南省三县农村居民健康不平等研究》，《中国现代医学杂志》2007 年第 9 期。
③ 王甫勤：《社会流动有助于降低健康不平等吗？》，《社会学研究》2011 年第 2 期。
④ 刘昌平、汪连杰：《社会经济地位对老年人健康状况的影响研究》，《中国人口科学》2017 年第 5 期。
⑤ 焦开山：《健康不平等影响因素研究》，《社会学研究》2014 年第 5 期。
⑥ 参见［美］G. H. 埃尔德：《大萧条的孩子们》，田禾、马春华译，译林出版社 2002 年版。
⑦ 赵莉莉：《我国城市第一代独生子女父母的生命历程——从中年空巢家庭的出现谈起》，《青年研究》2006 年第 6 期。
⑧ 邓建伟、董藩：《生命历程理论视野中的三峡移民问题》，《株洲师范高等专科学校学报》2001 年第 1 期。

同被称为当代发展心理学最新贡献。①

有一批学者探讨了生命历程与中国健康不平等的关系，焦开山等研究老年人童年时期的生活处境对于老年健康状况的作用发现，老年时期经济较弱群体会叠加童年不利对健康产生负面影响。②洪岩壁等研究验证儿童时期的营养、卫生状况对成年社会经济获得有显著作用。③梁海祥对青少年的健康不平等研究表明，健康的再生产成为了地位获得的重要因素，青少年时期健康状况影响成年后的地位获得（教育和收入获得等）。④

三、健康与社会网络理论

目前在研究社会网络与健康的学者中主要采取两种理论视角，一种是“功能论”的视角，主要关注社会网络中可能提高的“社会支持”，而社会支持会对健康产生积极作用。另一种则是“结构论”的视角，关注个体在社会网络中结构对于健康可能产生的作用。⑤社会网络在一段时间内成为研究者关注的重点之一。⑥社会网络的基本观点认为个体是作为行动者，镶嵌在由社会关系、社会互动两者组成社会网络中。社会能动者是作为节点，社会网络就是节点和其间连线的集合。⑦这里提到的节点可以指个体、组织，连线指节点间的具体关系（如亲属、朋友、同事等）。因此，很多学者研究从社会资本视角关注健康，例如就有学者关注青少年心理与社会网络的关联性。⑧⑨

---

① 包蕾萍：《习俗还是发生？——生命历程理论视角下的毕生发展》，《华东师范大学学报（教育科学版）》2006 年第 3 期。

② 焦开山、包智明：《社会变革、生命历程与老年健康》，《社会学研究》2020 年第 1 期。

③ 洪岩壁、刘精明：《早期健康与阶层再生产》，《社会学研究》2019 年第 1 期。

④ 参见梁海祥：《青少年健康不平等：生成机制及结果》，社会科学文献出版社 2021 年版。

⑤ 赵延东、胡乔宪：《社会网络对健康行为的影响——以西部地区新生儿母乳喂养为例》，《社会》2013 年第 5 期。

⑥ 鲍常勇：《社会资本理论框架下的人口健康研究》，《人口研究》2009 年第 2 期。

⑦ 参见刘军：《整体网分析讲义》，上海人民出版社 2009 年版。

⑧ 侯珂、邹泓、刘艳、金灿灿、蒋索：《同伴团体对青少年问题行为的影响：一项基于社会网络分析的研究》，《心理发展与教育》2004 年第 3 期。

⑨ 李永强、黄姚：《个性特征与社会网络特征的关系及其本土化发展》，《心理科学进展》2014 年第 11 期。

在“功能论”的研究者看来，社会网络是一种可对健康产生积极作用的机制，主要可以通过社会网络来提供社会支持①，比如社会网络可以提供健康知识，使人们积极从事有利于健康的行为。②对中国而言，前几十年国家处于社会转型发展时期，需要有社会网络中的社会支持来弥补正式制度的不成熟和不完善的点，比如以往在劳动就业、流动人口等领域的研究都关注到了这点。对于留守儿童的研究也有运用社会网络视角来分析的，这些研究把留守儿童的社会关系分为两种，一是外出打工父母与监护人为主的家庭，二是朋友、同学等有情感性交往的同辈关系，而在这其中社会网络则提供了社会支持。③同样的，赵延东、胡乔宪研究社会网络与母乳喂养的关系，从而验证社会网络主要通过提供社会支持与信息来促进健康行为，进而提高健康状况。④

“结构论”者的研究认为社会网络是一种结构性的作用，它是人们获得社会支持的重要渠道。人们与社会网络成员的长期互动关系，会形成对资源可得性和获取方式的心理感知，这会直接影响健康行为与后果。⑤结构论者主要从关系的视角对个体生活进行研究，例如对于青少年社会网络与健康之间关系的研究。研究也表明不同群体的影响对象不同，例如初中阶段的留守儿童情绪受到父亲和朋友的影响，非留守的儿童主要受朋友、父亲、教师的影响。⑥

由上三种健康不平等研究的理论视角可见，现有研究多是西方理论在中国场景下的再检验，或者直接是西方理论的重现，并没有体现出中国特有制度和文化背景下国情的特征。当然理论的创建不是一朝一夕就可完成，需要不断的探索和实践积累，下文就是中国学者在健康不平等研究方面的一些实践探索。

---

① Lin N., W.M. Ensel, R.S. Simeone et al., “Social Support, Stressful Life Events, and Illness: A Model and an Empirical Test”, *Journal of Health & Social Behavior*, Vol.20, No.2, 1979, p.108.

② J.S. House, C.Robbins, H.L. Metzner, (1982) “The Association of Social Relationships and Activities with Mortality: Prospective Evidence from the Tecumseh Community Health Study”, *American Journal of Epidemiology*, Vol.116, No.1, pp.123—140.

③ 孔炜莉：《社会网络对留守儿童身心健康的影响》，《宁夏社会科学》2009 年第 2 期。

④ 赵延东、胡乔宪：《社会网络对健康行为的影响——以西部地区新生儿母乳喂养为例》，《社会》2013 年第 5 期。

⑤ 赵延东：《社会网络与城乡居民的身心健康》，《社会》2008 年第 5 期。

⑥ 张鹤龙：《远离父母，他们失去了什么？ 留守儿童问题调查》，《半月谈》2004 年第 9 期。

第二节 本土情境下健康不平等的机制性探索

健康不平等的研究最早可追溯到马克思主义对健康的政治经济学分析，马克思很早探讨生产劳动对于个体健康的影响，对于工人来说劳动是外在的和异化的。“因此，劳动者在自己的劳动中并不肯定自己，而是否定自己，并不感到幸福，而是感到不幸，并不自由地发挥自己的肉体力量和精神力量，而是使自己的肉体受到损失、精神遭到摧残”①，但是马克思的探讨中并没有特别重视健康的剥夺，亦没有过多的论述。自“健康中国”政策实施以来，中国的卫生事业取得了举世瞩目的成就，“2015 年至 2020 年，人均预期寿命从 76.34 岁提高到 77.93 岁，婴儿死亡率从 8.1‰降至 5.4‰，5 岁以下儿童死亡率从 10.7‰降至 7.5‰，孕产妇死亡率从 20.1/10 万降至 16.9/10 万，主要健康指标居于中高收入国家前列，个人卫生支出占卫生总费用的比重下降到 27.7%”②。在 2020 年新冠疫情暴发时，我们“坚持人民至上、生命至上，把保护人民生命安全摆在首位”。但同时也需要看到，传染性疾病风险没有消失，慢性病年轻化、精神疾病频发等的存在，导致健康结果存在着群体差异。

学者们关注健康不平等的现象，也在探寻导致不平等的原因和机制。在中国情境下的机制性探索十分重要，它伴随着中国逐渐实现资源公平化的历程，其中教育普及化、户籍制度松动和居民的迁移都是其中重要的体现。例如在教育方面，重视以教育公平化解教育在地区间的非均衡性、资源上的非合理性问题，以及高等教育从精英化到大众化，再到普及化的过程。另外在户籍管理方面，1958 年形成的新中国户籍制度在 1978 年开始变化，改革开放后以农民为主体的流动人口快速增加，户籍制度从严格管控人口流动到逐步松动，更加促进城乡一体化。这些体现出中国的本土情境，同时也为本土情境下的健康差异发展提供了解释路径。主要有以下几个方面：

一、教育对健康的作用

健康是生产力增长的先决条件，其是否成功也需要依赖健康。另外，教育和健康

① 参见《1844 年经济学哲学手稿》，人民出版社 1979 年版。

② 《国务院办公厅关于印发“十四五”国民健康规划的通知》，2022 年 4 月 27 日。

都是发展和增长的重要因素，并在经济发展中具有核心地位。①对个体来说健康和教育都十分重要，教育和健康是人力资本中两个相辅相成的方面。教育的提高可以使工作能力提高，进而增加收入弥补其他健康决定因素；知识的增加也意味着会有更健康的生活方式。②中国的实证研究也论证了教育对于健康不平等的重要作用。邓曲恒将自评健康状况变为含有基数性质的健康效用指数，采用集中系数对与收入相关的健康不平等程度进行估计和分解，发现收入、教育、就业等变量对健康不平等起到了促进作用。③在家庭教育方面，高收入家庭儿童的健康状况更好，不同的收入的影响会有差异，母亲的教育水平以及是否参加工作对儿童健康有正面影响。④对于中国儿童的营养不良情况集中度指数分析结果发现，城乡间、省份间差异和个体受教育程度的差异，都会加剧个体营养不良。⑤

基于中国农村义务教育与城市存在质量上的差异，城市地区有巨大的社会资源优势，胡安宁发现高中教育弱化了城乡间的差距，城市义务教育阶段的健康回报高于农村，高中阶段的健康回报是农村高于城市。⑥他在文章中呼吁城乡教育不光要数量上消除差距，质量上也要减少城乡差距，农村地区的高中要普及，对于教育对健康作用提升到了高中阶段才能显现出显著的促进作用。另外研究也表明受教育越多的人体重也会过重，这与高教育程度群体多从事非体力劳动，久坐的工作方式有关。⑦

二、户籍制度对健康的影响

在中国存在着特殊的户籍管理制度，城乡间存在着巨大的经济文化等差异，这一

---

① 李亚慧、刘华：《健康人力资本研究文献综述》，《生产力研究》2009 年第 20 期。

② 周靖：《中国居民与收入相关的健康不平等及其分解——基于 CGSS2008 数据的实证研究》，《贵州财经大学学报》2013 年第 3 期。

③ 邓曲恒：《中国城镇地区的健康不平等及其分解》，《中国社会科学院研究生院学报》2010 年第 5 期。

④ 顾和军、刘云平：《中国农村儿童健康不平等及其影响因素研究——基于 CHNS 数据的经验研究》，《南方人口》2012 年第 1 期。

⑤ 陈茁、E. Wood、颜子仪、姚炜：《中国儿童营养不良的不平等：所居之处实为重要》，《世界经济文汇》2006 年第 1 期。

⑥ 胡安宁：《教育能否让我们更健康——基于 2010 年中国综合社会调查的城乡比较分析》，《中国社会科学》2014 年第 5 期。

⑦ 叶华、石爽：《转型期劳动力的教育差异与健康后果》，载《中山大学学报（社会科学版）》2014 年第 4 期。

点导致群体在健康差异上也十分明显。中国的城乡二元经济和社会体制造成了城乡间的经济差异，城乡间健康差距也在增大，然而改革开放促进经济发展的举措也没有完全消除这种差距，甚至产生健康间差距的扩大。在中国的城乡间医疗保健方面，例如基本卫生医疗服务的普及会提高儿童的健康状况，同时农村社区基础设施的改善，如交通、用水和卫生条件也会对儿童健康状况有积极影响。① 对于农民的健康研究方面，任小红、王小万、刘敬伟使用农村数据研究发现导致健康不平等的因素包括收入、年龄、职业、文化程度和是否有医疗保险。② 倪秀艳、赵建梅研究农村居民健康不平等机制时发现，教育对健康状况差的人边际影响大，教育分布改变降低了健康不平等程度。③ 解垩使用中国健康与营养调查数据（CHNS）研究与收入相关的医疗服务不平等和健康不平等，结果表明中国也存在亲富人的健康不平等，农村不平等程度高于城市。④ 结果显示在平均健康水平下降，在同时期收入导致健康不平等增加的双重影响下，中国的卫生健康绩效逐年下降。⑤ 黄潇使用营养健康调查数据发现，收入不平等是导致健康不平等的重要原因，其研究也对健康不平等进行了测量和分解，发现了城乡都存在亲富人的健康不平等，并且城乡中差异程度不一致。⑥ 而在城市中，弱势群体更可能受到环境的危害，研究发现城市中在环境风险分配过程中并不平等，外来人口群体是环境暴露风险的主要受害者。⑦

三、迁移对健康的作用

国内外大量研究发现，与本地人口相比迁移流动人口拥有更好的健康状况。但一

---

① 周靖：《中国居民与收入相关的健康不平等及其分解——基于 CGSS2008 数据的实证研究》，《贵州财经大学学报》2013 年第 3 期。

② 任小红、王小万、刘敬伟：《湖南省三县农村居民健康不平等研究》，《中国现代医学杂志》2007 年第 9 期。

③ 倪秀艳、赵建梅：《教育投入与健康不平等：来自中国健康与营养调查数据的证据》，《农业技术经济》2014 年第 3 期。

④ 解垩：《与收入相关的健康及医疗服务利用不平等研究》，《经济研究》2009 年第 2 期。

⑤ 倪秀艳、赵建梅：《教育投入与健康不平等：来自中国健康与营养调查数据的证据》，《农业技术经济》2014 年第 3 期。

⑥ 黄潇：《与收入相关的健康不平等扩大了吗》，《统计研究》2012 年第 6 期。

⑦ 孙秀林、施润华：《社区差异与环境正义——基于上海市社区调查的研究》，《国家行政学院学报》2016 年第 6 期。

般认为迁移流动人口通常处于较低的社会经济地位，这一现象相悖于健康不平等理论所广泛验证的：健康状况与社会经济地位高度相关。因此，这种迁移流动人口的健康优势也被称之为“流行病学悖论”，大量研究证实了流动人口健康优势的存在。[①②③④]这些研究大多发现，农村外出务工人员的自评健康指标要比城市一般居民更好，且非户籍人口的死亡率低于户籍人口。但从心理健康和健康行为等指标来看，研究多发现流动人口处于劣势。比如大量研究证实，流动人口感染艾滋病或其他传染性疾病的风险更高[⑤]，吸烟、酗酒等行为更加多发[⑥]，心理健康状况相对更差，更容易产生抑郁、焦虑等情绪。[⑦]李骏、梁海祥则对“健康移民”现象的适用性、世代差异显著性与劳动权益中介性作进一步探讨，发现“健康移民”现象不适用于精神健康，新生代流动人口心理健康更差等。[⑧]

尽管迁移流动人口表现出相对本地人口的健康优势，但多数研究考察迁移流动行为对健康产生的影响，发现这种影响主要体现为负向效应。相较农村的非移民，迁移到城市的农村移民面临更多健康风险；纪颖等针对青年群体的研究发现，相较农村非流动人口，流动人口两周患病率更高，患病后就诊比例偏低。[⑨]这种负向效应尤其体现在老年人群体中，大量研究发现老年人群体在迁移后健康状况发生显著的动态变化，其健康状况会下降，并体现在心脑血管等慢性疾病、自评健康等指标。基于不同迁移类型、迁移距离、健康测量，这种负向效应呈现出差异性。如 Chen 利用北京市截面调查数据发现，

① 王桂新、苏晓馨、文鸣：《城市外来人口居住条件对其健康影响之考察》，《人口研究》2011 年第 2 期。

② 牛建林：《人口流动对中国城乡居民健康差异的影响》，《中国社会科学》2013 年第 2 期。

③ 易龙飞、亓迪：《流动人口健康移民现象再检验：基于 2006—2011 年 CHNS 数据的分析》，《西北人口》2014 年第 6 期。

④ 周小刚、陆铭：《移民的健康：中国的成就还是遗憾？》，《经济学报》2016 年第 3 期。

⑤ Zhang L., Chow E.P., H.J. Jahn, A. Kraemer, D.P. Wilson, “High HIV Prevalence and Risk of Infection among Rural-to-urban Migrants in Various Migration Stages in China: A Systematic Review and Meta-Analysis”, *Sexually Transmitted Diseases*, Vol.40, No.2, 2013, pp.136—147.

⑥ Cui X., I.R. Rockett, Yang T., Cao R., “Work stress, Life stress, and Smoking among Rural-urban Migrant Workers in China”, *BMC Public Health*, Vol.14, No.12, p.979.

⑦ Cheung N.W., “Rural-to-urban Migrant Adolescents in Guangzhou, China: Psychological Health, Victimization, and Local and Trans-local Ties”, *Social Science & Medicine*, No.93, 2013, pp.121—129.

⑧ 李骏、梁海祥：《流动人口的精神健康：“健康移民”适用性、世代差异显著性与劳动权益中介性》，《华中科技大学学报（社会科学版）》2020 年第 6 期。

⑨ 纪颖、袁雁飞、栗潮阳、常春：《流动人口与农村青年人口健康状况及卫生服务利用的比较分析》，《人口学刊》2013 年第 2 期。

只有来自小城镇的流动人口自评健康和精神健康均随着在京居住时间的增加而显著下降①；秦立建等采用固定效应方法剔除选择性后发现，省外迁移对农民工自评健康存在显著负面影响，而省内迁移则无。②但也有部分研究认为，迁移流动对于健康具有一定积极效应。成前、李月采取工具变量法处理内生性后发现，乡城流动提高了农村流出人口的健康水平③；Song 通过对比农民工和农村居民的健康状况发现，短期内城乡迁移对农民工的健康有显著的正向影响，但是长期来看这种影响并不显著。还有一些研究考察了迁移流动对健康的影响如何随着时间推移而变化，既有研究认为迁移对健康的负面影响会随着居住时间增加而弱化。也有研究认为，这种负向效应随着时间推移而加深。比如李建民等基于流动时间对流动人口进行划分，发现流动时间越久，其与城镇居民的健康差距不再显著甚至差于城镇居民④；尚越、石智雷比较了短期迁移和长期迁移的农民工，发现后者的自评健康更低，患慢性病概率更高⑤；周小刚、陆铭以自评健康为结果变量，发现随着年龄增长，从事制造业、建筑业的农村务工人员健康耗损更为严重。⑥

第三节　促进健康平等化发展的历程

除了上文所提到的中国本土情境间接对健康产生影响，例如因严格的城乡分割增加健康不平等，或因教育普及和城乡一体化降低的健康不平等之外，也有一些从政策层面上直接对健康平等和公平产生正向作用的政策，例如爱国卫生运动、健康中国战略等，并且取得了瞩目的成就。

一、爱国卫生运动的发展

爱国卫生运动是在卫生领域运动式治理的典型代表，它在中国健康卫生事业的发

① Chen J., "Internal Migration and Health: Re-examining the Healthy Migrant Phenomenon in China", *Social Science and Medicine*, Vol.72, No.8, 2011, pp.1294—1301.

② 秦立建、王震、蒋中一：《农民工的迁移与健康——基于迁移地点的 Panel 证据》，《世界经济文汇》2014 年第 6 期。

③ 成前、李月：《农村人口乡城流动的健康效应研究》，《现代经济探讨》2020 年第 10 期。

④ 李建民、王婷、孙智帅：《从健康优势到健康劣势：乡城流动人口中的"流行病学悖论"》，《人口研究》2018 年第 6 期。

⑤ 尚越、石智雷：《迁移行为对农民工健康状况的影响》，《调研世界》2020 年第 2 期。

⑥ 周小刚、陆铭：《移民的健康：中国的成就还是遗憾？》，《经济学报》2016 年第 3 期。

展进程中一直起着至关重要的作用。世界卫生组织评价爱国卫生运动是以通过最小的卫生投入，实现了最大健康受益的中国模式。新中国成立初期，天花、鼠疫、霍乱等在国内广泛传播，成为了危害国防和经济建设的烈性传染病，经过爱国卫生运动广泛动员在 1951 年得到了有效控制。1952 年春季起，全国掀起了以反对美军细菌战为中心的爱国卫生运动，之后的除四害和整治血吸虫病运动，都在公共卫生史上有举足轻重的作用。①

赤脚医生的普及也可作为爱国卫生运动的一个重要成果，新中国成立初期，城乡间卫生医疗状况的差异引起毛泽东的注意。1964 年和 1965 年毛泽东曾四次批评卫生部，其中一次“六二六指示”说道：“广大农民得不到医疗，一无医院，二无药。卫生部不是人民的卫生部，改成城市卫生部或老爷卫生部，或城市老爷卫生部好了”，“应该把医疗卫生工作的重点放到农村去！”② 因为这个指示激发起全国对于农村医疗工作的重视，催生了中国“赤脚医生”。全国农村的合作医疗在 1969 年后得到普及，改善了农村的医疗情况。③ “赤脚医生”在国际上是具有开创性的卫生健康制度，是中国特有和具有原创性的制度。改革开放前，以三级医疗卫生服务体系、合作医疗、赤脚医生等制度为代表的独特经验，使我国成为“不发达国家实现初级卫生保健的独有典范”，爱国卫生运动是群众路线运用于卫生防病工作的创举和成功实践。

二、普惠性的健康战略

健康中国战略是属于一种普惠性的政策，进一步增加公平化的过程。“健康中国战略是习近平医疗卫生思想的具体体现，其主要内容包括提供更高水平的医疗卫生服务，建立更为科学的医疗卫生体系，大力推动城乡医疗卫生一体化，保障农民工医疗卫生同城同待遇，不断扩大智慧医疗覆盖面，提高医疗卫生事业合作层次。”④ 关注的也是消

① 肖爱树：《1949—1959 年爱国卫生运动述论》，《当代中国史研究》2003 年第 1 期。

② 毛泽东：《六二六指示》，载人民网 http://dangshi.people.com.cn/n1/2018/0123/c85037-29780369.html。

③ 王绍光：《学习机制与适应能力：中国农村合作医疗体制变迁的启示》，《中国社会科学》2008 年第 6 期。

④ 瞿孝志：《为人民群众提供全方位全周期健康服务——习近平医疗卫生思想探析》，《观察与思考》2017 年第 11 期。

除健康不平等，例如城乡间和群体间的差异。

回顾健康中国战略的形成，是一个逐渐把保障人民健康放在优先发展的战略位置，逐渐形成作为一种行动纲领和国家规划，秉持“共建共享、全民健康”理念的健康中国战略已逐渐渗透到政治与社会生活方方面面的过程。2007 年，卫生部首次提出了“健康中国”的概念。2012 年，卫生部组织开展“健康中国 2020”战略研究并发布了报告，并且确定了指导思想、基本原则、发展目标、战略重点、行动计划及政策措施。2015 年党的十八届五中全会将“健康中国”上升为国家战略。2016 年习近平总书记在全国卫生与健康大会上发表重要讲话时指出，要把人民健康放在优先发展的战略地位；同年，中共中央、国务院印发了《“健康中国 2030”规划纲要》；2017 年十九大报告中再次强调，要实施健康中国战略。随后的 2019 年 7 月，国务院印发了《国务院关于实施健康中国行动的意见》，成立了健康中国行动推进委员会，出台了《健康中国行动组织实施和考核方案》，制定了《健康中国行动（2019—2030 年）》。

三、政策实施以来的成果

2021 年中共中央《关于党的百年奋斗重大成就和历史经验的决议》中对于健康事业的成就进行了概括，即“我国建成世界上规模最大的社会保障体系，十亿二千万人拥有基本养老保险，十三亿六千万人拥有基本医疗保险。全面推进健康中国建设，坚持预防为主的方针，深化医药卫生体制改革，引导医疗卫生工作重心下移、资源下沉，及时推动完善重大疫情防控体制机制、健全国家公共卫生应急管理体系，促进中医药传承创新发展，健全遍及城乡的公共卫生服务体系”①。另一方面，健康素养被公认为是维持全民健康的最经济有效的策略，是衡量国家基本公共卫生水平和国民健康水平的重要指标，也是对经济社会发展水平的综合反映。2016 年 10 月，中共中央、国务院印发《“健康中国 2030”规划纲要》，“把提升健康素养作为增进全民健康的前提”，并提出让全国居民到 2020 年和 2030 年的健康素养水平分别不低于 22% 和 30%。2021 年我国居民健康素养水平达到 25.40%，比 2020 年提高 2.25 个百分点，继续呈现稳步提

① 《中共中央关于党的百年奋斗重大成就和历史经验的决议》，载中国政府网 http://www.gov.cn/xinwen/2021-11/16/content_5651269.htm，2021 年 11 月 16 日。

升态势。监测结果显示，2021 年全国城市居民健康素养水平为 30.70%，农村居民为 22.02%，较 2020 年分别增长 2.62% 和 2.00%。东、中、西部地区居民健康素养水平分别为 30.40%、23.83% 和 19.42%，较 2020 年分别增长 1.34%、2.82% 和 2.70%。城乡居民基本知识和理念素养水平、健康生活方式与行为素养水平、基本技能素养水平、较 2020 年分别提升 0.51%、1.61%、1.16%。①

第四节　结语：健康中国的目前阶段与展望

20 世纪中期社会学学者开始关注健康的决定因素，探索贫困与健康间的关系，其中包括医学社会学研究的内容，即健康和疾病的社会原因及其影响。60 年代末到 70 年代初，在美国，医学社会学研究逐步向健康社会学转变，医学社会学的研究领域拓展到医生及医疗服务整个系统，并延伸至所有与健康相关的领域。②20 世纪 80 年代，健康不平等作为一项新兴学术议题，主要集中在经济学、社会学等学科视角下，产生了丰富的研究成果。随着经济的发展与生活水平的提高，健康不平等的持续扩大，人们对于健康的诉求愈发强烈。因此健康不平等产生的重要原因及运行机制，受到学者们的长期与广泛关注，国内的研究也日益增多，成果丰富，但是有几点仍然需要关注。

一、关注新经济社会发展形势下的其他群体

从上文回顾中我们发现，现有的研究对于老年人、女性和儿童有更多的关注，但同时需要关注那些与经济社会发展密切联系的群体健康状况。例如有学者对于知识分子的健康进行了研究，如丁燕娣的文章使用中国科学院的高级知识分子的体检、门诊等数据分析慢性疾病和心理健康等问题，在之前的基础上跟踪调查，分析死亡原因及慢性疾病分布。③ 和红、陈超则研究中年高级知识分子体质指数与健康状况④，紧接着

① 《2021 年全国居民健康素养水平达到 25.40%》，载国家卫健委网站 http://www.nhc.gov.cn/cms-search/xxgk/getManuscriptXxgk.htm?id=5dc1de46b9a04e52951b21690d74cdb9，2022 年 6 月 7 日。

② 冯显威：《医学社会学的演变与健康社会学的现状和发展前景》，《医学与社会》2010 年第 7 期。

③ 丁燕娣：《医学社会学习用：中国社会科学院知识分子健康状况的统计分析》，《社会学研究》1993 年第 1 期。

④ 和红、陈超：《中年高级知识分子体质指数与健康状况研究》，《人口研究》2009 年第 4 期。

郑桂珍等人发表了上海市高校女教授健康状况的调查报告[①]；翟振武等人研究中国知识分子是短命还是长寿，其实考察的是教育对于健康获得的影响。[②]这些文献从不同学科视角入手，而如果基于社会学视角，还需要关注在特定制度下群体的健康不平等问题和机制。另外处于新经济模式下的大量的非正规就业群体和灵活就业群体也需要投入更多的关注，例如外卖骑手、网约车司机、货车司机等等。

二、加强健康平等化研究进展和理论视角建构

中国目前的健康不平等研究虽然有很多研究成果，但是总体上研究进展程度不够深入，对于机制和原因的探讨还较少。目前国内社会学对于健康不平等的研究仍在起步阶段，在已有文献中，齐亚强考察收入对于健康的效果，王甫勤研究社会流动对于健康的促进作用，牛建林主要研究城乡移民的健康选择性，胡安宁着重看教育对于健康的正向效果。已出版著作中关于健康不平等研究依旧是经济学为主，就连社会学家的也是从经济学视角去研究，如齐亚强也主要从经济学的研究假设入手。因此需要确定社会学的研究视角，从社会分层的视角去研究健康不平等，研究健康的获得模式，并且看单个和多个因素的交互影响，进而得到中国健康不平等的生产机制和影响。

在理论视角方面也需要加强，当然可以从模仿和中国实证材料入手。国内学者多从社会经济地位视角、生命历程视角和社会网络视角入手，目前也积累了大量的实证研究。因而需要从中国的特有国情入手，然后在西方理论基础上模仿和推进，进而归纳出中国特有的理论视角。

三、重视探索中国语境下健康平等化的实践

一方面，现有研究多延续西方理论在中国的实践，但是对于中国具体国情的关注仍不够。除了社会结构对生活方式的形塑，还应该注意到中国特殊的研究情境。比如中国经济迅速发展所带来的经济不平等的加剧，教育、医疗、住房上的开支加大；贫

① 郑桂珍、陈华、陈月新、司徒琪蕙：《上海市高校女教授健康状况的调查报告》，《妇女研究论丛》2004 年第 5 期。

② 翟振武、明艳、侯佳伟、顾荣：《中国知识分子：短命还是长寿？——中国知识分子健康研究报告之一》，《人口研究》2005 年第 5 期。

困人口比例下降，但是基尼系数显著上升等。健康不平等现象的加剧也不是中国独有，20 世纪 90 年代以后，健康和收入差异导致的不平等高于以往，并且两者相结合的不平等程度比以往要高得多。[①] 更加需要关注到的是，近 30 年也是中国社会转型、制度变迁的时期，中国的问题也有着特殊制度背景，因此更需要关注中国的社会结构因素对于健康不平等的影响。因此在使用西方的理论进行解释时，也要注重中国情境下的差异，例如中国追求公平性的各项政策带来的影响等方面都需要关注。

另一方面，中国通过直接手段和间接手段加强健康平等化进程，直接手段是通过各项健康政策的实施，例如解放初期赤脚医生的设置，便是为了解决城乡间医疗卫生基础差异悬殊，结合农村实际提升农民群体的健康水平。进入新时代后，健康中国战略的主要原则就包括公平公正，以农村和基层为重点，推进健康领域的公共服务均等化。而间接手段则是改革中与健康相关因素的变化，例如实施教育的普及化和城乡的一体化发展也都影响着中国健康平等化的发展。这些政策和因素的转变对中国居民健康平等化将产生怎样的结果，也都需要进一步去探索。关注中国语境下的健康发展之路，有利于总结出在中国政治制度下特有的健康议题和解释，从而可以找出特有的模式和机制。

① 詹宇波:《健康不平等及其度量——一个文献综述》,《世界经济文汇》2009 年第 3 期。

第十五章　中国的数字鸿沟与数字社会建设

从“数字鸿沟”概念诞生至今，相应研究场域已从发达国家扩散到发展中国家；数字鸿沟的概念从数字接入延伸至知识鸿沟；对于群体间数字化差异的关注也从区域、阶层转向不同世代。故此，对于多学科关注的数字鸿沟问题，本章收集了社会学、经济学和地理学等学科的文献，着力于探讨如下问题：数字鸿沟的定义是什么？相关概念的关系是怎样的？数字鸿沟具体反映了哪些群体的数字化差异？中国在建设特色社会主义数字社会的过程中，应该从哪些方面进行着手？如何弥合日益显见的“数字鸿沟”，并将其转化为人人共享的“数字红利”？本章将以上问题归纳为三个方面进行具体阐释：第一，数字鸿沟的三类定义与研究现状；第二，消弭不同类型数字鸿沟的政策措施；第三，建设中国特色社会主义数字社会的路径。

第一节　数字鸿沟的定义与国内研究现状

1995 年，数字鸿沟（digital divide）概念首次出现在美国纸媒上，以阐释数字世界的“贫富差距”。数字鸿沟主要被定义为，能够接触和使用数字媒体的群体，与不能接触和使用数字媒体群体之间的差异。其中，数字媒体通常指基于信息和通信技术的数字设备；群体范畴则包括：个人、社区、组织和国家等层面。在数字鸿沟出现之前，还有类似的术语描述信息社会的阶层关系，如信息不平等、知识差距等。数字鸿沟作为一种比喻，表征出社会的分裂，但同时意味着建构出“两端社会”，导致了对信息中间群体的忽略，也表明了差距是无法拟合的，并将产生结构性或持续性的不平等。[①]

在新冠疫情期间，全球各国的数字鸿沟问题被进一步凸显。这种数字鸿沟是混合

① J. Van Dijk, *The Digital Divide*, John Wiley & Sons, 2020.

性的，既有区域间的数字接入差异，也有代际间的数字素养差异。一方面，防疫措施导致个人的居家办公、远程医疗和在线教育增加，全球网络使用量骤增。但不同国家的网络接入基础存在差异，高收入国家近九成家庭安装宽带通信设备，而中等收入国家只有七成，低收入国家则不到一成。公共卫生危机事件尤其会暴露出“数字鸿沟”潜藏的负面后果，“对于无法获取医疗卫生信息的群体而言，是关乎生死的问题”①。另一方面，防疫措施涉及诸多的线上功能，“健康码”“场所码”和“核酸码”等成为必要的公共出行防疫工具，也导致数字使用能力的“代沟”显现。由于我国老年群体中的非网民数量超过一半②，老年群体新媒体设备拥有率较低，对于各类线上使用场景并不熟练，也缺乏判断网络信息真伪的能力③，这使得代际数字鸿沟进一步扩大④。

数字社会是否会导致社会不公平？这是一个在学界争论多年的问题。持乐观态度的学者认为，互联网将通过降低信息成本减少不平等，从而提高低收入群体的求职能力，以此提高他们的生活机会。但持怀疑论者认为，数字社会的利益主要由高阶层人士获得，他们通过自身已有资源，更有效的利用互联网，进而获得更多的社会支持，提高或延续现有阶层优势。⑤

大部分的研究证实了怀疑论者的观点，即数字社会加剧了社会阶层的分化。这主要包括两个方面：其一，数字基础设施、数字素养在不同群体之间存在差异和分化；其二，是算法社会本身导致的社会不平等。

一方面，数字社会通过数字资源、素养的分配差异，重塑了社会阶级划分的过程。在韦伯的分析框架中，最终决定阶级形成的，是各类因素的社会分配方式。社会结构中存在的不平等现象，与数字领域中存在的不平等现象相关。以往的社会不平等影响了数字鸿沟，进而强化和加剧了先前存在的社会不平等。迪马乔将其总结

① 《新冠疫情暴露全球数字鸿沟拉大》，载每日经济 https://cn.dailyeconomic.com/tech/2020/08/24/9452.html，2020 年 8 月 24 日。

② 中国互联网络信息中心：《第 47 次中国互联网络发展现状统计报告》，2021 年 2 月 3 日。

③ 人民网舆情数据中心：《中老年人上网状况及风险网络调查报告》，2018 年 12 月 11 日。

④ A. Ramsetty & C. Adams, “Impact of the Digital Divide in the Age of COVID-19”, *Journal of the American Medical Informatics Association*, Vol.27, No.7, pp.1147—1148.

⑤ P. DiMaggio, E. Hargittai, “From the ‘Digital Divide’ to ‘Digital Inequality’: Studying Internet Use as Penetration Increases”, *Princeton: Center for Arts and Cultural Policy Studies, Woodrow Wilson School, Princeton University*, Vol.4, No.1, 2001.

为“社会不平等与数字不平等之间的循环”，社会不平等有助于解释数字不平等，反之亦然。①

另一方面，数字社会的算法规则，也在无形中再塑造着社会不平等。这包括两方面：“算法意识”和“算法再生产”。首先，个体在数字化生活中，能否持有“算法意识”，这被认为是新的数字鸿沟。“算法意识”是指，认识到算法的功能和对平台、服务和搜索引擎的影响，并能够有意识地、批判性地与算法博弈，这种算法意识在不同的人群中存在差异②。有算法意识的群体，更能规避算法导致的风险和不利处境，对“大数据杀熟”现象进行反抗；而缺乏算法意识的群体，则可能掉入算法推荐系统的“成瘾”陷阱，在“信息茧房”中变得越来越偏颇和激进。

其次，算法的形成需要大数据的“喂养”，而原有大数据本就潜藏着现实社会的不平等。因为算法的基本逻辑是：过去观察到的模式，可以给未来的活动提供有用信息③。但在过去的基础上预测未来，则可能使现有的不平等状况重现。因为大数据的收集，仍然带着种族、性别和阶层结构的烙印。例如，在美国，对于少数族裔的过度监管，产生了过度代表这类群体的犯罪数据集。④此外，犯罪预测是算法决策的典型应用场景之一，高犯罪率地区或高危人群，会受到警察更多的关注，进而导致更多的逮捕，反过来，则导致对这些群体更严格的审查，循环往复，这种不断加强的审查循环被称为“棘轮效应”（ratcheting effect）。⑤

在现有研究中，数字鸿沟主要包括三个阶段的定义：网络接入（一级数字鸿沟）与网络经历（二级数字鸿沟）是由社会分层特征所决定的，即公民获取和使用通信技术的方式，受到社会中既定不平等的严重影响。而数字资本通过不同途径，可以获得

① P. DiMaggio, F. Garip, “Network Effects and Social Inequality”, *Annual Review of Sociology*, Vol.38, 2012, pp.93—118.

② A.B. Gran, P. Booth, T. Bucher, “To Be or Not to Be Algorithm Aware: A Question of A New Digital Divide?” *Information, Communication & Society*, Vol.24, No.12, 2021, pp.1779—1796.

③ O.H. Gandy, *Coming to Terms with Chance: Engaging Rational Discrimination and Cumulative Disadvantage*, Routledge, 2016.

④ B. Jefferson, *Digitize and Punish: Racial Criminalization in The Digital Age*, University of Minnesota Press, 2020.

⑤ Burrell J & M. Fourcade, “The Society of Algorithms”, *Annual Review of Sociology*, Vol.47, 2021, pp.213—237.

不同的回报，包括：经济、政治和文化等有形成果，以便在社会领域进行再投资和使用（三级数字鸿沟）。进而加剧了社会领域中已经存在的不平等。三类数字鸿沟的因果关系和主要内涵如表 15-1 所示。

表 15-1　三种不同定义的数字鸿沟类型

数字鸿沟类型	因果关系	主要内涵
一级数字鸿沟	社会经济背景→互联网基础设施	资源分配的不平等影响了互联网接入的不平等，接入鸿沟与收入（阶级）、职业和家庭教育相关。
二级数字鸿沟	社会经济背景 / 互联网基础设施→互联网使用方式	获取通信技术的不平等则导致了技术的不平等使用；使用方式则决定了个体获取资源和信息的差异。
三级数字鸿沟	互联网使用方式→个人与家庭的福祉	差异化的资源和信息则会在社会领域影响其社会地位，进而强化了社会不平等。

资料来源：作者自行归纳。

已有研究进一步在图 15-1 呈现出迪马乔所称的社会与数字不平等“循环”关系。个人初始的社会经济地位会显著地影响个人的数字接入，同时隐蔽地影响个人使用互联网的模式：高阶层与低阶层的使用目标存在分野，进而表征为“数字资本”的多寡，这包括数字素养和数字技能两方面。“数字资本”则会直接影响个人获取信息和资讯的差异，数字资本丰裕的阶层，更可能获得真实有益的信息；数字资本匮乏的阶层，则被虚假且无用的信息包围，被“奶头乐”的娱乐消遣虚掷了闲余时间。信息与资讯的差异最终导致了“知识鸿沟”的出现，知识鸿沟在早期被认为是“三级数字鸿沟”，用以指涉群体间的认知差异；而现有研究则更倾向于将“知识鸿沟”的经济和社会后果，即社会经济地位的再生产结果，一并纳入“三级数字鸿沟”的范畴。各环节具体内涵与相互关系将在本节的后文进行详细呈现。

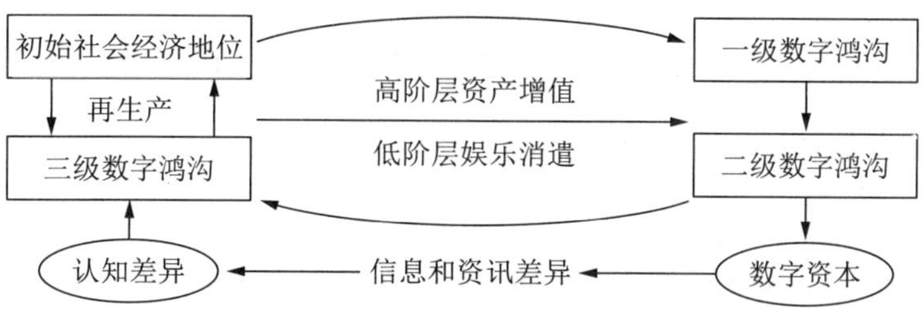

图 15-1　数字鸿沟与社会不平等的循环关系

资料来源：作者自行归纳。

一、一级数字鸿沟：数字接入差异

一级数字鸿沟主要指因为信息化发展不均衡，导致人们使用信息和通信技术方面存在差距的现象。数字接入的差异主要包括四个方面：数字设备、连接性、上网时间和技术培训。而社会经济和文化背景的不平等，是导致一级数字鸿沟产生的主要原因。① 相关研究者多从地理科学的视角，对一级数字鸿沟现象进行空间描述并可视化呈现；而社会科学学者则更关注一级数字鸿沟与经济鸿沟之间的具体关系。

（一）接入沟的空间分异格局

多数学者发现，我国的空间布局上存在一级数字鸿沟，并从宏观和微观两个角度，对一级数字鸿沟的具体形式进行呈现。宏观的一级数字鸿沟空间分析，多数都是借助信息化建设、数字行政能力等指标，利用地理空间分析技术，以衡量我国各区域的数字发展综合水平。微观的一级数字鸿沟，主要分析个体参与互联网的程度。

宏观层面的一级数字鸿沟分析，多为针对数字基础设施时空状态的描述性分析。张月和赵景峰发现，我国东部沿海地区是信息化建设热点，远高于西部地区的信息化建设水平；但西部地区的信息化水平在逐年提升，从冷点区域上升为次冷点区域 ②。彭继增等人提出构建“数字化贫困指标体系”，整合了数字平台、数字能力、数字行政、数字生活四方面，计算我国各省市区数字化贫困指数趋势，发现在 2011 年之前是高速增长期，之后为低速增长期，数字化分层的固化效应也愈发明显，这在地理上呈现一条南北贯穿的“数字化鸿沟” ③。

而微观层面的一级数字鸿沟，则主要针对个体的互联网参与程度，将数字鸿沟区分为“横向数字鸿沟”与“纵向数字鸿沟”。“横向数字鸿沟”主要指区域间互联网接入和使用的差异。金春枝和李伦利用中国互联网络信息中心统计数据，以互联网使用者规模和普及率为基础，发现东中西部地区、各省份和城乡之间存在差异。④ “纵向数

① A. J. Van Deursen, J. Van Dijk, “Toward a Multifaceted Model of Internet Access for Understanding Digital Divides: An Empirical Investigation”, *The Information Society*, Vol.31, No.5, 2015, pp.379—391.

② 张月、赵景峰：《中国省际数字鸿沟的空间格局演变及其驱动力分析》，《收藏》2018 年第 4 期。

③ 彭继增、陶旭辉、徐丽：《我国数字化贫困地理集聚特征及时空演化机制》，《经济地理》2019 年第 2 期。

④ 金春枝、李伦：《我国互联网数字鸿沟空间分异格局研究》，《经济地理》2016 年第 8 期。

字鸿沟”则指在数字社会，民众参与互联网技术治理权力的不平等。单勇认为，全景式的数据监控会导致“数字利维坦”的出现，即在国家主导的技术治理框架中，企业与政府密切合作，而个人参与技术治理的权力空间被挤压，导致最终数字结果不平等的扩大。①

（二）接入沟与经济鸿沟的关系

一级数字鸿沟的实质，是我国各区域间的经济发展程度不平衡，即由贫富差距导致的经济鸿沟。在早期研究中，研究者主要将经济水平作为自变量，探究各国、各区域经济发展程度对于因变量一级数字鸿沟的单向影响；而在晚近研究中，更多的研究者意识到，经济鸿沟与数字鸿沟之间存在双向关系，数字鸿沟作为数字基础设施不平衡的表征，会使得数字技术无法在弱势区域发挥作用。

新世纪之初的相关研究，多以一级数字鸿沟为因变量，探讨区域经济发展差异对其造成的影响。胡鞍钢与周绍杰对比各国的互联网普及水平，发现信息技术的使用趋向“富国特征”，经济发展水平、国家知识发展能力是影响国际互联网普及率的主要原因，对外开放程度和通讯技术引进水平也对互联网普及率产生影响。数字富国的“信息优势”和“知识优势”进一步强化了其“竞争优势”。② 汪明峰总结到，中国互联网空间的数字鸿沟，主要是特大规模以上城市与其他城市地区之间的差异，而这主要取决于地区的经济和技术基础，地区的开放程度和人口受教育程度也会有影响。网络作为技术的工具，很可能进一步造成更大的社会鸿沟，导致资源分配更不均匀，社会分化更为严重。③

而在近年的学术研究中，学者们开始强调，接入沟既是经济鸿沟之因，亦是经济鸿沟之果。星焱发现，虽然数字普惠金融能够降低交易成本，支撑数字经济增长，但会对数字基础设施、金融生态和客体认知禀赋等提出更高要求。一级数字鸿沟会导致数字普惠金融的效果存在差异，城乡之间原有的“数字鸿沟”“生态鸿沟”“教育鸿沟”等现象，会引致金融发展的地域分化、服务深度不足、数字金融排斥和潜在金融风险

---

① 单勇：《跨越“数字鸿沟”：技术治理的非均衡性社会参与应对》，《中国特色社会主义研究》2019 年第 10 期。

② 胡鞍钢、周绍杰：《新的全球贫富差距：日益扩大的“数字鸿沟”》，《中国社会科学》2002 年第 3 期。

③ 汪明峰：《互联网使用与中国城市化》，《社会学研究》2005 年第 6 期。

升高等新问题。① 邵培仁和张健康在考虑到区域政治经济之间不平等的差异基础上，认为公众的传播技能、已有知识储存量、社交范围和信息的选择等，也会影响地区间的接入沟差异。②

二、二级数字鸿沟：数字素养差异

数字鸿沟的概念，从信息通信技术的接入，到个体对互联网的使用，逐渐扩展到二级数字鸿沟，这主要指群体间对网络信息收集、使用方向等技能禀赋的差异。

（一）数字资本及其转化模式

二级数字鸿沟主要指使用互联网行为的差异，相对于一级数字鸿沟，二级数字鸿沟的概念更聚焦于微观。具体内核则包括：数字素养、数字技能和数字资本等概念。首先，数字素养和技能是我国在建设网络强国背景下，公民应该具备的“数字获取、制作、使用、评价、交互、分享、创新、安全保障、伦理道德等一系列素质与能力的集合”③。其次，数字资本指数（Digital Capital Index）则由拉格内达提出，旨在形成一种在不同情境下，能够被复制比较的测量方法。数字资本概念借用了布迪厄的术语，因为数字资本也可以给拥有者带来优势资源。

事实上，无论是我国研究语境下的“数字素养和技能”，还是拉格内达提出“数字资本”，两者的内涵是相类似的。“数字资本”被定义为两类，第一是数字能力，指“一套内化的能力和资质”，包括：信息和数据素养、沟通与协作、数字内容创作、数据安全和解决问题（或对信息和通信技术使用的态度），这与“数字素养”相对应。④ 第二是数字技术，指“外化的资源”，包括：互联网访问的类型与质量，这与“数字技能”相对应。⑤

---

① 星焱：《农村数字普惠金融的“红利”与“鸿沟”》，《经济学家》2021 年第 2 期。

② 邵培仁、张健康：《关于跨越中国数字鸿沟的思考与对策》，《浙江大学学报（人文社会科学版）》2003 年第 2 期。

③ 中央网络安全和信息化委员会：《提升全民数字素养与技能行动纲要》，2021 年。

④ M. Ragnedda, F. Addeo, M. Laura Ruiu, “How Offline Backgrounds Interact with Digital Capital”, *New Media & Society*, p.14614448221082649, 2022.

⑤ S.S. Oh, K.A. Kim, M. Kim et al., “Measurement of Digital Literacy among Older Adults: Systematic Review”, *Journal of Medical Internet Research*, Vol.23, No.2, 2021, p.e26145.

数字素养和技能均被视为可转化的“数字资本”。除了数字资本概念，国外提出的与之相近的术语还包括：技术文化资本，技术资本、信息资本①以及数字人力资本②。可以看出，众多学者异曲同工地将数字素养“资本化”，而“资本”最重要的特征是可以进行积累，并从一个领域转移到另一个领域。我国学者邱泽奇等人则详细论证了数字资本的转化过程，即互联网如何能够将人的能力扩大化，转化为生产、教育和参与社会的工具。他们认为，互联网的连通性带来了两个重要的“乘数效应”，分别是市场规模乘数效应，以及潜在差异需求规模乘数效应。这极大的扩增了市场规模，使得在原有局部网络中，没有价值、低价值的差异需求变得有价值，平台是重要的基础设施，最终表现为互联网红利的差异。③

（二）数字素养的阶层与代际差异

个人持有的资源和经验，会影响其使用互联网的方式。例如，威尔逊认为互联网接入的群体差异包括六类：收入、性别、教育、职业、地理和种族④。同样，迪马乔等人认为有八类变量会影响互联网使用，包括家庭结构、教育、种族、年龄、性别、收入、就业状况以及区域⑤。这些关于社会阶层的人口学变量影响了个体访问和使用互联网的方式。其中，基于社会经济地位的阶层和代际差异，在互联网使用和数字素养方面的分野较为明显。

学者们使用数字分层（digital stratification）概念描述基于社会阶层的互联网使用模式差异。因为个人的文化、经济和政治背景都会影响其网络行为，这是否意味着数字领域也呈现出与现实社会类似的结构？数字世界是否也存在分层？拉格内达认为高阶层使用互联网的频率非常密集，这种排他性的生活方式，是低阶层群体无法实现的。

---

① A. Prieur, M. Savage, “Emerging Forms of Cultural Capital”, *European Societies*, Vol.25, No.2, 2013, pp.246—267.

② A. Bach, G. Shaffer, T. Wolfson, “Digital Human Capital: Developing a Framework for Understanding The Economic Impact of Digital Exclusion in Low-Income Communities”, *Journal of Information Policy*, Vol.3, No.1, 2013, pp.247—266.

③ 邱泽奇、张樹沁、刘世定、许英康：《从数字鸿沟到红利差异——互联网资本的视角》，《中国社会科学》2016 年第 10 期。

④ E. J. Wilson, *The Information Revolution and Developing Countries*, MIT Press, 2004.

⑤ P. DiMaggio, E. Hargittai, C. Celeste et al., “Digital Inequality: From Unequal Access to Differentiated Use”, *Social Inequality*, 2004, pp.355—400.

不同阶层的网络使用方式存在差异：高阶层群体更可能通过线上活动达到资本增值的目的，而低阶层群体更可能偏向娱乐化使用。这导致互联网仍然难以改善弱势群体的生活机会和社会资源，甚至对已边缘化群体造成更多的不利条件。①而针对网络世界的区隔，陈云松认为主要有两个原因，一是“时空折叠”，因为“制度时间”在同一空间里形成叠加，导致了公众观念的“群内区隔”；二是由于互联网新媒体的信息自选择，即“信息茧房”假说，公众只选择自己认同的内容，进而封闭在同质性信息空间中。②

我国亦有学者关注到虚拟世界的社会分层。胡建国和博昊渊认为，互联网世界的分层与现实世界的分层是“倒置”的。他们将网络的阶层体系依序划分为：管理员、版主、VIP 会员、一般会员和游客，而现实社会阶层则以职业作为主要的划分依据。研究发现，虚拟社会分层中的中上层阶层，往往在现实社会中处于底层；而现实社会的上层阶层则处于虚拟社会的底层。虚拟社会的阶层意识也存在显著的差异，虚拟社会的意见领袖对社会的冲突意识更加强烈，这势必影响到对虚拟社会秩序的维护。③

代际之间的数字素养鸿沟也颇受学者的关注。周晓虹认为数字代际鸿沟现象，是一种在急速全球化和社会转型过程中，现代器物的传播所导致的“社会代际关系倒置”，这包括：新兴事物、移动电话和电子计算机。她认为“数字鸿沟也是一种代际鸿沟”。而文化反哺现象则与家庭结构的变迁相关，在城市化过程中，家庭小型化和核心化，青年一代的自主性增强，技术带来的去中心化沟通模式，也有助于青年一代文化话语权的提升。④周裕琼从量化角度测量发现，亲子两代在新媒体知识的学习方面存在显著的代沟，子女对父母的文化反哺效应更为明显，而且文化反哺的程度越深，越有利于亲子关系的建立。⑤

---

① M. Ragnedda, *Digital Stratification: Class, Status Group and Parties in The Age of The Internet, The Third Digital Divide*, Routledge, 2017, pp.46—68.

② 陈云松：《观念的“割席”——当代中国互联网空间的群内区隔》，《社会学研究》2022 年第 4 期。

③ 胡建国、博昊渊：《虚拟社会分层——兼与现实社会分层比较》，《海南大学学报（人文社会科学版）》2014 年第 4 期。

④ 周晓虹：《文化反哺与器物文明的代际传承》，《中国社会科学》2011 年第 6 期。

⑤ 周裕琼：《数字代沟与文化反哺：对家庭内“静悄悄的革命”的量化考察》，《现代传播（中国传媒大学学报）》2014 年第 2 期。

三、三级数字鸿沟：社会与经济后果

三级数字鸿沟主要指，拥有较高数字资本的群体，更有可能在互联网中获利，并增强其线下的五种资本：政治、社会、文化、个人和经济[①]，包括扩展社会联系、增加收入和政治参与。拉格内达在《数字资本》一书中举例，2016 年一位意大利牧羊小伙，发布了动物趣味视频，获得数百万人的观看，小伙收获了名声和财富，利用数字资本实现了社会阶层的向上流动。[②] 在中国的互联网世界中，这样的例子不胜枚举。在湖南偏远的孝昌、当阳农村，一些农村留守妇女通过直播带货，帮助村民进行农产品销售。短视频平台的兴起，帮助农民的电商产业振兴发展，在数字时代实现集体赋能。[③]

总之，社会资本充裕的人群，更可能在数字领域收获“线上资本”；拥有“线下资本”的群体，也更可能获得较多的“数字资本”。但拉格内达也清醒地认识到，数字资本并不能简单理解为文化资本的组成部分，而是一种专门的数字知识——不一定需要很高的线下文化资源。这意味着，数字资本可以分为两类，一种是不会与线下资本相互转化的，一种是可能与线下资本相互转化的。而数字资本在线下转化的资本，主要集中在政治领域和经济领域，即增加个体的政治参与和经济收益，故此下文主要从这两个方面进行归纳阐述。

（一）互联网使用与政治参与

在国外，学者们非常关注数字媒体对世界各地非暴力冲突的影响。因为数字媒体与数字政治争论或数字激进主义有关，公民在社会和政治变革运动中使用数字技术是一个相对较新的现象，这改变了政治争论和社会运动的模式。而中国学者主要研究的是互联网使用对政治知识和政治参与的影响，互联网的接入差异和对互联网政治信息的使用，都会影响人们政治知识的获取，其中互联网的使用，比互联网接入对人们政治知识的获取影响更大。

---

① A. J. A. M. Van Deursen, E. J. Helsper, “The Third-level Digital Divide: Who Benefits Most from Being Online?”, *Communication and Information Technologies Annual*, Emerald Group Publishing Limited, 2015.

② M. Ragnedda, M. L. Ruiu, *Digital Capital: A Bourdieusian Perspective on The Digital Divide*, Emerald Group Publishing, 2020.

③ 参见数字原野工作室：《有数——普通人的数字生活纪实》，南方日报出版社 2022 年版。

政治参与、政治效能感等主观感受的差异，便是三级知识鸿沟的典型呈现。在微观层面，数字化的使用方式会影响个人的主观感受。王薪喜与孟天广使用互联网接入方式和信息消费类型，对互联网的使用行为进行分类，比较不同互联网使用行为对政治参与的影响模式。主要结论是，“集体介入—社会导向”类型的城市网民，对于常规和非常规的政治参与均有促进作用；而“个体介入—娱乐导向”类型的城市网民的政治参与意愿也没有明显的降低。① 孔文豪等人发现，数字鸿沟对于相对剥夺感也存在差异，互联网的使用技能越低，相对剥夺感越强烈。政府则应该加强对互联网信息的引导，减少负面信息的来源，增加正面信息来源，促进互联网对社会公平感的正向作用。②

在宏观层面，在线政务服务会影响对公众对政府政绩、社会关系互动的普遍评价。张邦辉等人发现，在线政务服务提高了企业营商环境评价和市场化程度，因为信息化技术改善了“效率困境”，提升了服务资源的配置和效率，有利于优化企业的营商环境，有助于建立高效、稳定和便捷的企业制度环境，进而有助于市场化程度的提升，这会影响企业对于政府绩效的评价。③ 马亮发现，数字政府建设可以帮助公民、企业在与政府部门交涉时，无需“办事求人”。因此，电子政务发展程度越高的城市，人们越倾向于通过正式渠道来获取公共服务。而公民使用互联网的频次越高，电子政务对于正式渠道的正向作用越明显；而如果公民在政府的私人关系越多，则会消减电子政务对正式渠道办事的正向效应。其结论表明，建设数字政府有助于政民互动模式转型，促进社会关系的重塑。④

（二）数字鸿沟与家庭财富增长

数字资本作为资本的一种，是在数字世界中积累社会、经济和文化资源的关键。通过提高个人拥有的数字资本水平，有可能减少互联网使用和有形成果方面的不平等，

---

① 王薪喜、孟天广：《中国城市居民的互联网使用与政治参与　基于介入方式与信息消费的类型学分析》，《社会》2021 年第 1 期。

② 孔文豪、吴佳宜、黄思颖：《数字鸿沟与相对剥夺感：微观证据与影响机制》，《电子政务》2021 年第 1 期。

③ 张邦辉、万秋兰、吴健：《在线政务服务的营商环境优化效应探析——“数字红利”与“数字鸿沟”》，《中国行政管理》2021 年第 4 期。

④ 马亮：《网上办事不求人：政府数字化转型与社会关系重塑》，《电子政务》2022 年第 5 期。

从而缩小第二和第三级数字鸿沟。

数字普惠金融作为数字化的正向测量标准，其运用有助于降低交易成本、促进信息共享，因此，数字普惠金融与实体经济的关系受到学界广泛关注。李牧辰等人发现虽然数字化扩大了城乡收入差距，但中国数字普惠金融有助于缩小城乡收入差距，覆盖广度和使用深度都会影响这种效应。① 张呈磊等人的研究发现，虽然数字普惠金融缩小了收入不平等状况，但对于创业人群的经济效应仍然存在差异。数字普惠金融改善了生存型创业者的收入不平等状况，但是扩大了机会型创业者的收入不平等状况。②

此外，“三级数字鸿沟”还集中体现为互联网使用对收入的影响。刘晓倩和韩青验证了农村居民互联网使用对收入的正向影响，与未使用互联网的居民相比，使用互联网的年收入可以提高 3911.63 元，尤其对农业收入的影响明显，互联网主要通过提高农产品市场价值、就业水平、创业机会等方式，增加居民收入，但同时也扩大了居民间的收入差距。③ 易行健和周利发现，数字金融可以显著地提高居民收入和消费，对于能够接触到互联网的家庭，通过便捷的支付和对流动性约束，促进其消费；对于无法接触到互联网的家庭，数字金融则通过促进农业向非农业就业结构的转型，提升其工资性和农业经营收入，最终促进消费。这意味着，数字金融通过两种模式均促进了居民的收入和消费，进而抑制了数字鸿沟的扩大及其带来的负面影响。④

第二节　中国针对消弭数字鸿沟的政策措施

数字时代的社会不平等程度加剧，从原初社会经济地位对于一级数字鸿沟和二级数字鸿沟的影响，到数字使用模式差异，导致的数字资源和信息的区隔，最终演变为

---

① 李牧辰、封思贤、谢星：《数字普惠金融对城乡收入差距的异质性影响研究》，《南京农业大学学报（社会科学版）》2020 年第 3 期。

② 张呈磊、郭忠金、李文秀：《数字普惠金融的创业效应与收入不平等：数字鸿沟还是数字红利？》，《南方经济》2021 年第 5 期。

③ 刘晓倩、韩青：《农村居民互联网使用对收入的影响及其机理——基于中国家庭追踪调查（CFPS）数据》，《农业技术经济》2018 年第 9 期。

④ 易行健、周利：《数字普惠金融发展是否显著影响了居民消费——来自中国家庭的微观证据》，《金融研究》2018 年第 11 期。

对社会经济地位的再生产模式（三级数字鸿沟）。这种“循环”的数字技术与社会经济地位的相互影响模式，均说明了阶层固化加剧的趋势，也意味着消弭现有数字鸿沟的重要性。无论是区域、代际和教育等方面，数字资本与社会不平等均存在显著关联。因此，研究对于城乡、代际和教育的数字鸿沟现象与解决方式进行了总结。

一、城乡数字鸿沟：数字乡村建设与电商扶贫

在数字鸿沟概念产生伊始，我国的城乡数字化差异就颇受学者关注。胡鞍钢和周绍杰认为中国面临三大“数字鸿沟”，其中城乡数字鸿沟差距较大，城乡信息差距悬殊，且呈现扩大趋势。农村人口是网络革命中的“数字贫困”人群。① 刘骏和薛伟贤从信息技术的意识、接入、利用和环境四个维度，构建了测量城乡数字鸿沟的指标体系，发现从 2000 年到 2009 年，我国城乡数字鸿沟逐年扩大，西部地区的差异极大，东部的差异较小 ②，在所有省份中，上海的城乡数字鸿沟较小。

城乡数字鸿沟对于城乡不平等的负面影响也得到论证。薛伟贤和刘骏基于经济增长阻尼理论发现，从 1990 年到 2010 年，中国城乡数字鸿沟对于城市化进程的阻碍作用越来越显著，缩小城乡数字鸿沟，我国城市化速度还有提升的可能。③ 同时，城乡数字鸿沟还会持续加深城乡收入不平等，刘骏基于人工神经网络方法，发现城乡收入差距与城乡数字鸿沟的变动方向相同，城乡数字鸿沟增加 1%，城乡收入差距增加 0.013%。④ 张呈磊等人发现，数字普惠金融有助于缩小城乡收入差距，带来“数字红利”，其主要机制是增加金融可得性、降低门槛效应。⑤

电商扶贫则能够为农村数字赋能，较为精准地治理农村贫困问题。宫留记认为在扶贫过程中应该引入市场机制，提高扶贫精准性和效率，其主要模式包括：政府与社会资本合作模式、政府购买服务、资产收益扶贫和电商扶贫。其中电商扶贫有助于打

---

① 胡鞍钢、周绍杰：《中国如何应对日益扩大的“数字鸿沟”》，《中国工业经济》2002 年第 3 期。
② 刘骏、薛伟贤：《城乡数字鸿沟测度指标体系及其实证研究》，《预测》2012 年第 5 期。
③ 薛伟贤、刘骏：《中国城乡数字鸿沟对城市化进程的阻尼测度研究》，《软科学》2014 年第 1 期。
④ 刘骏：《城乡数字鸿沟持续拉大城乡收入差距的实证研究》，《统计与决策》2017 年第 10 期。
⑤ 张呈磊、郭忠金、李文秀：《数字普惠金融的创业效应与收入不平等：数字鸿沟还是数字红利？》，《南方经济》2021 年第 5 期。

通市场的“最后一公里”，扩大销售渠道，提高农户收入。① 颜强等人认为，可以利用电商平台，将农村生态特色农产品资源禀赋进行合理利用。结合贵州地方实践，认为电商精准扶贫的主要方式是增收、节支和提能。②

二、代际数字鸿沟：数字反哺与老年群体的数字融入

代际数字鸿沟主要指老年群体的数字化使用障碍，他们较难融入数字生活，这被称之为“银发数字鸿沟”③。老年群体还被称之为“数字难民”，与之对应的是“数字原住民”（digital natives）和“数字移民”（digital immigrants），前者是从幼年就成长于数字环境中的年轻人；后者是成长于数字时代之前，但逐渐适应数字环境的中年人，老年群体则因为对于数字环境的疏离，而被排除在数字环境之外。

代际数字鸿沟产生的主要原因是，老年群体对于技术有恐惧心理，数字素养和技能较低。老年群体在智能设备使用过程中，会因自身技术操作不熟练，接触平台的机会有限，或者软件产品易用性不足，导致使用过程不顺畅。王娟和张劲松认为老年群体自我隔离的主要原因是，老年群体学习网络知识的亲代支持不足，这种因为家庭关系的疏离，老年人不希望麻烦亲辈的心理，导致了老年群体数字融入的困难。④“代际数字鸿沟”还可能会引发较为严重的社会问题，方惠和曹璞认为应该重视老年群体的“断连”问题，因为这同时反映出不同世代间社会联结的断裂，会影响老年群体的心理健康，数字代沟还会引发“数字化代际冲突”，影响亲子关系和家庭和睦，同时因为难以适应新的数字社会，还可能诱发宏观的社会群体间的摩擦。⑤

进而有学者关注如何去解决代际间的数字鸿沟问题。从宏观的社会层面来看，陆

---

① 宫留记：《政府主导下市场化扶贫机制的构建与创新模式研究——基于精准扶贫视角》，《中国软科学》2016 年第 5 期。

② 颜强、王国丽、陈加友：《农产品电商精准扶贫的路径与对策——以贵州贫困农村为例》，《农村经济》2018 年第 2 期。

③ P. Millward, “The ‘Grey Digital Divide’: Perception, Exclusion and Barriers of Access to The Internet for Older People”, *First Monday*, 2003.

④ 王娟、张劲松：《数字鸿沟：人工智能嵌入社会生活对老年人的影响及其治理》，《湖南社会科学》2021 年第 5 期。

⑤ 方惠、曹璞：《融入与“断连”：老年群体 ICT 使用的学术话语框架分析》，《国际新闻界》2020 年第 3 期。

杰华和韦晓丹认为，应该兼顾以人为本、技术效率和社会效益的三个目标，消除信息技术门槛，进行线上线下的适老化建设，促进数字基础接入设施的建设等。① 刘海明和马晓晴认为，尊重老年群体的数字权利，媒介技术和产品设计应该遵从适老化原则，为老年群体营造友好的网络空间，提高数字化养老生活服务系统，加强对老年群体的陪伴。②

而在微观家庭层面，亲辈对于老年群体的支持颇受关注，主要指家庭晚辈对于年长者的"文化反哺"，该词来源于社会文化的传递方式之一：后喻文化，即本处于被教育者角色的青年一代，在快速习得新价值观和社会化之后，转化为社会化的主体，而在数字时代，则主要指导致数字鸿沟的媒介使用和信息获取的能力。陈雅赛等学者发现，"互惠型"家庭的文化反哺强度最大，在数字技能和认知两个维度均有反哺行为；"辅助型"和"独立型"的反哺强度其次，主要是数字技能的反哺；而"赡养型"家庭的反哺强度最小，主要是数字接入层的反哺。③

三、教育数字鸿沟：智慧教育平台与联动

数字鸿沟可能会转变为教育鸿沟，尤其是在新冠疫情期间，教育对于网络的依赖程度较大，在线教学实践的效果广受关注。赵宏等人调查了城乡中小学生的在线学习现状，发现城乡中小学生在线学习条件、自主学习能力以及对在线学习认同度存在显著差异，网络条件、资助学习能力和对在线学习的认同度均是产生差异的重要原因。④

而教育鸿沟产生的关键原因，在于互联网会导致家庭人力资本投入的差距越来越大。杨钋和徐颖认为，城乡之间的数字鸿沟进一步转化为家庭教育投资鸿沟，最终优势阶层的人力资本得以强化，这种投资有助于优势阶层转化为教育成就，最终将"数字红利"转化为"教育红利"。⑤ 但是，缩小数字鸿沟并不意味着能弥合教育鸿沟。因

① 陆杰华、韦晓丹：《老年数字鸿沟治理的分析框架、理念及其路径选择——基于数字鸿沟与知沟理论视角》，《人口研究》2021 年第 3 期。

② 刘海明、马晓晴：《断裂与弥合："银发数字鸿沟"与人本主义伦理建构》，《新闻爱好者》2021 年第 3 期。

③ 陈雅赛、杨艳、余淑妮：《"啃老"与"孝道"：青年与父母经济帮助关系中的数字反哺获得现象研究》，《中国青年研究》2022 年第 5 期。

④ 赵宏、蒋菲、汤学黎、甄志平：《在线教育：数字鸿沟还是数字机遇？——基于疫情期间在线学习城乡差异分析》，《开放教育研究》2021 年第 2 期。

⑤ 杨钋、徐颖：《数字鸿沟与家庭教育投资不平等》，《北京大学教育评论》2017 年第 4 期。

为虽然进城务工者家庭和农村未流动人口家庭跨越了数字鸿沟，也难以将家庭资本、信息资本优势转化为人力资本投资优势，进而促进阶层的社会流动。而更深层的原因在于，户籍制度仍然是社会分层的基础，互联网能够为社会流动提供机遇，但难以撼动户籍制度下的城乡教育差距。

如何解决由于数字鸿沟导致的教育鸿沟问题，相关研究者分别从一级和二级数字鸿沟两方面进行反思。在数字基础设施层面，2012 年，教育部启动了“三通两平台”项目，其中“三通”包括宽带网络校校通、优质资源班班通、网络学习空间人人通；“两平台”指建设教育资源公共服务平台、建设教育管理公共服务平台，有助于缩小城乡之间的接入沟差异。① 因此应该继续稳步推进教育信息化基础设施建设，避免接入沟的马太效应。同时，为农村资金薄弱的学校提供资金，促进农村教育信息化可持续发展和教育均衡发展，建立长期、持续、稳定有效的教育信息化经费投入制度。

而在教育过程中，应该注意提升师生信息素养，避免第二道数字鸿沟。鼓励教师利用信息技术进行课堂教学创新，完善学生的数字公民教育，培养高素质的数字人才。郭娇认为，线上学习效果的关键不在于网络接入的差异，而在于隐形的心智投入差异，即难以被察觉的网络使用习惯、偏好、态度和能力的差异。例如，慕课（MOOC）完课率较低，而且学生多分布在发达国家，弱势群体反而未能享受高等教育资源。这说明外接设备或延伸的知觉习惯，不能替代对自身认知能力的训练。②

第三节　中国特色社会主义的数字社会建设路径

一、弥合接入鸿沟：新基建战略的布局与实施

新型基础设施建设是弥合一级数据鸿沟的重要战略基础，成为数字经济、数字社会和数字政府得以落地发展的起点。2020 年，国务院《政府工作报告》提出要加强建设新型基础设施，这被认为是第四次工业革命。这包括三大基础设施：数字基础设施，包括 5G、大数据、云计算、人工智能和区块链五大要素；融合基础设施，通过数字化

---

① 《教育信息化创新与发展论坛举行　重点推动“三通两平台”建设》，《中国教育报》2012 年 11 月 29 日。

② 郭娇：《数字鸿沟的演变：从网络接入到心智投入——基于疫情期间大学生在线学习的调查》，《华东师范大学学报（教育科学版）》2021 年第 7 期。

平台对产业经济和传统产业进行赋能，包括工业互联网、智能交通物流设施、智慧能源系统等八个方面；创新基础设施，促进企业创新而需配合的基本条件，包括科学研究设施、技术开发设施和试验验证设施等五个领域。新基建相对于旧基建，一方面是数字化和信息化的软硬件保障，另一方面也是传统政府服务、城市建设等领域的升级更新。①

现有研究主要对于新基建建设原则和理念提出意见建议。胡仙芝和刘海军认为在新基建实施过程中，应该坚持“包容审慎”的原则，“包容”在于对未知的新领域新业态给予生长空间；而“审慎”则在于虽然允许新业态的发展，但也要保守安全防线，避免出现不适宜的违法行为。② 张继海认为在新基建的建设过程中，更需要考虑“需求侧”的目标，满足我国经济的高质量发展，重视建设投资效率，避免债务悬空，促进需求侧和供给侧的良性反馈和相互促进。③ 孙保学和李伦则认为应该考虑到数字世界的伦理规范，基于人类核心价值，尤其在顶层设计的过程中，不能唯数据主义论，只考虑工具理性而忽略了价值理性，导致公民权力被剥夺和忽视。④ 王驰和曹劲松认为，尤其应该考虑新基建过程中的安全风险问题，数字新基建导致数字化安全风险、社会风险、政治风险增加，要重视对目标风险和次生风险的管理。⑤

同时，因为新基建战略从2018年首次提出，到2022年进入了平稳发展阶段，现有研究据此对新基建的经济效应进行了评估。李海刚利用空间计量模型，分析发现新基建有利于我国经济高质量发展，而且具有空间溢出效应，不仅对于本地经济，对周边地区的经济也有促进作用；在信息、融合和创新基础设施中，信息基础设施对经济发展的影响最为正向。⑥ 伍先福等人发现，新基建的三大系统的发展水平较低，创新基建的发展水平最低，尤其应该注意的是，新基建并没有较好地促进战略性新兴产业发

① 《政府工作报告——2020年5月22日在第十三届全国人民代表大会第三次会议上》，载中国政府网 https://www.gov.cn/gongbao/content/2020/content_5517495.htm，2020年5月22日。

② 胡仙芝、刘海军：《包容审慎监管：论新基建监管框架构建的过渡性和开放性》，《管理世界》2022年第2期。

③ 张继海：《新发展格局下的“新基建”和需求侧改革》，《江西财经大学学报》2021年第4期。

④ 孙保学、李伦：《新基建的伦理基础：基于价值的信息伦理》，《探索与争鸣》2022年第4期。

⑤ 王驰、曹劲松：《数字新型基础设施建设下的安全风险及其治理》，《江苏社会科学》2021年第5期。

⑥ 李海刚：《数字新基建、空间溢出与经济高质量发展》，《经济问题探索》2022年第6期。

展，而是存在马太效应，多数区域的新基建比战略性新兴产业发展的速度更快，信息基建对于新兴产业的发展作用最弱。①

二、提升数字素养：强化弱势群体的数字赋能

在数字时代，缺乏对数字设备的使用能力、数字素养较低的群体，是数字弱势群体，在弥补二级数字鸿沟的过程中，尤其需要对这些群体进行数字赋能。全球数字公民组织（Global Digital Citizen Foundation）认为信息时代公民应该具备的信息能力包括：提问、习得、分析、应用和评估等，同时对于公民参与信息社会活动的要求包括：计算思维、批判性思维、创造能力、协作能力和沟通能力。从代际的使用差异角度来看，作为“数字难民”的老年群体和涉世未深的“数字原住民”都存在数字使用的问题，相关研究者针对两类群体，分别提出相应的数字赋能策略。

一方面，是针对老年群体数字融入的研究。杜鹏和韩文婷认为，客观上老年人适应数字生活的能力较弱，主观上互联网应用开发理念不够包容。因此他们认为，应该构建老年数字包容的互联网环境和数字生活，政府与市场应该在技术和产品设计上，方便老年群体的使用，提升易用性；营造代际和谐的社会环境，发动社会力量通过技能培训和交流活动，引入志愿者和同辈群体支持老年群体的数字融入；家庭成员也应关爱长辈，帮助克服技术恐惧，进而积极促使老年群体拥抱数字生活。以此达到开发老龄经济、助力家庭智慧健康养老、促进身心健康的目的。②

另一方面，是对未成年人使用习惯的引导。对家长进行有针对性的培训，引导未成年人从使用“娱乐类应用”转向“严肃类应用”。同时开发教育游戏等寓教于乐的教育应用，企业也应该担负社会责任，捐赠信息化教育装备及相关资源。③教师作为影响青少年的主要群体，对教师数字素养的培养也受到欧盟及其成员国的关注，闫广芬和刘丽归纳总结了若干教师数字素养的核心要素：数字化教学、数字化内容创造、数

① 伍先福、黄骁、钟鹏：《新型基础设施建设与战略性新兴产业耦合协调发展测度及其耦合机制》，《地理科学》2021年第11期。

② 杜鹏、韩文婷：《互联网与老年生活：挑战与机遇》，《人口研究》2021年第3期。

③ 王美、随晓筱：《新数字鸿沟：信息技术促进教育公平的新挑战》，《现代远程教育研究》2014年第4期。

字化交流协作、数字化安全、数字化评估等。我国也应该给教师提供数字技术的培训，在提升教师数字素养的基础上，助力我国建立高性能的数字教育生态。①

三、共享数字红利：从家庭到行业的规范发展

数字技术重塑了市场结构，影响了不同行业的部署模式和回报分配，也使得社会不平等“循环”重现。一方面，数字技术有可能提升生产率和经济增长，创造更好的工作岗位，提高人类整体福祉。但同时也会导致马太效应：即原有的社会经济地位和优势资本，能够更好地借助数字技术获得提升或延续。为保证公民能够平等的享受数字生活，政府应该通过改善企业和工人的有利环境，扩大变革带来的新机遇，以确保“数字红利”的均衡分布；在家庭内部，配合不同群体的数字需求，联合市场和家庭的力量，辅助数字弱势群体。

首先，从政府服务和平台功能的角度。许竹青等学者提出，在信息充裕的时代，真正能够跨越鸿沟的关键是提供有效信息，研究针对基于农业信息服务与农民的销售价格，发现提供农产品市场信息服务，如“农信通”，能够帮助农户了解周围市场农产品价格，降低农户信息搜寻成本，增加农户市场地位，最终改善农户的销售价格。②张勋等人认为，数字金融发展有助于促进经济增长，提升居民收入和消费，抑制数字鸿沟扩大。但需防范数字金融在就业结构转型过程中的风险，因为数字金融业务平台扩张的成本极低，可能导致无序扩张。因此，需要加大政府的反垄断力度，防止数据滥用。③

其次，从家庭辅助和成员共享层面。应该注重弥合代际间的数据鸿沟，提高老年群体的智能设备拥有率和网络接入率。在智能设备拥有率提高的基础上，给予老年群体多元学习资源，改善学习环境，针对数字素养的培养提供支持。在老年群体日常出

① 闫广芬、刘丽：《教师数字素养及其培育路径研究——基于欧盟七个教师数字素养框架的比较分析》，《比较教育研究》2022 年第 3 期。

② 许竹青、郑风田、陈洁：《“数字鸿沟”还是“信息红利”？信息的有效供给与农民的销售价格——一个微观角度的实证研究》，《经济学（季刊）》2013 年第 4 期。

③ 张勋、杨桐、汪晨、万广华：《数字金融发展与居民消费增长：理论与中国实践》，《管理世界》2020 年第 11 期。

行所涉及的高频场景，突出服务和学习并举，促进老年群体的数字融入。相关平台企业也应该承担治理责任，开发适老化产品，重视群体的用户体验。符合老年群体的使用习惯，在健康、养老等领域推出适合老年群体的产品。总之，张茂元认为应该通过降低技术共享的门槛，将更多的群体纳入技术红利的受益群体范围。①

最后，从数字社会发展风险和法律规范的角度。单勇认为由于大数据浪潮导致私人空间被压缩，个人与国家和企业之间的隐私权力极为不对称。人工智能伦理学需要考察利益冲突时应该如何分配，因为当算法是“黑箱”的过程中，只有平台是算法的制定者，其对消费者的影响是隐形的。技术治理需要平衡个人自由、技术发展和公平正义，进而保护个人数据权利，出台个人信息保护法，赋予个体控制自身数据的自主权。应对算法歧视、算法黑箱、数字隐私等问题进行法律监管，还应该促进民众参与数据法，这是实现数字民主的关键环节。②

① 张茂元：《技术红利共享——互联网平台发展的社会基础》，《社会学研究》2021 年第 5 期。
② 单勇：《跨越“数字鸿沟”：技术治理的非均衡性社会参与应对》，《中国特色社会主义研究》2019 年第 5 期。

第三编
社会治理实践与理论

第十六章　社会治理的中国实践与理论创新

自人类文明诞生开始，“社会如何组织”“秩序何以可能”一直是人们追索的焦点。从东方到西方，从历史到当代，作为国家治理的重要组成部分，社会治理现代化是国家治理体系和治理能力现代化的应有之义。近百年来，在革命、建设、发展的实践中，党和国家不断探索“怎样治理社会主义社会”这个问题，“在国家治理体系和治理能力上积累了丰富经验、取得了重大成果，改革开放以来的进展尤为显著。我国政治稳定、经济发展、社会和谐、民族团结，同世界上一些地区和国家不断出现乱局形成了鲜明对照”[①]。与世界其他国家相比较，像我国这样的超大规模社会，其治理难度在全世界首屈一指。从人类文明发展历程看，新中国利用几十年时间走过了其他国家特别是西方发达国家几百年走过的道路，取得的成绩为世界瞩目，探索和创造出的治理经验理应在人类文明发展历程中占有一席之地。

第一节　社会治理理论溯源：治乱兴衰的人类探索

一、社会何以可能的追问：社会治理的缘起

人类社会何以可能，一直以来就是人们追索的焦点：在社会变革的背景之下应该探寻怎样的秩序？个人与社会之间的关系又是怎样的？古典社会学家都试图在总体上对“社会”进行解释，在理解整个社会的运作逻辑后刻画一个未来社会的美好图景。而这些途径往往与人们对个人自由与社会秩序的解释路径有关，换言之，如何通过社会治理促成社会秩序是关键所在。

我们看到，现代国家政治社会制度的兴起，总是伴随着将国家成员联系在一起的

① 《习近平谈治国理政》，外文出版社2018年版，第91页。

社会纽带的变化。历史经验已经提供给我们两类社会纽带：一是以血缘、地缘、族缘为基础的初级社会纽带；二是以社会分工、集体化生产、再分配、交换需要和功能互赖为基础的社会再生产纽带。从抽象或理想类型的意义上说，这两类社会纽带串联起不同的社会群体组织形态：以初级社会纽带为基础的传统社会，每个人的生活空间基本是固定的，参与社会交往的人基本也是确定的，个人担任的社会角色甚至是先赋性的，在这样的社会环境中，社会秩序的整合是较为容易的。以社会分工、集体化生产等为基础的社会纽带是在伴随社会发展过程中不断产生并深化的。特别是现代社会中，人们通过现代通讯、网络与交通技术不断变换空间、时间乃至文化概念，职业日益弹性化，过去较为确定的交往网络不断发生着变化，社会成员的自主性、异质性、互赖性、流动性日显。现代国家的发展面临着如何黏合初级社会纽带与社会再生产纽带的关系，以便于整合变迁后的更大的社会，又面临着如何将基于不同社会纽带基础的多元“共同体”整合为更大的“社会”，最终使社会集中于统一的国家认同之上。

正是从这个意义上看，自人类文明开端至今，人们始终在寻找促进社会团结、提升社会整合的理念、方式和路径。也正是在这些持续的探索实践中，人类社会治理不断演进发展。

二、在变迁中实现稳定：社会治理的绵延

东西方国家在实现这种有机结合的过程中都有其成功或失败的经验，其实质在于能否在社会治理过程中，形成一套包括国家在内的大家都能遵守的或认同的共同规则，从而形成可预期的秩序模式。文森特·奥斯特罗姆认为，任何社会中的秩序模式都有赖于一套共同的规则，这套规则使得大众和个人能够按照一种共同的知识而行动，进而把大众改变成为一个有秩序的关系共同体。[①] 社会治理的最终要求是为共同体成员提供有关行为规范和价值预期的制度，从而形成包括国家在内的共同体成员的秩序模式，从而形成可预测的、有秩序的行为方式。

从社会秩序构建与治理的认识来看，进入现代社会以来，许多学者也进行了思考。

---

① 参见［美］V. 奥斯特罗姆、D. 菲尼、H. 皮希特：《制度分析与发展的反思——问题与抉择》，王诚等译，商务印书馆 1996 年版。

如斯密强调的“自生自发秩序”和霍布斯的“利维坦”（以权力中心来规范社会关系以实现社会的和平与秩序），还有哈耶克对社会秩序类型学的分析：即人为设计的秩序和自发的秩序的区分，也就是通过人的意志作用强行制定的、是为了某一目的而设计和创造出来的“命令式秩序”；以及产生于体系内部，是在人们使自己的行为互相适应的过程中产生出来的，源于内部进化而来的自发秩序或自生秩序；另外还有博兰尼所指出的指挥的秩序和多中心的秩序等，这些对于秩序的讨论直接对应于社会治理的模式与路径。

近年来，西方学者对于社会治理的研究也逐步呈现出较为明显的分野，如对正式结构与体制的强调，典型的如芬纳认为，宫廷、广场、贵族和教会这四种力量的较量与组合，构成了不同统治模式的关键特征。“当社会结构、政治结构和盛行的信仰系统互相强化时，社会就会趋于稳定，但是如果其中有一个或几个因素和其他因素脱节，社会就会发生变革。”① 有学者强调制度对社会治理的影响，如福山认为，构成现代政治文明的是三种制度，即国家、法治与问责制政府（后来又称为民主问责制）。“成功的现代自由民主制，把这三种制度结合在稳定的平衡中。”② 还有学者强调社会治理实践的权力运作过程，如迈克尔·曼认为，社会权力有四种重要来源：意识形态权力、经济权力、军事权力与政治权力（并以此提出了 IEMP 分析框架）。“争夺意识形态、经济、军事和政治权力组织的斗争”，是“社会发展的核心戏剧”。正是这四种权力的不同角色和彼此互动，决定了人类社会的权力结构。③ 这些西方学者对长时段社会治理的分析，为我们提供了借鉴和参考。但需要指出的是，中国社会治理的历史与现实实践，在很大程度上要受到本国历史、文化、体制及地理等因素的影响，并由此呈现出与西方社会治理极为不同的演进路径。

正是从这个意义上看，人类社会治理的绵延直接与其对社会秩序的理论建构与实践紧密相连，并且在这种秩序建构的实践中逐步形成了不同趋向的社会模式和路径，

---

① S. E. Finer, *History of Government from the Earliest Times: Monarchies and the Modern State (Vol.3)*, New York: Oxford University Press, 1997, pp.1303—1304.

② 参见［美］弗朗西斯·福山：《政治秩序的起源：从前人类时代到法国大革命》，毛俊杰译，广西师范大学出版社 2012 年版。

③ 参见［美］迈克尔·曼：《社会权力的来源》，郭忠华等译，上海人民出版社 2015 年版。

进而直接影响了中国社会治理的历史发展与现实实践。

第二节　社会治理的中国实践探索

一、我国社会治理的历史与传统

在两千多年的传统社会中，历代封建王朝的统治者不断吸取前朝经验，全面继承并发展了以儒家为主体的中国传统文化，并在此基础上形成了针对超大国家的社会治理经验，历朝出现的各种“盛世”，就显示出当时的社会整合处于较高水平且社会秩序较为良好。作为封建社会治理的集大成者，清王朝的实践极具代表性。

从整体上看，官僚体系的建构、行政效率的提升与信息网络监控为社会治理提供了最重要的条件。作为国家行政的组织基础，朝廷允许县一级向下作一些延伸，任命县丞和主簿以及在村庄建立准官府性质的典吏。[①] 有学者认为清政府以皇帝为中心，构建了一整套高效率的信息网络，提高了统治者对于信息的掌控能力并由此增强了皇权的效率和对官僚的控制能力，如雍正的密折制度和利用满族包衣建立起来的行政监视网络，成为与正式科层制（官僚制）并行的信息摄取和监控制度。[②] 在治理实践中，庞大的官僚行政体制沿用了明代以来逐渐形成的一些治理措施，并将一些纸面上的制度执行得更有效率。[③]

在地方社会中，地方精英与官僚体制的结合形成了地方治理网络。毛泽东对传统中国统治分析表明，皇帝的统治依赖于地主绅士[④]，此外还有能在地方上具有支配力量的范围更广、更具异质性的地方精英（如持有功名的士绅、地方长老、各种“职能性精英”等）；他们结成受中央权力控制的盟友网和恩眷网。[⑤] 在人口密集和经济发达的核心区域，中央王朝将一些政府功能委托给地方精英，如处理灌溉、调节纠纷、慈善

① 参见胡恒：《皇权不下县？清代县辖政区与基层社会治理》，北京师范大学出版社 2015 年版。

② S. E. Finer, *History of Government from the Earliest Times: Monarchies and the Modern State (Vol.3)*, New York: Oxford University Press, 1997, p.1137.

③ 参见魏丕信：《18 世纪中国的官僚制度与荒政》，徐建青译，江苏人民出版社 2003 年版，前言、导论。

④ 《毛泽东选集》第 2 卷，人民出版社 1968 年版，第 587 页。

⑤ Keith Schoppa, “Power, Legitimacy and Symbol: Local Elites and the Jute Creek Embankment Case”, in Joseph W. Esherick and Mary Backus Rankin eds., *Chinese Local Elites and Patterns of Dominance*, Berkeley: University of California Press, 1990.

救济、收税、办学、储粮和办团练等。①

“民惟邦本，本固邦宁”的民本思想始终是重要的官方意识形态②，从皇帝到各级官员，民生受到关注且成为不容置疑的行动目的。清代的爱民政纲不仅体现在不加派、大量蠲免钱粮上，还大力推进慈善事业与经济发展。如在经济复苏方面，清政府安置流民并向他们提供耕牛、农具、种子等，用很大精力恢复水利系统；同时扩大商品私人生产和分配范围，缩小国家的垄断③，尽量避免因民本问题处理不当而引起的民变。

意识形态控制以及文化教化成为黏合国家、精英与民众的重要手段。封建王朝在其历史绵延中不仅“发展出了一套独特的行政和军事机制”，而且建构了“天下一统”和“君主至上”的政治文化。“天命论”“尚贤论”“德行论”为皇权和官僚制度提供了合法性基础，建立了循吏、清官信仰、忠孝等士大夫官僚阶层的基本的道德规范，形成了一整套文化教化体系。④在地方社会，国家和地方政府也通过各种不同的形式来影响和促成主流价值体系向社会的渗透，形成大众共有的核心价值观（三纲五常），并以此作为民众行为的道德规范，成为清王朝社会秩序维护的重要依托。

晚清及民国期间，随着清王朝的衰败和西方列强对中国的瓜分，帝国政治体制和行政机构分崩离析，形成了所谓的“军绅政权”⑤，相对稳定的传统社会结构也日趋解体，社会治理也日益碎片化。科举制的废除以及皇权的崩溃，导致士绅“继替常轨”的中断，乡村传统士绅阶层逐步走向没落，“土豪劣绅”借助强制性力量横行乡里。民国时期国家权力虽然力图通过基层政权建设（如建立保甲制、新县制改革等）不断向下渗透，但由于高昂的组织成本与薄弱的组织力量，仍不得不借重和仰仗土豪劣绅势力来维持基层统治秩序，以实现国家对乡村社会的动员、控制以及对资源的汲取。⑥在此过程中，一些地方的乡村建设运动企图重建自治性的乡村社会，但终被战乱所打断。

---

① 参见韩书瑞、罗友枝：《十八世纪中国社会》，陈仲丹译，江苏人民出版社 2008 年版。

② 参见罗威廉：《救世——陈宏谋与十八世纪中国的精英意识》，陈乃宣等译，中国人民大学出版社 2013 年版。

③ 常建华：《清代的国家与社会研究》，人民出版社 2005 年版，第 56—64 页。

④ 参见谷宇：《轴心制度与帝国的政治体系：中国传统官僚制度的政治学解读》，上海人民出版社 2011 年版。

⑤ 参见陈志让：《军绅政权：近代中国的军阀时期》，广西师范大学出版社 2008 年版。

⑥ 王奇生：《民国时期乡村权力结构的演变》，载周积明、宋德金主编：《中国社会史论》，湖北教育出版社 2000 年版，第 552—590 页。

与乡村衰败对照的是近代城市化的快速发展，出现了“市民社会”的雏形，尤其是在一些沿江沿海地区。以工商业者、中高级专业人员、自由职业者为代表的城市中间阶层逐步形成，新式社团得到发展，并致力于慈善救济、文化发展、教育以及革命运动等社会事务，近代社会的“公共性”开始出现。[①] 但是，国家政权在城市基层社会建立保甲制度的努力则由于新制度安排与实际生活脱节和隔膜而收效甚微。反观之，中国共产党则走出了一条以政治动员与群众运动为核心[②]，以解放劳苦大众的平民主义诉求为政治目标，发动群众闹革命，重新实现了乡村的组织化，建构了新的治理传统，为全国革命的胜利奠定了坚实的基础。

二、新中国成立以来我国社会治理的变革（1949—1978 年）

1949 年新中国建立后，国家面临的是一个“胜利的困境”[③]，为了国家安全与发展以及满足人民生活的需要，在资源匮乏、西方国家封锁的情况下，国家采取了高积累政策和资源配置集中体制。从 1950 年开始，随着推进统一财经、土地改革和贯彻稳定物价的措施，人民生活水平逐步稳定并提高。1956 年以后，我国完成了农村集体化和城市工商业社会主义改造，中国社会治理由此进入新的阶段：即在社会高度组织化的基础上，建立了以资源高度集中为基础的计划经济体系，国家依靠单位、居委会（街居制）和公社（1958 年）对社会进行治理，形成了“总体性支配”格局和高度组织化的社会；平民主义福利模式、集体主义的工作与生活方式、共产主义理想主导的意义系统成为国家制度逻辑的重要部分[④]，实际上也是国家治理社会的理想追求。

从制度架构上，通过与计划经济体制相关联的单位制及其延伸，国家实现了对资源的控制与分配，单位成为社会组织化的基本单位。城市居民的日常生活与工作就业、

① 参见［美］罗威廉：《汉口：一个中国城市的商业和社会（1796—1889）》，江溶、鲁西奇译，中国人民大学出版社 2005 年版。

② 参见［美］马克·塞尔登：《革命中的中国：延安道路》，魏晓明、冯崇义译，社会科学文献出版社 2002 年版。

③ 参见［美］周杰荣、毕克伟：《胜利的困境：中华人民共和国的最初岁月》，姚昱等译，香港中文大学出版社 2011 年版。

④ 参见李友梅等：《社会认同：一种结构视野的分析》，上海人民出版社 2007 年版。

社会保障与福利等直接或间接与单位相联系，形成了“国家—单位—个人”的纵向社会调控体系。作为革命后的组织形式，单位同时也承继了传统社会中间组织的属性，类似于乡村社会家族与个人关系模式的复制与翻版。① 同时，国家建立了基于地域之上的“街居制”并力图实现横向的社会控制，将地方政府权力延伸到人们生活的日常区域——社区，从而将城市社会严密地掌控在国家的权力之下。此外，在户籍制度基础上形成了“城乡分治”格局，人民公社的建立标志着社会组织化原则在农村得到贯彻，国家权力下沉到乡村社会，重塑了乡村社会结构，将农民的日常生活纳入到行政化网络之中，农村的社会秩序也得以重建。

间或展开的“运动”在中国半个世纪的社会历史中成为社会治理的重要方式。从新中国的建立，到此后利用非制度化、大众化甚至是非理性的群众运动的治理实践，都使得国家权力与政治力量深刻而透彻地嵌入于普通民众的日常生活之中。运动本身也反映出国家意识形态所表现出来的发动群众积极参与的特征：从走群众路线到“两参一改三结合”，再到“文革”中的广泛的群众动员，力图使群众意识到积极参加运动关系到自己的短期或长期利益。②

1949 年之后的社会治理实践无不反映了党和政府“打造新社会”“塑造社会主义新人”的努力。经由执政党意识形态转化形成的“政党伦理”，为社会提供了一套以英雄模范为代表的评价体系、思想和行为规范，并以此规约“思想—知识”的活动样式和日常生活的价值评价，树立了具有集体主义取向的“我为人人、人人为我”的良好社会主义道德风尚。也有学者将其视为“新德治”，即“新德治的真理话语—国家的治理技术—个人的策略行动”的完善的社会治理体系。③ 无疑，中国共产党社会治理实践贯穿了对理想社会的追求，它在约束着人民同时也改善着人民的生活。“共产党中国犹如一栋由不同的砖石砌成的大楼，她被糅合在一起，站立着，而把它糅合在一起的就是意识形态和组织。”④

---

① 参见刘建军：《单位中国：社会调控体系重构中的个人、组织和国家》，天津人民出版社 2000 年版。

② 孙立平：《平民主义与中国改革》，《战略与管理》1994 年第 5 期。

③ 参见魏沂：《中国新德治论析——改革前中国道德化政治的历史反思》，《战略与管理》2001 年第 2 期。

④ Franz Schurmann, *Ideology and Organization in Communist China*, Berkeley, CA: University of California Press, 1968.

三、改革开放新时期社会治理转向（1978—2012年）

改革开放以来，社会治理所依托的组织制度框架开始弱化乃至于解体，单位制逐步松动，人民公社解体，新兴社会力量的兴起，社会得到了一定的发育，逐步形成了社会多元主体并存的格局，使得20世纪末以来的中国社会治理转型呈现出与以往不同的特征。

国家建设开始进入新阶段，国家行政体制在实践中不断深化改革。随着市场化改革的进一步深入发展，国际市场经济的通行规则反作用于国家科层体制。出于"为市场经济打造良好的政策和制度环境"的意图，国家行政体制改革开始快速推进，其管理的规范化和法治化水平进一步提升。例如20世纪90年代中期开始的几次政府机构改革、公务员体制改革、财政金融体制改革、自然垄断产业管理体制改革以及社会保障体制改革等，"中央政府在继续推动和深化市场化改革的同时，也在致力于重建国家体系"①。同时，技术治理得到高度重视，现代信息技术也成为提升政府管理与服务能力和行政绩效的有效手段，推动了治理的信息化进程。

制度优势所具有的包容性和适应性，使得国家能够主动回应社会的需求，积极参与社会组织化力量的培育和发展。自1978年以来，中国社会内部正在经历一场不可逆转的"权力分裂"过程，逐步发育出相对自治的社会空间。②国家对民间组织与第三部门不再实行全面或直接干预，而是依据整个社会发展目标，对不同的社会组织实施不同的控制策略和控制强度；在公共物品的提供上，政府开始通过购买服务的方式允许社会组织提供一些公共物品。③在城市社会中，作为日常生活领域的城市社区开始成为社会治理的关键性领域。20世纪90年代以来政府主导的社区建设运动，力图在单位制松动后解决城市社会整合与社会控制问题，并自上而下开始重建国家治理单元。④国家对城市社区依然拥有一定的动员控制能力，但开始受到各种社会政治因素相当大的限制。

---

① 刘鹏：《三十年来海外学者视野下的当代中国国家性及其争论述评》，《社会学研究》2009年第5期。

② 参见康晓光：《权力的转移——转型时期中国权力格局的变迁》，浙江人民出版社1999年版。

③ 康晓光、韩恒：《分类控制：当前中国大陆国家与社会关系研究》，《社会学研究》2005年第6期。

④ 杨敏：《作为国家治理单元的社区——对城市社区建设运动过程中居民社区参与和社区认知的个案研究》，《社会学研究》2007年第4期。

国家推动的社会治理在走向规范化和法治化的同时，还不足以完全应对各种社会问题及其严峻挑战，运动式治理仍在一定范围内发挥作用。但与改革开放前的“群众运动”不同，20 世纪 90 年代以来的运动式治理正在逐渐发展成为“制度化动员”。① 多元价值体系的形成使得“国家不得不依靠经济手段来维持动员的持续性，完成社会控制目标”。它意味着“运动”作为一种社会治理的重要方式被纳入到制度化的常规治理之中，其中一些“项目”不仅蕴含着满足民生的利益诉求，市场因素也渗透其中。这也反映出所谓的“中国经验”是开放的、包容的、没有定型并在不断变化和发展中的经验，需要经历长期实践，才有可能建立相对稳定和规范的制度。因此在特定情况下，运动式治理能补充常规化治理的不足。

执政党对社会环境变动及其产生的问题具有清醒的认识并能顺应社会市场改革，采取积极的“适应性建构”战略。② 从改革之初的“经济建设为中心”逐步转向以民生为重点的社会建设，提出了围绕构建中国特色的社会主义社会管理体系，在突出依法治理的同时，进一步强调治理能力的提升与治理体系的构建，强化执政党在社会治理中的领导地位，发挥党在社会整合与秩序重建中的主导作用。其中，党的建设被看作关系到党的生死存亡的大问题，实际上也意味着党内治理是社会有效治理的重要条件，党的建设正在努力达到“打铁还需自身硬”的要求，并以此凝聚社会共识，增强社会认同。

正是从这个意义上看，执政党在新时期社会治理领域内的战略选择转变，反映了改革开放以来“适应性治理”（adaptive governance）的特征，因其不拘成规而工于变化，积极调适自身以适应不断变换的外部环境，故能脱离不相适应的规则和制度的存废而得以延续。

四、新时代以来社会治理新实践新探索（2012 年以来）

党的十八大后，我国社会治理进入了新时代，党的十八届三中全会、党的十九大

① T. White, “Post-Revolutionary Mobilization in China: the One-Child Policy Reconsidered”, *World Politics*, Vol.43, No.1, 1990, pp. 53—76.

② Sebastian Heilmann and Elizabeth J. Perry eds., *Mao's Invisible Hand: The Political Foundations of Adaptive Governance in China*, Cambridge: Harvard University Press, 2011.

明确全面深化改革总目标是完善和发展中国特色社会主义制度、推进国家治理体系和治理能力现代化，打造共建共治共享的社会治理格局，形成有效的社会治理、良好的社会秩序，这成为新时代社会治理的方向。在这样的目标导引下，发挥党的领导这一最大的体制优势，协调各类社会治理主体，发挥“总揽全局、协调各方”的整合作用，推动构建适应新时代发展要求的统筹社会治理新格局。

党和国家加强了对社会治理的统筹。党的十八大特别是十八届三中全会、十八届四中全会以来，中共中央、国务院等党和国家机构先后出台多部专门指导社会治理的政策文件，并由此统筹社会治理：明确社会治理主体或社会治理对象在社会治理体系中的角色位置，如确定了城乡社区、社会组织、党的基层组织、村规民约等社会治理的基本元素在社会治理体系中的位置，夯实社会治理体系的微观基础；坚持问题导向与健全机制相结合，社会治理更加注重制度化建设，建立健全各类社会治理机制，在持续回应社会需求的同时，也给地方实施社会治理提供切实可行的指导；社会治理元素在党和国家的领导下，明晰定位，展现活力，彼此相连，密切联动，共同建构起具有统筹特征的宏大社会治理体系。

通过基层党建实现对基层社会的治理，通过嵌入、吸纳、引领、回应等方式全面引领社会治理。实践中，不仅将党组织嵌入社区、各类社会机构中，还将党员嵌入基层组织，担任领导干部或骨干分子；同时，面向社会将社会精英、社会资源吸纳进既有体制，达到整合资源的目的；在此基础上，党组织通过塑造合法性、树立核心价值观和培育公共文化来实现价值引领，并针对社会需求及治理实施者需求及时做出回应，理顺和推进社会治理体制机制运作。在构建社会治理形态的过程中，党组织巩固了对社会治理的领导地位，也丰富了其实施和参与社会治理的实践方法，党组织作为“元治理者”的身份不断得到强化。在基层社会治理创新实践中，一核多元、居民自治与社区共治、三社联动与四社联动、网格化、精细化与智能化、智慧社区、家门口服务等新做法不断涌现。

社会多元主体协商共治、共同投入，构建有领导的“一轴多元”治理结构已然形成并深入发展。在社会治理实践中，以党的组织为核心、发挥政府主导作用、鼓励和支持社会各方面参与的。党的领导是不可动摇的主轴，政府是负责推向各项治理举措的最重要主体，社会组织和公众是多元治理结构的协同主体和参与主体。“一轴多元”治理结构一方面明确党组织在各种改革权衡和重大风险控制中的领导作用，另一方面也明确为社会多方力量参与治理留下了制度性空间。

社会规则秩序日益凸显，并成为人们社会交往和处理公共事务的基础秩序。在厘清不同治理主体之间边界和功能的基础上，多元治理主体发挥不同的相对优势形成治理合力。社会治理依赖完备的制度规范与有力的组织体系，在遵守制度规定和治理程序的前提下共同协商解决公共事务。如在社区中，通过聚焦社区事务搭建公共平台，在居民区层面实现了对条块力量的联结与整合，显著提升了居民区党总支的“组织力”，凝聚了基层社会治理的“组合力”，实现了社区成员特别是职能部门为满足居民需求各司其职、齐力服务。

总体上看，70 多年来中国社会治理的变迁与发展，实现了中国社会从传统向现代的跨越，也在持续创新中探索适合于中国社会治理与秩序建构的道路。也正是在这个过程中，中国形成了具有自身特色的社会治理路径。

第三节　在中国式现代化中推进社会治理理论创新

回溯近一个世纪以来的中国社会治理转型，可谓是“三千年未有之大变局”。在被西方列强打开国门之后，传统中国被迫走上起先模仿西方，而后则在本土国情实践基础之上奋力开拓中国特色的东方现代性发展之路。[①] 换言之，近现代以来中国式现代化的实践探索，始终伴随着西方现代性的引入以及与中国传统社会持续性的冲突与融合，并在这个过程中，中国社会治理走出了自身独特的路径。在这个过程中，虽然社会治理实践或有断裂，但贯穿其间的治理逻辑则一直得以延续。

在中国式现代化的实践进程中，中国社会治理始终坚持从中国的国情和民情出发，在借鉴、批判及吸纳东西方社会治理经验的基础上，不断推进社会治理实践及理论的创新发展。也正是在这种创新实践中，我们不断发现中国特色社会治理理论的鲜明特征，那就是实践性、共通性及人民性。实践性是中国特色社会治理的内核，纵观百年

---

① 李培林：《东方现代化与中国经验》，《社会理论》2007 年第 1 期；李培林：《现代性与中国经验》，《社会》2008 年第 3 期。

来中国革命、建设与发展的历程，社会治理始终根据扎根于中国的历史文化土壤，结合中国国情，在学习借鉴世界先进国家治理经验的基础上，因地制宜，在满足和顺应人民和社会需求的同时，保持中国共产党对国家建设的建构和引领；共通性是中国特色社会治理的路径，那就是沟通制度与生活，在民情变动和制度实践的互联互通中跨越文化、体制以及地理的差别，始终能够在民生、治理中找到其作用域和形式、路径；人民性是中国特色社会治理的价值导引，人民本位是中国特色社会主义社会建设的根本立场和核心价值，人民是历史的主体，是历史的实践者和创造者，在推动社会变革中起到决定性作用。人民性引领着中国特色社会治理的价值导向，只有承认并尊重人民的主体地位，为人民谋幸福，才能够凝聚起人民的认同力量共同投身于中华民族伟大复兴实践中。

如前文所述，当今世界正面临着新一轮经济社会大转型，经济、政治、文化乃至于技术等方面在快速变迁的同时，共同促成了社会领域内的深刻变革。而西方社会治理危机，本质上是西方基本社会制度危机①，或者说，西方现行的社会治理模式在剧烈的社会变动面前缺乏适应性。正基于此，社会治理要能够与经济社会变迁同步，就有必要如同中国社会治理创新的实践那样，着力在新的基础上建设社会多元力量共同参与社会治理的“新公共性”。②

① 张国清、何怡：《西方社会的治理危机》，《国家治理》2017 年第 12 期。
② 李友梅：《中国式现代化视域下的社会新公共性建设》，《社会科学》2022 年第 12 期。

第十七章　安全韧性城市治理的中国实践路径与理论话语建构

城市自诞生之日起，防风险、保安全，成为城市政府的核心公共职能。近年来，随着各种极端天气灾害、新冠肺炎疫情大流行等事件的频发，安全韧性城市再次成为全球学术界和城市实务界共同关注的重大战略议题。尽管中国历史上我们没有提过韧性城市、韧性治理的概念，但中华民族的防灾减灾实践充分体现了安全韧性治理的思想和智慧。特别是自党的十八大以来，党中央全面统筹发展和安全两件大事，全面推进安全韧性城市建设与治理创新，大中城市成功应对了诸多极端天气、新冠肺炎疫情等突发危机，最大程度保障了人民群众的生命安全和身体健康，走出了一条符合中国国情、城市化发展规律的中国城市安全韧性治理之路，创造了中国成为全球最安全大国之一的“社会安全奇迹”①，香港、台北、上海、深圳、天津、北京、广州等7座中国城市成为经济学人《2021年安全城市指数报告》前50强之列，安全成为国内城市持续繁荣发展的“金字招牌”，人民群众安全感、获得感、幸福感稳步提升。国民经济“十四五”规划和2035年远景目标规划纲要提出建设“韧性城市”，党的二十大报告进一步提出“打造宜居、韧性、智慧城市”。至此，中国城市的安全韧性治理进入新发展时期。本章以新中国70多年来，尤其是自党的十八大以来的城市安全韧性实践为历史和现实逻辑，进而形成旨在对话西方韧性城市理论、体现中国特色社会主义社会学的

① 根据美国盖洛普公司以法治和秩序作为国际安全的依据对全球国家进行的每2年一次的全球安全国家排名，民调内容也是从民众对警察的信心、走夜路的安全感以及被抢劫次数等多个方面综合进行的。在2020年度全球最安全的10个国家中，新加坡、土库曼斯坦以及中国位列前三名，而在排行榜的前10个国家中，其他9个国家都是小国或是中立国，只有中国一个大国。参见《美媒公布全球最安全国家排行榜，美俄两国均未上榜，中国排名第三》，载腾讯网 https://new.qq.com/rain/a/20210216A08L0N00，2021年2月18日。

安全韧性城市治理理论和话语体系，助推中国特色哲学社会科学的繁荣发展。

第一节　中国安全韧性城市治理的历史过程与重大举措

所谓安全韧性治理，是指城市治理者或政府管理者树立防患于未然的忧患意识，时刻为各类不确定性风险和冲击压力做好准备，一旦发生灾难，旨在让城市能够最大程度地抵御冲击、适应压力、快速恢复，进而通过组织学习变革，完善灾害预防、应急处置等方面的短板和不足，从而跳跃式提升城市应对未来灾难的整体能力，最大程度降低灾难带给人民生命健康和财产的损失。从这一视角来看，中国如今的城市安全韧性体系，实际上就是从新中国成立以来政府不断推行安全措施、韧性治理的伟大实践结果，本节对其历史过程进行回顾性阐述。

一、注重政治风险、社会稳定的城市安全管控阶段（1949—1978 年）

从 1949 年到 1978 年，全国城镇化率从 10.64% 提高到 17.92%，城市化发展处于 30% 以下的起步阶段。其间，经历了大跃进、三年自然灾害、唐山大地震等重大挫折和风险。全国城市的安全治理更多体现在防范政治风险、防灾减灾救灾、备战战略转移、维护社会稳定等方面，旨在实现城市新生政权巩固发展和经济建设的快速推进，但城市安全治理凸显“政治挂帅”①“一元化领导”②“政府主导”“管理控制”等鲜明特点，依靠“人治”和运动式的应急管理模式被发挥到极致。③

（一）新解放城市实行短期军事管理制度

随着沈阳、南京、杭州、上海等一些大中城市的相继解放与接管，全面清除国民党遗留的特务人员和社会破坏分子，粉碎国民党的破坏活动，确保城市政治稳定安全，是中国共产党执政能力和城市管理的首个严峻挑战和考验。如上海解放后的 1949 年 5 月 27 日，中国人民解放军上海市军事管制委员会正式成立，并通过恢复“上海人民团体联合会”、成功打击金融投机活动、开展多次政治改造运动等措施，迅速稳定了局

① 朱正威：《中国应急管理 70 年：从防灾减灾到韧性治理》，《国家治理》2019 年第 36 期。

② 刘智勇、陈苹、刘文杰：《新中国成立以来我国灾害应急管理的发展及其成效》，《党政研究》2019 年第 3 期。

③ 同上。

势，实现平稳接管大上海[①]，确立了党和政府在基层治理中的领导地位，也将全市居民的日常生活纳入高度计划体制的轨道[②]。

（二）适时成立防灾减灾和应急救援的领导管理机构

新中国成立之初，面对整体性的社会贫困和多发的流域洪水、地震、瘟疫等灾难，1949 年 11 月中央人民政府成立内务部（1978 年改为民政部），其内部设立城市救济社会福利司[③]；1950 年以来成立中央生产救灾委员会、中央防汛总指挥部（1992 年更名为国家防汛抗旱总指挥部）、中国国际减灾十年委员会（1989 年），强化救灾工作统筹协调。1971 年国务院成立国家地震局[④]；1976 年党中央成立了抗震救灾指挥部及办公室。此外，从中央到地方都设立了由党委主要领导负责的传染病领导与防治机构。[⑤]与此同时，进行水利工程建设（如太湖流域和黄浦江两岸兴修大量水利工程），开展气象灾害预报，注意水土保持和森林保护，建立粮食储备制度等，旨在提高城市社会应对灾害危机的能力。

二、注重经济风险、公共安全的城市风险管理阶段（1979—2002 年）

改革开放后，国务院召开第三次全国城市工作会议，颁布了《关于加强城市建设工作的意见》，全国城镇化水平从 1978 年的 17.92% 增长到 2002 年的 39.1%。其间，极力维护城市社会稳定，关注市场经济风险，探索社会力量参与灾害救治等方面的途径和方法，但市场主体和社会第三方组织发挥的作用十分有限。[⑥]

（一）解决“知青返城”问题，确保城市社会稳定

改革开放后，各大城市妥善解决好知青返城问题（包括工作安置、子女入学、工资计算等），成为各大城市维护社会安全稳定的首要任务。1980 年，中央书记处颁布《关于当前知识青年上山下乡工作的几点意见》[⑦]，1984、1985 年劳动人事部颁发《关于

① 胡昊：《两个“一号令”：上海军管会接管交大》，上观新闻 2021 年 9 月 29 日。
② 参见张济顺：《远去的都市：1950 年代的上海》，社会科学文献出版社 2015 年版。
③ 郝平：《中国成立 70 年来防灾救灾工作的成就与经验》，《社会史研究》2020 年第 1 期。
④ 《党领导新中国防灾减灾救灾工作的历史经验与启示》，载“学习强国”学习平台 2021 年 11 月 9 日。
⑤ 孙照红：《中华人民共和国成立以来党领导战“疫”的举措与经验》，《北京日报》2022 年 4 月 20 日。
⑥ 刘鹏：《中国风险应对体系建设的发展历程与逻辑》，《政治学研究》2021 年第 6 期。
⑦ 顾洪章：《中国知识青年上山下乡始末》，人民日报出版社 2009 年版，第 356 页。

妥善解决插队知青遗留问题的通知》《关于解决原下乡知识青年插队期间工龄计算问题的通知》等规定，要求各城市加以妥善解决。

（二）平息大城市政治风波，维护政治大局稳定

1988 年末至 1989 年初，在北京等城市发生政治风波。受此影响，其他一些城市也发生了学生潮和不法分子打、砸、抢、烧的犯罪活动，各地政府采取领导谈话、国情教育、社会考察、社会服务、文化艺术等政策活动，维护了青年社会稳定。

（三）依法建立健全分散化、单一灾种的城市安全管理机构

这一阶段，国家先后颁布实施了《中华人民共和国水法》《中华人民共和国防洪法》等一系列法律制度①，相继设立了国家计委安全生产调度局、民政部救灾救济司、国家地震局灾害防御司②、国家防汛抗旱总指挥部等机构。1998 年国务院印发实施《中华人民共和国减灾规划（1998—2010 年）》，灾害防治开始纳入各省市地方政府国民经济发展规划之中。2000 年成立国务院抗震救灾指挥部。随着国家机构改革进程的推动，全国大中城市按照自上而下，依法建立健全民政局、消防局、公安局、地震局、气象局、水务局等多个以单一灾种防治为主体的管理机构。

（四）推动传统灾害治理和现代市场经济风险的管理

一方面，国家高度重视城市洪水（1981 年国务院发布《关于城市防洪问题的报告》）、地震、液化气安全、消防、房屋安全、生命线安全等方面的工程设施建设、制度体系建设，全面提高城市防范自然灾害的能力和水平。另一方面，顺应社会转型引发的矛盾和风险，注重城市企业信用风险、动拆迁政策创新、信访制度建设、社会保障建设、强化社会治安等领域的建设，为探索社会主义市场经济体系提供最有力的安全保障。

三、注重突发事件、应急体系的城市应急管理阶段（2003—2011 年）

2003 年的“非典”疫情，使中国特色应急管理体制的法治化、体系化建设全面

---

① 《党领导新中国防灾减灾救灾工作的历史经验与启示》，载“学习强国”学习平台 2021 年 11 月 9 日。

② 刘智勇、陈苹、刘文杰：《新中国成立以来我国灾害应急管理的发展及其成效》，《党政研究》2019 年第 3 期。

启动，全国各大城市逐步建立健全应对多种突发事件的应急管理框架，并成功应对了2008年四川汶川地震、2009年甲型H1N1流感疫情等灾害和事件。

（一）推动国家和城市应急管理法治化进程

2003年《突发公共卫生事件应急条例》实施，2005年国务院召开第一次全国应急管理工作会议，2006年国务院颁布《国家突发公共事件总体应急预案》《关于全面加强应急管理工作的意见》；2007年11月《中华人民共和国突发事件应对法》颁布实施，第一次以基本法的形式明确突发事件应急管理的责任、义务和权利，这标志我国突发事件应对工作走上法治化、规范化之路。① 与国家同步，全国大中城市开始启动应急管理法治化建设，如上海2003年9月实施《上海市突发公共卫生事件应急条例》和《公共卫生体系建设三年行动计划》，旨在提高应对卫生危机事件的能力和水平。

（二）建立城市应急管理的基本制度框架

2003年"非典"以来，全国各大城市根据《国家突发公共事件总体应急预案》的要求，建立健全了"一案三制"（应急预案、应急体制、应急机制、应急法制）的应急管理体系，形成了"统一领导、综合协调、分类管理、分级负责、属地管理为主"的应急管理新格局。如上海市2006年以来相继实施《上海市突发公共事件总体应急预案》《上海市突发公共事件医疗卫生救援应急预案》等，依法成立上海市突发公共事件应急管理委员会，负责全市应急管理工作。

（三）增强应对重大突发事件（活动）的救援与保障

在应对2008年汶川大地震当中，成功检验了国家和城市应急管理体制的有效性。此外，成功举办2008年北京奥运会、2010年上海世博会等重大国际赛事活动，形成了符合国际标准、富有中国特色的重大公共活动治理模式，为超大城市应急保障积累了中国经验。

四、注重防范不确定风险的城市韧性治理阶段（2012年至今）

党的十八大以来，党中央高度重视风险防范和安全发展，践行"人民城市"理念，

① 《党领导新中国防灾减灾救灾工作的历史经验与启示》，载"学习强国"学习平台2021年11月9日。

着力实施安全韧性城市建设新方略，成功应对了2014年上海外滩踩踏事件、2019年江苏响水“3·21”特别重大爆炸事故、2021年郑州“7·20”特大暴雨灾害等重特大公共危机事件，在各大城市疫情保卫战中，以“中国城市之治”彰显了安全韧性治理的能力和水平。

（一）组建职能统一、相对独立的应急管理部门

2018年根据《中共中央关于深化党和国家机构改革的决定》，从中央到地方省市，设立负专责、独立运行的“应急管理部（厅、局）”，组建综合性消防救援队伍和专业救援队，形成了新时代统一指挥、专常兼备、反应灵敏、上下联动、平战结合的中国特色应急管理体制。各大城市应急管理局的成立，对整合应急力量、提高应急治理效能，发挥了显著的作用。

（二）实施海绵城市建设提高城市韧性

2015年国务院发布《关于推进海绵城市建设的指导意见》，启动全国海绵城市试点工作。2021年4月，国务院发布《关于加强城市内涝治理的实施意见》。2022年4月，住房和城乡建设部印发《关于进一步明确海绵城市建设工作有关要求的通知》，以缓解极端强降雨引发的城市内涝为重点，使城市在适应气候变化、抵御暴雨灾害等方面具有良好的“弹性”和“韧性”。①

（三）以市域社会治理打造高质量平安城市

从2019年开始，中央政法委制定印发《全国市域社会治理现代化试点工作实施方案》《全国市域社会治理现代化试点工作指引》，开展市域社会治理现代化试点工作（全国试点地区共计416个），进一步防范化解市域政治安全、社会治安、社会矛盾、公共安全、网络安全“五类风险”，确保市域成为重大风险终结地。②

（四）实施韧性城市战略防范新型风险

新冠肺炎疫情在各大城市的集聚性暴发，促使国内一些大城市开始实施“韧性城市”战略，如北京市制定《关于加快推进韧性城市建设的指导意见》，提出到2025年

---

① 《住房和城乡建设部进一步明确海绵城市建设要求》，《中国建设报》2022年4月29日。

② 《陈一新在第六次市域社会治理现代化试点工作交流会上强调：加快推进市域社会治理现代化，确保市域成为重大风险终结地》，载司法部网站 http://www.moj.gov.cn/pub/sfbgw/gwxw/xwyw/202203/t20220331_451871.html，2022年3月31日。

建成 50 个韧性社区、韧性街区或韧性项目[①]；上海市“十四五”规划也提出“共建安全韧性城市”。近年来我国浙江义乌、四川德阳、浙江海盐、湖北黄石四座城市被选入美国洛克菲勒基金会主持的全球 100 韧性城市项目，积极开展韧性城市建设的国际合作。

（五）城市体检和数字孪生为韧性赋能

近年来，随着数字经济、数字政府、“互联网 +”政务服务、智慧城市等国家战略的落地落实，上海、北京、南京、深圳等城市率先探索城市安全风险综合监测预警体系，形成“智慧公安”“城市大脑”“一网通办”“一网统管”“最多跑一次”“接诉即办”等诸多数字治理新模式，尤其城市体检评估制度、城市安全风险综合监测预警平台以及一些城市率先创建的数字孪生城市单元，对城市风险的智慧化治理提供了重要的技术支撑。

第二节　安全韧性城市治理的国内外多学科理论述评

安全韧性城市治理是一个有别于传统安全管理、风险治理、应急管理的新命题、新领域和新实践，也是国内外城市学、社会学、政治学、公共管理学、心理学、地理学等多个科学共同关注的研究议题，目前已经产生大量的相关理论成果和思想体系。

一、风险社会和城市风险治理理论

德国社会学家乌尔里希・贝克的风险社会理论认为，风险是社会现代性发展的必然产物，自然界的“传统风险”已不是“现代社会”的主要威胁[②]，全球正在进入具有高度不确定性的“风险社会”时代。[③]为此，诸多学者就风险社会进行了深入探讨[④]，如社会学家乌尔里希・贝克和安东尼・吉登斯提出了“自反性现代化”理论；斯科特・拉什和玛丽・道格拉斯认为风险只是一种文化现象抑或人们风险感知的结果；尼克拉斯・卢曼从复杂系统理论出发，认为社会具有不可预测性。[⑤]有关风险治理就成

① 陈杭：《北京推进韧性城市建设　将打造 50 个典型街区》，《中国新闻网》2021 年 11 月 12 日。
② 张光辉：《风险社会中国家治理的辩证法》，《学术探索》2021 年第 1 期。
③ 范如国：《“全球风险社会”治理：复杂性范式与中国参与》，《中国社会科学》2017 年第 2 期。
④ 刘鹏：《中国风险应对体系建设的发展历程与逻辑》，《政治学研究》2021 年第 6 期。
⑤ 范如国：《“全球风险社会”治理：复杂性范式与中国参与》，《中国社会科学》2017 年第 2 期。

为国家治理、安全治理、城市治理的重要研究议题，如国际风险治理理事会，就风险治理、新兴风险①、慢性风险、系统性风险、风险治理等议题形成了一整套理论解释，形成“前期评价、风险评估、承受度与接受度判断、风险管理、风险沟通”的五阶段风险治理框架②。近年来，“城市风险化”“风险城市化”成为国内外新的研究热点，产生大量城市风险治理成果。如奥特温·克林克等针对城市环境提出了一套适应性和综合性的风险治理模型。③国内学者们围绕大城市风险治理，提出了“耗散结构理论”④“韧性理论”⑤“沟通理论”⑥“周期理论”⑦等不同分析视角，有一定启示意义。

二、灾害社会学和城市应急管理理论

面对“灰犀牛”“黑天鹅”突发事件，灾害社会学领域的“社会脆弱性”学派，形成包括脆弱性、危险度、风险度等在内的话语体系和一整套降低不确定性灾害冲击程度的反脆弱性策略⑧，这也引发了灾害应对中的社会不平等问题。

不确定性⑨、脆弱性⑩、巨灾（catastrophe）⑪、突发事件、灾难管理、跨界危机⑫、

---

① *White Paper on Improving the Management of Emerging Risk*, International Risk Governance Council, 2011.

② The International Risk Governance Council, “What is Risk Governance?” https://irgc.org/risk-governance/what-is-risk-governance.

③ O. Renn, A. Klinke, & P. J. Schweizer, “Risk Governance: Application to Urban Challenges”, *International Journal of Disaster Risk Science*, No.9, 2018, pp.434—444.

④ 王光辉、刘怡君、王红兵：《基于耗散结构理论的城市风险形成及演化机理研究》，《城市发展研究》2014 年第 11 期。

⑤ 肖文涛、王鹭：《韧性视角下现代城市整体性风险防控问题研究》，《中国行政管理》2020 年第 2 期；周丽敏：《韧性城市：风险治理及指标建构——兼论国际案例》，《北京行政学院学报》2016 年第 2 期。

⑥ 詹承豫、宣言：《城市风险治理中的风险沟通制度——基于 30 部法律规范的文本分析》，《行政法学研究》2016 年第 4 期。

⑦ 李友梅：《城市发展周期与特大型城市风险的系统治理》，《探索与争鸣》2015 年第 3 期。

⑧ 周利敏：《社会脆弱性：灾害社会学研究的新范式》，《南京师大学报（社会科学版）》2012 年第 4 期。

⑨ 文军、刘雨航：《面向不确定性：新发展阶段中国社会治理的困境及其应对》，《地理科学》2022 年第 3 期。

⑩ 姚懿、杨群涛、张书亮：《城市暴雨内涝灾害脆弱性认知、测度与模拟》，《水资源保护》2023 年第 1 期。

⑪ Mohamed Gadel-Hak ed., *Large-scale Disasters: Prediction, Control, and Mitigation*, New York: Cambridge University Press, 2008.

⑫ Chris Ansell，Arjen Boin, Ann Keller, “Managing Transboundary Crises: Identifying the Building Block of an Effective Response System”, *Journal of Contingencies and Crisis Management*, No.4, 2010.

危机管理①、应急避难场所建设管理②、应急物流体系建设③等成为国内外城市应急治理研究领域的新关键词，如有学者提出“风险—灾害—危机”连续统④、第四代适应性应急管理体系⑤等观点。有的提出包含政府、媒体、社会网络、法律体系的公共治理分析框架。⑥还有的提出基于“能力—弹性—适应性”的应急管理体系完善路径⑦和基于结构、过程与功能视角的中国应急管理模式⑧。

三、安全韧性与城市韧性理论

新冠肺炎疫情的全球大流行，使得韧性城市、韧性治理等成为当今全球城市安全治理的最新理论话语体系，可以得出以下几个判断：

（一）韧性城市的概念尚未达成统一界定

“韧性概念”经历了从“工程韧性”到“生态韧性”再到“演进韧性”的认知转变。截至目前，韧性城市这一术语还没有被明确定义。如美国洛克菲勒基金“全球 100 韧性城市”项目，将城市韧性定义为城市（个体、社区、机构、商业体或系统）在遭受到任何持续慢性的压力或突然的灾害冲击时生存、适应并发展的能力；联合国减灾署将韧性城市定义为“面对冲击和压力，能够做好准备、恢复和适应的城市”。国内对韧性城市的界定，大多是对西方概念的翻译，大同小异。

（二）韧性城市具有独特而多元的特征

如联合国国际减灾战略秘书处认为，韧性城市具有稳健性、可恢复性、冗余性、

① Arnold Howitt, Herman Leonard, *Managing Crises: Response to Large-Scale Emergency*, CQ Press, 2008, pp.175—281.

② 李海君、张耀文、杨月巧、刘京会：《城市应急避难场所建设与管理现状与问题分析》，《地震科学进展》2022 年第 4 期；吕伟、李承旭、马亚萍：《基于 GIS 位置分配的城市应急避难场所责任区划分》，《清华大学学报（自然科学版）》2022 年第 6 期。

③ 张敏洁：《重特大突发事件下城市应急物流体系建设》，《物流技术》2022 年第 5 期。

④ 童星、张海波：《基于中国问题的灾害管理分析框架》，《中国社会科学》2010 年第 1 期。

⑤ 张海波：《中国第四代应急管理体系：逻辑与框架》，《中国行政管理》2022 年第 4 期。

⑥ 薛澜、张强：《SARS 事件与中国危机管理体系建设》，《清华大学学报（哲学社会科学版）》2003 年第 4 期。薛澜、刘冰：《应急管理体系新挑战及其顶层设计》，《国家行政学院学报》2013 年第 1 期。

⑦ 詹承豫：《中国应急管理体系完善的理论与方法研究——基于“情景—冲击—脆弱性”的分析框架》，《政治学研究》2009 年第 5 期。

⑧ 龚维斌：《应急管理的中国模式——基于结构、过程与功能的视角》，《社会学研究》2020 年第 4 期。

智慧性和适应性等五大特征。洛克菲勒基金认为，韧性城市具有灵活性、冗余性、鲁棒性、智谋性、反思性、包容性和综合性①。赫恩认为，一个韧性城市具备多能性（强调城市功能的混合和叠加）、冗余度和模块化（强调在时空上分散风险）、生态和社会的多样性、多尺度的网络连结、有适能力的规划和设计等5个特征。②一般而言，韧性城市的内涵主要体现在城市功能多元性、城市组织灵活性、城市要素多样性、城市网络交叉性方面。

（三）韧性城市建设是涉及软硬体系的系统工程

2007年韧性联盟提出城市韧性建设应包含城市设施环境、代谢流、管治网络、社会层面4个优先领域，强调了韧性城市建设中的不同侧面。③肖文涛从空间（“都市群—城镇带—生活圈”防范风险扩散）、时间（“灾前预警—灾中应急—灾后恢复”阻遏风险延递）和层级（“宏观搭台—中观定标—微观落地”化解风险叠加）三个维度提出了韧性城市风险治理的范式和具体策略④；仇保兴基于对不确定性来源的分析，提出“观念创新—脆弱性分析—改造方案—重点领域—治理模式”的建设步骤。⑤

（四）简要评价

综观上述研究发现，国内外风险治理、应急管理、韧性治理等领域已经积累了丰富的研究成果，相互之间既有联系、也有区别，研究视角、侧重点各不相同、观点各异。但总体看，韧性研究呈现“西方较为成熟、国内仍处起步”的特点，国内大多研究是对西方理论的编译或转述，本土化、原创性不足，有些理论看似逻辑严密，但对中国城市安全治理实践，解释力有待进一步检验。现有大多研究从某个学科、某个具体领域出发（风险、应急、韧性），有一种“只见树木不见森林”之感，面对长时段、全方位的中国城市安全韧性治理实践，缺乏整体性、综合性、规律性的研究，无法作出跨学科、全过程、全景式、有说服力的解释。

---

① 赵丹：《国际观察106 | 韧性城市规划：国际样本和北京探索》，载“cityif”微信公众号https://mp.weixin.qq.com/s/vPnzEolZVvIZ5CoWik36VQ，2020年2月11日。

② J. Ahem, “From Fail-safe to Safe-to-fail: Sustainability and Resilience in the New Urban World”, *Landscape and Urban Planning*, No.4, 2011, pp.341—343.

③ 赵瑞东、方创琳、刘海猛：《城市韧性研究进展与展望》，《地理科学进展》2020年第10期。

④ 肖文涛、王鹭：《韧性视角下现代城市整体性风险防控问题研究》，《中国行政管理》2020年第2期。

⑤ 仇保兴：《迈向韧性城市的十个步骤》，《中国名城》2021年第1期。

第三节　安全韧性城市治理的中国社会学理论话语建构

参照中国实践，吸收多元理论精华，以习近平新时代中国特色社会主义思想为指引，结合党的二十大提出的中国式现代化新内涵、新要求，为形成具有中国特色社会主义的韧性城市治理理论和话语体系，笔者得出如下理论解释框架。

一、适应性—全周期—引领型跨界治理：中国安全韧性城市治理的理论概括

综观中国实践，笔者认为，“适应性—全周期—引领型整体治理”是中国安全韧性城市治理实践的最佳理论概括，其基本内涵如下：

（一）安全韧性城市治理是顺应中国现代化进程及其不同风险类型的适应性动态治理

真正的安全韧性城市，是从一次次失败教训中不断积累经验，主动学习的结果。综观新中国 70 多年发展历程，中国安全韧性城市治理就是一部顺应时代发展趋势、经济社会转型特点、城市重点风险类型演变的城市治理制度创新史，即从 20 世纪 50、60 年代以来的防范政治风险、自然灾害风险、市场经济风险到 21 世纪之初以来的应对气候变化、社会发展风险、系统性金融风险、突发不确定风险等，不断探索形成常态化和非常态化的有效综合应对体系，不断增强城市对内外部冲击压力的抵御力、适应力、恢复力和学习力，最终变成一座富有韧性的安全城市。

（二）安全韧性城市治理是一种全周期、全流程的治理行为

从生命有机体理念出发，实施“全周期、全流程管理”，是我国各大城市安全韧性治理的根本遵循。综观中国实践，这主要体现在如下几点：其一，把全生命周期管理理念贯穿城市规划、建设、管理全过程各环节。国内各大城市以机制创新构建规划资源全周期管理平台，以“规划资源全生命周期管理”创新统筹规划—建设—管理三大环节，努力提升国土空间规划实践和韧性治理水平。其二，城市风险危机管理实施“事前防范、事中控制、事后反思”的全周期闭环管理。国家和一些大中城市的应急管理体系建设中，突出强调预防、响应、处置与恢复重建四个阶段的全流程管理，即突发事件的事前、事发、事中和事后，形成一个闭合的循环过程。

（三）安全韧性城市治理是一种有中国特色的党建引领型跨界治理

治理理论的本源就是政府、市场、社会之间的协作互动。治理主体结构多元化、去中心化，是其共同特征。面对气候变化、环境污染、重大疫情等重大不确定性风险，单纯的科层治理、市场治理、社会治理，都难以胜任、收效甚微①，必然是一种整合政府、市场、社会多元主体力量的跨界治理。而中国的安全韧性城市治理实践表明，党组织始终作为一个非常重要的核心领导力量，在安全专业组织机构、风险危机治理环节等过程中，全方位介入政府、社会之中，发挥坚强统一的领导作用，及时做出重大决策，组织、动员、协调、整合多方力量和资源，特别是在应对突发事件时，党的领导会高位强力介入，依法依规采取应急性超常规措施，发挥党全面领导的政治优势和组织优势，消除因多种原因可能产生的摩擦、扯皮、推诿、不负责任等②，引导市场力量、社会力量有序、高效参与危机治理，多元行动者和广大社会民众配合支持，共同度过危机难关。这与西方欧美国家在城市应急治理、韧性治理中的“国家与社会关系”存在很大不同。

二、硬韧性、软韧性建设：中国安全韧性城市治理的战略路径

对安全韧性城市的构成要件，具有多种解释，包括技术韧性、设施韧性、过程韧性、系统韧性等。中国城市实践表明，安全韧性城市治理主要围绕“硬韧性”和“软韧性”两大体系展开（图 17-1），这构成了中国安全韧性城市治理的基本战略路径。

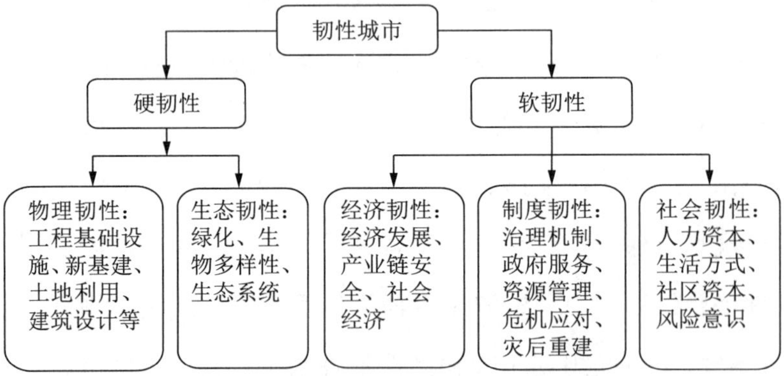

图 17-1　韧性城市建设的基本内容框架

① 符平：《缔造引领性融合治理：脱贫攻坚的治理创新》，《学术月刊》2021 年第 7 期。

② 龚维斌：《应急管理的中国模式——基于结构、过程与功能的视角》，《社会学研究》2020 年第 4 期。

（一）注重硬件设施和硬韧性体系建设

所谓“硬韧性”，是指城市硬件设施对各类不确定性风险具有足够的抵抗力、适应力和恢复力，包括城市生命线设施、城市建筑、数字化新基建、应急场所等。

1. 强调山水林田湖草生命共同体，走自然优先的城市韧性发展之路

《国务院关于加强城市绿化建设的通知》《住房城乡建设部关于加强生态修复城市修补工作的指导意见》《住房和城乡建设部办公厅关于进一步明确海绵城市建设工作有关要求的通知》《公园城市生物多样性保护成都倡议》等，旨在利用城市特有的自然属性，通过人地一体的生态系统重建再造，促进形成生态、安全、可持续的城市自循环系统，重点提高城市应对极端天气和气候变化的适应力和韧性。

2. 强调提高风险抵御力，推行更具韧性的可持续城市更新

如《国务院关于加强城市基础设施建设的意见》《国务院办公厅关于做好城市排水防涝设施建设工作的通知》《国务院关于加快棚户区改造工作的意见》《国务院关于进一步做好城镇棚户区和城乡危房改造及配套基础设施建设有关工作的意见》《国务院办公厅关于全面推进城镇老旧小区改造工作的指导意见》《城市燃气管道等老化更新改造实施方案（2022—2025 年）》《“十四五”城市排水防涝体系建设行动计划》等，通过实施城市更新运动，提高城市老旧设施应对冲击的抵抗力和适应力，增强城市工程设施的韧性。

3. 强调应急生命保障，建设城市应急避难场所和物资储备体系

一方面，全国各大城市根据国家标准《防灾避难场所设计规范》(GB51143-2015)，新建或改建一定数量、不同规格的应急避难场所，专门应对地震、爆炸、雨雪灾害和恐怖袭击等突发公共安全事件。另一方面，根据国家《关于改革完善体制机制加强粮食储备安全管理的若干意见》《关于改革完善体制机制加强战略和应急物资储备安全管理的若干意见》，各大城市积极推动救灾物资存储中心建设，建立健全应急救灾物资储备制度，发挥防范化解重大风险的“稳定器”和“压舱石”作用。

4. 着眼于防范重大公共卫生事件，扩充传染病医疗设施和空间功能转换

如根据发展改革委、卫生健康委、中医药局联合发布的《关于印发公共卫生防控救治能力建设方案的通知》(2020)、《综合医院“平疫结合”可转换病区建筑技术导则

（试行）》（2020）要求，各地参照《传染病医院建设标准》，在每个城市选择 1—2 所现有医疗机构进行改扩建，提供一定数量的应急救治床位。借鉴方舱医院和人防工程改造经验，提高大型体育场馆、展览馆（会展中心）等公共设施建设标准，在相关设施新建或改建过程中充分考虑应急需求，完善场地设置、通风系统、后勤保障设计，预留管道、信息等接口和改造空间，具备快速转化为救治和隔离场所的基本条件。

（二）注重制度、规则、人文等软韧性体系建设

所谓“软韧性”主要是指城市在制度、治理、文化等领域，通过完善制度、创新政策、灵活决策、明晰权责、激发活力、积累资本，提高城市多元行动主体和利益相关者面对风险冲击的适应力、恢复力和学习力，确保城市在各类急性或慢性危机中，减少损伤、快速恢复，从而走向更安全、更强大、更可持续发展之路。

1. 践行人民城市理念，营造充满安全感、获得感、幸福感的城市韧性社会

把人作为城市治理的核心，以人民为中心、满足人民群众对美好生活的期待和需求，增强不同群体的个体韧性，是城市安全韧性治理的出发点和落脚点。其一，加大安全宣传教育，努力提高广大市民群众的社会风险认知水平和应对能力；建立健全灾后心理救援体系，提高居民心理韧性。其二，加大民生建设，满足民众对高品质生活的需求。稳步推行农民工市民化和基本公共服务均等化，积极推进老龄友好型、儿童友好型、青年发展型城市、全龄友好型城市建设，打造更加开放、包容、公平的城市。其三，以社区为导向，打造“15 分钟生活服务圈”，解决居民生活服务和社区治理的“最后一公里”问题。其四，建立健全引导社会组织、志愿者、慈善力量等社会力量有序参与防灾救灾和应急治理，形成政府和社会力量协同应急的格局。其五，增强基层社区应急治理能力，提高社区韧性程度。《中共中央国务院关于加强基层治理体系和治理能力现代化建设的意见》提出，要提高基层治理水平，健全防范化解重大风险的体制机制，增强突发公共事件应急能力。

2. 风险评估与应急管理有机结合，提升制度和组织韧性水平

其一，制定实施动态的风险治理流程标准和评估体系，如《北京市公共安全风险管理总体指南》，将风险管理工作分为“计划和准备、风险评估、风险控制、风险监测、风险预警、风险更新和风险沟通等环节”，其中风险评估包括风险识别、风险分析

和风险评价[①]，增强了城市风险治理的能力。其二，为贯彻落实《中华人民共和国突发事件应对法》，大中城市设立应急管理部门，组建综合救援应急队伍，制定各类应急预案，围绕自然灾害、事故灾难、公共卫生事件和社会安全事件，形成了集预防与应急准备、监测与预警、应急处置与救援、事后恢复与重建为一体的全链条、全周期非常态应急体系，为成功应对各类突发公共事件奠定了坚实的制度基础。其三，加大促进社会稳定的关键制度供给。城市安全生产监管机制、重大安全隐患排查机制、重大决策社会稳定风险评估机制、信访工作体制机制等，成为各大城市防范化解社会矛盾和安全风险隐患的几个重点制度。

三、多治理方式协同：中国安全韧性城市治理的基本手段

采用合理有效的治理手段，是确保城市安全韧性治理的重要保障。中国的实践表明，顺应产业和科技变革趋势，多方式协同、多手段并举，早发现、早预防、早处置各类潜在风险，是确保城市安全运转和韧性发展的重要法宝。

（一）充分发挥德治教化功能

各大城市以“善治”为引领，汲取中华优秀传统文化元素，大力弘扬践行中华文化核心价值观，倡导精益求精的工匠精神、道德模范精神、见义勇为、社会诚信等，开展社会责任建设，传承红色基因，赓续红色血脉，充分发挥德治教化作用，让广大市民群众在点滴善举中涵养文明新风、共护城市平安。

（二）充分发挥法治约束作用

以建设法治国家、法治政府、法治社会为目标，在国家和地方两个层面，不断建立完善涉及城市生产、消费、流通、规划、建设、管理等全领域、全过程的安全法律法规体系，制定完善和不断更新城市安全的软硬件规范、标准，开展“扫黑除恶”“清朗”“打拐”“护苗”等专项行动，严格规范监管执法、公正司法、遵纪守法，充分发挥法治在建设安全韧性城市中的基础性、保障性、引领性作用，不断提高人民群众的安全感。

---

① 张丽娜、孙书琦：《超大城市基层社区公共安全风险治理困境与提升研究——基于北京市社区的调查分析》，《中国行政管理》2021年第12期。

（三）充分发挥社会自治作用

按照《国家安全发展示范城市建设指导手册》，全方位压实城市所有企事业单位、市场主体、社会组织的安全主体责任，建立“黑名单”制度，加强社会自治、源头治理、末端治理，防范化解城市安全风险。按照“管行业必须管安全、管业务必须管安全、管生产经营必须管安全”和“谁主管谁负责”原则，压实各级各部门城市安全监管责任。建立城市安全生产、自然灾害等重点安全问题公众参与、快速应答、处置、奖励机制。城市安全管理与社区网格化管理相结合，大力组织网格员、平安志愿者协同参与，尤其是在新冠肺炎疫情防控中，各大城市居委会、物业、业委会等基层自治组织高效协同配合，良好自治氛围更加彰显了蕴藏在人民群众之间的强大韧性。

（四）充分发挥数字化治理作用

习近平总书记强调，“要充分利用大数据平台，综合分析风险因素，提高对风险因素的感知、预测、防范能力”，“运用大数据、云计算、区块链、人工智能等前沿技术推动城市管理手段、管理模式、管理理念创新”，这为中国城市韧性治理提供了根本遵循和行动方向。实践表明，借助和发挥大数据、人工智能、物联网、云计算、区块链、数字孪生等现代数字技术优势，健全城市安全风险综合监测预警平台，完善城市数字化治理立法，推动“数字治堵”“数字治城”“数字治疫”，促进城市安全风险的识别检测、预防预警、精准处置变得更加精细化、智能化、智慧化，是中国安全韧性城市治理的显著特色，也取得了令世界瞩目的成效。

第十八章　城镇化进程中的流动人口治理

流动人口是指离开户籍所在地的县、市或者市辖区，以工作、生活为目的异地居住的人员。新中国成立之初，我国城镇人口占比不足11%，到1978年也仅占17.9%；但自改革开放以来，伴随着举世瞩目的大规模人口流动过程，我国经历了世界历史上规模最大、速度最快的城镇化进程。到2022年末，我国常住人口城镇化率达到65.22%，已进入到以城市型社会为主体的新的历史时期。在这一历程中，我国的流动人口治理模式也在不断更新和发展。当前，随着中国特色社会主义进入新时代，需要坚持以人民为中心的原则，进一步将流动人口的公共服务与权利保障纳入中国特色社会主义社会治理体系中，推动流动人口平等共享经济社会发展成果。这既是加强与创新社会治理、实现国家治理体系和治理能力现代化的必然要求，同时也将会影响到我国新型城镇化战略以及有效解决新时期社会主要矛盾的前景。

第一节　流动人口治理沿革、模式与绩效分析

过去几十年来，我国流动人口治理大致经历了从“管控”到“管理与服务并重”，再到“治理”的基本历程。学术界也对流动人口治理的模式与绩效、相关制度（户籍制、社会福利制度等）、治理结果（公共服务、社会融合、永久迁移等）展开了广泛的经验研究与理论争鸣。

一、流动人口治理沿革

新中国成立之初，为了在资源匮乏条件下优先发展重工业，国家实施了“严格限制人口流动”和“控制城镇人口规模”的政策。受其影响，在相当长的时期内，我国人口流动仅有招工、招学、参军、提干等少量渠道，这一阶段被一些学者称之为“政

治性流动及控制阶段”[1]。

改革开放之后，随着工业化和城镇化的快速发展、农村劳动力剩余与城市劳动力不足之双重矛盾的凸显，我国出现了农村劳动力向城镇地区的人口流动现象。从此后二十余年内，流动人口管理政策经历了从严格控制、允许流动向控制盲目流动的过渡。以治安防范为政策目标的粗放“管控模式”（如暂住证制度、收容遣送制度）[2]，在一定程度上缓解了农村流动人口涌入城市所带来的资源承载压力和社会治安风险，但大规模的“民工潮”流动并没有因此而减少。

进入新世纪之后，随着城乡统筹发展和户籍制度改革的逐渐深入，我国流动人口治理政策实现了向管理与服务并重模式的转变。这在《关于促进小城镇健康发展的若干意见》（2000）、《关于解决农民工问题的若干意见》（2006）、《关于进一步加强流动人口服务和管理工作的意见》（2007）等文件中均有体现。

党的十八大报告明确提出了要推动农业转移人口市民化、户籍制度改革和基本公共服务常住人口全覆盖的目标。2014年的《关于进一步推进户籍制度改革的意见》《国家新型城镇化规划（2014—2020年）》以及2016年的《关于实施支持农业转移人口市民化若干财政政策的通知》《关于统筹推进县域内城乡义务教育一体化改革发展的若干意见》《推动1亿非户籍人口在城市落户方案》等政策，致力于推动有能力在城镇稳定就业和生活的常住人口有序实现市民化，建立完善的公共服务体系，并加快城乡发展一体化发展进程。[3]党的十九大报告指出要以城市群为主体构建大中小城市和小城镇协调发展的城镇格局，加快农业转移人口市民化。党的十九届五中全会提出推进以人为核心的新型城镇化，并着眼于到2035年基本实现新型城镇化作出了重大战略部署，明确了城镇化发展的方向和目标。而且，在这一阶段，随着社会治理理念的落地生根，流动人口“治理”也逐渐取代“管理”成为主流话语体系。

---

① 尹德挺、苏杨：《建国六十年流动人口演进轨迹与若干政策建议》，《改革》2009年第9期。

② 傅崇辉：《流动人口管理模式的回顾与思考——以深圳市为例》，《中国人口科学》2008年第5期。

③ 陆继霞、汪东升、吴丽娟：《新中国成立70年来人口流动政策回顾》，《中国农业大学学报（社会科学版）》2019年第5期。

二、流动人口治理模式

在流动人口治理的长期实践中，各地形成了各具特色的治理模式。有学者将其归纳为“治安管理拓展型”“大人口机构统筹型”“专业机构协调型”等基本类型。①其中，“治安管理拓展型”通常由政法委或综治委牵头、主要办事机构设在政法委或公安局，是一种在治安防范基础上拓展服务的管理模式。这是在很多经济发达地区广泛采用的流动人口治理模式。“专业机构协调型”是通过成立专门的流动人口服务管理部门（如新居民事务局）来加强流动人口服务和管理的模式②，而“大人口机构统筹型”则是通过发改委或卫健委等部门牵头协调各相关部门的模式。

在流动人口治理实践中，很多地方还探索了“以房管人”“以业管人”“以证管人”“以外管外”“网格化管理”“区域联动管理”“智能化管理”“数字化管理”等工作机制。很多地方还开展了居住证制度、积分制管理模式、“政府购买公共服务”、“租购同权”等制度创新。

三、流动人口治理绩效

一些学者认为，流动人口治理模式历经变迁，已由最初刚性的控制盲流、收容遣返过渡到柔性的“管理与服务并重”政策，并逐步被纳入现代社会治理体系之中，其制度化排斥的人群范围在不断缩小，而制度化吸纳的人群则在逐步扩大。尤其是，“居住证”制度被认为超越了传统的“暂住证”制度，并在一定程度上具有了“准户籍”属性。“积分制”管理模式被认为是在尽可能少地损害城市户籍人口利益的前提下、切实提高流动人口公共资源与福利水平的制度创新，因此具有“增量主义”特征和“帕累托改进”属性。比如，它在总体上没有使得城市户籍人口公共服务变坏的情况下，却明显改善了流动人口通过积分制入户或解决子女入学等公共服务利益。③“政府购买

① 肖周燕、郭开军、尹德挺：《我国流动人口管理体制改革的决定机制及路径选择》，《人口研究》2009年第6期。

② 陈丰：《协同治理：创新流动人口服务管理的策略选择》，《人口与发展》2015年第3期。

③ 陈亚辉：《城市公共服务均等化的制度化与地方治理体系创新——“流动人口积分制”的经验及其启示》，《电子科技大学学报（社会科学版）》2016年第3期。

公共服务”机制则在发挥节约政府行政成本优势的同时，提高了流动人口公共服务的质量与可及性。

但也一些学者认为，当前流动人口治理仍然存在体制不健全、参与主体单一、管理协同不足、管理方式滞后、管理与服务绩效偏低等问题。在体制上，全能式政府与自上而下的单中心管理、条条分割和条块分割式的碎片化管理格局并未根本改变，相对缺乏权威和高效的流动人口领导统筹机构、缺乏跨部门的资源整合与协同。① 同时，各地划区分治与属地化管理体制导致流入地与流出地在社会管理与服务过程中“各自为政”，缺乏制度化、正式有效的联动机制，难以形成“一体化”和“一盘棋”式的工作成效。在治理过程中，缺乏多元主体的广泛参与，社会主体与流动人口自身的作用空间被大大压缩，基层工作力量也明显薄弱。② 在工作方式上，“重管理、轻服务”的意识仍然根深蒂固，习惯于“以管理取代服务”，服务效率偏低、缺乏主动性与回应性。③ 尤其是，随着经济社会发展，流动人口的利益诉求已从单纯的就业与收入等“底线型”层次转向体面劳动、教育机会、福利保障、社会参与等“增长型”层次，更加凸显了传统流动人口管理与服务模式的不足。④

第二节　流动人口治理的制度检视

流动人口治理是一项系统性工程，受到户籍制度、社会福利制度、农村土地制度与财政体制等相关制度的复杂影响。学术界通过对这些制度的检视，分析了流动人口治理过程中的结构性张力与矛盾的产生根源。

一、户籍制与“城市公共物品制度”

户籍制是流动人口研究无法绕开的议题。具有分割化特征的户籍制度以及“城市公共物品制度”，被认为是流动人口治理困局的结构性根源。户籍制度根据地域和家庭

① 周学馨：《从流动人口管理走向流动人口治理——我国政府流动人口管理中行政范式转型的制度设计》，《探索》2009 年第 4 期。

② 同上。

③ 龚维斌：《城市农民工的公共服务：问题与建议》，《中国行政管理》2001 年第 4 期。

④ 蔡禾：《从利益诉求的视角看社会管理创新》，《社会学研究》2012 年第 4 期。

成员关系将户籍属性划分为农业户口和非农业户口，其最初的目的是为了人口登记管理。但在后续的发展中，户籍制逐渐演变成为决定公共福利、城市服务以及更广泛的完全公民权的最重要机制之一。① 户籍制度不仅限制了公民自由迁徙的权利，而且被附属了太多社会福利属性，并被各级政府用作身份甄别与资格筛选机制。“城乡分治”的户籍制度不仅是流动人口得以产生和持续存在的根源所在，而且也是将其排斥在城市户口所附属的各种“城市公共物品”（社会资源、发展机会与公共服务等）的获取资格之外的根本原因。② 而从经济发展规律来看，户籍制被认为不符合市场经济要求人力资源和生产要素的自由流通、经济机会的均等和待遇的公平等内在逻辑，不利于通过市场调节和要素合理流动来实现资源优化配置。

学术界对户籍制度的批评推动了这项制度的不断改革和完善。21 世纪以来，“允许中小城镇对有合法固定住所、稳定职业或生活来源的农民给予城镇户口，并在子女入学、参军、就业等方面给予城镇居民同等待遇”（2000，全国）、“对办理小城镇常住户口的人员，不再实行计划指标管理”（2001，全国）、“实行以具有合法固定住所、稳定职业或生活来源为基本条件的市内户口准入制”（2009，广州）、“居转户”（2009，上海）、“积分入户”（2010，广东）等改革政策的落地，推动了“户籍墙”的逐步破解。2014 年《关于进一步推进户籍制度改革的意见》取消了农业户口和非农业户口，明确了“户口 + 居住证”的人口管理方式，提出了不同规模城市差异化的落户政策，同时提出积分落户制度。2016 年《居住证暂行条例》开始施行。同年，《关于深入推进新型城镇化建设的若干意见》提出，鼓励各地区进一步放宽落户条件，除超大城市和特大城市外不得采取要求购买房屋、投资纳税、积分制等方式设置落户限制；同时，加快调整完善超大城市和特大城市落户政策，建立完善积分落户制度。2019 年《关于建立

---

① Kam W. Chan, Will Buckingham, “Is China Abolishing the Hukou System?”, *The China Quarterly*, Vol.195, 2008, pp.582—606.

② Kam W. Chan, *Cities with Invisible Walls: Reinterpreting Urbanization in Post-1949 China*, Oxford University Press, 1994; Kam Wing Chan, Li Zhang, “The Hukou System and Rural-urban Migration in China: Processes and Changes”, *The China Quarterly*, Vol.160, No.12, 1999, pp.818—855. 陆学艺：《走出“城乡分治，一国两策”的困境》，《特区展望》2000 年第 3 期；李强：《户籍分层和农民工的社会地位》，《中国党政干部论坛》2002 年第 8 期；王春光：《我国城市就业制度对进城农村流动人口生存和发展的影响》，《浙江大学学报（人文社会科学版）》2006 年第 5 期。

健全城乡融合发展体制机制和政策体系的意见》提出放开放宽除个别超大城市外的城市落户限制、加快实现城镇基本公共服务常住人口全覆盖、全面落实支持农业转移人口市民化等政策。2019 年《关于促进劳动力和人才社会性流动体制机制改革的意见》提出超大、特大城市的积分落户政策要精简积分项目，确保社会保险缴纳年限和居住年限分数占主要比例。2022 年《"十四五"新型城镇化实施方案》还首次提出"鼓励取消年度落户名额限制"。

一些研究认为，我国的户籍制度改革具有强烈的路径依赖色彩。而且，流动人口的落户意愿与实际落户门槛之间的结构性矛盾依然突出——流动人口愿意落户的超大城市和特大城市的门槛很高，而门槛相对较低的中小城市往往又不是流动人口最希望落户的地方。[①] 但无论如何，户籍制的改革正在逐步剥离它所附着的社会福利，强调以"市场"（而不是"身份"）作为资源配置的主要依据，这将会推动户籍制回归其本源功能。伴随户籍制度稳步放开而带来的劳动力自由流动，将为我国建设全国统一大市场、实现"共同富裕"提供劳动力支撑。

二、"公民权"与社会福利制度

一些研究认为，流动人口问题本质上不在于这一群体暂时缺乏由国家提供的维持日常生计所必需的条件，而在于城市户籍身份的缺失导致他们没有"资格"享有城市居民作为与生俱来的"自然权利"加以接受的那些社会福利和服务。所以，流动人口的根本问题不在于直接去争取维持生计的收入、福利、服务等，而是争取获得这些待遇和机会的"资格"，也就是争取"公民权"（contesting citizenship）。[②]

有学者认为，"citizenship"包含了与公民 / 市民的资格相关的身份及权利等，包含"权利"（rights）和"身份认同"（identity）两个组成要素。在中国的语境下，它主要指的是拥有居住地城市户籍的居民所享有的身份及相关权利（即"市民权"）。与"市民权"相关的社会事实的成立和维持，一方面有赖于制度的安排，另一方面也与相关群体的身份认同有关。因此，需要推动流动人口研究的"生存—经济"叙事模式向"身

---

① 吴开亚、张力：《发展主义政府与城市落户门槛：关于户籍制度改革的反思》，《社会学研究》2010 年第 6 期。

② 参见苏黛瑞：《在中国城市中争取公民权》，浙江人民出版社 2009 年版。

份—政治”叙事模式的转变。①

长期以来，国家解决流动人口问题的途径主要是将国家层面上的“公民权”问题转换为城市层面上的“市民权”问题，将“国民待遇”问题转换成“市民待遇”问题。但我国的福利制度是建立于地域身份和职业身份基础之上的，具有碎片化和地方化的特征。其结果是，国民待遇的空洞化加大了城市“市民权”的成本，城市政府出于避免财政负担、确保城市竞争力的需要，会理性地选择控制人口规模。同时，为了减少人口规模压力、并满足城市人力资源需要，城市还会根据自利自保的需要，制定相应的吸纳和排斥特定外来人群的政策。②所以，有学者认为，这种只有差别化的市民待遇（“福利地方化”）而缺少全国统一的国民待遇的公民权利结构，才是造成流动人口“二等公民”地位的制度根源。③

三、央地财事权矛盾与公共服务的“地方保护主义”

一些研究认为，我国具有“联邦主义”特征但地方政府“财权事权不匹配”的财政体制，被认为是流动人口公共服务供给不足矛盾的根源所在。④在分税制财政管理体制下，虽然地方政府的财政收入占比与中央基本相当，但地方政府的收入主要来源于增值税、企业所得税等间接税。而且，在财权上移、事权下沉的背景下，地方政府实际承担了与其财政收入占比不相匹配的财政负担，因而面临着财权与事权不匹配的突出问题。社保基金由地方政府承担，老龄化愈加严重的问题也对地方财政形成巨大压力。经济下行须减税清费，基础设施规模投资加大等也都需要地方财政承担。此外，中央财政转移大多以专项转移支付方式进行，并且转移支付往往以各地户籍人口或财政供养人口为依据，并不能有效适应大规模人口流动现状。⑤财权事权不匹配以及缺乏

① 王小章：《从“生存”到“承认”：公民权视野下的农民工问题》，《社会学研究》2009 年第 1 期。

② 陈映芳：《“农民工”：制度安排与身份认同》，《社会学研究》2005 年第 3 期。

③ Tiejun Cheng, Mark Selden, “The Origins and Social Consequences of China’s Hukou System”, *The China Quarterly*, Vol.139, 1994, pp.644—668.

④ Hehui Jin, Yingyi Qian, Berry Weingast, “Regional Decentralization and Fiscal Incentives: Federalism, Chinese Style”, *Journal of Public Economics*, Vol.89, No.9—10, 2005, pp.1719—1742.

⑤ 国务院发展研究中心课题组：《农民工市民化：制度创新与顶层政策设计》，中国发展出版社 2011 年版，第 280 页。

与常住人口增长相适应且具有可持续性的地方财政系统，加上日益突出的地方政府财政赤字和举债融资能力下降等问题，必然地导致公共服务的“地方保护主义”和“实用主义”特征的实践，比如“控制人口，不控制人才”、“经济接纳，社会排斥”、对企业违法用工的默许乃至庇护等。①

从价值导向来看，中央政府与地方政府的治理之间也存在张力。中央政府倡导以人为本、公平正义、包容共享、保障和改善民生、“以人民为中心”等执政理念，但处于“双向代理”地位的地方政府与中央政府的目标之间既有一致、亦存差异。在“发展主义”理念主导下，地方官员的政治合同体系明显更为重视易于量化的经济发展政绩（如 GDP 增速）与刚性的“管理”指标（如“不出事”）。在“官员晋升锦标赛”体制下②，地方政府与基层官员自然权宜性地将经济发展、基础设施建设与“管理”工作（如治安、维稳）置于优先位置，而缺乏自发提升针对流动人口公共服务与福利保障水平的内在动力。

在治理实践中，“属地化管理”体制也导致流动人口成为财政支出的“两难”群体。一方面，流入地政府虽然实际主要承担管理与服务工作，但更倾向于将流动人口视为“财政包袱”。另一方面，在权责不清晰的情况下，流出地政府则对流动人口治理参与不足。各地划区“分治”体制与“行政壁垒”的存在，使得即使在已有的跨地区协同治理中，也往往缺乏制度化、正式有效的联动合作机制与沟通桥梁，缺乏财力保障，协调成本高、难度大，且协同联动多缺乏对等性等问题。③

四、土地流转的制度约束

一些学者认为，缺乏公平合理的市场化退出机制的农村土地制度也是流动人口治理困局的制度根源之一。我国农村采取集体土地制度，村集体将土地无偿、均等地分配给农民使用，但限制土地自由交易，由此形成一种静态地权配置模式。长期以来，

① 张永宏：《地方治理的政治——制度视角：以农民工保护政策执行为例》，《中山大学学报（社会科学版）》2009 年第 1 期。

② 周黎安：《中国地方官员的晋升锦标赛模式研究》，《经济研究》2007 年第 7 期。

③ 岳经纶：《农民工公共服务：国际经验 · 本土实践 · 政策建议》，中山大学出版社 2012 年版，第 11、68—69 页。

在对农村土地的规划管制、用途管制和所有制管制等多重管制下，农民的承包地、宅基地缺乏公平合理的市场化退出机制。很多学者认为，这妨碍了农村土地价值的充分实现，减少了农民的财产性收入，不利于进城农民的永久迁移。① 另一方面，由于城郊农村集体土地不能用于房屋开发与经营用途，也限制了流动人口利用城郊农民出租屋等改善居住条件的机会。②

2018 年新修订的《农村土地承包法》提出，“承包期内，承包农户进城落户的，引导支持其按照自愿有偿原则依法在本集体经济组织内转让土地承包经营权或者将承包地交回发包方”，这在法律层面将承包地有偿退出制度正式化，确立了承包地市场化退出路径。但有研究者观察到：承包地退出试点很难深入、试点范围非常有限、不具有持续性，存在补偿金不足等问题；并且，在实践中，承包地市场化退出还存在目标偏离问题，并没有实现资源优化配置。③ 更有研究警示：不规范的农村土地流转非但不能增加农民财产收入，反而会侵害农民的合法权益、加剧进城农民在城市和农村的“双重边缘”地位。④

第三节　流动人口治理的后果研究

流动人口治理对流动人口的劳动力市场地位、社会保障与公共服务、社会融合、永久迁移均产生了深刻的影响。而流动人口在社会人口学背景、客观地位、主观态度等方面的深度分化，新时期的流动人口治理将会面临新的挑战。学术界相关的讨论主要包括：

一、流动人口的劳动力市场地位

很多研究显示，流动人口大多委身于城市的次级劳动力市场，普遍存在工作条件差、劳动强度大、工资待遇低等问题。在就业机会方面，由于城乡分割的劳动力市

① 徐美银：《农民工市民化与农村土地流转的互动关系研究》，《社会科学》2016 年第 1 期。
② 国家人口和计划生育委员会流动人口服务管理司：《中国流动人口发展报告（2010）》，中国人口出版社 2010 年版，第 99 页。
③ 王海娟：《农村承包地退出的路径嬗变、实践困境及其制度变革反思》，《南京农业大学学报（社会科学版）》2022 年第 2 期。
④ 匡远配、周凌：《财政分权、农地流转与农民工市民化》，《财政研究》2017 年第 2 期。

场制度的存在，城市在劳动力市场准入方面对外来流动人口有很多限制。在用工原则上，一些城镇地区实行“先城镇，后农村；先本地，后外地”的用工原则，限制了流动人口的平等竞争权。在就业岗位方面，有些地区还对外来人员的就业岗位进行了限制。① 在工作待遇方面，城市劳动力市场还对流动人口在收入、晋升、安全保障、权益保护等方面予以歧视和区别对待。② 所以，流动人口与城市本地工人之间存在着“同工不同时”“同工不同酬”“同工不同权”等问题。③ 流动人口的劳动投入与工作回报之间存在非对等性（投入高，但收入低），其社会收益增长率与收益分享增速之间存在非均衡性（贡献多，但收益少）。此外，不少流动人口还未能与用人单位之间签订正式劳动合同，难以享受到应有的劳动保护与权益保障。一旦发生劳动纠纷（如欠薪），他们往往会成为最直接的受害者，而且也难以通过正式途径维护其合法权益。

二、流动人口的社会保障与公共服务

一些研究表明，现行社会保障制度呈现出地区分隔、城乡分隔、人群分隔的特点，使得流动人口在医疗、养老、失业保险、工伤、生育等福利保障方面处于系统性弱势地位。④ 很多流动人口无法享受到工资之外的各种社会福利和保障。在子女教育方面，也存在各种显性和隐性歧视。在一些城市（尤其是超大城市和特大城市），流动人口随迁子女在入学手续上面临更多门槛，而且进入优质公办学校的机会受到限制。与本地儿童相比，随迁子女在城市的上学难度和升学压力明显更大。在住房方面，保障房、廉租房等住房资源尚未有效惠及流动人口群体；而且，流动人口在城市（尤其是超大城市和特大城市）购买商品房的制度门槛与经济门槛也非常高。总之，基于户籍制基础的社会保险、医疗保障、子女教育、住房保障、公共服务等“隐形户籍墙”，强化了

① 杨菊华：《中国流动人口经济融入》，社会科学文献出版社2013年版，第129页。

② 李强：《我国城市农民工的劳动力市场》，《大连民族学院学报》2000年第3期。

③ Quanhe Yang, Fei Guo, “Occupational Attainments of Rural to Urban Temporary Economic Migrants in China, 1985—1990”, *International Migration Review*, Vol.30, No.3, 1996, pp.771—787；田丰：《城市工人与农民工的收入差距研究》，《社会学研究》2010年第2期。

④ 黄锟：《深化户籍制度改革与农民工市民化》，《城市发展研究》2009年第2期；江立华、胡杰成：《社会排斥与农民工地位的边缘化》，《华中科技大学学报》2006年第6期。

针对流动人口的社会排斥现象。①

不过，近年来随着全面放开中小城市落户、特大城市积分制落户、随迁子女异地中高考、身份证等证件异地办理、社保卡办理的跨省通办、跨省异地就医住院费用直接结算等政策的推行落地，各地基本公共服务均等化水平显著提升，流动人口的权益也得到更好保障。但不可否认的是，针对流动人口的基本公共服务供给还存在诸多痛点和堵点。比如，一些城市的教育资源存在不充分、不平衡问题，流动人口子女上学“一校难求”；异地就医备案服务、跨省异地就医直接结算等仍存在一些盲区和堵点；针对流动人口的住房租赁、保障以及养老等服务还很不充分等。

三、流动人口的社会融合

在借鉴西方移民研究的经典融合理论、线性融合理论、曲线融合理论、多元文化理论、区隔融合理论、生态分析理论、族群分层理论等理论的基础上，很多研究探讨了流动人口的社会融合问题，并提出了“再社会化说”“新二元关系说”“农民工市民化说”“融合递进说”“融入说”“选择性融合”等理论观点。其中，“再社会化说”认为，流动人口适应城市生活的过程，实际上是一个“再社会化”的过程，必须具备三个相互联系、依次递进的基本条件——最基础的是经济层面，即职业以及其相联系的经济收入与社会地位；由此形成的生活方式构成了社会层面；通过社会层面的交往才可能达到观念的转换和文化认同以及心理上的归属感，即文化和心理层面。②“新二元关系说”认为，城市融合是流动人口与城市居民从相互隔离、排斥和对立的状态，逐渐转向一种理性、兼容、合作的“新二元关系”，需要经历“二元社区”“敦睦他者”“同质认同”三个阶段。其中，“敦睦他者”是流动人口与城市社会融合的过渡期，也是关键期。③“融合递进说”认为，流动人口的城市融合包括多个层面，包括心理融合、身份融合、文化融合和经济融合等。④“融入说”则认为，流动人口的城市融入往往始于经

① 刘传江、程建林：《双重“户籍墙”对农民工市民化的影响》，《经济学家》2009 年第 10 期。

② 田凯：《关于城市农民工城市适应性的调查与思考》，《社会科学研究》1995 年第 5 期。

③ 童星、马西恒：《“敦睦他者”与“化整为零”——城市新移民的社区融合》，《社会科学研究》2008 年第 1 期。

④ 朱力：《论农民工阶层的城市适应》，《江海学刊》2002 年第 6 期；张文宏、雷开春：《城市新移民城市融合的结构、现状与影响因素分析》，《社会学研究》2008 年第 5 期。

济整合，经过文化接纳、行为适应，最后达到身份认同的境界，但它们之间并不是简单的线性关系、孰先孰后有时也难以认定。流动人口在城市的融合状态是多样化的，主要包括“隔离性”“多元型”“融入型”“选择型”和“融合型”五种模式。① “选择性融合说”则认为，流动人口城市融合的各维度之间虽然存在彼此关联，但并不是自然发生的、循序递进的过程，它在很大程度上是流动人口理性权衡与策略选择的结果。从本质上来讲，城市融合过程是流动人口在现行户籍、福利等制度条件的约束下，通过资本建构与资本转换等理性行动，逐渐获得资源与机会，参与城市经济、社会、文化生活，并获得自我认同和社会认可、实现自我价值与社会价值的生命历程。②

研究发现，流动人口的社会融合水平总体不高。流动人口强烈的社会融合意愿与弱势的社会融合能力之间形成反差，主动的经济性适应与社会、心理排斥之间形成对比。流动人口普遍缺乏组织化的社会支持体系，往往被排斥在城市的社区组织、社区活动、社区管理之外。城市的各种正式社会组织对无城市户口的流动人口存在很大的封闭性，外来流动人口几乎完全不可能成为国家机关、国有企事业单位的正式成员，在非公有制企业很少能获得正式身份。③ 对于流动人口而言，工会保护、法律援助、劳动仲裁等正式机制作用有限，一些流动人口在遭到不公平对待后往往只能忍气吞声，或者通过非正式手段来解决问题。此外，流动人口还缺乏合法的民意代表和利益表达渠道，缺乏正常参与相关公共政策博弈过程的机会。这一切都导致了流动人口成为一个缺乏保护和支持的社会群体，容易引发城市内部的“土客矛盾”。

四、流动人口的永久迁移

按照“劳动力迁移的两个过程”的观点，“永久迁移”是指流动人口“从迁出地转移出来”的“一次迁移”之后，“在迁入地定居下来”的“二次迁移”过程。④ 对于这一过程，学术界围绕“留城定居”“市民化”“永久迁移”的意愿、能力与进程等展开了

① 杨菊华：《从隔离、选择融入到融合：流动人口社会融入问题的理论思考》，《人口研究》2009 年第 1 期。

② 参见刘程：《资本建构与新生代农民工的城市融合》，上海人民出版社 2017 年版。

③ 胡杰成：《社会排斥与农民工的城市融入问题》，《兰州学刊》2007 年第 7 期。

④ 蔡昉：《劳动力迁移的两个过程及其制度障碍》，《社会学研究》2001 年第 4 期。

大量讨论。有研究表明，流动人口的永久迁移意愿具有多维性和层次性，按意愿强烈程度依次是长期居留、家庭团聚、户籍转换、置业安家。

流动人口的永久迁移意愿受到推力、拉力、阻力、能力的共同作用。迁入地拉力越大、家庭羁绊与迁移阻力越小、个体能力越强，则其永久迁移意愿越强烈。从不同维度的迁移意愿来看，流动人口的“长期居留”和“购房置业”意愿更多受到人力资本、社会经济地位和城市融入水平等“能力”因素的影响。基于经济收益—成本与支付能力的综合考量（经济理性逻辑），在面对“长期居留”与“购房置业”决策时，客观能力占优者更易做正向决策。不过，流动人口的“家庭团聚”和“户籍转换”意愿受到城市的就业、福利、教育等社会资源的丰富程度以及子女同城居住和接受教育等家庭需求的“拉力”因素的影响最为突出。在其决策过程中，流动人口更多的是基于社会收益与成本来进行权衡（社会理性逻辑），其预期收益形式也更多样化。相比之下，当前纯粹由迁出地与家庭生存压力等推力因素而产生的永久迁移决策已不再是主流。这说明，流动人口的永久迁移意愿已更多遵循经济理性与社会理性逻辑，而不再是生存理性逻辑。①

五、流动人口的分化与治理

很多研究发现，随着经济与社会的发展，我国的流动人口早已不是20世纪末“民工潮”时期以外出务工农民为主体的相对同质的群体，而是在社会人口学背景、客观地位、主观态度等方面均已深度分化。尤其是，新生代流动人口、家庭化流动人口、城—城流动人口、高学历流动人口、创业型流动人口等新兴群体快速增长，使得流动人口群体出现很多新特征与新趋势。在代际更替方面，出现了从老一代流动人口向新生代流动人口为主的转变；在人员构成方面，出现了城—城流动人口、高学历流动人口等新兴群体；在流动方式方面，出现了从个体化、临时性向家庭化、定居型迁移转变；在地位分化方面，出现了从纯体力工人为主转向职业类型、雇佣方式、经济收入等客观地位的多样化乃至创业型流动人口的增加；在利益诉求方面，出现了从底线型

① 刘程：《流动人口的永久迁移意愿及其决定机制》，《华南农业大学学报（社会科学版）》2018年第3期。

诉求转向增长型诉求的转变。

由于自身禀赋、个体资本等方面的差异，流动人口内部在劳动力市场地位、社会融合水平、主观态度等方面也出现显著的分化。有研究发现，相比之下，新生代农民工面临的职业内“同工不同酬”问题更为严重，而老一代农民工面临的“职业进入歧视”更为严重。① 有研究发现，相较于城—城流动人口，乡—城流动人口在行业、所有制进入以及高质量就业机会获得方面都面临更严重的户籍身份歧视；而且，乡—城流动人口的人力资本回报显著低于城—城流动人口。② 还有研究发现，流动人口总体上呈现出“金字塔”形的社会阶层结构——位于塔尖的人数极少，而处于底层的人数庞大。③ 但是，流动人口群体已渐分化为“技能型”“资本型”“雇工型”“流动型”等社会层级；雇员、雇主、自营流动人口收入水平的差距拉大，且雇员比雇主和自营人员更易进入城市社会福利体系。④

基于流动人口内部分化的社会事实，很多学者强调要采用“复合式”“差异化”的治理策略。比如，对于在城市稳定就业和生活、具备定居的经济能力和落户意愿的流动人口，重点是加强就业创业与社会融入服务、推动城市落户进程。对暂不具备定居能力和落户条件的流动人口，重点是依法保障其劳动权益，将其平等纳入城市基本公共服务体系，增强其适应城市社会的能力。

第四节　未来展望：迈向流动人口的“包容性治理”

流动人口治理是社会治理的重要领域。不断优化流动人口治理，是完善中国特色社会主义社会治理体系、推动国家治理体系和治理能力现代化的应有之义。党的十八大以来，以习近平同志为核心的党中央大力推进社会治理领域改革创新。从党的十八届三中全会提出“创新社会治理体制”、到党的十九届五中全会提出“加强和创新社会治理”，以习近平同志为核心的党中央一直把“打造共建共治共享的社会治理格局”作

① 孟凡强、向晓梅：《职业隔离、工资歧视与农民工群体分化》，《华南师范大学学报（社会科学版）》2019 年第 3 期。

② 陈宁、石人炳：《制度约束、人力资本与流动人口就业分化》，《兰州学刊》2020 年第 11 期。

③ 杜旻：《流动人口社会阶层结构及地区差异》，《西北人口》2013 年第 3 期。

④ 刘建娥、李梦婷、程梦瑶：《乡—城流动人口的阶层分化、重构与差异化融入》，《学习与实践》2018 年第 5 期。

为社会治理的重中之重。作为社会治理现代化的重要组成部分，流动人口治理体系的建构是推进国家治理体系和治理能力现代化、提升社会治理水平的重要内容。

在中国特色社会主义社会治理理论的基础上，可以进一步融合“包容性发展”的“平等”（机会）、“参与”（过程）、“共享”（结果）的理念，从而构建流动人口的包容性治理体系。流动人口的包容性治理强调以“以人为本”代替“以物为本”、以“权利理性”代替“技术理性”、以“协作共治”代替“单向控制”、以“平等共享”代替“单方受益”。① 它意味着各级政府要积极承担包容性发展的责任，寓“管理”于“公共服务”和“权利保障”的过程中，促进流动人口平等共享经济社会发展成果。②

流动人口包容性治理的核心内容包括：优化流动人口就业创业服务和劳动权益保护；在提供公平普惠的义务教育的基础上，进一步扩大学前教育、高中教育与职业教育资源向流动人口随迁子女的开放力度；构建适应流动人口需求的多样化住房保障体系，切实改善流动人口的居住条件；提高流动人口社会保险的参保率和统筹层次，完善社会保险的异地对接机制，并为经济困难者和特殊流动人口提供必要的社会救助服务；为流动人口普遍提供基本卫生计生服务，切实保障流动人口及其随迁家属的健康权益；为流动人口提供更多参与机会和社会支持，推动流动人口实现深层次的社会融合；健全完善公共服务与居住证相挂钩的制度，分类有序引导流动人口实现安家落户。

流动人口的包容性治理需要建立健全多元协同的治理机制。政府需要从“无限管控”转向“有限治理”，中央政府需要对下“放权赋能”，流入地政府需要更多主动承担治理职责，流出地政府需要成为协同治理主体。同时，各类社会主体和流动人口自身也需要成为治理过程的积极参与者，从而形成包容性治理的多元协同格局。此外，为了从根本上化解流动人口治理过程中的结构性矛盾，还需要构建科学合理的城镇化布局、继续深化户籍制度改革、建立健全事权财权相匹配的财政体制、深化官员绩效考核体制改革、建立一体化与可转移的“国民待遇”和差别化“市民待遇”相结合的新型福利制度、健全完善农村土地流转制度。

---

① 徐倩：《包容性治理：社会治理的新思路》，《江苏社会科学》2015 年第 4 期。

② 郑杭生、陆益龙：《开放、改革与包容性发展——大转型大流动时期的城市流动人口管理》，《学海》2011 年第 6 期。

第十九章　新时代的中国跨境迁移治理与研究

党的十八大以来，随着在理论和实践上的创新突破，我们党成功推进和拓展了中国式现代化理念。随着中国式现代化进程的不断深化，越来越多的国民有机会走出去，同时更多的境外人员被吸引而来。在新时代背景下，中国的跨境迁移问题事关对外开放的成败，习近平总书记在党的二十大中明确提出，坚持高水平对外开放，加快建设世界重要人才中心和创新高地，促进人才区域合理布局和协调发展，着力形成人才国际竞争的比较优势；同时，跨境迁移的治理也是国家治理能力现代化的重要体现。一方面通过对跨境迁移的治理，能够强化国际传播能力建设，提高国家文化软实力，构建对外话语体系，讲好中国故事，传播好中国声音，阐释好中国特色。另一方面，通过跨境迁移走出去、引进来，深化文明交流互鉴，能够推动中华文化更好走向世界。本章旨在对中国改革开放以来，特别是2010年以来中国在跨境迁移方面的治理经验与研究成果作简单评述，并对未来构建具有中国特色跨境迁移政策和理论，提供初步的思考。

第一节　中国的跨境迁移与现代化

中国的跨境迁移，无论从历史还是当下来看，都深深地嵌入全球化发展的历程中，并且也同中国的现代化发展相伴始终。从1990年到2017年，中国的国际移民人数从410万激增至1000万，在全球移民输出国排行榜位居第四。[①] 正因如此，中国正积极参与到全球移民治理的活动中，2001年中国加入国际移民组织（IOM）成为该组织观察员国，2016年中国正式成为国际移民组织的成员国。2017年国家主席习近平在联合

① 路阳：《国际移民新趋向与中国国际移民治理浅论》，《世界民族》2019年第4期。

国日内瓦总部发表了《共同构建人类命运共同体》的演讲，指出面对人类迁移过程中所面临的危机，联合国难民署、国际移民组织应进一步发挥更大作用。① 与此同时，中国还深度参与了联合国《全球移民契约》谈判②，并促成其在2018年在第73届联合国大会正式通过。新时代中国的跨境迁移现象，既有别于以移民流入为主的传统欧美发达国家，也不同于以移民流出为主的其他发展中国家和后进国家，具有鲜明的中国特色。究其原因，与中国的发展现状高度相关，具体来说反映在三个方面：

第一，从跨境迁移的模式来看，中国当前大规模移民流出与境外大批量移民流入同时发生，跨境“移民环流”态势初显。早在20世纪80年代初期，随着中国与世界恢复常态化交流，一些省份和地区的居民开始向海外迁移。最初，成员较为单一，具有明显的生存导向，属于初级劳动力密集型的跨境活动，甚至有相当数量的跨境迁移是通过偷渡等非法渠道，目的地也主要是经济发展水平较高的欧美地区。截至2014年，有6000多万华人华侨散居在全球③，使得中国成为世界第一大侨民国。④ 同样，越来越多的境外人员开始向中国流动，自2000年以来入境中国的境外人员以每年10%的速度递增，从1980年的74万人次到2000年的1016万人次，2011年跃升至2711万人次⑤，在华长期定居的境外人员截至2010年底已超过100万，其中外国人近60万，港澳台地区人士40万。

第二，从跨境迁移的类型来看，流出与流入的空间分布、动机、身份日益多元，差异化成为主流，不同种类的迁移活动“平行展开”。随着中国经济快速成长，在以长期居留为目的跨境迁移中，移民种类和移民目的地更加多元，长期居留的目的地已达近200个国家。反观中国的移民流入同样发展迅速，截至2014年有1.6万来华非洲人长期定居广州⑥，2016年长居义乌的外国人超过1.5万人，往来义乌的境外人员超过48

① 陈斌、周龙：《“人类命运共同体”视角下全球移民治理与中国角色》，《中国人民大学学报》2019年第1期。

② 刘国福、翁里：《全球移民契约的重要理念、主要特点及其对中国的启示》，《华侨华人历史研究》2019年第1期。

③ 曾少聪：《中国海外移民与中华民族认同》，《民族研究》2021年第4期。

④ 梁玉成、黄柯劼：《在穗回流外籍华人研究》，《青年探索》2018年第4期。

⑤ 杨菊华：《中国大陆境外人口的最新状况和特征分析》，《统计与决策》2015年第18期。

⑥ 姜飞、孙彦然：《“跨文化协商”：广州非洲裔移民身份建构研究》，《新疆师范大学学报（哲学社会科学版）》2017年第1期。

万人次，相当于义乌户籍人口的一半。[①] 与此同时，来华外国人群体的来源、动机和身份也日趋多样化。在地区来源方面，66% 的外国人来自亚洲，约 16% 来自北美洲，14% 来自欧洲，此外还有非洲、大洋洲、南美洲等地区。在国家的细分类别中，有 13 个国家的跨境来华人员超过万人，包括韩国、美国、日本、缅甸、越南、加拿大、法国、印度、德国、澳大利亚、英国、新加坡、马来西亚。其中韩国在华之人数超过在华外国人口总量的五分之一，其次是美国、日本、缅甸、越南，其中既有发达国家也有发展中国家[②]；在跨境来华人员身份方面，既有企业员工、留学生、外籍教师、外企驻华机构代表及家属，也有亲属团聚人员。近年来，在一些地区还出现了大量从事服务业的普通劳动者、小商品与服装商人。[③]

第三，从跨境迁移的效应来看，流动所带来的影响复杂多样，从地理空间、人际网络、经济活动、政治生态包括万象，交互效应逐渐凸显。在地理空间上，来华的跨境移民通过居住和宗教活动，重构了迁入地中现实与抽象的双重领域[④]；在人际网络方面，海外移民跨国活动重塑了迁出地原乡的社会发展[⑤]；在经济活动方面，由本地商业与第三世界国家移民所构成的"人际—商贸"关系同时也深刻改变了全球化时代的华商网络[⑥]；在政治生态方面，由华侨担任的村官对侨乡的新农村建设带来了新的面貌。[⑦]

中国的跨境迁移研究至今已经有稳定的累积，构成了一个多学科共同参与的学术场域，正如吴越菲、文军所指出的，在跨境迁移领域，经济学研究人类迁移的偏好及其影响；人类学旨在发现移民网络和共同体形成背后的文化因素；社会学关心移民的社会资本及其社会融合问题；人口学从"空间"维度呈现移民定居的分布；政治学从

---

① 赵晔琴:《族裔经济的跨国建构与族群聚居的地方空间生产——基于对浙江省义乌市外籍商人的访谈》,《浙江学刊》2018 年第 3 期。

② 杨菊华:《中国大陆境外人口的最新状况和特征分析》,《统计与决策》2015 年第 18 期。

③ 杨靖旼、杨雪冬:《新时代中国跨边界人口流动与国际移民治理的逻辑与展望》,《中共中央党校（国家行政学院）学报》2021 年第 3 期。

④ 赵晔琴:《族裔经济的跨国建构与族群聚居的地方空间生产——基于对浙江省义乌市外籍商人的访谈》,《浙江学刊》2018 年第 3 期。

⑤ 曾少聪、李善龙:《跨国活动、海外移民与侨乡社会发展——以闽东侨乡福村为例》,《世界民族》2016 年第 6 期。

⑥ 参见陈肖英:《从义乌市场透视全球化时代的海外华商网络》，中国社会科学出版社 2018 年版。

⑦ 陈凤兰:《华侨村官与侨乡社会治理资源的跨国动员——以福建省明溪县为例》,《华侨华人历史研究》2017 年第 1 期。

自上而下的视角解构国家是如何规制移民行为的；而历史学则更喜欢从长时段、脉络化的角度来描述人们的迁移活动；法学为争取移民的公民权和正当权利而努力。①

第二节　改革开放以来的跨境迁移与政策转型

1980 年 9 月 10 日第五届全国人民代表大会第三次会议通过《国籍法》，该法律成为国家移民管理的基础。1985 年全国人大常委会颁布了《外国人入境出境管理法》和《中国公民出境入境管理法》，为国内人员出境和境外人员入境提供了法律依据。为了便利与台港澳地区的人员往来，更好地利用境外人力物力，增加内地对上述地区的向心力，1986 年国务院颁布了《中国公民因私事往来香港地区或者澳门地区的暂行管理办法》，1991 年又颁布了《中国公民往来台湾地区管理办法》。在引进境外人才方面，1983 年国务院发布了《关于引进国外人才工作的暂行规定》，规定指出引进人才是指聘请国外专家来华短期或长期参加我国的各项建设，以及安排来华定居的华侨或外籍专家参加我国建设。

表 19-1　改革开放初期涉外人员跨境相关法律法规②

时　间	事　件	涉及事项	意　义
1982 年 12 月	《中华人民共和国宪法》	权益保障	宪法保障合法权益
1983 年	成立外国人管理出入境管理局	签证办理与发放、边防口岸查验、入境管控	逐渐建立一套自上而下的出入境管理体系
1985 年 11 月	《中华人民共和国外国人入境出境管理法》	入境、居留、旅行、出境、管理机关、处罚	有法可依
1986 年 12 月（1994 年修订）	《中华人民共和国外国人入境出境管理法实施细则》		

在 1949—1978 年改革开放之前，中国合法批准因私出国者仅有 21 万人，1978 年之后公派留学生和自费留学生开始成为第一批大量走出国门的群体。③1985 年《中华人民共和国公民出境入境管理法》通过，自此以出境为目的的跨境迁移权不再只属于

① 吴越菲、文军：《新流动范式：当代移民研究的理论转型及其论争》，《学术月刊》2016 年第 7 期。

② 柴敏：《中国国际移民的制度变迁与改革走向——基于历史制度主义的研究》，中共上海市委党校硕士学位论文，2019 年。

③ 曾少聪、曹善玉：《华人新移民研究》，《东南亚研究》2005 年第 6 期。

一些特殊群体，而是向更多平民百姓敞开大门。20世纪90年代开始，随着出国探亲、出境旅游等因私出国需求大量涌现，公安部从1994年起在全国统一公民因私出国护照申请和审批程序，公民出境需求的申请进入规范化。进入新世纪以来，中国进一步放开了公民出境的规定，2001年公安部宣布个人护照实行按需申领，标志着新中国成立以来的护照审批时代结束，截至2006年全国200个大中型城市基本实现了按需申领护照。

在松绑公民出境政策的同时，国家也进一步对来华境外人员，特别是具有一定专业技术能力的专家、学者、工程师敞开大门。2004年公安部、外交部联合颁布《外国人在中国永久居留审批管理办法》，规定符合条件的外国人将获得外国人永久居留证，在中国居留的期限将不受限制。该政策标志着建立了外国人在中国永久居留（中国绿卡）制度，被认为是中国移民法史上的一座里程碑，该制度促进了中国的国际化，规范了外国人在中国永久居留审批管理工作。①2012年，中共中央组织部、人力资源和社会保障部等25个部门联合下发《外国人在中国永久居留享有相关待遇的办法》，除了一些特定权利和义务外，原则上和中国公民享有相同权利承担相同义务。2016年中共中央办公厅、国务院办公厅印发了《关于加强外国人永久居留服务管理的意见》，实行更加积极有效的外国人永久居留服务管理政策，形成更为科学合理、开放务实的外国人永久居留服务管理工作格局。②

在改革开放以来的跨境迁移政策中，学者最为关心，研究成果最多的，是有关来华境外人员的永久居留（中国绿卡）问题。其中以法律法规的讨论为大宗，例如有研究认为目前相关法律重点仍是对入境过程进行监管和审核，忽视了移入之后管理问题③，缺乏包括出境、入境、国籍、护照、签证、居留、归化、融入等制度在内的移民法体系④；也有研究从法律位阶的角度出发，认为目前国家移民政策缺乏更加上位的法律，希望尽快出台《移民法》⑤；还有的认为在法律制度设计上需要注意避免权利“高

① 刘国福：《外国人在中国永久居留制度批判性思考》，《公安学刊（浙江公安高等专科学校学报）》2007年第6期。
② 刘国福：《改革中的外国人来华工作法律规制研究》，《社会科学战线》2017年第5期。
③ 孙嫄：《我国出入境管理体制深化改革研究》，《国际公关》2021年第7期。
④ 莫建建、高建勋：《国际“绿卡”制度比较及其对我国的启示》，《哈尔滨学院学报》2017年第7期。
⑤ 汪建昌：《中国国际移民政策变迁研究：内在逻辑与未来走向》，《江海学刊》2021年第3期。

- 中国国际移民政策体系
  - 中华人民共和国国籍法
    - 出入境管理
      - 《中华人民共和国外国人入境出境管理法》(1986)［失效］
      - 《关于为外国籍高层次人才和投资者提供入境及居留便利规定的通知》(2002)［失效］
      - 《对高层次留学人才回国和海外科技专家来华工作进出境物品管理办法》(2006)
      - 《中华人民共和国出境入境管理法》(2012)
      - 《外国人入境完成短期工作任务的相关办理程序(试行)》(2014)
      - 《外国人才签证制度实施办法》(2017)
      - 《12条移民与出入境便利政策》(2019)
    - 生活与安居
      - 就业
        - 《关于引进国外人才工作的暂行规定》(1983)
        - 《高等学校聘请外国文教专家和外籍教师的规定》(1991)
        - 《外国人在中国就业管理规定》(1996)
        - 《引进国外人才专项费用管理暂行办法》(1999)
        - 《外国人在中国就业管理规定》(2010修订)
        - 《外国文教专家聘用合同管理规定》(2011)
        - 《外国人在中国就业管理规定》(2017修订)
        - 《外国人来华工作许可服务指南(暂行)》(2017)
        - 《外籍教师聘任和管理办法(征求意见稿)》(2020)
      - 居住
        - 《公安派出所外国人住宿登记管理办法(试行)》(2008)
      - 教育
        - 《关于规范我高等学校接受外国留学生有关工作的通知》(2009)
        - 《关于做好外籍人员子女学校有关工作的意见》(2014)
        - 《学校招收和培养国际学生管理办法》(2017)
        - 《来华留学生高等教育质量规范(试行)》(2018)
      - 医疗
        - 《关于取消对境内外患者实行两种医疗服务收费标准的通知》(1998)［失效］
        - 《在中国境内就业的外国人参加社会保险暂行办法》(2011)
    - 社会融合
      - 《外国专家在华工作突发事件应急预案》(2006)
      - 《关于开展外国高端人才服务一卡通试点工作的通知》(2017)
      - 《关于允许优秀外籍高校毕业生在华就业有关事项的通知》(2017)
      - 《中华人民共和国个人所得税法》(2018)第四条
      - 《关于个人所得税法修改后有关优惠政策衔接问题的通知》(2018)第七条
    - 发展与福祉
      - 《关于来华定居工作专家工作安排及待遇等问题的规定》(1994)
      - 《外国人在中国永久居留审批管理办法》(2004)
      - 《外国人在中国永久居留享有相关待遇的办法》(2012)
      - 《关于加强外国人永久居留服务管理的意见》(2016)

表 19-2　有关来华境外人员相关政策法规体系 ①

地”问题，引起本国人不满，导致排外和种族主义，同时防止法律“洼地”，成为外国人诟病的歧视性条款。② 此外，有研究从行政管理角度，认为引进外国人才的职能分散

① 摘自李树茁、薛琳、宋雨笑：《新时代在华国际移民的融合、发展与治理》，《北京工业大学学报（社会科学版）》2022 年第 4 期。

② 张展新：《中国“绿卡”的资格待遇问题：以本国公民社会权利演进为视角的分析》，《华侨华人历史研究》2019 年第 1 期。

在多个部门，审批事项多，审批程序烦琐，多头管理的根本问题没有得到解决。① 在实际效用方面，有学者从统计数据角度指出，目前移民中国的门槛仍然较高，绿卡获批率极低②③，截至2013年近85万在华外籍人员中，获得绿卡者仅有7356人④，占中国人口的0.06%，为全世界最低水平，远低于发达国家和地区的平均水平10.8%，低于世界平均水平3.2%，甚至低于发展中国家的平均水平1.6%和最不发达国家的平均水平1.2%。⑤ 另外，也有学者一针见血地指出一些职能部门和机构，还没有真正从大局观和提高站位角度来看待在华外国人融合问题，仅仅从自身经济成本角度出发，导致外国人在日常生活体验方面（银行、交通、医疗），难以与境内有效兼容。⑥

第三节　新时代中国跨境迁移的研究历程回顾

一、流出地视野下的跨境迁移：非典型移民

（一）非法移民与难民研究

虽然中国在传统上并不是非法移民的输出国，但是在曾经一段历史时期中，的确出现过特定地区非法移民现象较为突出的情况，因此也成为学者关注的对象。有研究以中国沿海地区偷渡为例，指出在2000年左右福建的非法移民活动处于历史高潮，仅一年就接收境外遣返偷渡人员四千多人，其中目的地主要是以美、日、澳为主，而偷渡出境地多为长乐、福清、平潭等沿海地区。⑦ 还有学者对在以色列“打黑工”的福建移民作为研究对象，发现非法居留的群体在移出地具有同村的共同特征，出国的主要目的是通过跨境劳务活动提升经济和社会地位，而基于血缘和亲缘的连带，构成了连续性的、具有灰色地带性质的跨境流动。⑧ 此外，对于身处异乡的中国移民来说，他们

① 薄贵利、刘国福：《新时代人才强国战略的新使命、新挑战与应对挑战的新举措》，《政治学研究》2021年第5期。
② 海洋：《谈谈中国的“绿卡”制度》，《国际人才交流》2004年第10期。
③ 周璐锦：《引进来，留得住——上海探索试点海外技术移民制》，《沪港经济》2015年第6期。
④ 耿文彪：《引智从为“绿卡”松绑开始》，《新产经》2016年第1期。
⑤ 王辉耀、郑金连、苗绿：《中国国际移民的现状及建立来华人才移民体系的建议》，《中国国际移民报告》2015年。
⑥ 夏艳玲、包济铭、郭靖宇等：《论我国“绿卡”制度对引进海外高层次人才的影响》，《大众标准化》2021年第7期。
⑦ 叶榕勤：《福建沿海地区偷渡犯罪的调查报告》，《中国刑事法杂志》2001年第2期。
⑧ 李明欢：《谋生于合法与非法之间：在以色列的福建人》，《世界民族》2008年第3期。

不仅是跨境迁移者，在移入地的生活同样也受到其他移民的影响。沈燕清以 2015 年以来欧洲的中东和北非难民危机为背景，探讨了在难民冲击下对中国移民所带来的影响。一方面，中国移民不可避免地被难民潮所带来的本地民粹主义和民族主义波及，造成社经地位较低的中国移民处境变得更为艰困。另一方面，大量难民涌入造成部分地区治安环境恶化，华人移民人身安全受到伤害。作者指出需进一步整合华人移民力量共同行动是未来主要的行动方向。①

（二）南太平洋和非洲地区的华人移民研究

近年来，一些研究也对同属南方地区的南太平洋和非洲地区的华人移民进行了初步的描述。费晟、郭又新回顾了旅居南太平洋岛国的华人移民的历史，指出华人的出现源自近代中国劳工输出的结果，随着 20 世纪中后期的华人新移民潮，当地社会也逐渐出现了对华人移民的焦虑，文章认为未来应高度关注该地区的政经变化，提前为可能的冲突做好准备。②③ 在华人华侨社会效应的研究方面，张秋生认为随着南太平洋岛国政治、经济话语权的提升，应该重视发挥华人华侨在当地的影响力，特别是在发挥维护国家统一的作用。④ 王聪、吉伟伟从区域政治经济角度切入，认为南太平洋岛国政治经济的脆弱性、依赖性和边缘性制约了华侨华人的社会经济和发展空间，因此华侨华人也需要在本土化适应与再移民之间做出选择。⑤

随着“一带一路”和“海上丝绸之路”合作倡议的兴起，非洲的华人移民研究异军突起。相较于早期只是对 20 世纪初期的历史进行描述和介绍⑥，进入新时期以来，越来越多的研究开始关心战后特别是改革开放之后非洲华人华侨及其组织的样貌，李安山回顾了“二战”以后非洲华人的变化情况，认为改革开放后新华侨出现大量增长⑦，其中很多随着中国企业拓展非洲市场而来，未来在非洲的中国移民还将持续增长。⑧ 周海

---

① 沈燕清：《难民危机中的欧洲华人：民粹性民族主义的视角》，《八桂侨刊》2018 年第 1 期。
② 费晟：《南太平洋岛国华人社会的发展：历史与现实的认知》，《太平洋学报》2014 年第 11 期。
③ 郭又新：《南太平洋岛国华侨华人的历史与现状初探》，《东南亚研究》2014 年第 6 期。
④ 张秋生：《加强大洋洲、南太平洋地区华侨华人问题研究的新思考》，《东南亚纵横》2012 年第 9 期。
⑤ 王聪、吉伟伟：《南太平洋岛国与华侨华人的互动发展研究》，《八桂侨刊》2018 年第 3 期。
⑥ 周慕红：《80 年代以来我国学者关于非洲华侨华人问题研究综述》，《西亚非洲》1998 年第 3 期。
⑦ 李安山：《战后非洲中国移民人口状况的动态分析》，《国际政治研究》2017 年第 6 期。
⑧ 李安山：《二战后非洲华人社会生活的嬗变》，《西亚非洲》2017 年第 5 期。

金通过对非洲华人华侨类型的梳理，区分了劳工移民、创业移民和过境移民三类，认为中国移民总体来说受到了非洲民众的认可，但是未来面对西方媒体和移入地的党派斗争都有可能逆转华人移民的形象，不利于华人移民融入当地社会，需要特别注意潜在风险。[①] 张梦颖认为一些赴非洲的移民良莠不齐，容易引发误会和摩擦，应该通过培训等措施，让华侨华人树立“入乡随俗”的观念，提升非洲华侨华人形象。[②] 李安山通过对在非洲的华人社团进行研究，认为要让在非华人社团国际化，需要社团领导者具有国际视野，以及社团的组织背景具有大宗商品贸易的特征，同时也受到所在国要素禀赋的影响。[③] 在具体的国别研究中，姚娇娇、陈明昆通过对马达加斯加华人历史的考察，从政治、经济和文化教育层面对未来提出展望。[④] 刘少楠对尼日利亚华人华侨史的梳理，发现华人移民与非洲解放运动具有密不可分的关联。[⑤] 而展望未来，俞家海、朱献珑和李安山都认为非洲地区的华人移民可以借助“一带一路”和“海上丝绸之路”倡议，在非洲取得更大的发展。[⑥][⑦]

二、流入地视野下的跨境迁移：来华境外群体研究

（一）广州、义乌的跨国商人群体研究

2010 年前后，已有人注意到广州的跨国商人现象，它之所以引起学者们的关注，是因为这些跨国商人具有鲜明的特征：在宗教信仰方面，大量跨国商人信仰伊斯兰教；在族群方面，他们来自发展中地区的西亚和非洲。马强通过对广州外籍穆斯林的研究，对该群体迁移目的、宗教生活、家庭生活进行了研究，发现外籍穆斯林作为跨境迁移者，其迁移基本上都是个人行为，具有自发性、商业性和随意性。由于宗教信仰需求，

---

① 周海金：《非洲华侨华人生存状况及其与当地族群关系》，《东南亚研究》2014 年第 1 期。

② 张梦颖：《非洲华侨华人形象的历史演变与提升》，《陕西师范大学学报（哲学社会科学版）》2019 年第 6 期。

③ 李安山：《非洲华人社团的传承与演变（1950—2016）》，《世界民族》2017 年第 5 期。

④ 姚娇娇、陈明昆：《马达加斯加华侨华人的历史变迁考》，《非洲研究》2017 年第 2 期。

⑤ 刘少楠：《尼日利亚华侨华人历史与现状探析》，《华侨华人历史研究》2020 年第 3 期。

⑥ 俞家海、朱献珑：《人类命运共同体视野下的印度洋岛国华人华侨研究》，《印度洋经济体研究》2020 年第 3 期。

⑦ 李安山：《丝绸之路与华侨华人：以非洲为例》，《中央社会主义学院学报》2019 年第 4 期。

在家庭生活方面更注重传统价值重视团聚，在生活方面面临突出的文化适应问题。① 在具体的空间分析中，李志刚、薛德升通过对广州小北路非洲族群聚居地的研究，发现小北路黑人聚居区具有明显的“自下而上”的跨境经商特征，广州在历史上所累积的商贸历史、宗教文化和地理气候等优势条件，为西非地区移民来华贸易创造了便利条件。② 在后续有关在广州的非洲商业移民形成的研究中，许涛发现非洲移民具有亲属关系和商业关系两重社会网络，一方面通过延续和加强既有社会关系、结交新朋友；另一方面借助通婚和加入宗教和志趣团体等方式重构了他们的社会支持网络，是一个具有圈层形态的社会关系。③④ 周大鸣、许多天通过对非洲中间商人群体的研究指出，该群体通过占据社会网络的结构洞中的重要位置，履行自己的搭桥行为，在中非民间贸易与文化交流中扮演重要角色。⑤ 梁玉成对 2005—2011 年来华在广州非法居留的非洲裔外国人进行量化研究，发现广州的非洲裔外国人的移民正处于国际移民的早期阶段，正逐渐形成一个移民网络，建议提升来华非洲裔外国人的社会阶层，从而对流入者阶层加以限制，改善阶层向下流动的趋势。⑥

除了针对流入广州的非洲裔移民研究外，浙江义乌作为中国小商品的重要集散地，对境外市场特别是中东、西亚和北非产生了强烈的吸引力。有研究通过对在义乌的外籍商人的访谈，发现在义乌的跨国移民一方面通过族裔经济维持与母国的连带关系，另一方面在移入地形成以族群为特征的聚居空间。⑦ 此外，方明、吴稼稷从自上而下的角度，以政府治理经验作为切入点归纳了义乌市对境外移民的管理服务体系是如何建构的，认为应当跳出“文明冲突”的论述，从公共政策体系运行方式来思考如何为国际移民治理提供中国经验。⑧

---

① 马强：《跨境迁移群体的文化适应——广州外籍穆斯林个案研究》，《世界民族》2008 年第 4 期。
② 李志刚、薛德升、Lyons Michael 等：《广州小北路黑人聚居区社会空间分析》，《地理学报》2008 年第 2 期。
③ 许涛：《广州地区非洲人的社会交往关系及其行动逻辑》，《青年研究》2009 年第 5 期。
④ 许涛：《广州地区非洲人社会支持的弱化、断裂与重构》，《南方人口》2009 年第 4 期。
⑤ 周大鸣、许多天：《结构洞视角下在穗非洲导购中介商社会网络研究》，《民族研究》2017 年第 3 期。
⑥ 梁玉成：《在广州的非洲裔移民行为的因果机制——累积因果视野下的移民行为研究》，《社会学研究》2013 年第 1 期。
⑦ 赵晔琴：《族裔经济的跨国建构与族群聚居的地方空间生产——基于对浙江省义乌市外籍商人的访谈》，《浙江学刊》2018 年第 3 期。
⑧ 方明、吴稼稷：《国际移民的挑战与回应：义乌社会治理的“浙江经验”》，《铜仁学院学报》2017 年第 10 期。

（二）云南、广西的边境劳工群体研究

相较于一般理论认为，跨境迁移的目的地往往是灯红酒绿的现代化大都市。而事实上仍然有数量众多的跨境流动，是沿着边境线的农业地区季节性展开的。由于中国经济的发展，大量劳动力人口向城镇聚集，农村劳动力人口下降，雇工成本上升，以广西、云南为代表的西南边境地区，其周边国家经济发展水平相对较低，于是就形成了跨境迁移的推拉效应。

罗刚以在云南民族边境地区的非法移民作为研究对象，指出目前跨境迁移的理论无法有效解释边境民族地区的移民问题，对于云南周边国家的居民来讲，作者指出正是因为通过中国相关法律规定的方式合法地跨境流动极为困难，所以才会造成以非法手段向中国流入的情况，建议在法律制度设计时应当因地制宜，充分考虑中国跨境流动情况的多样性。① 满丽萍将身处云南红河边境的越南跨境边民作为分析对象，发现源自于历史传统的边境贸易，在新时期出现了加速化、单向性和非法性等特征，认为越南移民对当地民间经济具有正面作用，并且已经嵌入本地社会生活的结构中，但是这些移民却不被正式承认，使他们无法获得迁入地的权益保障。② 韦福安通过对在广西从事季节性劳务的云南砍蔗女工进行研究，认为经济需求的互补性造就了跨境迁移行为，而族群文化认同的安全感，促使他们更愿意留在当地而不是去沿海大城市谋生。③ 吴存玉、梁栋以广西某镇季节性越南劳工为例，指出季节性跨境劳务虽然在国家介入下逐渐正规化和制度化，但是仍然难以禁绝非正规移民的暗流，作者建议应该注意移民治理中的民间性和非制度化因素，并借鉴丰富的国际移民经验。④ 秦红增、陈劲波等在对广西某市越南散工的实证研究后，同样认为边境贸易是历史形成的，而跨境迁移不仅带来了经济互补，同样也扩大了文化交往，应该予以宽容性的理解。⑤

---

① 罗刚：《我国外来非法移民成因探析——基于云南边境民族地区的考察》，《云南民族大学学报（哲学社会科学版）》2012 年第 4 期。

② 满丽萍：《当代中越边境跨境民族的人口跨境迁移探析——以云南省红河州为例》，《红河学院学报》2018 年第 4 期。

③ 韦福安：《越南砍蔗女工的跨国流动研究》，《广西民族大学学报（哲学社会科学版）》2014 年第 2 期。

④ 吴存玉、梁栋：《劳工跨境迁移机制与治理策略——以广西 P 镇的越南劳工为例》，《公共行政评论》2020 年第 4 期。

⑤ 秦红增、陈劲波、韦艳丹：《文化相融与合作共享——基于中国广西 D 市越南籍散工的讨论》，《广西民族大学学报》（哲学社会科学版）2013 年第 2 期。

（三）北京、广州、上海的外籍专业人士研究

相较于来中国从事小商品贸易“跑单帮”的跨境商人，以及通过边境往来“讨生活”的边民。发达国家和地区的跨境迁移者移住中国，则更像是一场“城市淘金”，作为来自“北方”的商业和专业精英，他们更喜欢定居在具有“全球城市”特征的国际化大都市，例如上海、北京和广州。① 刘云刚、陈跃梳理了1990年以来在华跨国移民的情况，研究发现在华跨国移民中所谓“高端移民”以男性居多，大部分来源于发达国家，具有单身赴任、滞留时间短、受教育程度高、任职于外企或跨国机构、集聚于沿海发达省市等特征。② 事实上，根据2010年第六次全国人口普查的结果也证实境外移民主要向沿海超大城市聚集，仅北上广（东）就囊括了全部来华境外人口的62%，其中仅上海和苏州就吸纳了超过30万台湾人。③

中国都市里的外国移民，有什么样的特征？不同城市之间的外国移民是否存在差异？在这方面的研究中，地理学和社会学者扮演了更重要的角色。赵耀、杨锐首先以在京工作的外籍移民作为研究对象，发现刚刚来华不久的群体，在工作态度与工作行为两项指标上，均优于来华时间较长的群体，究其原因越来越多移民都属于跨国公司总部派遣而来的高级经理人和专业技术人员，具有明显的代际差异。④ 王文彬对长春国际移民的研究，发现境外移入者具有鲜明的地域特征，当地的移民主要是以日韩为主。⑤ 蔡晓梅、刘美新等系统回顾了80年代以来广州入境外籍人员的情况，研究发现在聚居空间上具有明显的中心性，在类型上外籍人员快速增长主要来自三资企业。⑥ 吕红艳、郭圣莉对受企业驱动的非定居型高技能移民群体（外资企业工作人员、驻华机构代表、外国专家、留学生、家属）进行深描，结果指出日韩籍移民偏好采取“和而不同”的社会适应策略，族裔聚集的空间分布形态日益凸显，对族群网络的依赖不断

---

① Duara Prasenjit, “Asia Redux: Conceptualizing a Region for Our Times”, *The Journal of Asian Studies*, Vol.49, No.4, 2010.

② 刘云刚、陈跃：《1990年代以来在华跨国移民动态特征》，《世界地理研究》2014年第4期。

③ Frank N. Pieke, “Immigrant China”, *Modern China*, Vol.38, No.1, 2011.

④ 赵耀、杨锐：《外国人在京工作状况与特点研究》，《经济与管理研究》2009年第1期。

⑤ 王文彬、曹洋：《国际移民的差异性网络构建及融入效用发挥——基于SFRC（2018）长春样本的分析》，《青年探索》2019年第5期。

⑥ 蔡晓梅、刘美新、温雨欣：《外籍移民在广州的时空演变特征与机制研究》，《华南师范大学学报》（社会科学版）2019年第3期。

加深。[①]其中日本人在迁移类型上，永久居留比例较低，举家迁移的比例很少，属于典型的往返性移民和巡回性移民。[②]

事实上，不同城市之间外籍移民的差异也十分明显。张海东、姚烨琳等通过对上海和广州外籍人士生活状况调查，发现在上海的外籍人员文化程度明显高于广州，在外籍人员来源上更多来自发达国家或地区，在沪居住时间也比广州的外籍人员更久。在居住方面，上海的外籍人员相对更愿意选择境外人员聚居的公寓，在社交网络方面与广州的外籍人士相比，更愿意和来自母国或来自其他国家的移民交往而非本地人。[③]在职业分布上，上海的外籍人员更多从事教育和制造业，而广州的外籍人员更多从事自雇型贸易，“打散工”“无业”的将近七成。[④]

虽然上海与广州的外籍人员有诸多差异。但是不同城市之间的移民也存在共性，由于上海的国际移民大量来自发达国家和地区，拥有较高的文化资本和经济资本，因此不属于移民研究中的“弱势群体”，也正因如此，上海的外籍移民社会融入的程度较低[⑤]；在居住时间方面，上海的外籍人员平均在沪时间仅有21个月[⑥]，在心理文化层面的社会融合情况均不理想。[⑦]同样在广州，刘云刚、周雯婷等对作为亲属来广州的日籍专业主妇进行调查，结果发现在广州日本人的社交圈较为封闭，存在“水油分离”的情况，受访的日本专业主妇无一例外表示，希望滞留期满后尽快离开广州返回日本。[⑧]有研究也显示，来自发达国家的外籍移民对交通的便利性、服务设施的完备性，干净的水和空气，生活环境等非常敏感，结果造成在穗日本人形成了一个自我循环的“小

① 吕红艳、郭定平：《全面构建外来移民治理体系——新时代中国国家治理的新课题》，《国家治理》2018年第29期。

② 何亚平、骆克任：《上海跨国迁移与流动人口的实证研究——以在沪日本人和赴日返沪人员为例》，《上海交通大学学报（哲学社会科学版）》2007年第2期。

③ 张海东、姚烨琳、孟南：《中国特大城市外籍人士生活状况调查报告》，载《2016年中国社会形势分析与预测》，社会科学文献出版社2015年版。

④ 黄石鼎、宁超乔：《在穗外国人生活状况调研报告》，载《中国广州社会发展报告》，社会科学文献出版社2008年版。

⑤ 姚烨琳、张海东：《国际移民的社会融入研究——以上海为例》，《学习与探索》2018年第6期。

⑥ 朱蓓倩：《上海外籍人口城市融入研究》，华东师范大学博士学位论文，2016年。

⑦ 孙烨：《外籍人士的社会融入状况》，华东师范大学博士学位论文，2010年。

⑧ 刘云刚、周雯婷、谭宇文：《日本专业主妇视角下的广州城市宜居性评价》，《地理科学》2010年第1期。

社会”，成为镶嵌在广州城市中的一个特殊生活体。①

三、新时期中国跨境迁移研究的新趋势

（一）移民回流研究：从淘金者到建设者

移民回流指的是曾经作为移民流出原籍地，其后又因各种因素回到母国的一群人，回流移民并不意味着其仍然保留流出前的国籍。虽然传统的观点认为，移民是一种一次性和永久性的活动，但研究显示有越来越多的跨境移民计划叶落归根。②因此学者逐渐意识到，回流也不一定是移民过程的终结，移民活动本身就是动态性的，反复的跨境流动才是移民世界的真实面貌。移民回流研究的出现，本身即是对跨境迁移研究的一种理论更新。目前的移民回流研究立基于两种理论典范，第一种是经济社会学解释，认为回流是由迁移者自身的判断力和行为决定的；第二种是政治社会学解释，认为移出国和移入国自上而下的政策干预决定了移民是否回流。③但是，无论是哪一个理论典范，移民回流背后既有可能是一个成功的神话，也可能是一则悲伤的故事。

在移民回流问题上，中国的学者也进行了研究。曾少聪、闫萌萌将闽西侨乡的回流移民作为研究对象，结果发现很多在国外没有合法长期居留身份的移民，由于对未来工作与生活缺乏基本的安全保障，因此选择长久迁返。④陈程、吴瑞君较早对国际移民回流理论进行了梳理，归纳了相关学术成果，认为面对大批中国移民的客观事实，值得进一步研究他们的回流行为。⑤在具体实证研究中发现，目前留学移民和新归侨移民是中国移民回流的主体⑥⑦，其中特别是具有高端创新创业特征的人才，在回流地方面具有明显的空间指向性。在以上海华人华侨和归国留学人员为对象的研究中，陈程、

① 刘云刚、谭宇文、周雯婷：《广州日本移民的生活活动与生活空间》，《地理学报》2010年第10期。

② Dustmann Christian and Weiss Yoram, “Return Migration: Theory and Empirical Evidence from the UK”, *British Journal of Industrial Relations*, Vol.45, No.2, 2007.

③ Hagan Jacqueline and Wassink Joshua, “Return Migration Around the World: An Integrated Agenda for Future Research”, *Annual Review of Sociology*, No.46, 2020.

④ 曾少聪、闫萌萌：《海外新移民的回流研究——以闽西北新兴侨乡归县为例》，《世界民族》2019年第2期。

⑤ 陈程、吴瑞君：《国际移民理论中的回流研究——回顾与评析》，《西北人口》2015年第6期。

⑥ 陈程、吴瑞君：《回流视野的大陆新移民》，《广西社会科学》2014年第10期。

⑦ 陈程：《大陆海外新移民的回流模式与空间特征研究》，华东师范大学博士学位论文，2016年。

吴瑞君进一步指出，城市的社会因素而非经济因素对回流群体产生重要的影响。① 梁玉成、黄柯劼对广州的回流外籍华人进行研究，支持了经济社会学的解释，认为对于发展中国家的移民而言，是否回流中国主要基于就业市场、国际产业分工和专业化的影响，中国作为新兴经济体所提供的就业机会吸引他们自发前来，而在中国境内的社会网络则进一步促进了他们回流。② 在具体针对回流移民的政策研究中，吴瑞君、陈程建议进一步推进多元人才引进模式，增加人才层面向中西部地区的“转移支付”，推动人才管理模式的创新。③

（二）反向迁移研究：多重核心的跨境流动

反向迁移指的是被视为典型跨境迁移流入地的居民，向曾经作为跨境迁移流出地进行移民的过程。面对一个多重核心的新世界，近期开始有研究注意到，随着拉动移民输入的促进因素不断增加，中国正在从移民原籍国转换为主要是移民目的地国，并且趋势日益明显。④⑤

从历史来看，传统移民流出国都是经济发展水平相对较低的发展中国家和欠发达国家，而移民流入国往往都是经济发展程度较高的发达国家，目前主流的移民理论也都基于这样的基本预设，中国的反向移民现象将有可能重塑未来的移民理论。首先，从新古典经济学理论和新移民理论来看，个人和家庭收益最大化是促成跨境迁移的主要原因，而中国目前的工资水平显然不能完全解释发达经济体国家移民的流入；其次，从二元劳动力市场理论和世界体系理论来看，中心国家（市场）和边陲国家（市场）的差序格局，决定了移民流动的方向是由边陲或半边陲国家（地区）向中心国家（地区）流动，在当前世界体系并未发生结构性位移的情况下，解释反向迁移现象显然存在理论盲区。张可在针对台湾地区跨境婚姻移民的研究中，对未来可能出现的反向跨境迁移问题，提出了初步性的判断，认为需要通过实证研究进一步提出合理的解释框

① 陈程、吴瑞君：《海外回流移民留沪发展意愿及其影响因素分析》，《上海经济研究》2015 年第 10 期。
② 梁玉成、黄柯劼：《在穗回流外籍华人研究》，《青年探索》2018 年第 4 期。
③ 吴瑞君、陈程：《我国海外科技人才回流趋势及引才政策创新研究》，《北京教育学院学报》2020 年第 4 期。
④ 刘国福、翁里：《全球移民契约的重要理念、主要特点及其对中国的启示》，《华侨华人历史研究》2019 年第 1 期。
⑤ 梁在、王楠：《中国和 21 世纪的国际移民研究》，《学术月刊》2021 年第 8 期。

架，进而为跨境迁移研究寻找新的理论增长点。①

第四节　克服话语权焦虑：构建中国特色社会主义跨境迁移治理体系与研究路径

回顾新时期以来中国跨境迁移的研究历程，可以发现跨境迁移研究是一个多层次、跨学科的研究领域，针对跨境迁移的治理也势必需要多部门、跨门类的机构共同参与到治理过程中。正如李明欢所言，跨境迁移在流动选择方面涉及个人和家庭因素；在出入境方面涉及移出和移入地的行政机构和中央政府②；在法律方面涉及司法部门；在日常生活实作上更是涉及雇主、医疗卫生、社区等③。由跨境迁移所带来的影响，在块面上可以说覆盖了几乎整个职能部门（图 19-1）。

不无遗憾的是，中国作为跨境迁移的重要移出国和移入国，面对国际移民治理和研究，在治理对策和理论创新方面，并没有取得与之相匹配的地位。正如 Papademetriou 所说，东南亚、中国、印度虽是国际移民体系的重要参与方（massive players），但是却鲜有“话语权”（notice）。④随着中国跨境迁移治理与研究的不断深入，“话语权焦虑”正被越来越多的国内学者所关注。⑤⑥

这些焦虑，一方面反映出中国作为世界最大的发展中国家，在跨境迁移方面起步较晚，在社会快速变迁的情况下，移民进程被急剧加速和压缩，造成欧美在跨境迁移问题上所走过的百年历程，中国仅仅在三十多年便已遍历，因此出现了在数量上，大规模“流出”和“流入”相继出现；在空间分布上，沿海精英移民和中西部边境劳务移民同时发生；在迁移程度上，高层次人才移民吸引能力不足与非法移民日益增加的

① 张可：《台湾地区跨境婚姻研究的现状与展望》，《台海研究》2022 年第 1 期。

② 李明欢：《专题研讨：国际移民：全球化时代的重要课题》，《东南学术》2005 年第 4 期。

③ 杨靖旼、杨雪冬：《新时代中国跨边界人口流动与国际移民治理的逻辑与展望》，《中共中央党校（国家行政学院）学报》2021 年第 3 期。

④ Papademetriou Demetrios, “Reflections on the International Migration System: Introduction,” *Canadian Diversity*, Vol.6, No.3, 2008.

⑤ 陈斌、周龙：《“人类命运共同体”视角下全球移民治理与中国角色》，《中国人民大学学报》2019 年第 1 期。

⑥ 吴存玉、梁栋：《劳工跨境迁移机制与治理策略——以广西 P 镇的越南劳工为例》，《公共行政评论》2020 年第 4 期。

现象并存；而由此所带来的治理空缺和政策短板一时间难以补齐。另一方面，诸如反向迁移这类过去西方鲜有的现象，我们还缺乏进一步的认识和研究，需要不断累积研究成果，继而修正完善国际迁移理论。可以说，我们正处于由跨境迁移所带来的各种问题的“包夹”之中，而这也是中国学者建构具有中国特色社会主义跨境迁移治理体系和理论的重要机遇。受篇幅所限，在此仅对未来中国跨境迁移在治理和理论方面，提出两点看法和建议。

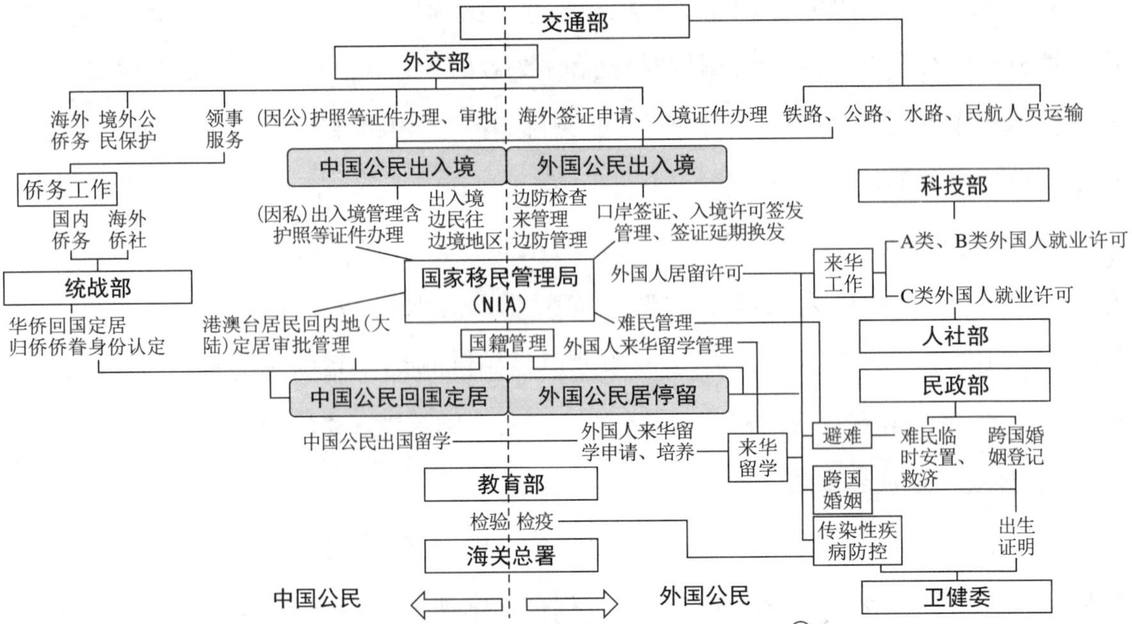

图 19-1　中国跨境迁移相关职能机构与职能①

一、建立与大国地位相匹配的新型“绿卡”制度

面对主流移民国家通过增加绿卡配额，进一步提高对高层次移民，特别是科技方面的人才的吸引力，中国应该同步放宽对科技人才发放绿卡的门槛。2020 年新的《外国人永久居管理条例》征求意见稿已经发布，目前正在制定中，应当利用这一机会进一步完善中国的绿卡制度。

第一，对具有贡献性和杰出成就的外国人士建立“直通车”制度，实现绿卡“零

① 摘自杨靖旼、杨雪冬：《新时代中国跨边界人口流动与国际移民治理的逻辑与展望》，《中共中央党校（国家行政学院）学报》2021 年第 3 期。

门槛”。建议在修订中的《条例》第十一条和第十二条，为中国发展作出突出贡献，及取得国际公认杰出成就的外国人可申请永久居留资格的内容之外，加入无需等待可直接获批绿卡的条款。对于这些人来说，绿卡属于荣誉性质，由于具有政府信用和国际名誉担保，相对风险较低，向这些人直接颁发绿卡可以向国际释放积极的人才信号，同时提升中国绿卡的美誉度。

第二，对当前属于卡脖子领域，具有紧迫需求的境外高端人才建立“准绿卡”制度，使其提高在华长期工作的意愿和预期。建议在修订中的《条例》第十三条，对因经济社会发展需要可申请永居资格的内容之外，进一步明确上述获得政府和用人单位担保的境外高层次人才可以享受“预授”绿卡制度，在“预授通道”期间，其出入境和其他待遇方面比照实际绿卡，获批“准绿卡”的人才只需要在国内达到一定的居留年限和国内相关领域工作年限（3—5 年）即可转为正式绿卡。这样的好处可以提前释放预期，锁定部分高层次人才。此外，在市场化方式、人才主管部门认定的基础上，进一步扩大建立“职业清单”和“企业白名单”，鼓励更多关键领域的民间企业参与人才绿卡的担保，提高申请积极性。

第三，对在境内工作的普通外国人，建立以人才积分评价为基础的，从长期居留转为永久居留的绿卡制度。建议在修订中的《条例》第十五条，对符合工作、工资、学历的外国人，可申请永久居留资格的表述之外，配套建立可动态调整的人才积分制度。从学历层次、收入水平、职业类型、工作地区和荣誉奖励等方面，对在华外国人进行综合打分评价，同时对在华留学的名校毕业生、优等生，颁发无需雇主担保的短期工作签证（1—2 年），未来达到一定标准可转为长期工作签证甚至绿卡，拓宽高层次人才的筛选渠道。

第四，对境外的高潜力人才，增加相应的独立申请来华工作签证类别，简化来华工作手续，并与绿卡制度相对接。允许境外优秀外国人才凭借能力，不需要获得用人单位、政府部门的邀请或提名即可独立提出签证申请，考虑新冠疫情等因素，国家移民局可增加网上办理相关业务的窗口。初期可参考具有全球公信力的世界大学排名，向具全球前五十名大学毕业的全日制学生发放无需提前需要国内雇主的人才签证，本科及硕士可发给为期两年的工作签证，博士可增至三年。来华之后，若达到相应的积分，可以进一步转为长期工作签证甚至绿卡，以此对冲其他国家争抢人才的政策。

二、超越殖民主义和种族主义的新“大熔炉”理论

西方同化理论（assimilation theory）自诞生之日起就受到学界的批判，由于其理论经验是建立在落后国家（地区）移民向先进国家（地区）移入的历史过程中，预设了移民必须抛弃原有的惯习和文化，学习、适应并接受移入地的新的一套习性才能够真正与之融合[①]，因此也备受种族中心和文化优越主义的诟病。[②]正因西方融合理论是基于迁移弱势方向优势方所在地迁移的经验事实之上，所以移民如果希望在流入地长期生活，则必须被部分同化或者接受移入地的社会规范。当前，以欧美为代表的核心国家，在社会发展水平以及科学技术方面仍然保持相对优势，当他们作为反向迁移的移民向发展中国家和地区流动时，居留的时间往往较短，融合意愿也很低，所以无论在心理层面和事实层面与传统跨境移民具有显著差别。以中国沿海超大城市中的精英移民为例：在工资水平方面，这些移民的收入要远高于本地居民，在生活社交方面，他们往往更愿意在精英生活圈范围内活动，主动融入当地社会的意愿并不强烈。易言之，如果西方移民研究是要消弭移入者的劣势，那么中国的情形则恰恰相反，更多则是研究移入者在定居地所具有的特殊优势及其应对措施。

有鉴于此，以中国作为实证对象的跨境移民融合研究无疑具有后发优势，有能力构建与传统殖民主义历史遗绪和种族主义价值色彩完全不同的理论的潜力。相较于建立在经济诱因和制度扩张假设之上的西方理论预设，在以中国作为实证对象的反向跨境迁移的研究中，就可以进一步延伸和精细化，考察移入地具体空间单位（都市）下的跨境行为，以及在日常生活实作中与流入地的互动。未来可以将沿海地区超大城市作为研究对象重点展开，具体考察拥有全球城市特征的都市（上海、广州、北京、杭州等），其城市象征资本存量的构成方式以及由此所带来的都市现代性体验，对反向跨境迁移的目的地的选择所产生的影响；同时通过典型案例研究进一步丰富迁移理论，

① William Warner, Leo Strole and Lloyd Warner, *The Social Systems of American Ethnic Groups*, New Haven: Yale University Press, 1945.

② Alba Richard and Nee Victor, “Rethinking Assimilation Theory for a New Era of Immigration”, *The International Migration Review*, Vol.31, No.4, 1997.

将跨境迁移研究与文化社会学、历史社会学进行更多的对话。从跨学科的角度出发，拓展研究视野，这样跨境迁移不仅是地理空间、文化边界和社会位置的断裂，同样也可以被视为文化地缘和社会空间再桥接的过程。通过深化具有中国特色的跨境迁移研究，建设社会主义国际化大都市，密切中国与周边国家的关系，促进与世界其他地区人民的了解和理解，最终实现来华移民与本地社会的有机融合与和谐相处。

第二十章 中国特色的风险沟通体系*

中国改革开放以来的快速发展，使得安全地位凸显并经历从属于发展到并行于发展的转变。①党的十九届五中全会明确提出把安全发展贯穿国家发展各领域和全过程，《中共中央关于制定国民经济和社会发展第十四个五年规划和二〇三五年远景目标的建议》专章部署统筹发展与安全。中国正朝向全面建设社会主义现代化国家方向前进，构建更高水平安全“以新安全格局保障新发展格局”，这从国家高度和社会广度对防控风险提出新要求。风险的深度演化已是一种总体性的社会特征，风险防控的重要性由此凸显，也让风险沟通的重要性也随之凸显。风险沟通的兴起，乃是为了应对一系列严峻风险，时下各种大流行疫情、生态危机、环境污染、健康卫生和食品安全问题等，规避或缓解这些风险，皆需要公众的积极关注及参与合作，此乃风险沟通的基本要义。我国在经历一些重大风险后，特别是公共卫生事件的有效防控应对，呈现出明晰的总体战略选择及实践经验上的中国特色。

第一节 风险沟通的兴起

风险社会说和风险沟通说，这两者之间具有学术衍生关系。从脉络来看，社会风险学说诞生于欧洲，这是因为德国学者贝克最早系统阐释社会风险思想，提出不同于传统社会，现代社会中风险是一种社会演化的总体特征。②而风险沟通作为风险社会作

* 本章研究系相关课题项目的阶段性研究成果，分别是国家社科基金项目，即“我国突发公共卫生事件的风险沟通体系研究”(编号：22BSH003)；上海社科基金项目，即《科学认知、应急决策和社会态度——上海重大疫情风险社会防控的协同体系研究》(编号：2020BSH02)；上海浦江人才项目，即《阻断疫情的“群体聚集爆发”和“个体超级传播”——上海重大疫情风险社会防控的SES协同体系研究》(编号：2020PJC087)，特此致谢。

① 张海波、童星：《中国应急管理效能的生成机制》，《中国社会科学》2022年第4期。

② 参见［德］乌尔里希·贝克：《风险社会》，何闻博译，译林出版社2018年版。

为一个子领域的兴起，则诞生于风险社会学说发展后期。

一、从风险社会来临到风险沟通

从 20 世纪 50 年代至今，社会风险说大致经历四个发展阶段，分别是 50 年代从管理及专家视角对重大风险问题的关注（如核应用）；60 年代对风险可承受能力及多元风险受众的关注；70 年代对风险问题的批判和公众对风险的察觉和焦虑；70 年代后期和 80 年代早期则是风险研究的转折期，此阶段学者开始全方位深入研究风险，将研究从客观存在扩展到文化领域，风险逐渐被视为可持续发展、生态现代化和全球风险的宏观层面议题，与此同时，风险研究的基本方法也发生变化，从之前的前提假设的因果差异推导法，转变为新型合法化文化模式，至此，风险被视为一种现代社会发展的新型挑战。① 正是在社会风险学说的中后期，风险沟通作为一个子领域兴起。

尽管风险沟通诞生于风险社会学，但两者之间存在差异。风险社会学说诞生于欧洲社会情境，作为学说思想性较强，风险沟通兴起于美国，一开始则带有实用主义特征。美国战后兴建了众多大型工业工程，意想不到的是，一些被专家评估风险较低的工程，公众风险感知却较高且遭到普遍社会抗议，抗议导致工程建设的大规模停滞，正是为探究公众风险感知及提高风险认识及接受能力提供了空间，风险沟通由此才应运而生，它的诞生有一标志性推动事件，即官方机构对风险沟通的倡导且将其视为民主对话。② 因此，风险沟通作为一个新的研究领域出现且兴起。

二、风险沟通的概念

何为风险沟通？从风险沟通的概念定义来看，它具有整合性，这体现在它整合风险情境中的沟通主体、沟通对象、沟通形式和沟通目标。大体而言，风险沟通指的是风险的各利益相关主体，就风险事件或情境相关信息的进行反馈互动，以期形成合理的风险认知及作出相应的保护性行动，并达成某种程度的共识。风险沟通概念有四大

---

① 周战超：《当代西方风险社会理论研究引论》，载薛晓源、周战超主编：《全球化与风险社会》，社会科学文献出版社 2005 年版，第 3—6 页。

② 华智亚：《风险沟通：概念、演进及原则》,《自然辩证法通讯》2017 年第 3 期。

构成要素：一是风险沟通主体，常见于专家、媒体、政府和公众；二是沟通对象，即确定风险事件及其破坏性和不确定性程度；三是沟通形式，一般指传统媒体或现代新兴媒体形式；四是沟通目标，如提供相关的保护性知识和情感关切、做出避险行动、维护社会信任和恢复及改善社会秩序上达成共识等。

风险沟通的概念内涵在演化中被不断拓展。早期的风险沟通被视为面向公众的风险科普，如 1987 年 Plough & Krimsky 将风险沟通定义为“通过任何公众或个人的沟通手段告知公众有关危险物的存在、性质、严重程度以及可接受程度”，风险沟通更多被视为向公众说明客观的物质性危险及其威胁程度。然而，近些年的风险沟通概念中有明确的沟通主体及多种规制说明，如 2018 年世界卫生组织将风险沟通置于突发事件中，将其定义为“是任何突发事件应对工作不可或缺的组成部分，是专家、社区领袖、官员和面临风险的人们之间的信息、建议和观点的实时交流。在大流行疾病疫情、人道主义危机和自然灾害期间，有效的风险沟通使面临危险者了解并采取防护行为”①。

三、风险沟通的两大理论范式及转变趋势

社会风险的实在 / 建构二元论，被延伸到风险沟通研究之中。自 20 世纪 80 年代以来，贝克“风险社会”基于实在论范式，道格拉斯和维达夫提出风险建构论，即认为风险增加源于主观感知风险增多，这代表了风险研究的另一种范式。② 从实在论来看风险沟通，在风险管理过程中它有明确的绩效好坏可予识别和判定。然而，从建构论来看风险沟通，更关注风险争议及其理解，包括其与身份、权力和公平及资源分配等。③ 当然，有学者认为实在 / 建构二元论皆是极端研究立场④；还有学者提出情景中实用主义的立场。⑤

① 《在突发公共卫生事件中沟通风险》[*Communicating Risk in Public Health Emergencies: A WHO Guideline for Emergency Risk Communication (ERC) Policy and Practice*]，世界卫生组织，2018 年。

② 周战超：《当代西方风险社会理论研究引论》，载薛晓源、周战超主编：《全球化与风险社会》，社会科学文献出版社 2005 年版，第 3—6 页。

③ R. Laura, “Pragmatic and (or) Constitutive? On the Foundations of Contemporary Risk Communication Research”, *Risk Analysis*, Vol.41, No.3, 2021, pp.466—478.

④ ［英］奥特温·伦内：《风险的概念：分类》，载［英］谢尔顿·克里姆斯基、多米尼克·戈尔丁编：《风险的社会理论学说》，徐元玲等译，北京出版社 2005 年版，第 60 页。

⑤ 司马媛、童星：《对风险社会理论的再思考及政策适应》，《学习与实践》2011 年第 12 期。

在三十多年里，风险沟通理论在经历不同发展阶段后发生重大转变。1983 年之前主要是专家技术决定的单向沟通模式，1983—1989 年间是以说服技巧方式试图沟通专家和公众风险认识阶段，1989 年后则是公众被视为沟通伙伴关系阶段。发展至今，风险沟通被视为实现了诸多转变，主要体现在：风险信息从单向到互动沟通转变、单向信息传递模式转向信息沟通模式①、沟通对象从被动转向主动②，以及沟通目标的价值提升，如风险沟通目标中，公众期待成为知情参与且有理性能力的合作群体。③

第二节　风险沟通的主要理论模型

风险沟通吸收不同学科的知识，从而形成了一些独特的理论模型。社会学、心理学和新闻传播学等学科的交叉拓展了研究视野，由此风险沟通形成了多元化的理论模型。

一、风险认知

该模型用以解释为何面对同样风险对象却会存在认知差异。对此差异有多种解释，如公众依靠直觉认识和判断，更容易出现轻视、盲目、焦虑或恐惧等情感反应，而这些认知和情感反应继而影响其风险态度与行为④；然而，由于价值观、生活经验、社会角色、风险感知中的偏见，公众在库存知识、判断结构与健康观念上与专家都不同⑤，具有 15 种认知影响因素⑥；其中，大众对风险认识及信息接收偏好一直是研究热点⑦；

---

① 谢晓非、郑蕊：《风险沟通与公众理性》，《心理科学进展》2003 年第 4 期。

② 刘波、杨芮、王彬：《"多元协同"如何实现有效的风险沟通？——态度、能力和关系质量的影响》，《公共行政评论》2019 年第 5 期。

③ T. Covello, P. Slovic & D. Von Winterfeldt, "Risk Communication: A Review of Literature", *Risk Abstracts*, Vol.3, No.4, 1986, pp.171—182.

④ P. Slovic, "Perception of Risk", *Risk Analysis*, Vol.236, No.17, 1987, pp.280—285.

⑤ 谢晓非、郑蕊：《风险沟通与公众理性》，《心理科学进展》2003 年第 4 期；黄彪文、张增一：《从常人理论看专家与公众对健康风险的认知差异》，《科学与社会》2015 年第 1 期；王娟、胡志强：《专家与公众的风险感知差异》，《自然辩证法研究》2014 年第 1 期。

⑥ T. Covello, G. Peters, G. Wojtecki, C. Hyde, "Risk Communication, the West Nile Virus Epidemic, and Bioterrorism: Responding to the Communication Challenges Posed by the Intentional or Unintentional Release of a Pathogen in an Urban Setting", *Journal of Urban Health: Bulletin of the New York Academy of Medicine*, Vol.78, No.2, 2001, pp.382—391.

⑦ J. Sutton, C.Woods, S. Vos, "Willingness to Click: Risk Information Seeking During Imminent Threats", *Journal of Contingencies and Crisis Management*, Vol.26, No.2, 2018, pp.283—294.

偏好图表形式的风险预警信息①和更愿意接受数字概率形式信息②；对事实陈述型信息的行动意愿更高③；更偏爱面对面的人际沟通形式等。④

二、风险放大

该模型关注宏观制度文化背景与风险事件之间的复杂演进关系，突发风险事件在社会制度脉络进程中有一个放大效应，从而导致后果的扩大或缩小。该模型聚焦风险信息的放大机制，如风险事件的信息及其形式披露是零星或批量、适度或过载、隐瞒或公开、争议或一致、动态或静态、预期及符合逻辑或非预期戏剧化的；信息发布的途径和渠道，是传统媒体或现代新媒体，是正式官方途径还是非正式小道消息，总之，风险事件与心理、社会、制度和文化进程互动，特别是通过信息放大机制，能强化/弱化公众对风险事件的反应。⑤

三、沟通信任

该模型用于解释风险沟通中的有效手段——信任，也是为了应对无效沟通这一难题。风险情境中极易引发信任危机问题，因此，该模型之下具体探究信任的本质特性及其建立/破坏的规律，如信任有“易毁难建”的不对称法则；消极事件比积极事件有更高的影响权重；坏消息源头比好消息源头更可靠；不信任会不断被强化和固化等。⑥

---

① B. Liu, M. Wood, M. Egnoto et al., “Is a Picture Worth a Thousand Words? The Effects of Maps and Warning Messages on How Publics Respond to Disaster Information”, *Public Relations Review*, Vol.43, No.3, 2017, pp.493—506.

② 李纾、房永青：《再探框架对风险决策行为的影响》，《心理学报》2000 年第 2 期。

③ L. Brooke, F. Julia & J. Yan, “Seeking Formula for Misinformation Treatment in Public Health Crises: The Effects of Corrective Information Type and Source”, *Health Communication*, Vol.35, No.5, 2020, pp.560—575.

④ L. Toni, M. Van & J. Yan, “Social Media Use During Disasters: How Information Form and Source Influence Intended Behavioral Responses”, *Communication Research*, Vol.43, No.5, 2016, pp.626—646.

⑤ [美]罗杰·E. 卡斯帕森等：《风险的社会放大：一个概念框架》，载[美]珍妮·X. 卡斯帕森、罗杰·E. 卡斯帕森：《风险的社会视野》(上)，童蕴芝译，中国劳动社会保障出版社 2010 年版，第 79—92 页。

⑥ T. Covello, G. Peters, G. Wojtecki, C. Hyde, “Risk Communication, the West Nile Virus Epidemic, and Bioterrorism: Responding to the Communication Challenges Posed by the Intentional or Unintentional Release of a Pathogen in an Urban Setting”, *Journal of Urban Health: Bulletin of the New York Academy of Medicine*, Vol.78, No.2, 2001, pp.382—391.

因此，信任建设的方法和策略一直备受关注。① 有效信任的策略操作包括：确定风险性质及其沟通特点制定差异化战略、先发制人对话和规划、媒体关系和信息传递的循证方法和建立信息来源的可信度。②

四、社会传染

该学说有明显的社会学特色，它与公共卫生学形成对比视角，用于探讨社会行为及其内在意向的传染性。从公共卫生学来看，病毒细菌传染属于简单传染，但是另有存在于社会网络中的复杂行为传染，如近邻群体的行为传递。③

其实，风险沟通的理论模型很多，大概有十多种。④ 不同理论模型，从不同视角来审视风险沟通，理论学说越丰富，越有助于对风险的认识和应对。

第三节　中国的战略选择：以公共卫生风险为例

在《国际卫生条例》中，风险沟通是公共卫生应对传染病威胁的一个核心能力之一，它在指导突发公共卫生事件应对处置中发挥重要作用。国内风险沟通的探索和实践，始于应对突发公共卫生风险事件，而我国在抗击 SARS 疫情和新冠疫情中已经运用了风险沟通能力。

一、公共卫生风险的特殊性

突发公共卫生事件，是公共卫生风险的典型显现，它有着区别于其他社会风险的特殊性。大致而言有三：直接威胁公众情绪 / 健康安全，易引发公众恐慌如医疗挤兑，更依赖专家及专业科学知识。由于病毒 / 细菌不可见及其动态演化致使风险情形不确

---

① G. Kruk, “Risk Communications and The Management of EMF Risks, EMF Risk Perception and Communication”, Proceedings International Seminar on EMF Risk Perception and Communication, Ottawa, Ontario, Canada, 1998, pp.95—118.

② G. Cairns, M. Andrade & L. Macdonald, “Reputation, Relationships, Risk Communication, and The Role of Trust in The Prevention and Control of Communicable Disease: A Review”, *Journal of Health Communication*, Vol.18, No.12, 2013, pp.1550—1565.

③ ［美］凯利·麦格尼格尔：《自控力》，王岑卉译，文化发展出版社 2012 年版，第 212—214 页。

④ ［美］雷吉娜·E. 朗格林、安德莉亚·H. 麦克马金：《风险沟通：环境、安全和健康风险沟通指南》（第 5 版），黄河、蒲信竹、刘琳琳译，中国传媒大学出版社 2016 年版，第 10 页。

定，公众识别风险难，从而对专家/专业科学知识有更高依赖[①]，更依赖统一规范行动。疫情风险应对，当面临突发新型疫情，尚未出现有效的生物医学控制手段时，疫情预防及应对则有赖于行政规范的统一应对。

二、风险沟通的战略选择

我国公众对公共卫生风险的认知尚处于起步阶段，且时有起落，但从战略选择上，我国从一开始就把应对突发公卫事件的战略远景定位在以人为本、维护政府公信力及积极政府形象上。

风险沟通的实践应用，始于相关沟通理念在中国卫生行政机构的渐进推行。2003年SARS暴发，国内风险沟通多侧重于引介国际研究成果，如将世界卫生组织提出"SPICE模型"用于中国[②]；也有研究试图提出适用于卫生部门沟通能力的"圈层模型"[③]；还有研究探讨卫生管理部门工作人员应对大流感所具备的风险沟通能力[④]；更有研究探讨公共卫生领域的风险沟通的具体流程。[⑤]

从实际来看，中国卫生系统从规范建设风险沟通能力开始。2007年我国卫生部与美国CDC合作，编纂教材《突发事件卫生应急与风险沟通》，以期对卫生管理人员进行新闻传播及媒体关系管理的系列培训。2009年"风险沟通"首次写入卫生部文件。2009年甲型H1N1流感暴发后，卫生部印发《人感染猪流感预防控制技术指南（2009版试行）》，以指导加强政府部门间沟通、政府与媒体沟通、政府与大众间的沟通方。此后，结合《政府信息公开条例》，我国卫生部门形成了各级发言人及新闻发布机制。SARS及后来的几次疫情应对，我国积累了一定的风险沟通经验，发展出十大风险沟通策略。[⑥] 由于新冠疫情的暴发及全球流行，更使风险沟通的重要性再次凸显。

---

① 朱志萍：《论突发公共卫生事件的有效风险沟通》，《上海公安学院学报》2021年第4期。

② 同上。

③ 李杰、钱玲、马煜、葛红：《我国政府甲型H1N1流感风险沟通策略研究》，《中国健康教育》2010年第1期。

④ 王涛：《卫生部门流感大流行大众风险沟通能力结构研究》，安徽医科大学硕士学位论文，2012年。

⑤ 魏泽义、朱建如：《突发公共卫生事件有效风险沟通方式信息图谱制作方法的探讨》，《中国公共卫生管理》2012年第5期。

⑥ 李杰、钱玲、马煜、葛红：《我国政府风险沟通理念及实践：以卫生部应对甲型H1N1流感疫情为例》，第五届中国健康传播大会会议论文，2010年。

三、依托体制动员模式

我国的风险沟通，依从于我国整体性的安全管理模式，且采取与欧美国家不同的动员模式。[①] 我国这种模式出现于重大危机应对中且不断完善，它有三个相互支撑的运行机制，分别是举国体制、政府主导和对口支援。

首先是举国体制。举国体制是国家政府面临重大急迫重大危机时，紧急开展的大规模组织协作[②]，它是我国国家制度和国家治理体系的显著优势之一。[③] 其实，这一体制在新中国不同阶段和不同领域中皆有不同体现，它包含一系列协作机制，如集中决策机制、对口支援机制、联防联控和群防群治机制、资源统一调配机制等。[④] 此外，举国体制的制度优势能转化为治理效能[⑤]，还能为中国国家治理现代化研究提供新洞见。[⑥] 不过，市场经济发展、社会领域变革以及数字技术冲击，对这种体制也提出了新要求。[⑦]

其次是政府主导。举国体制，有着显著宏观层面特征，即为政府的集中统一领导。通过解析十九省对口支援湖北的疫情应对，发现其呈现出“请援”到“指援”再到“支援”的闭环协作过程。[⑧] 当然，它还辅以微观层面特征，如精准施策依靠全国范围内各级党组织的社会动员网络。[⑨] 政府主导凸显其责任主体形象，从对风险的有效社会防控而言，也要构建积极合作的伙伴形象及去行政化的平等形象。[⑩]

---

① 张海波：《公共安全管理整合与重构》，读书·生活·新知三联书店 2012 年版，第 78—92 页。

② 谢富胜、潘忆眉：《正确认识社会主义市场经济条件下的新型举国体制》，《马克思主义与现实》2020 年第 5 期。

③ 赵泉民：《举国体制是实现疫情防控和经济社会发展“双胜利”的制度保障》，《中国浦东干部学院学报》2020 年第 3 期。

④ 罗大蒙：《举国体制：重大突发公共卫生事件治理的制度优势及运转机制》，《理论建设》2020 年第 3 期。

⑤ 王亚华、陈相凝：《新型举国体制下协调疫情防控与复工复产难题的中国经验》，《中共中央党校（国家行政学院）学报》2021 年第 6 期。

⑥ 同上。

⑦ 谢富胜、潘忆眉：《正确认识社会主义市场经济条件下的新型举国体制》，《马克思主义与现实》2020 年第 5 期。

⑧ 闫义夫：《十九省“对口支援”湖北应对新冠肺炎疫情的运作机理及政治保障》，《社会科学家》2020 年第 4 期。

⑨ 汪卫华：《疫情防控中的举国体制》，《中央社会主义学院学报》2020 年第 3 期。

⑩ 翁昌寿：《健康风险沟通中的传播者形象构建——以甲型 H1N1 流感为例》，《国际新闻界》2012 年第 6 期。

最后是对口支援。对口支援也是一项独具中国特色的制度安排，它是在中央政府宏观调控下进行的地区间资源配置，具有横向转移支付性质。① 它还包括通过合理组织机制、人员选用机制和后勤保障机制等，它还被认为能体现中国抗疫精神和增强民众战疫信心。② 然而，对口支援也存在诸多改进空间，如实现各方面基本效益、发挥人民主体作用、加强社会监督和舆论把控等。③

第四节　我国风险沟通的实践探索

我国在 2009 年甲型 H1N1 流感应对中，风险沟通作为一项重要理念贯穿疫情处置始终。在风险沟通过程中，以规范沟通和科学疏导来实现有效管理，如对公众情绪从恐慌到渐趋常态，再到相对平静到引起适当注意等。就探索经验而言，大致如下：

一、联防联控和分类沟通

联防联控机制产生于突发公共事件的应对中，它最早可追溯到 2003 年我国针对“非典”的防治经验，并于之后历次重大危机事件中都有所运用。

我国在 2009 年甲型 H1N1 流感的防控期间，成立由卫生部牵头、多部门参加的联防联控工作机制。④ 联防联控机制在信息发布上有协同分工。这种发布疫情信息的工作模式，将最新信息通过媒体辐射到社会层面，从而维护社会秩序的稳定。

此外，根据沟通主体不同，在当时已设置不同类型的沟通。风险沟通依沟通对象分为内部沟通、媒体沟通和公众沟通。其中，内部沟通，主要指的是卫生部应急办、卫生部疾控局和应急人员及疾控人员间的沟通，卫生部医政司和临床医护人员间的沟通，卫生部新闻办负责与各省厅新闻发言人之间的沟通。媒体沟通，则主要是卫生部

---

① 史晓琴、樊丽明、石绍宾：《中国抗击新冠肺炎疫情中对口支援何以发生——公共经济学视角的分析》，《财政研究》2020 年第 8 期。

② 王红云：《论重大突发公共卫生事件中的对口支援——以新冠肺炎疫情防控为考察对象》，《西南石油大学学报（社会科学版）》2021 年第 3 期。

③ 贯志鹏、王国斌：《国家治理现代化背景下对口支援的改进策略——以抗击新冠肺炎疫情为例》，《创造》2020 年第 7 期。

④ 王瑶：《我国突发事件应急管理体制的研究》，东北师范大学硕士学位论文，2008 年；李羿男：《县级政府突发公共事件联防联控机制研究》，贵州大学硕士学位论文，2021 年。

新闻办公室和媒体之间的沟通。公众沟通，主要有中国健康教育中心负责公众沟通，具体如制订风险沟通核心信息，印发传播材料，开展多种形式的健康教育公益宣传及活动等。①

二、风险沟通预案和立体发布网络

我国风险沟通的预案及发布网络，有法律体系的支撑。在我国尚未出现甲型H1N1流感病例史之前，卫生部新闻办公室已根据《中华人民共和国传染病防治法》《中华人民共和国政府信息公开条例》和《卫生部法定传染病疫情》等，制定信息发布预案，预案规定出现疑似病例时由部新闻办向全社会发布消息。

我国在H1N1流感疫情期间，就构建一张立体信息沟通网。国家层面信息由以联防联控机制综合组和卫生部门的新闻办牵头负责发布，各省区层面信息则由其据具体情况自行发布，据此形成上下协同的立体信息发布网络。防控H1N1流感时，卫生部办公厅向各地发出关于加强人感染猪流感防控应对和应急准备工作通知，依据相关预案开展广泛健康教育宣传，通过公益广告、电视广播、印发宣传材料等多种方式，向社会公众宣传流感的预防知识，通过热线电话、互联网、热线电话等媒介，实现公众风险沟通。

依托立体信息网，我国形成新闻发布会的沟通惯例，在新冠病毒疫情防控中，中央和地方政府及有关部门皆召开新闻发布会，这已是常态的信息发布模式。不过，随着公民健康素养的提高、新媒体和自媒体的普及，无疑也对新闻发布会质量提出更高要求。②

三、风险沟通的应用策略

我国风险沟通的一大特殊情况，是专家和公众之间存在信息鸿沟，媒体承担了风险的二次传播任务，需将政府提供的风险信息进行解码和再编码后传递给公众，正是

① 《卫生部启动防控流感大流行领导小组和专家组机制》，中国新闻网2009年4月28日。
② 付山、鲁小艳：《突发公共卫生事件中地方政府新闻发布会的传播策略——以“新冠肺炎疫情”事件为例》，《传媒论坛》2022年第5期。

在此基础上，产生丰富多样的沟通策略。

风险沟通的具体策略，集中在以媒体为加工平台推进政府和公众之间的沟通。首先，赢得信任策略。其次，双向对等的沟通策略。再次，是愤怒管理和提前预警策略，该策略主要能够获悉公众要求，明确短期沟通目标，指导信息制作及找准沟通重点等。最后，是信息凸显策略，该策略主要应对公众缺乏学术背景、信息渠道众多，以及网络手机短信等新媒体挑战，以确保权威信息不被淹没，并在繁杂信息中能被凸显。不过，在具体风险沟通中，信息不能充分满足公众需求的问题依然存在。①

总之，2009 年甲型 H1N1 流感应对工作，是“非典”以来以风险沟通理念在重大公共卫生事件防控中的典型应用，对其回顾反思奠定了我国当前风险沟通的基础，同时有助于未来突发公共事件应对的推进工作。②

第五节　中国风险沟通经验及前景

相比较而言，目前学术界流行风险沟通模式是以美国为主导的社会认知模式。我国的风险沟通模式则不同，它的兴起则直接来自中国风险情境的紧急促动。

一、风险情境紧急促动：快速战略定位

从美国风险沟通发展历程来看，它对科学技术的依赖使其实用主义色彩突出。在风险沟通之前的发展阶段，风险管理及评估方法可溯源到美国“二战”期间的战争技术应用，美国政府把战时的军事战略决策分析模式及定量模型方法，作为政府决策基础在战后广泛应用于公共卫生、医学和环境领域。因此，美国风险沟通形式以政府机构为主导、以技术专家为中心、以风险评估为基础的模式。③

我国的风险沟通则不同，它的兴起直接来自风险情境的紧急促动。中国的快速发展让中国风险形势“交错叠加”更加复杂，这也导致中国在应对复杂社会风险时的

① 曹珂馨、潘昱良、高秀玉等：《基于河北省公众视角的突发公共卫生事件风险沟通研究》，《医学与社会》2020 年第 5 期。
② 李杰、钱玲、马煜、葛红：《我国政府甲型 H1N1 流感风险沟通策略研究》，《中国健康教育》2010 年第 1 期。
③ 华智亚：《风险沟通：概念、演进及原则》，《自然辩证法通讯》2017 年第 3 期。

体制及技术最初皆准备不足，如2003年抗击SARS疫情之后，中国才建立起“一案三制”的应急管理体制①，其中公共卫生突发事件成为中国风险管理的象征起点。与美国相比，尽管中美两国的政府都在风险管理及沟通中起主导作用，但中国并没有一开始就高度依赖科学技术，基于风险管理体制的构建，科学技术反而更快被推动发展。

2003年的“非典”疫情作为一场公共卫生危机，是影响经济稳定和社会安定的复合型危机，更是中国政府形象和国家安全的重大危机，作为焦点事件②，它促动中国全面启动加强应急管理体系建设工作及基础性的风险沟通工作。抗击“非典”后的第二年，2004年《国务院有关部门和单位制定和修订突发公共事件应急预案框架指南》(简称《指南》)出台，再下一年即2005年《国家突发公共事件总体应急预案》(简称《预案》)出台。值得注意的是《预案》系全国范围的全险种预防性应对，一方面，中国首次把突发事件主要分为四大类并设定相应牵头部门：第一类为自然灾害、第二类为事故灾难、第三类为突发公共卫生事件、第四类为社会安全事件；另一方面，编制上百件（共计106件）应急预案基本覆盖中国常发突发事件的主要方面，按照不同责任主体，预案体系设计为国家总体预案、专项预案、部门预案、地方预案、企事业单位预案及大型集会活动预案六个层次，全国应急预案框架体系初步建立，由此，以分级别的《指南》和分类别的《预案》为代表的风险预防工作，为我国风险沟通发展奠定体制化基础。

二、风险沟通中的公众：优先价值地位

美国风险沟通曾经长期依赖科技主导模式，公众也长期处于被动地位。在美国早期的风险沟通中，风险知识被认为由特定技术专家掌握，他们在风险管理中处于核心地位，他们将专业知识提供给政府，从而成为风险相关政策制定及实施的依据，公众作为被教育和指导的对象。与欧洲风险沟通模式相比，他们更多关注如信息传播技巧

---

① 高小平：《中国特色应急管理体系建设的成就和发展》,《中国行政管理》2008年第11期；钟开斌：《回顾与前瞻：中国应急管理体系建设》,《政治学研究》2009年第1期。

② 钟开斌：《回顾与前瞻：中国应急管理体系建设》,《政治学研究》2009年第1期。

和各方对话①，但北美学者多关注风险沟通中的说服传播。

美国风险沟通的单向沟通模式惯性，也使得美国公众呈现出较为激烈的对抗性沟通。风险沟通问题在美国，经常表现激烈的民主抗议运动。然而在现实各种风险如核泄漏、生态破坏、环境污染和技术隐患面前，公众以抗议和社会运动的方式获得知情权和参与公共政策权利②，这也是针对风险危险的运动而被认为具有民主化的促进意义，因为它能改进美国政府公共政策对公众权益忽视的弊病。

相比较而言，我国公众在风险沟通中，特别是大型风险沟通治理中被明确赋予核心地位。这种核心地位在中国风险应对的过程中被逐渐法制化，2005 年出台《国家突发公共卫生事件应急预案》的首要原则是“以人为本，减少危害”③。2007 年的《突发事件应对法》及 2015 年《国家安全法》总体国家安全观，将应急管理方向定位为“公共安全治理”，并确立了“生命至上、安全第一”原则④，2019 年在抗击新冠疫情过程中，“生命至上、安全第一”被作为全国的防控工作原则。⑤

在中国风险情境中，通向公众的风险沟通有着更为复杂的沟通路径。具体来看，我国针对公众的风险沟通途径，重合于公共政策议程的多样化政策影响途径，具体如关门模式、内参模式、上书模式、动员模式、借力模式和外压模式。⑥因此，中国公众在中国风险沟通有着更具变通性的地位，因此，公众不太容易采取直接抗议或社会运动的方式来实现相关权益的沟通。

三、中国风险沟通：多维文化表达

文化建构作为风险沟通的一个研究路径，从风险研究兴起便一以贯之，但我国在

---

① G. Zamira, K. Marjot, G. Jan, “An Empirical Analysis of Communication Flow, Strategy and Stakeholders’ Participation in the Risk Communication Literature: 1988—2000”, *Journal of Risk Research*, Vol.8, No.6, 2005, pp.499—511.

② 张洁、张涛甫：《美国风险沟通研究：学术沿革、核心命题及其关键因素》，《国际新闻界》2009 年第 9 期。

③ 参见《国家突发公共卫生事件应急预案》。

④ 童星：《中国应急管理的演化历程与当前趋势》，《公共管理与政策评论》2018 年第 6 期。

⑤《综述：“人民至上、生命至上”理念的生动实践——多国人士积极评价中国“动态清零”防疫政策》，新华社 2022 年 5 月 1 日电；丁一鸣、常河：《为的是“人民至上”》，《光明日报》2022 年 5 月 30 日。

⑥ 王绍光：《中国公共政策议程设置的模式》，《中国社会科学》2006 年第 5 期。

这方面研究还有待深入。道格拉斯开创的风险文化研究成为风险沟通领域的两个基本范式之一[①]，社会风险存在社会放大效应，乃是因为风险演化与社会制度文化的相互交织[②]，国内研究也重视风险文化方向，但相对而言多理论引介参照而少本土文化探索，如张宁[③]以道格拉斯的四类风险文化建构类型，来解释公众会因团体或阶层关系不同而对风险认识和态度不同，但是，还缺乏对风险文化背后的资源条件、权力关系及文化背景因素的深入探究。[④]

其实，由于传统文化的厚积沉淀，中国文化体系中存在社会风险的特殊表达。内嵌于传统文化的中国风险语义丰富，如“天人感应”是一种朴素的风险认识[⑤]，它将不确定性转化为确定性，并以逆向推理获取警示效果，它还将天命论与复杂阴阳五行推理相结合，是一种带有反思性思维的风险文化。还有研究发现中国人对风险表达方式存在偏向，如中国人更喜欢文字概率表达，表现出一种“沟通偏好悖论”（communication preference paradox）[⑥]，这或许与汉字象形特征有关，文字本身就能呈现出风险信息。遗憾的是，这方面的文化探索较少。

从词源回溯来看，中西“风险”语境有明显文化差异。在西方，可追溯到西班牙、意大利和法国等语义系统，“风险”（risk）一词被认为可能源于海洋贸易，因为“risk”一词来自拉丁文 risque，系“risco”（撕破）和“rock”（礁石）的语义关联组合，意指深海航运中不确定的危险，在旧语境中，风险主要指自然现象如风暴类自然灾害造成的客观危险；后来，在德国语境中，risk 开始具有现代意涵，主要由保险理论和保险法

---

① ［英］斯科特·拉什：《风险文化》，载［英］B. 亚当、U. 贝克、V. 龙编著：《风险社会及其超越——社会理论的关键议题》，北京出版社 2005 年版，第 68—91 页。R. Laura, “Pragmatic and（or）Constitutive? On the Foundations of Contemporary Risk Communication Research”, *Risk Analysis*, Vol.41, No.3, 2021, pp.466—479.

② ［美］罗杰·E. 卡斯帕森等：《风险的社会放大：一个概念框架》，载［美］珍妮·X. 卡斯帕森、罗杰·E. 卡斯帕森著，《风险的社会视野》（上），童蕴芝译，中国劳动社会保障出版社 2010 年版，第 79—92 页。

③ 张宁：《风险文化理论研究及其启示——文化视角下的风险分析》，《中央财经大学学报》2012 年第 12 期。

④ 薛亚利：《中国情境下的新型社会风险研究》，载《社会学理论前沿》，上海社会科学院出版社 2016 年版。

⑤ 张介明：《“天人感应”：中国古代的风险文化》，《中国行政管理》2009 年第 1 期。

⑥ 梁哲、许洁虹、李纾等：《突发公共安全事件的风险沟通难题——从心理学角度的观察》，《自然灾害学报》2008 年第 2 期。

律所定义；直到在风险社会的学术概念化语境中，它才出现系统的反思内涵。①

相比较而言，我国传统文化对风险的赋意则更加多元和深刻。在中国语境中，"风险"，它由两个有不同的义理的独立词语组合而成，"风" + "险" 的两词语义重叠则让"风险" 蕴意更为丰富。《说文解字》对 "风" 解释为 "风，八风也"。风既指空气在地球表面八个方位的平行运动，还包含流俗、风俗、风化和教化之意，它隐喻象征来无影去无踪的不确定风险。险大致与 "危" 同义，有三种解释，第一是外在客观的艰难险阻，外在实体和不可抗拒力量造成的困难或者恐慌；第二是主观的特定主体相关的困难和障碍或置人于险境，如俗语 "人性险恶"；第三指不善政治，如《荀子·天论》"政险失明"，通常指对破坏政治稳定和社会团结的暴政。

总体来看，传统文化中的风险思想乃是对风险的多维认知和表达。中国人的风险观有直观感，对风险感知常从当下生存环境出发，继而诉诸内在的生命意识，能凸显作为人作为主体与之生存天命的忧虑与关切，从而具有鲜明人本意识。② 在当下日常生活中坊间俚语，或从流传至今的神话故事或历史典故，有很多关于风险感知及行动规避的表达：如识别风险情境问题上，"亡羊补牢，犹未为晚" 体现对风险客观理性判断、行动倡导及对风险防控的乐观态度；"杞人忧天" 则警惕对风险过度关注；"生于忧患，死于安乐" 和 "凡事预则立，不预则废"，又指出要对风险适度警觉且行动规避的后果差异；"人无远虑，必有近忧" 和 "居安思危"，则是说面对不确定风险的筹备意识；在防控风险上，"盘古开天地""精卫填海" 和 "女娲补天" 等的乐观主义行动态度，则强调个体应对风险时的挑战精神和对风险承受韧性。这些风险认知及态度，是一种活生生的情感支撑力量，在现实困境中能发挥精神补给和支撑作用。③

其实，中国民众的风险认知及行动意向，体现出包容性的价值观及集体行动意向。为中国民众所熟知的 "国家有难、匹夫有责" 作为一种家国情怀，也是风险防控的动员文化，再如 "愚公移山" 及其 "子子孙孙无穷尽" 的协作意识，在风险情境中就会转化为一种集体协作的群体态度和行动能力。因此，尽管传统文化在现代文明演化中

① 周战超：《当代西方风险社会理论研究引论》，载薛晓源、周战超主编：《全球化与风险社会》，社会科学文献出版社 2005 年版，第 6—7 页。

② 潘斌：《风险：一个概念史的批判性考察》，《新媒体与社会》2012 年第 3 期。

③ 王雅林：《论 "生活方式战疫" 的中国经验》，《哈尔滨工业大学学报（社会科学版）》2020 年第 6 期。

不断式微[①]，但社会根系其中的传统文化在危机情境中凸显了其独特风险规避作用[②]，从而有助于代风险困境的突破，毫无疑问，风险文化研究在未来的研究空间很大。

总之，随着中国风险管理的新常态转变及风险沟通战略的深化，这势必要提出风险沟通上的中国式议题。欧洲学者以其学术平台，立足欧洲社会政治经济背景，他们的研究展现了欧洲社会、欧洲文化特殊性的风险控制机制，这在一定程度上拓展了美国传统风险研究的视域，凸显了风险沟通中的欧洲贡献。[③] 当前，风险沟通正在兴起，作为一个亟待发展的学术领域，我国的风险沟通研究已快速跟进，作为朝现代化奋进的发展中国家及深厚底蕴的传统文化大国，在世界学术平台上贡献有特色的中国经验，既为大势所趋也是理所应当。

① 潘斌：《文化风险的形上阐释：以转型期中国文化危机为中心的考察》，《思想与文化》2017年第2期。

② 薛亚利、王雅林：《风险情境中的情感涌现和生活流变》，《哈尔滨工业大学学报（社科版）》2021年第3期。

③ 欧阳薇：《欧洲风险沟通研究述评》，兰州大学硕士学位论文，2009年。

第二十一章　社会心态的中国视角与治理实践

社会心态是国民社会精神层面的晴雨表，能够直接反映一个社会的健康程度。随着我国改革进程不断深入，伴随着各种社会问题的涌现，一些茫然的、无奈的、怨恨的情绪在社会上蔓延，国民社会心态开始出现某种不健康的症候，普遍焦虑、弱势认同、集体浮躁、仇富心理、社会怨恨不断滋生和蔓延；随之而来的“996”“社畜”“佛系”“躺平”则是消极社会心态的典型表达。同时，新媒体沟通技术也使新冠疫情、俄乌战争、中美贸易战等外因变迁因素对社会心态的影响扩大到了前所未有的程度。因此，了解我国社会心态的形成、现状与治理实践，不仅可以辅助个人提升幸福度，还是化解潜在社会矛盾、夯实社会心理基础、维护安定社会环境的前提条件。

从社会心理学视角来看，社会心态建立在社会客观现实的基础上，但后者并不能决定社会心态。与一般性的经济和社会问题不同，社会心态作为一种反映客观社会存在的主观社会意识，具有独特的治理特征和治理需求，因此需要采用更具针对性的治理策略，并发展具有独立学科品格的治理学说。这是中国社会转型与国家治理能力现代化进程向中国社会心理学界、尤其是向中国社会学界提出的宏大命题。如何从学理角度深入论述社会心态治理的基本逻辑，融合中国传统心理学思想与现代心理学的理论和技术以服务于国家治理的重大议题，日益成为中国社会学界所必须承担的学科使命。目前我国国民的社会心态主流积极健康、明显向上向好，这是基本共识。但我国社会心态也存在若干不健康的现象，理应成为国家治理的重要内容。因此，从系统论和整体论的视角出发，将健康社会心态的建设纳入国家治理体系和社会治理体系的建设中，将为新时代贯彻落实“以人民为中心”的理念、不断实现人民对美好生活的向往奠定坚实的微观基础。

第一节　社会心态的理论研究

一、社会心态的概念界定

国外并无与社会心态直接对应的研究术语。“社会心态”，可以说是中国特殊语境下的创新表述。学者甚至将之视作“汉语社会心理学研究对社会心理学科的一大贡献”，具有鲜明的“中国特色”①。从有界定和无界定的文献来看，我国学者对社会心态的使用基本上可以分为三类：

第一类，将“社会态度”视作“社会心态”。社会态度本意指人们对外界事物一贯的、稳定的心理准备状态或一定的行为倾向，包括认知（认识和评价）、情感（体验）、行为倾向（愿意）。例如，马广海②就明确提出社会情绪、社会认知、社会价值观和社会行为意向应作为社会态度测量的基本维度，“因为这几个方面都与社会行为有着高度的关联，在社会心理学关于态度的研究中它们与社会行为之间的关系已经得到了充分的证明”。高旸③在《从“污名”到“同情”：疫情时期社会心态调整探析》一文中，聚焦大众对患病者群体的态度；王佳鹏④则通过态度内容和态度对象的转换（“从政治嘲讽到生活调侃”）以及态度方向的变化（“从负能量到正能量”）来描述中国青年社会心态的变迁。

第二类，将“社会心态”视作与社会心理相关，相当于“民心”“民意”，这是基于个体层面提取出来的普遍共性。例如，崔颖⑤从社会认同感、社会压力感、社会成员自我效能感及财富观念四个方面来描述青年社会心态；夏学銮⑥提出“抢盐潮”反映出浮躁、喧嚣、忽悠、炒作、炫富、装穷、暴戾和冷漠八种不良社会心态，但其具体行

① 马广海：《论社会心态：概念辨析及其操作化》，《社会科学》2008年第10期；周晓虹：《社会心态、情感治理与媒介变革》，《探索与争鸣》2016年第11期。

② 马广海：《论社会心态：概念辨析及其操作化》，《社会科学》2008年第10期。

③ 高旸：《从“污名”到“同情”：疫情时期社会心态调整探析——以疫情流言为分析视角》，《思想教育研究》2020年第3期。

④ 王佳鹏：《从政治嘲讽到生活调侃——从近十年网络流行语看中国青年社会心态变迁》，《中国青年研究》2019年第2期。

⑤ 崔颖：《从网络语言看青年社会心态——以2010—2019年网络热词为例》，《新闻论坛》2021年第3期。

⑥ 夏学銮：《值得关注的八种不良社会心态》，《领导文萃》2011年第22期。

文中更多聚焦的是负面社会行为；而在张玉林眼中，社会心态等同于社会问题的主观反映①；董慧、杜君②将当今社会心态的总体描述为“美好生活需要”满足感不断增强、“自尊自信”的心理更加坚定和“亲善友爱”的凝聚感不断增强，尽管其对社会心态的定义几乎与社会心理相等。

第三类，将“社会心态”视作“社会的心理”，强调与个体心理的差异。其中，杨宜音、王俊秀、周晓虹等人是最典型的代表人物。杨宜音③明确提出，社会心态本质上体现的是个体与宏观社会的心理关系，是超越个体心理的共性部分。在实际的叙述逻辑中，她其实将社会心态和社会心理看成是基本相同的概念④。王俊秀⑤则将社会心态定义为“一个社会整体或占一定比例的成员表现出的一致的社会心理特点”。周晓虹⑥的定义则为“一定时期内弥散在整个社会或某些社会群体中的宏观、变动和突生的社会心理态势”。几位学者对“社会性”的强调，无疑能纠正“将个体心理中的社会心理等同于社会心理”的偏差。

二、社会心态的影响因素

大量研究表明，没有社会变迁，人们将维持相对稳定的国民性特质；反之，社会变迁，尤其是突变型社会变迁因素常常是社会心理剧烈变化的前提，也是社会心态生成的必要条件。“社会心态既是社会变迁的表达和展示”⑦，从某种程度上说，社会心态就是社会成员对社会变迁的心理反应。

有关社会变迁与社会心态的研究，始于欧洲的现代化进程，已经形成了十分丰富的学术成果。早在1856年，托克维尔就通过《旧制度与大革命》来论述社会变迁与社会心态的关系，形成了年鉴学派，称为心态史学。其主旨就是发现在有史以来的社会变迁中那些曾经被遮蔽、被忽略却左右或影响着历史进程的社会心态及其精神和意义

① 王慧：《当前社会心态演变趋势——访南京大学社会学系教授张玉林》，《人民论坛》2011年第12期。
② 董慧、杜君：《当今社会心态的“三观”因素探析》，《毛泽东邓小平理论研究》2020年第7期。
③ 杨宜音：《个体与宏观社会的心理关系：社会心态概念的界定》，《社会学研究》2006年第4期。
④ 马广海：《论社会心态：概念辨析及其操作化》，《社会科学》2008年第10期。
⑤ 王俊秀：《社会心态：转型社会的社会心理研究》，《社会学研究》2014年第1期。
⑥ 周晓虹：《开放：中国人社会心态的现代表征》，《江苏行政学院学报》2014年第5期。
⑦ 王俊秀、杨宜音：《2011年中国社会心态研究报告》，社会科学文献出版社2011年版，前言第2页。

世界。①

虽然极少有学者直接讨论社会变迁与社会心态的关系，但却有不少研究尝试描述某一具体社会变迁背景下社会心态的表现，其中社会转型影响社会心态变化的文献较多。例如：改革与社会心态②、社会转型与社会心态③，甚至周晓虹等学者将中国近几十年的一系列巨大社会变革统称为“中国经验”，以此研究中国人社会心态及其变化④。

值得一提的是，王小章⑤曾提出社会心态受到社会结构与文化价值观两方面共同的影响制约，在他看来，社会心态就是社会成员对于现实社会生活状况之直接心理反应。其中的“现实社会生活状况”主要指的是结构和价值的不匹配，换句话说，正是新社会结构导致新文化价值结构的断裂或瓦解，才导致了消极负面的社会心态滋生泛滥。

三、社会心态的内部结构

社会心态研究的目的是分析和描述宏观的社会心理，因此探讨社会心态的构成就显得极为重要。然而，关于社会心态结构的讨论不仅吸引了来自社会学和心理学领域的研究者，还吸引了来自哲学领域的讨论。⑥

在哲学视角下，社会心态常常被视为一个大众社会心理现象的代名词，文化、舆

---

① 连连：《社会变迁与社会心态：历史经验的考察》，《浙江学刊》2012 年第 6 期。

② 王铁、吴玲华、吴昱南、曹莹：《改革与社会心态调查报告》，《学习与实践》2005 年第 12 期；徐胜：《在和谐的社会心态中进一步解放思想》，《重庆工学院学报（社会科学版）》2009 年第 9 期。

③ 景怀斌：《从依赖集体主义到关系自私主义——十年来中国社会心态变异探析》，《社会科学家》1989 年第 5 期；周晓虹：《中国人社会心态六十年变迁及发展趋势》，《河北学刊》2009 年第 5 期；刘东超：《当代中国文化变迁和社会心态演变》，《学术探索》2004 年第 3 期；龙书芹：《转型期中国人的社会心态及其阶层差异性——基于 2006CGSS 的实证分析》，《南京师大学报（社会科学版）》2010 年第 6 期；侯晋雄：《转型期社会心态问题与构建和谐社会》，《陕西理工学院学报（社会科学版）》2006 年第 4 期。

④ 周晓虹：《中国体验：社会变迁的观景之窗》，《探索与争鸣》2012 年第 2 期；王小章：《结构、价值和社会心态》，《浙江学刊》2012 年第 6 期；成伯清：《“中国体验”的意义和价值》，《学习与探索》2012 年第 3 期。

⑤ 王小章：《结构、价值和社会心态》，《浙江学刊》2012 年第 6 期。

⑥ 石孟磊：《社会心态研究述评：概念、结构与测量》，《江苏科技大学学报（社会科学版）》2016 年第 4 期。

论、时尚都被纳入心态的分析当中。例如，程家明①提出社会心态的五维结构，包括本能—需要、性格—态度、认识—评价、意志—选择、文化—传统。张二芳提出三维社会心态结构论，包括文化要素、心理要素和思想要素。刘崇顺②、胡红生③的一级指标较为相似，均把社会心态划分为内蕴（内隐）与表象（外显）两个部分，其中社会舆论、社会风俗、社会时尚是社会心态的外显系统；而社会需求、社会动机、社会情感和社会态度等是社会态度的内隐机制。

在社会学视角下，对社会心态内部结构的探讨则相对细碎和零散。例如，杨宜音④的三维度结构，包括社会情绪基调、社会共识、社会价值观；许传新⑤的五维结构，包括相对剥夺感、社会差异感、社会距离感、身份归属感、生活满意度；马广海⑥提出社会心态测量四维度结构，包括社会情绪、社会认知、社会价值观和社会行为意向；马皑⑦的七维结构，包括对社会现状的看法、对未来的看法、对社会不公的看法、有关人际信任的态度、归因方式、相对剥夺感与社会压力感。王俊秀⑧提出社会心态由社会需要、社会认知、社会情绪、社会价值观、社会行动五个一级指标和若干个二级指标组成。从中可以看出，社会学角度下的社会心态结构的严谨性略有不足，各指标的层次和逻辑不够清晰，还没有形成基本的共识。

心理学视角下，对社会心态结构的规范研究仅有王益富和潘孝富⑨一篇论文。他们通过较为规范的量表编制程序，发现社会心态可以划分为生活满意感、社会压力感、政府信任感、社会公平感、社会安全感、社会问题感。

第二节　中国社会心态的特征

透过社会问题透视社会心态的特征，是当下大多数相关研究的潜在逻辑。从聚焦

① 程家明：《关于社会心态研究的几个问题》，《江淮论坛》1991 年第 6 期。
② 刘崇顺：《二十年的社会变革与社会心理变迁》，《特区理论与实践》1998 年第 12 期。
③ 胡红生：《社会心态论》，武汉大学博士学位论文，2004 年。
④ 杨宜音：《个体与宏观社会的心理关系：社会心态概念的界定》，《社会学研究》2006 年第 4 期。
⑤ 许传新：《新生代农民工城市生活中的社会心态》，《思想政治工作研究》2007 年第 10 期。
⑥ 马广海：《论社会心态：概念辨析及其操作化》，《社会科学》2008 年第 10 期。
⑦ 马皑：《相对剥夺感与社会适应方式：中介效应和调节效应》，《心理学报》2012 年第 3 期。
⑧ 王俊秀：《社会心态：转型社会的社会心理研究》，《社会学研究》2014 年第 1 期。
⑨ 王益富、潘孝富：《中国人社会心态的经验结构及量表编制》，《心理学探新》2013 年第 1 期。

内容来看，大致可以分为四个透视视角。

一、社会情绪的视角

焦虑，是一种个体心理情绪，其特征是内心动荡的不愉快状态，是对预期事件的恐惧的主观不愉快感觉，通常伴有肌肉紧张、烦躁、疲劳、呼吸紧迫、腹部紧绷和注意力不集中等。可以说，焦虑已成为当下中国最典型的社会心态。《中国国民心理健康发展报告（2019—2020）》指出，2020年人们的心理健康意识得到增强，普遍表现出乐观的倾向。但“在总体相对平稳的状况下，不同群体的心理健康呈现出不同的特点。其中，焦虑问题较为普遍地呈现于不同群体中”①。以“焦虑”为关键词探索中国知网，截至2022年7月5日，共有13.51万相关文献，其中仅学位论文就多达2.14万篇。这表明，它已成为一个重要社会心态现象，焦虑得到大量学者的关注。

焦虑，已从个体心理情绪泛化为全民性社会情绪。相关研究大多来自心理健康调查。根据2018年我国青少年研究中心和共青团中央国际联络部发布的《中国青年发展报告》，我国17岁以下儿童青少年中，约3000万人受到各种情绪障碍和行为问题困扰，其中有10%左右的儿童青少年出现过不同的焦虑障碍。《中国国民心理健康报告（2019—2020）》发布指出，18—34岁青年的焦虑平均水平高于成人期的其他年龄段。《中国青年网民社会心态调查报告（2009—2021）》对当代青年的“焦虑感”进行了深入研究，结果发现近七成受访青年网民或多或少表达了不同程度的焦虑感，学习、工作、外貌、健康成为焦虑感四大来源，青年女性、海外青年、东部青年、高学历青年压力较大。对中国教师群体的研究表明，1994—2011年间我国教师的心理健康水平整体逐年下降，并有加速趋势，在抑郁、焦虑、偏执等方面尤为明显。②同时，2019年发布的《中国国民心理健康发展报告（2017—2018）》指出，我国公务员群体中，处于中高等焦虑、抑郁和压力水平的比例分别达到35.2%、33.2%和52.2%。此外，一项对1984—2021年以老年人心理健康为主题的文献计量研究发现，孤独感与焦虑感是目

① 俞国良：《当前公众心理健康状况与社会焦虑的纾解》，《人民论坛》2021年第25期。

② 衣新发、赵倩、胡卫平：《中国教师心理健康状况的横断历史研究：1994—2011》，《北京师范大学学报（社会科学版）》2014年第3期。

前老年人心理健康问题研究最多的症状。①

二、社会体验的视角

社会体验，顾名思义就是人们对社会及其变化的主观感受。“中国体验”是最接近社会体验的主题。根据周晓虹②的观点，中国体验反映的是中国改革开放以来巨大的结构性或制度性宏观变迁下微观社会心态的变化，具体表现为传统与现代的颉颃、理想与现实的落差、城市与乡村的对峙、东方与西方的冲突，以及积极与消极的共存，具有边际性和两极性的特征。另有人提出，通过对“资本的体验”“幸福的体验”和“心智的体验”可以描述“中国体验”的全貌。③遗憾的是，目前国内学者对中国体验的理解大多停留于概念分析层面，未能具体落实到实证研究当中。

在十九大报告后，“美好生活感知”成为新社会体验研究热点，一些学者④将“三感”作为衡量居民整体生活质量的主观指标。此外，更多学者关注的是社会转型过程中的某一种社会体验及其变化。由于幸福感和安全感的研究相对成熟，国内学者大多沿用国外概念⑤；而作为一个本土化概念，只有获得感得到了国内学者本土性理解。例如，谭旭运⑥等提出获得感是国民在社会改革发展中对其需求满足过程和结果的主观认知、情感体验和行为经验的综合反应。郑建君⑦将获得感定义为个体或群体在自我处境持续改善、自我状况不断提升过程中所感受到的积极心理体验，是一种建立在“客观获得”基础上的主观感受。

① 张环宇：《我国老年人心理健康问题研究的可视化分析》，《经济研究导刊》2022 年第 16 期。

② 周晓虹：《中国经验与中国体验：理解社会变迁的双重视角》，《天津社会科学》2011 年第 6 期。

③ 余达淮、曲韵畅：《“中国体验”的三个认知要素》，《河海大学学报（哲学社会科学版）》2017 年第 5 期。

④ 王俊秀、刘晓柳、刘洋洋：《人民美好生活需要的层次结构和实现途径》，《江苏社会科学》2020 年第 2 期；冀潜：《基于获得感、幸福感、安全感的居民高质量生活评价体系研究》，《统计理论与实践》2020 年第 4 期；郑建君：《中国公民美好生活感知的测量与现状——兼论获得感、安全感与幸福感的关系》，《政治学研究》2020 年第 6 期。

⑤ 马红鸽、席恒：《收入差距、社会保障与提升居民幸福感和获得感》，《社会保障研究》2020 年第 1 期；刘洋洋、王俊秀：《中国居民幸福感的时代变化——基于世代再分析》，《人口与社会》2020 年第 6 期。

⑥ 谭旭运、董洪杰、张跃、王俊秀：《获得感的概念内涵、结构及其对生活满意度的影响》，《社会学研究》2020 年第 5 期。

⑦ 郑建君：《中国公民美好生活感知的测量与现状——兼论获得感、安全感与幸福感的关系》，《政治学研究》2020 年第 6 期。

三、社会信任的视角

信任有两个主要内涵：在经济学中，信任被视为理性选择行为，例如游戏中更合作的选择；在社会心理学中，信任指一种决策启发，与期望、意图、情感、倾向和判断等共同影响人际关系。① 尽管信任问题不像焦虑情绪那样容易被感知，但一些特定群体矛盾事件的频繁发生，使学者们开始从社会关系的视角来分析研究。同样，以“信任”为作为关键词探索中国知网，截至 2022 年 7 月 5 日，共有 5.76 万相关文献，但学位论文却多达 2.61 万篇。

有研究表明，中国信任格局仍然是差序格局，政府信任呈现央强地弱的趋势，市场机制不利于普遍信任的形成，社会组织内部依然是关系信任等。② 换句话说，中国目前仍然缺少普遍信任，集中表现为中小企业借贷难问题、医患矛盾、警民冲突等。其中，中小企业主信用意识相对欠缺，是融资难的首要制约因素。有研究表明，部分中小企业在取得融资后，存在逃避还款义务的思想，造成银行、信托机构等金融机构对中小企业的不信任，使其融资过程更加困难。目前我国医患矛盾恶化已成为不争的事实，其中医患之间信任的缺失是根本原因。例如，有研究 ③ 对三起医暴事件进行分析后发现，医患纠纷“激化”的共同之处是源于患方（患者或者家属）对医方的不信任，特别是“温岭事件”中的患者连恩青，不仅对主治医生不信任，对医院的后续检查结果也持怀疑态度，认为自己是用生命去换取“看病的真相”。同样，由于近年来警民冲突事件屡屡上演，大到“雷洋事件”“庆安枪击案”，小到公民在街头遭遇警察盘问等等，都激发了舆论的涟漪。舆情给人留下这种印象：民众对警察的信任度正在下降。但有研究根据 2002 年和 2015 年数据的对比后发现，我国民众对警察的总体信任度小幅升高，绝对信任度大幅降低，相对信任度大幅上升，信任行为日趋理性化。④

---

① R. J. Lewicki, C. Brinsfield, “Framing Trust: Trust as a Heuristic”, *Framing Matters: Perspectives on Negotiation Research and Practice in Communication*, 2011, pp.110—135.

② 敖丹、邹宇春、高翔：《城镇居民普遍信任的区域间及区域间差异分析——基于资源因素论视角》，《社会》2013 年第 6 期。

③ 齐晓霞：《医患纠纷“激化”的成因分析与法律应对——以三起暴力袭医事件为关切》，《求是学刊》2020 年第 1 期。

④ 龚志文、沈薇、马雨辰：《我国民众警察信任变迁的时期效应和世代效应——基于 ABS2002 和 ABS2015 数据的实证研究》，《北京警察学院学报》2021 年第 3 期。

四、社会价值的视角

价值观是一种对抽象事物持续性、评价性的信念。价值迷失，字面的含义就是民众对自己所持的价值不清楚，或对自己的价值观持消极态度，丧失了应有的积极的价值观，怀疑人存在的价值和意义。

急速的社会转型也使价值观领域受到极大的挑战，甚至出现了价值危机。这成为当下中国社会心态的又一大困境。有研究运用世界价值观调查数据（1990—2012）发现，随着时间的推移，人们对权威的态度趋于积极，私人领域价值观趋于开放，后物质主义价值观则表现为先上升而后下降的趋势。[①] 除了价值观调查外，也有学者从更多社会现象中看到了当下我国价值迷失的问题。例如，有研究[②] 指出，网络炫富族对财富的大肆宣扬和对自身的刻意包装，折射出现实生活中的拜金主义、个人主义、消费主义思潮，在很大程度上反映了其精神空虚、身份焦虑和价值迷茫。而青年群体中普遍盛行的“佛系”“躺平”也是青年价值迷失的表征。[③] 此外，农村老人自杀也体现出价值的迷失，其诱因包括为子代着想、家庭矛盾、孤独无力、疾病困扰等。[④]

第三节　社会心态的中国治理实践

随着社会心态问题及其诱发的社会冲突问题的凸显，我国政府也开始主动重视心态治理与心态秩序建立的问题。从 2012 年党的十八大报告中强调“注重人文关怀和心理疏导，培育自尊自信、理性平和、积极向上的社会心态”，到 2017 年十九大报告中再次重申“加强社会心理服务体系建设，培育自尊自信、理性平和、积极向上的社会心态”，再到 2018 年《全国社会心理服务体系建设试点工作方案》的实施，社会心态治理已成为我国重要治理课题。[⑤] 在社会治理实践摸索中，我国政府逐渐形成了三种治

① 高海燕、王鹏、谭康荣：《中国民众社会价值观的变迁及其影响因素——基于年龄—时期—世代效应的分析》，《社会学研究》2022 年第 1 期。

② 蒋建国：《网络炫富：精神贫困与价值迷失》，《现代传播》2013 年第 2 期。

③ 张鑫宇：《青年“佛系心态”透视》，《当代青年研究》2019 年第 2 期。

④ 刘锐、杨华：《价值迷失与农村老人自杀——基于湖北京山 J 村的个案研究》，《湖南农业大学学报（社会科学版）》2014 年第 6 期。

⑤ 汪新建：《何以“治心”——兼论心理学如何服务社会治理》，《南京师大学报（社会科学版）》2021 年第 4 期。

理实践模式。

一、个体治理模式：社会心理服务

我国对社会心态的最明确的治理措施是社会心理公共服务体系的建设。2018 年底国家卫生健康委、中央政法委、中宣部等十部门联合印发了《全国社会心理服务体系建设试点工作方案》(简称《试点方案》)，明确提出："到 2021 年底，试点地区逐步建立健全社会心理服务体系，将心理健康服务融入社会治理体系、精神文明建设，融入平安中国、健康中国建设。建立健全党政领导、部门协同、社会参与的工作机制，搭建社会心理服务平台，将心理健康服务纳入健康城市评价指标体系，作为健康细胞工程（健康社区、健康学校、健康企业、健康家庭）和基层平安建设的重要内容，基本形成自尊自信、理性平和、积极向上的社会心态，因矛盾突出、生活失意、心态失衡、行为失常等导致的极端案（事）件明显下降。"

2021 年，九部委又联合印发了《关于印发全国社会心理服务体系建设试点 2021 年重点工作任务的通知》，对一些较好的实践模式进行了总结和推广。例如，浙江省通过"嘉兴模式"创新地校合作、"嘉心在线""健心客厅"等落地项目，以提升"面对面"心理服务的便捷性；河南省的"驻马店模式"形成了基层治理中的"六进""六服务""六严控""六结合"工作机制，营造理性平和的社会心态，有效化解社会矛盾；湖北省"武汉模式"，打造"三专"(专班、专员、专干）心理服务体系，实施"五社一心"服务项目，整合各方力量开展疫情心理危机干预工作，加强心理热线及线上平台服务，推进心理健康和精神卫生服务进社区；广东省的"深圳模式"，从政策保障、部门协调、社会参与等方面入手，很好地发挥了示范引领效果；四川省的"自贡模式"，创新政法卫生健康部门"双牵头""双融合"工作机制，实现"一盘棋"，构建"一张网"，坚持问题导向，创新开展中小学生心理健康疏导与危机干预，促进解决中小学生心理健康问题。

从理论上来看，社会心态治理的目标应该是社会成员的普遍性体验，而不是个体化的体验，社会心理服务体系的实践可以分为微观、中观和宏观三个层面。[①②] 微观层

① 俞国良：《社会转型：社会心理服务与社会心理建设》，《心理与行为研究》2017 年第 4 期。

② 王俊秀：《多重整合的社会心理服务体系：政策逻辑，建构策略与基本内核》，《心理科学进展》2020 年第 1 期。

面的社会心理服务体系建设是依据现有心理学体系，不断扩展心理服务内容和心理服务对象，中观层面则是社会心态培育和社会治理，宏观层面是实现幸福社会。但后两者的操作相对较难，从各试点地区的政策实施来看，目前社会心理服务体系建设工作大致沿着两条路径展开："科普宣教"和"重点援助"。两者均立足于社会中的"个体"，以个体心理需求为导向提供公共服务。这可能是因为"个体心理健康服务在社会心理服务体系中的作用较容易被理解，也容易依托心理咨询机构或者社工进行实际操作，导致社会心理服务体系建设的内容定位于'心理健康'的倾向严重"①。

二、舆论治理模式：社会心理环境

从《试点方案》具体细则来看，方案试图采用心理评估、心理健康辅导、危机干预等配套的一系列心理健康服务模式来改善社会心态。然而，通过一个个微观个体来改变整体社会心态，是典型的社会心态原子化思维，很难应对和解决社会心态的突出性问题，尤其是整体国民社会心态在遭遇突发性重大公共事件的外生冲击时，这些问题会更加凸显，例如在新冠疫情中的群体极化、邻避效应、集体恐慌、地域排斥等社会心态失衡的集中表现。可以说，突发性决定了社会心态治理更应该关注整体性的社会情绪、社会态度和社会价值等。

由于"社会心态具有强情感驱动、易于极端化、包含潜在政治诉求和具备形塑公共性的可能等特征"②，其主题应该是"那些会直接妨碍或促进国家意志和社会秩序达成的相关主题"。目前我国主要落地在社会舆情监测预警不良社会心态，以有针对性地及时加以干预和疏导的思路展开。

随着互联网传播技术的发展，网络社会舆情的引导成为社会舆论引导的重点内容，以大数据为基础的舆情处理成为影响社会心态的重要路径。2011 年，我国成立互联网信息办公室，主要职责包括落实互联网信息传播方针政策和推动互联网信息传播法制建设，指导、协调、督促有关部门加强互联网信息内容管理，依法查处违法违规网站

① 池丽萍、辛自强：《社会心理服务体系建设的应然与实然：基于全国 12 个试点地区的评估》，《心理科学》2019 年第 4 期。

② 吕小康：《国家治理视角下的社会心态治理》，《南京师大学报（社会科学版）》2021 年第 4 期。

等。2018 年国务院又下发《关于机构设置的通知》，将国家互联网信息办公室与中央网络安全和信息化委员会办公室，合并为一个机构两块牌子，列入中共中央直属机构序列。从中可以看出，国家层面对网络信息和网络舆论的重视。例如，国家网信办部署开展 2021 年“清朗”系列专项行动，从整治网上历史虚无主义，治理算法滥用行为，打击网络水军、流量造假、黑公关，整治未成年人网络环境，整治 PUSH 弹窗新闻信息突出问题，规范网站账号运营，整治网上文娱及热点排行乱象等八个方面展开行动①，以使网络成为正能量的聚集地。当然，也有研究借用刑法中的“谦抑性”概念，提出社会心态治理的“谦抑治理”的原则，指政府自律，审慎地界定而不泛化和扩大待治理的社会心态内容，慎用刑罚或泛刑罚手段作为社会心态治理的惩罚性手段，注重激发社会自治和社会心态自我调节的功能等内容。②

通过对社会舆情的治理和引导，是对社会心态的间接治理，是打造良好社会心理环境的治理实践。除了直接干预网络行为外，政府也逐渐形成了一些有效的干预或引导舆论的方式。有研究③通过“东方之星”沉船事故、“8・12”天津滨海爆炸事故和“长春长生疫苗”事件，发现当负面情绪快速（爆发式）增长时，政府采取积极的、正面的、有力的干预，同时在短时内引导关键节点转发相关信息，可迅速扩大政府干预的传播范围，提高政府干预的影响力，降低公众参与该事件的热情，及时引导负面情绪向其他情绪转移，使总体新增情绪规模下降。

三、系统治理模式：社会心理机制

真正长期有效的治理模式应该是系统性的：“既包括政府部门真正能够取信于民，也包括国家的治理能够不断实现民众的希望或梦想，还包括我们的民众能够养成理性的表达方式。从根本上说，只有国家的发展给人民带来希望，人民才能够以平和的心态对待生活中的日常挫败。”④因此社会心态的系统治理模式包括政府公信力建设、结构

① 天目新闻：《图观重拳！今年互联网都清理整顿了啥？》，《人民资讯》2021 年 12 月 8 日。
② 吕小康：《国家治理视角下的社会心态治理》，《南京师大学报（社会科学版）》2021 年第 4 期。
③ 冯兰萍、严雪、程铁军：《基于政府干预和主流情绪的突发事件网络舆情群体负面情绪演化研究》，《情报杂志》2021 年第 6 期。
④ 周晓虹：《社会心态、情感治理与媒介变革》，《探索与争鸣》2016 年第 11 期。

性矛盾的化解以及公民理性素养的提升三个方面。

政府公信力，是保证良好社会心态的基础，是现代社会诚信普遍生成的重要基础，也是检验政府执政能力的重要标准。从理论上讲，提升政府公信力，可以从稳定政策、兑现承诺、信息真实、官员廉洁和公权规范五个方面展开。① 在政府实践或政策实践中，政府的确采用了不少措施。例如，为减少权力寻租带来的腐败问题，形成了反腐败的压倒性态势；为提升行政主体或公务员的责任意识，不断强化行政问责制度；为完善广大公众参与的程序正义，开通更多便捷的参与渠道。也有研究者指出，要将公众心理评估引入政策评估流程，以公正感和获得感为导向完善公共政策评估体系，从而及时把握群众的心理诉求与心理感受，确保公共政策能够符合善治逻辑。②

同时，由社会结构性因素所导致的社会政策最易引发市民消极的社会情绪和失衡的社会心态③，比如，新市民子女的教育问题④，特别是让农民工子女不受任何制度化和个体性“歧视”，从小享有平等的人文关怀和道德尊严，对新市民家庭的融入具有基础性意义。通过多年的摸索，形成了以某一个社会心态指标为突破口的特殊社区治理模式，进而影响市民的其他社会心态，如社会认知、社会情绪、社会价值。例如，上海社区治理模式的特点是将权力下放到街道，街道成为城市管理中的“一级”地位，街道与居民的紧密性得以强化⑤；沈阳模式的社区治理在运行过程中突出将社区依据居住地域和心理认同等指标对社区进行划分，如划分为单位职工为主体的“单位型社区”，以高新区、金融区、商业区为特点的“功能型社区”⑥；江汉模式的社区治理强调社区自治功能，将政府管理与社区自治功能相补充⑦。定位于本城乡、本区县、本市的“区情、市情和民意”的特点，从本地区社会心态中最易操作处着手，辅以其他方式，将是我

① 胡晓明：《提升政府公信力的逻辑内涵与实施路径》，《人民论坛》2021 年第 34 期。

② 汪新建：《何以“治心”——兼论心理学如何服务社会治理》，《南京师大学报（社会科学版）》2021 年第 4 期。

③ 林颖、蒋俊杰：《从心理疏导到社会心理服务：我国社会治理体系的重大创新》，《上海行政学院学报》2019 年第 4 期。

④ 周少来：《“农民工市民化”与城市治理体系的重构》，《中国特色社会主义研究》2016 年第 1 期。

⑤ 参见潘小娟：《中国基层社会重构：社区治理研究》，中国法制出版社 2004 年版。

⑥ 参见康之国：《构建城市和谐社区与社区治理创新研究》，知识产权出版社 2008 年版。

⑦ 省委政研室、省民政厅联合调研组：《十年探索结硕果“江汉模式”誉全国：武汉市江汉区推进社区管理体制改革创新调查》，《政策》2010 年第 8 期。

国社会心态治理的重要策略。

涵养良好的公民素养也是影响社会心态的重要因素。公共性的社会大事件，就是检验和透视公民素养和国民心态的一个重要窗口。例如，在突袭而至的新冠肺炎疫情面前，一方面，抗击疫情的过程就是淬炼公民素养和国民心态的熔炉；另一方面，良好的公民素养和国民心态也是疫情防控的“硬核”力量，更是推动战“疫”积极向好态势不断拓展的精神之盾。[①] 为了引导公众理性面对疫情，各大媒体邀请不同领域的专家学者进行“战‘疫’说理”系列报道，形成对疫情的全方位解读和讨论，以提升网民舆论思考素养。

① 《良好的公民素养和国民心态是“硬核”力量》，《经济日报》2020年3月16日。

第二十二章　铸牢中华民族共同体意识的理论与实践

国家建构一般是指在各方面打破国内各地区和族群间的壁垒，建立和健全集中、统一的国家权力系统，建立和发展统一的国民经济体系和商品流通市场，在全国范围内推行和传播统一的语言，以及能够促进社会、经济现代化的统一的文化模式。① 现代国家建构是由国家建构和民族建构组成的双向进程。② 就国家建构而言，它是由领土空间和国家权力与行为的政治整合。③ 民族建构则是在特定政治地域和国家权力下，各族群之间通过共同经济社会活动而形成共同语言、文化和心理，从而形成基于民族主义观念下的"想象的共同体"。④ 这既强调了国家内部不同民族和文化群体的客观存在，也体现了这些民族和文化群体在共同意愿的基础上建立一个国家的历史过程。事实上，国家建构和民族建构是同步进行和相辅相成的，国家建构为民族建构提供政治庇护和支持，而民族建构又为国家建构提供合法性来源和理念支撑。不同地区不同民族不同文化的政治发展进程、历史根基和面临的外部环境不同，呈现了不同的建构模式和发展特征。⑤ 中国作为世界上唯一绵延上千年古代文明未曾断裂的国家，"多元统一"一直是国家建构当中深厚的历史文化遗产。中国共产党深刻认识到国家建构当中"多元统一"这一历史文化遗产的重要意义，创造性地提出"铸牢中华民族共同体意识"的国家民族建构纲领。

---

① 参见宁骚：《民族与国家》，北京大学出版社 1995 年版。

② Samuel E. Finer, "State- and Nation-Building in Europe: The Role of the Military", in Charls Tilly ed., *The Formation of National States in Western Europe*, Princeton University Press, 1975.

③ Francis Fukuyama, *Stating-Building: Governance and World Order in the 21st Century*, Ithaca: Cornell University Press, 2004.

④ 参见［美］本尼迪克特·安德森：《想象的共同体：民族主义的起源与散布》，吴叡人译，上海人民出版社 2003 年版。

⑤ 艾俊树、黄德凯：《非洲本土视域下的民族国家建构：模式、特征和路径》，《国际关系研究》2019 年第 1 期。

第一节　中华民族共同体意识的提出

2014年习近平总书记在第二次中央新疆工作座谈会上首次提出“中华民族共同体意识”。2017年，党的十九大报告明确指出“铸牢中华民族共同体意识”，并将其写入中国共产党党章，是新时代民族工作的主线，也是全部中华民族建设的主线和根本。① 2022年7月12日至15日，习近平在新疆考察时的进一步明确提出，要以增强认同为目标，深入开展文化润疆。文化认同是最深层次的认同。

铸牢中华民族共同体意识是习近平总书记在党的民族理论方面作出的重大原创性科学论断，是马克思主义民族理论中国化的最新成果。标志着党在中华民族建设问题上的进一步自觉，也标志着马克思主义中国化在民族规律认识上的进一步自觉。② 中华民族共同体的提出旨在消弭民族建设与国家建设之间可能存在的斥力。③ 中华民族建设是我国多民族国家建设的核心工程，也是中国共产党国家建设理论与实践的创新成果。

第二节　铸牢中华民族共同体意识的理论研究

一、关于“中华民族”的理论研究

“中华民族”概念的发展经历了三次大的理论争论。一是梁启超将“中华”和“民族”合二为一后首次以专有名词的形式出现在大众视野；二是顾颉刚强调中华民族是一个有机的整体；三是费孝通创造性地提出“中华民族多元一体格局”理论。

（一）“中华民族”概念在中国社会的发展

1. 梁启超首次提出“中华民族”概念

梁启超是“中华民族”一词的创造者，其中“中华”为中国固有的词汇，“民族”则是引进的词汇，这是学界的普遍认识。1902年，梁启超在《论中国学术思想变迁之大势》中，开创性地使用了“中华民族”一词，但这篇文章对于“中华民族”的定义尚不明确。而且，梁启超在具体使用“中华民族”一词时却比较混乱，有时指汉族，

① 王希恩：《中国共产党的中华民族建设实践及理论创新》，《西北民族研究》2021年第2期。

② 同上。

③ 严庆：《本体建设与意识铸牢：试论中华民族共同体研究的理路》，《西北师大学报（社会科学版）》2021年第6期。

有时又指中国的所有民族。直到1903年梁启超发表的《政治学大家伯伦知理之学说》一文中，才清晰地赋予“中华民族”以较为科学的内涵，提出了“大民族主义”和“小民族主义”这样一对概念。

1905年，梁启超又写了《历史上中国民族之观察》一文，从历史演变的角度重点分析了中国民族的多元性和混合性，认为中国民族从总体上可以分为9个派系，第一是华族，其他8个派系为苗族、蜀族、巴氐族、徐淮族、吴越族、闽族、百粤族、百濮族，这些民族“皆组成中国民族最重要分子也”。并下结论说：“中华民族自始本非一族，实由多民族混合而成”。由此，梁启超真正完成了“中华民族”一词从形式到内容的革命性创造。这就是，中华民族指中国境内的所有民族，汉满蒙回藏等为一家，是多元混合的。梁启超所提出的“中华民族”共同体的观点，不仅矫正了革命党人内部存在的狭隘的排满民族主义思想，而且也为革命党人、立宪派人士及满清开明贵族所接受，为消除民族歧视、促进各民族关系和谐、实现民族团结、维护国家统一，发挥了积极的理论指导作用。尤其是梁启超对“中华民族”内涵的界定，开创了中华民族大家庭构建的新起点，就其基本精神而言，已接近于费孝通先生提出的“中华民族多元一体格局”的理论。①

2. 顾颉刚发表《中华民族是一个》

1939年2月13日，顾颉刚在《益世报·边疆周刊》第9期发表了《中华民族是一个》一文，不仅首次指出了“民族国家”理论给中华民国国家稳定带来的严重威胁，而且也引发了学界对“中华民族”概念的大讨论。

在日本侵华战争的大背景下，顾颉刚担负起一个历史学家宣传的使命，急切地创立一种理论，旨在将帝国主义者分化边疆同胞和欺骗全国人民的谬说驳倒，并揭穿帝国主义者企图毁掉中华民族的阴谋。②这个理论就是“中华民族是一个”。顾颉刚认为：中华民族不仅不组织在血统上，而且不建立在同文化上。现在的汉人文化，早已成为吸取各家之长的混合文化，而并非单纯承袭商周的传统。这在中国历史上有不计其数的证据。所以，现有的汉人的文化不能单纯地称为汉人的文

① 赵志研：《梁启超：提出“中华民族”概念第一人》，《中国民族报》2009年1月16日。

② 汤莹：《顾颉刚“中华民族是一个”理论再探》，《思想战线》2018年第1期。

化，而应该被看作是整个“中华民族的文化”。即凡是中国人都是中华民族——在中华民族之内我们绝不该再析出什么民族——从今以后大家应当留神使用这“民族”二字。

顾氏之所以能够提出这一理论，不仅在于其从前人如梁启超的民族论述中得到了一定的启发，更在于其能够运用“考究典籍”和“实地调查”相结合的方法，从而建立了这一既有历史根据、又有调查依据的理论。① 对此，白寿彝认为：“中华民族是一个”并不是抗战以来的新发明，但用事实来证明的，顾颉刚的《中华民族是一个》还是第一篇文字。② 因此，此论一经问世，不仅在当时引发了一场关于“中华民族是一个”的论争，还引起了当时政界的关注和肯定。

3. 费孝通发表《中华民族的多元一体格局》

“多元一体”理论是费孝通 1988 年在香港中文大学首次提出的，到 2005 年“多元一体”一词在中央民族工作会议上被提及，表明其已经正式从学术理论进入中国共产党的政治话语体系。从费孝通和中国共产党对“多元一体”理论的相关阐述中可以看出，“多元一体”理论与铸牢中华民族共同体意识的内容相互交织、有机统一。

在费孝通看来，中华民族“多元一体”格局的形成过程是一个历史过程，它的主流是由中国许多分散孤立存在的民族单位，经过长期接触、混杂、联结和融合，同时也有重组和消亡，形成了一个你来我往、我往你来，我中有你、你中有我，而又各具个性的多元统一体。③ 这表明中华民族与 56 个少数民族是整体与部分、一体与多元的关系。56 个民族单元是“多元”、是基层，“中华民族”是“一体”、是高层，“多元”组成“一体”，但是“一体”并不是“多元”。简单相加。在一起，而是“多元”已经结合成相互依存的、统一而不能分割的整体。④ 这就把 56 个民族纳入到了中华民族“多元一体”的逻辑格局中。这一理论为“我们认识中国民族和文化的总特点提供了一件有力的认识工具和理解全局的钥匙”⑤。从中华文化的视角来看，中华民族本身就是多元

① 汤莹：《顾颉刚“中华民族是一个”理论再探》，《思想战线》2018 年第 1 期。
② 白寿彝：《来涵》，载《益世报·边疆周刊》第 16 期，1939 年 4 月 3 日。
③ 参见费孝通：《中华民族多元一体格局》，中央民族大学出版社 2018 年版。
④ 同上。
⑤ 参见费孝通：《中华民族研究新探索》，中国社会科学出版社 1991 年版。

的，主要是中华民族的起源是多元的，故而文化表达也是多元的。费先生认为，分散聚居在各地区的先人在文明曙光时期创造他们独特的多元文化，这就是中华民族格局中多元的起点。①

“文化基因作为一个民族或族群储存遗传信息的功能单位，有同类凝聚的作用，即认同的力量。”② 各民族在长期的交往交流中，经历了无数次暴风雨的冲击，形成了诸多共同的文化基因。这些文化基因在中华民族从“多元”走向“一体”的过程中发挥着非常重要的作用。从民族结构的视角来看，中华民族本身就不是一个单纯的民族，主要是以汉族为凝聚的核心，在历史长河中通过战争冲突、文化传播、经济往来等形式不断影响其他民族而形成的“单元型的多元民族”共同体。③ 在“多元一体”格局中，“统一”中的“多元”，“多元”中的“统一”，这对矛盾体一直主导着各民族和中华民族的历史发展进程。各民族从“多元”走向“一体”的过程中，有大量的少数民族融入汉族，也有大量的汉族融入少数民族，从而形成了大杂居、小聚居、插花分布和共存共生的民族分布格局。可见，“中华民族多元一体格局”是形成中华民族共同体的逻辑起点。

费孝通的“中华民族多元一体格局”理论正是对顾颉刚“中华民族是一个”理论的继承与发展，对顾颉刚民族思想的意义产生了新的认识。该理论认为顾颉刚关于中华民族发展与融合的相关论述，符合马克思主义民族理论的基本原理，其中华民族思想与中国共产党的民族思想之间具有高度的一致性，都强调各民族在平等基础上走向团结与联合，在共同走向解放与现代化的道路上实现融合。因此，顾颉刚的“中华民族是一个”理论、费孝通的“中华民族多元一体格局”思想和中共在新时期“铸牢中华民族共同体意识”的纲领性思想之间，具有高度的内在一致性和继承与发展关系。深入研究和准确评价顾颉刚的中华民族思想及其民族研究的理论自觉转变，对新时代加强中华民族形成历史研究、铸牢中华民族共同体意识和促进各民族交往交流交融研究有着重要的启示和指导意义。④

① 参见费孝通：《中华民族多元一体格局》，中央民族大学出版社 2018 年版。
② 参见徐杰舜：《从多元走向一体》，广西师范大学出版社 2008 年版。
③ 参见陈致平：《中华通史》（第一卷），花城出版社 1996 年版。
④ 奂平清：《“中华民族是一个”理论与顾颉刚民族思想的学术转向》，《中共党史研究》2021 年第 3 期。

（二）中华民族认同和各民族认同关系

1. 民族意识与公民意识的统一

民族意识，更准确地说就是一个民族的族属意识，主要体现为一个民族的人们基于共同记忆、体貌特征、血缘关系等形成的对其文化倾向的认可与共识。国家意识，主要指的是民族成员的国民意识，主要体现为个体或群体在心理上认为自己归属于某一国家这一政治共同体，意识到自己具有该国成员的身份资格。毫无疑问，民族意识与国家意识有一定的区别，民族意识不能完全等同于国家意识。在极端情况下，民族意识有可能超越国家意识，并对国家和谐稳定产生消极影响，但是，二者又是统一的。在现代社会，每个个体一定属于某个民族，同时也属于某个国家，民族认同意识和国家认同意识共存于个体的观念和意识中，有机地统一在一起。在一般情况下，国家意识作为一种共性和共同利益的理性认知以及由此产生的同胞情感，居于每个民族个体的首位。民族意识与国家意识的关系并不是简单的负相关，或者说，民族意识强必然导致国家意识弱。①

陈理认为公民意识和国家意识一方面具有差异性，同时具有兼容性，强调加强公民意识与国家意识教育。②杨虎德认为，把民族意识和国家意识将两者对立起来的认识是不正确的。明浩认为，现代国家的发展一般经历两个阶段：早期追求“一个民族、一个国家”的民族国家，“二战”后则摆脱“民族”束缚，进入“后民族”即“公民国家”阶段。新中国建立初期，国家建构呈现明显的“阶级国家”特色，近年来呈现明显的“民族国家”建构趋势。但是应该认识到“民族国家”的局限性，推进“公民国家”建构。强化各民族的“公民意识”前提是国家建构的“公民化”。③马戎从中华民族的角度出发，认为要强化中华民族的“民族意识”和现代国家的“公民意识”。他认为应该充分尊重、保护少数民族传统文化和语言，以“公民权利”的名义对需要特殊帮助的少数民族成员给予扶助。④

① 杨虎德：《民族意识与国家意识不是此消彼长的对立关系》，《中国民族报》2011 年 12 月 9 日。
② 陈理：《加强公民意识和国家意识教育是今后教育工作的重心》，《中国民族报》2011 年 9 月 23 日。
③ 明浩：《从“民族国家”走向“公民国家”：当前民族研究的困惑与出路》，《南方周末》2010 年 10 月 21 日。
④ 马戎：《强化中华民族的“民族意识”》，《人民论坛》2008 年第 14 期。

2. 民族认同与国家认同的统一

对民族认同的定义从单一民族的角度来看，万明钢等把民族认同定义为，民族成员在民族互动和民族交往过程中基于对自己民族身份的反观和思考而形成的对本民族和他民族的态度、信念、归属感和行为卷入，以及其对民族文化、民族语言和民族历史等的认同。① 同时，万明钢等认为，无论是具体的民族认同和中华民族认同都是在一定历史情境中建构起来的，具有情境性，如果偏离了这一点，将会失去研究的价值。②

从本民族认同和中华民族认同的双重角度来看，左斌等认为，民族认同就是民族的自识性，是个体对本民族身份的确认，具体来说，民族认同是个体对自己民族归属的认知、承认和感情依附。中华民族认同就是中华民族中的成员对自己中华民族归属的认知和感情归属。③ 对于两种认同之间的关系，史慧颖等认为，民族认同是指在多民族国家中，各民族个体对自己既作为单一民族成员身份，同时也作为国家民族成员双重承认的统一。④

对于民族认同和国家认同的矛盾，一些学者主张把各个民族整合成为一个同质性的“国族”，通过消解民族身份而形成公民身份，实现“民族认同”和“国家认同”的同质化。⑤

3. 国家认同与政治认同

佐斌、秦向荣认为，民族认同就是民族的自识性，是个体对自己民族身份的确认，中华民族认同是中华民族中的成员对自己中华民族归属的认识和感情归属，并对其心理成分和形成机制进行了初步探索。⑥

陈茂荣归纳总结了民族认同和国家认同的概念以及各自特征。国家认同指的是公

---

① 万明钢、王亚鹏：《藏族大学生的民族认同》，《心理学报》2004 年第 1 期。
② 万明钢、高承海：《近年来国内民族认同研究述评》，《心理科学进展》2011 年第 8 期。
③ 左斌、秦向荣：《中华民族认同的心理成分和形成机制》，《上海师范大学学报（哲学社会科学版）》2011 年第 4 期。
④ 史慧颖、张庆林、范丰慧：《西南地区少数民族大学生民族认同心理研究》，《民族教育研究》2007 年第 2 期。
⑤ 陈茂荣：《论“民族认同”与“国家认同”》，《学术界》2011 年第 4 期。
⑥ 左斌、秦向荣：《中华民族认同的心理成分和形成机制》，《上海师范大学学报（哲学社会科学版）》2011 年第 4 期。

民对国家的政治权利和统治权威的认可、接纳、服从、忠诚。国家认同具有主权性、政治性、领土性、阶级性、合法性和波动性等特征，是鲜明的政治意识现象。对于民族认同和国家认同的矛盾关系，普遍主义思想主张把民族整个成为一个“同质性”的“国族”，经由消解后的民族身份转化成公民身份，实现“民族认同”与“国家认同”的同质化。①

彭兆荣认为，现代社会的认同是一个多层次、多等级的价值系统，包含国家认同、族群认同、血缘认同、地缘认同、党派认同、信仰认同、方言认同、乡党认同、行业认同、性别认同、年龄认同甚至兴趣认同等等。在这个价值系统中，两种认同至关重要，即国家的政治归属性认同和民族的文化归属性认同。这两者时常发生交错。②进一步，徐黎丽认为，国家认同最终必然落实到政治认同的层面上，政治认同是国家认同的载体。③金志远认为，国家认同与民族认同在实质上是既有联系，又有区别的。国家认同的实质是政治认同，而民族（族群）认同的实质在于文化认同。国家认同与政治认同在认同主体、客体、目的和标准价值方面存在关联性。民族认同与文化认同在认同主体、客体、目的和标准依据方面存在包含关系。④

总之，对于民族意识、公民意识，民族认同和国家认同关系，学界普遍认为虽然每对概念相互之间会有不协调的情况存在，但并不是简单的此消彼长的对立关系，它们是可以协调统一起来的。

二、民族交往交流交融研究

各民族交往交流交融（以下统称为“三交”）作为新时代民族工作的主要方向和重点领域之一，已经引起了学术界高度关注。根据已有学者综述研究，2010 年以来学界对各民族交往交流交融的研究，主要聚焦于三个方面：从基本内涵、宏观格局、文化视域三个视角探讨理论建构；从互嵌社区、相近地区、文化扶贫总结分析实践经验；

① 陈茂荣：《论“民族认同”与“国家认同”》，《学术界》2011 年第 4 期 。

② 彭兆荣：《在国家与民族认同之间》，《北方民族大学学报（哲学社会科学版）》2010 年第 4 期。

③ 徐黎丽：《论多民族国家中民族认同与国家认同的冲突：以中国为例》，《西北师大学报（社会科学版）》2011 年第 1 期。

④ 金志远：《论国家认同与民族（族群）认同实质的相异性》，《前沿》2011 年第 9 期。

从优化文化环境、创新管理理念、建设乡村“三交”平台等方面研究创新路径。①

（一）各民族交往交流交融理论研究

从各民族“三交”理念提出至今，学者们对于各民族“三交”理论建构的相关讨论方兴未艾。一些学者从各民族“三交”概念本身出发解读和把握其内涵，另一些学者则从更为宏观的角度发掘和阐述各民族“三交”与中华民族多元一体格局、中华民族共同体和文化认同的关系。

1. 各民族交往交流交融的内涵

金炳镐、肖锐和毕跃光认为民族交往是民族与民族之间的接触、交流和往来以及族际关系的协调，即指民族联系中的互动和民族关系的整合过程，也就是民族生存和民族发展的一种方式。②李静认为民族交往是社会交往中的一种特殊形式，是民族共同体间的交流与往来。民族交往心理发生在民族共同体交往的始终，包括民族交往的需要动机、相互认知、情感体验、交往意识，以及在此基础上形成的民族交往方式，也是民族之间所有接触和互动关系的总称。③总之，学术界对民族交融有着不同的视野和见解，并普遍从文化视角进行阐释。民族交融不是民族同化，也不能等同于民族融合，民族交融是民族交往交流的自然跃进形式，也是民族共同性不断增加、差异性不断减少的历史过程，正确认识“交融”是正确把握与理解各民族“三交”内涵及其之间关系的关键。④金炳镐等认为交往是形式、交流是内容、交融是本质。⑤李晓霞认为三者是人际交往的“多层面关系”。⑥张大卫认为三者关系是递进关系。⑦李静等认为三者是互动的层级关系，即民族关系的三个层级。⑧马瑞雪等认为三者是层级递进的空间

① 张萍、齐传洁：《十年来各民族交往交流交融研究综述》，《贵州民族研究》2020年第5期。
② 金炳镐、肖锐、毕跃光：《论民族交往交流交融》，《新疆师范大学学报（哲学社会科学版）》2011年第1期。
③ 李静：《民族交往心理构成要素的心理学分析》，《民族研究》2007年第6期。
④ 张萍、齐传洁：《十年来各民族交往交流交融研究综述》，《贵州民族研究》2020年第5期。
⑤ 金炳镐、肖锐、毕跃光：《论民族交往交流交融》，《新疆师范大学学报（哲学社会科学版）》2011年第1期。
⑥ 李晓霞：《大力推进各民族的交往交流交融》，《中国民族》2015年第3期。
⑦ 张大卫：《我国各民族的交往交流交融及其促进：以“一带一路”为背景》，《西藏民族大学学报（哲学社会科学版）》2016年第6期。
⑧ 李静、于晋海：《民族交往交流交融及其心理机制研究》，《西北师大学报（社会科学版）》2019年第3期。

关系结构，是时间、空间、关系上形成的文化结构，具有一定的时空内在逻辑和动力机制。①

2. 中华民族多元一体格局、中华民族共同体视角宏观把握各民族交往交流交融

在各民族“三交”的研究领域里，学者们都采用过程论视角探讨各民族“三交”与中华民族多元一体格局、中华民族共同体的关系。曹爱军指出各民族交往交流交融与中华民族共同体铸造的内在联系，开拓了中国民族理论的新视野、新高度、新境界。②郝亚明认为民族交往交流交融与铸牢中华民族共同体意识之间的因果关系是较为清晰的，前者是手段后者是目标。③评价民族交往交流交融实践工作成败优劣的标准在于，是否有利于中华民族共同体意识的形成与巩固。④

（二）各民族交往交流交融实践研究

很多学者从互嵌型社区与民族“三交”的内在联系、相近地区各民族“三交”的实践经验展开研究，尤其关注文化扶贫中的实际问题与经济社会发展中的文化交往交流。袁丽红认为，南岭走廊自古以来就是中原进入岭南的重要通道，历史上不断有中原汉人和瑶人迁入，成为汉族与瑶族杂居地区，平地瑶和汉族以通婚、结拜、认契拟制亲属关系等交往，他们在生产、生活互助及商贸往来、经济技术合作中促进了民族交流，在宗教信仰、风俗习惯、语言上深化了民族文化交融，已形成彼此不能分离的密切关系，是岭南走廊较有特色的民族“三交”实践典范。⑤宋博瀚、王文力指出旅游文化与民族交往交流交融之间存在跨文化传播和交流的内在逻辑，同时认为现代旅游业的跨文化交流成为西藏民族“三交”的实践形式之一。⑥张文龙等认为，要促进新疆民族间的交往交流交融，就要深刻把握不同民族间的语言、文字、宗教信仰、文化心理等差异仍然是影响民族间交往交流交融更深远、更持久的因素；经济社会发展的不

① 马瑞雪、李建军、周普元、李蕾：《论民族交往交流交融》，《新疆师范大学学报（哲学社会科学版）》2019年第2期。

② 曹爱军：《中华民族共同体视野中的“各民族交往交流交融”研究》，《广西民族研究》2019年第3期。

③ 郝亚明：《民族互嵌与民族交往交流交融的内在逻辑》，《中南民族大学学报（人文社会科学版）》2019年第3期。

④ 同上。

⑤ 袁丽红：《平地瑶与汉族的交往交流交融：南岭走廊民族关系研究之一》，《广西民族研究》2018年第4期。

⑥ 宋博瀚、王文力：《西藏旅游文化与民族交往交流交融探讨》，《西藏研究》2019年第6期。

平衡性和差异性是影响民族间交往交流交融的根本原因。①

总之，国内各民族“三交”理论与实践方面的研究成果比较丰硕，但是，在当前我国提出的“人类命运共同体”、“一带一路”倡议和边疆社会建设亟待加强以及脱贫攻坚、乡村振兴战略的大背景下，我国各民族“三交”的理论与实践研究还需向高层次或纵深领域拓展，大多数研究者将注意力集中在城市社区、边疆地区、民族自治地区或散杂集中聚居区，研究领域和覆盖面不充分。同时将注意力集中在铸牢中华民族共同体意识、加强民族大团结、和谐民族关系、共筑中华民族共有精神家园的叙事层面，从理论和实践上相互关联度的创新研究稍显不足。②

第三节　铸牢中华民族共同体意识的制度实践——民族区域自治制度

建设中华民族共同体是新中国成立以来党和国家的重要任务和目标，尽管在进入新时代之前没有明确提出“建设中华民族共同体”的话语，但切切实实的建设实践一直在进行。③

一、我国民族区域自治制度的发展完善

1949 年 9 月 29 日中国人民政治协商会议第一届全体会议通过的《中国人民政治协商会议共同纲领》，以中华人民共和国建国大纲的方式，将民族区域自治制度确立为我国民族治理的基本政治制度。新中国成立以后不久，《共同纲领》中所正式确认的民族区域自治制度开始在我国实行。西南、西北、中南等地开始建立民族自治机关，少数民族干部的培养也得到了中央的高度重视。1952 年 8 月 8 日，作为《共同纲领》的配套法规——《中华人民共和国民族区域自治实施纲要》颁布实施，对于新中国成立初期民族区域自治制度的立法体系构建起到了重要作用。1954 年 9 月，第一届全国人民代表大会第一次会议通过了中华人民共和国第一部宪法。这部宪法对民族区域自治作

① 张文龙、王建华：《新时代新疆民族交往交流交融影响因素与时代转向》，《兵团党校学报》2018 年第 6 期。

② 张萍、齐传洁：《十年来各民族交往交流交融研究综述》，《贵州民族研究》2020 年第 5 期。

③ 严庆：《本体建设与意识铸牢：试论中华民族共同体研究的理路》，《西北师大学报（社会科学版）》2021 年第 6 期。

了更加全面细致的规定。这些规定可简要地概括为以下两个方面：一是规定了我国民族区域自治的性质和在国家中的地位，将其定为解决我国民族问题的基本政策；二是确定了我国民族区域自治制度的基本内容。第一部宪法的颁布实施，是我国历史上首次将民族区域自治作为解决国内民族问题的基本政策和基本政治制度写入国家的正式《宪法》之中，标志着民族区域自治制度向成熟和完备迈出了关键性的一步。

1955 年 12 月，国务院根据宪法的规定发布了《关于更改相当于区的民族自治区的指示》和《关于建立民族乡若干问题的指示》。在宪法和国务院两个指示的具体指导下，实施民族区域自治的工作迅速在民族地区展开。1984 年 5 月 31 日，我国颁布了第一部《中华人民共和国民族区域自治法》，这是根据宪法规定的有关民族区域自治的基本原则，从我国少数民族的具体实际出发，在总结 30 多年实施民族区域自治经验的基础上制定的是一部仅次于宪法的基本法，是民族区域自治制度进一步完善的重要成果，标志着我国的民族区域自治建设步入了法制化的轨道。《民族区域自治法》由 7 章 67 条构成，除序言外，包括总则、民族自治地方的建立和自治机关的组成、自治机关的自治权、民族自治地方的人民法院和人民检察院、民族自治地方内的民族关系、上级国家机关的帮助和领导，进一步丰富和发展了《民族区域自治实施纲要》。①

为了保证民族区域自治法得到有效的贯彻落实，国务院还于 1991 年 12 月发出了《关于进一步贯彻落实〈中华人民共和国民族区域自治法〉若干问题的通知》。通知从增加投入、特殊措施和优惠政策、自治权限、对外贸易和经济技术合作、信贷资金、温饱问题、科技进步、民族教育、文化事业、机构建设、马克思主义民族观与爱国主义和社会主义教育等 11 个方面，对进一步贯彻落实民族区域自治法作出了更为明确的要求。②

各民族自治地方都根据《宪法》和《民族区域自治法》的精神，积极进行了本自治地方的自治条例制定工作，有关省、自治区分别制定了实施民族区域自治法的规定。截至 1998 年底，我国民族自治地方制定颁行的《自治条例》129 个，单行条例

---

① 金炳镐、马骍、宋全：《中国共产党民族区域自治政策的形成和发展：中国共产党民族纲领政策形成和发展研究之十》，《黑龙江民族丛刊》（季刊）2002 年第 1 期。

② 同上。

209个；12个辖有自治州、自治县的省还制定了贯彻实施《民族区域自治法》的若干规定。①

根据我国经济社会发展的新情况和进一步加快少数民族和民族地区发展的新要求，中共中央、全国人大和国务院十分重视《民族区域自治法》的修改。2001年2月28日《民族区域自治法修正草案》公布实施。这次修改的主题是：根据少数民族与民族地区加快发展经济和社会的迫切要求，为解决民族自治地方经济和社会发展中的实际问题，作出加大对民族自治地方的投入、加快发展自治地方发展的若干新规定。条文修改的特点是：多集中在有关经济和社会的规定方面；多集中在“上级国家机关的职责”一章中；多集中在经济发达地区对口支援民族自治地方方面。新修改的民族区域自治法更加清晰、更加突出地贯穿着一条主线：民族自治地方自力更生，上级国家机关大力帮助和经济发达地区积极支援，共同加快民族自治地方的发展。新修改的民族区域自治法标志着我国民族区域自治制度的法制建设进入了一个新阶段，具有重大的现实意义和深远的历史意义。

到目前，全国共有包括5个自治区、30个自治州和120个自治县（旗）、1200多个民族乡在内的155个民族自治地方，实行区域自治的少数民族人口占少数民族总数的76%。② 全国55个少数民族中有44个民族建立了自治地方。民族自治地方行政区域的面积占全国总面积的64%。自治地方的数量和布局与我国的民族分布和构成基本上相适应。各民族自治地方的人民代表大会有权依照当地政治、经济和文化的特点制定自治条例和单行条例。③

二、民族区域自治制度的特点和意义

民族区域自治制度有两个显著的特色：一是我国的民族区域自治是在国家统一领导下的自治。各民族自治地方都是国家不可分离的部分，各民族自治地方的自治机关都是中央政府领导下的一级地方政权，都必须服从中央集中统一的领导。上级国家机

① 敖俊德：《新起点　新成就》，《新任务》1999年第5期。

② 参见张尔驹：《中国民族区域自治史纲》，民族出版社1995年版。

③ 参见吴仕民：《民族问题概论》，四川人民出版社1999年版。

关在制定各项政策和计划、进行国家经济文化建设时必须充分考虑各民族地区的具体情况和需要，动员各方面的力量予以帮助和支持。二是我国的民族区域自治不是单纯的民族自治或地方自治，而是民族因素与区域因素的结合、政治因素与经济因素的结合。①

另外，民族区域自治制度作为一种宪政制度，并不仅仅限于立法制度的安排，还包括诸如民族识别、少数民族干部培养、民族地区社会主义民主改革、民族自治地方的建立等政治措施，尤其是民族地区的社会主义民主改革，它直接决定了新中国的民族治理制度是否坚持和贯彻了社会主义方向这一民族区域自治制度的最实质所在。民族识别是民族区域自治制度的一个前提性政策，民族干部培养则为实现民族区域自治制度提供了基本的人力保障，而民族地区的民主改革则是确保民族区域自治制度具有各族人民当家作主的人民民主专政的国家性质。② 正是通过民族识别、民族干部培养、民族自治地方建立、民族地区民主改革等具体政治措施的实施，中国这个多民族大国的民族治理转型和民族国家建构才实现了质的飞跃。③

对于单一族裔国家来说，民族国家的建构并非什么难题，但对于中国这样一个多民族国家来说，虽然华夷之辨的相对性，天下体系的开放性和大一统的政治构造可确保多民族国家的历史延续；但在清末旧中国被迫进入现代民族国家竞争的国际世界之后，当时清朝统治者特殊的族裔身份，清末糟糕的治理绩效，西方殖民统治者挑唆而引起的边疆民族地区安全问题，即成为中国现代民族国家建构的一个难题。所以，新中国成立后选择民族区域自治制度作为我国的民族治理制度，并不仅仅是一种多民族国家民族治理模式的转型，同时也是中国在探求多民族国家的模式下的一种制度选择。民族区域自治制度的确立，不仅确保了广大少数民族公民充分享有政治、经济、文化权利，也有效地解决了多民族国家的民族治理难题，更是从清末开始的多民族国家建构之路的一个重要飞跃。④ 作为解决中国民族问题的基本政策，民族区域自治制度是

---

① 青觉：《中国共产党民族区域自治制度的形成与发展》，《宁夏社会科学》2004 年第 2 期。

② 常安：《统一多民族国家的宪制建构：新中国成立初期民族区域自治制度的奠基历程》，《现代法学》2012 年第 1 期。

③ 同上。

④ 同上。

我国的三大民主制度之一。是中国共产党充分立足于国情、尊重文化和民族历史情况，在长期实践中探索出的独具中国特色的解决民族问题的正确道路。

第四节 结语

民族国家建构是每一个现代化国家都要面对的一项重大国家工程。就我国而言，改革开放至今，是中国全面进行现代民族国家建构的新阶段。①中国的民族国家建构取得了举世瞩目的成就，主要表现为，多民族对于统一国家的政治认同进一步加深。随着中国的经济繁荣发展以及在世界上影响力的不断增强，国家对于国内各民族的凝聚力和向心力不断增强，以“中华民族”作为自觉民族实体的国族意识不断汇聚。

作为拥有悠久历史文化以及政治传统的国家，民族区域自治制度、民族团结教育实践以及国家通用语言文字教育等一系列具体的民族国家建构制度一方面极大地保留吸收了传统中国本土固有的历史文化精髓与政治传统，另一方面也面临着如何将中国的这种传统治理术和全球化背景下的现代民族国家建构趋势有机结合整合的挑战。

从实践层面看，具有中国特色的民族国家建构之路自新中国建立就一直在摸着石头过河，其中有成就也曾走过弯路，但从社会稳定的大局来看，这条道路的方向无疑是正确的。但现实层面也存在一些不足，其中最为严重的不足在于中华民族国族意识的建构不够、不深入、不细致、不具体、不形象。“铸牢中华民族共同体意识”正是弥补此种不足的一种尝试。以往的民族国家建构更多做的是建章立制性质的制度性、结构性工作，而意识、认同的建构更深层次地与文化、心理、个体等因素密切相关，不论在实践层面还是学术研究中，铸牢中华民族共同体意识都还需从上述因素持久着力。正如2022年7月12日至15日习近平总书记在新疆考察时讲话强调的：“我们创造性地把马克思主义民族理论同中国民族问题具体实际相结合，确立了以民族平等、民族团结、民族区域自治、各民族共同繁荣发展为主要内容的民族理论和民族政策，各民

① 参见杨雪冬：《市场发育、社会生长和公共权力构建》，河南人民出版社2002年版。

族在社会主义制度下实现了真正意义上的平等团结进步。我们的民族理论和政策是好的、管用的。要坚持走中国特色解决民族问题的正确道路，不断丰富和发展新时代党的民族理论，推进中华民族共同体基础性问题研究。各民族大团结的中国一定是无往而不胜的，一定是有着光明未来的，我们的第二个百年奋斗目标必然会胜利实现，中华民族伟大复兴必然会到来。”

后　记

为贯彻落实习近平总书记关于加快构建中国特色哲学社会科学重要讲话精神和上海市委关于推动上海哲学社会科学大发展大繁荣的战略部署，我院党委提出以学科体系建设为抓手，发挥高端智库优势，加快推进中国特色哲学社会科学“三大体系”建设。

我们的基本设想是，坚持以习近平新时代中国特色社会主义思想为指导，按照习近平总书记在哲学社会科学工作座谈会上的重要讲话精神和上海市推动上海哲学社会科学大发展大繁荣建设目标要求，以我国经济与社会发展的实践经验和现实需求为起点，结合我院各研究所专业学科特色和重点研究方向，组织开展学科体系建设，注重从我国改革发展的实践工作中挖掘新材料、发现新问题、提出新观点、构建新理论，注重深化对党的创新理论研究阐释，注重总结实践中的新规律，提炼新理论，提出具有主体性、原创性的新观点，彰显我国哲学社会科学的特色和优势，为构建中国特色哲学社会科学学科体系、学术体系、话语体系作出上海社会科学院的贡献。

2023 年，我院结合主题教育，围绕科研工作、人才队伍建设、智库建设等开展大调研活动，在我院建院 65 周年院庆之际，组织全院 17 个研究所，开展集体研究和联合攻关，推出我院“中国特色哲学社会科学‘三大体系’研究丛书”学术成果，本书为丛书系列成果之一。

2020 年 8 月 24 日，习近平总书记在经济社会领域专家座谈会上的讲话，首次提出要加快构建“中国特色社会主义社会学”这一新命题，这也构成了习近平新时代中国特色社会主义思想的新内涵。对此，中国社会学界迅速组织了资深专家学者展开圆桌讨论并发表专题文章，一些知名学者也发表论文进行了阐述，但还有深入研究的广阔空间。2021 年上半年，我走进中央党校第 5 期“习近平新时代中国特色社会主义思想”理论研修班，在做了系统深入的学习与思考之后，写出毕业论文《中国特色社会主义社会学的立场、方法和重心》。之后，该论文发表于《社会科学》并被《新华文摘》和《人大复印报刊资料·社会学》转载。但显然，短短一篇文章的篇幅，不足以全面深刻地反映中国特色社会主义社会学这个宏大命题。因此，我始终在考虑，如何发挥本所在社会学学科体系和研究布局上较为完整的优势，进一步贯彻落实新时代中国社会学的这个历史使命。

在经过了前期酝酿和准备后，该集体项目于2022年初正式启动。虽然后来遭遇上海疫情，但大家的科研工作没有停歇，于年中完成了初稿。经过上海大学和上海研究院李友梅教授、中央党校龚维斌教授等专家的评议，又于下半年完成了修改稿。2023年初，我院党委书记权衡、副院长干春晖等领导和专家又对书稿的各个方面进行指导与建议。各章作者再次进行修改、精简和提炼，于上半年完稿。最终呈现在读者面前的这本集体著作，反映了上海社会科学院社会学研究所加快构建中国特色社会主义社会学的集体尝试和努力。希望本书的出版，能让社会各界进一步了解本所服务中国特色社会主义社会建设的整体研究实力，并推动本所进一步夯实中国特色社会主义社会学的学科建设布局。

本书各章的作者是：导论，李骏；第一章，包蕾萍；第二章，臧得顺、王亚军；第三章，王会；第四章，康岚；第五章，张亮；第六章，何芳；第七章，刘汶蓉；第八章，裘晓兰；第九章，华桦；第十章，朱妍；第十一章，张友庭；第十二章，曾燕波；第十三章，彭聪、方帅；第十四章，梁海祥；第十五章，李蔓莉；第十六章，张虎祥；第十七章，陶希东；第十八章，刘程；第十九章，张可；第二十章，薛亚利；第二十一章，雷开春；第二十二章，朱志燕。此外，社会学所办公室学秘鲁琳负责沟通、协调、统稿等工作，社会学所硕士研究生罗广洁协助统稿等工作。各位同仁投入了极大的热忱，付出了宝贵的精力，展示了专业的实力，体现了团结的精神，在此表示真诚的感谢！我为有这样的同事而庆幸！

本书的顺利出版，还要感谢我院科研处杜文俊处长和院青年学术研究交流中心李健主任，上海人民出版社鲍静副总编、郭敬文编辑，以及其他始终关心社会学所发展的各位领导和师友的大力支持，在此一并致以诚挚的感谢！

上海社会科学院社会学研究所所长、研究员　李　骏
2023年8月

图书在版编目(CIP)数据

中国特色社会主义社会学/李骏等著. —上海：
上海人民出版社，2023
(中国特色哲学社会科学"三大体系"建设丛书)
ISBN 978-7-208-18399-5

Ⅰ. ①中… Ⅱ. ①李… Ⅲ. ①中国特色社会主义-社会学-研究 Ⅳ. ①D610

中国国家版本馆 CIP 数据核字(2023)第 129307 号

责任编辑 郭敬文
封面设计 零创意文化

中国特色哲学社会科学"三大体系"研究丛书
中国特色社会主义社会学
李 骏 等著

出　　版 上海人民出版社
（201101 上海市闵行区号景路 159 弄 C 座）
发　　行 上海人民出版社发行中心
印　　刷 上海新华印刷有限公司
开　　本 787×1092 1/16
印　　张 24.5
插　　页 2
字　　数 376,000
版　　次 2023 年 9 月第 1 版
印　　次 2023 年 9 月第 1 次印刷
ISBN 978-7-208-18399-5/C・691
定　　价 118.00 元